2007

기쁜 소식을
갈구하는
이 땅의
모든 동포들에게

기독교 성서의 이해

도올 김용옥

통나무

목차

제1장 예수의 이적 ········· 11
과학적 세계관의 고뇌   11
예수 이적 행함의 특징   18
이적의 여섯가지 의미맥락   21

제2장 신화와 철학 ········· 27
희랍인들의 신화적 세계관   27
오르페우스와 바카스   32
피타고라스와 싯달타   35
알렉산더 세계정복의 의미   39

제3장 헬레니즘의 사유 ········· 45
아타락시아   45
견유학파의 가치관   46
스토아학파의 사상   48
에피큐로스학파   51
회의학파   52
사도 바울의 도전   54

제4장 콘스탄티누스의 공인까지 ········· 59
성서고고학의 양대 사건:
　　쿰란과 나그 함마디   59
쿰란과 엣세네   60
쿰란 발굴의 역사적 의미   65
알렉산드리아   68

예수의 현대사   69
알렉산드리아의 유대인   70
셉츄아진트: 구약의 한 텍스트   71
셉츄아진트와 쿰란 텍스트   72
팍스 로마나와 초대교회   73
네로 박해의 실상   74
순교의 자원(自願)   76
밀라노 칙령   79
황제교와 유일신교   81

제5장 삼위일체 논쟁 ········· 90
어두운 중세기의 시작   90
알렉산드리아의 아리우스   91
네오플라토니즘   92
아리우스의 예수인간론   94
가현설의 위험성   97
호모우시온   98
동방교회의 일반적 정서   101
아타나시우스   102
삼위일체론의 정체   104
삼위일체론은 비성서적 논쟁   109
아버지 하나님은 존재일 수 없다   111
관계의 절대성   113
실체라는 개념은 기독교와 무관   115
기독교는 황제교가 아니다,
　　존재론도 아니다   116

제6장 바울의 기독교운동 ········· 119
초대교회사의 재발견: 나그 함마디   119
콥틱 크리스챤   121
콥틱어   123
형성기의 기독교: 배타없다   124

영지란 무엇인가?　125
바울의 문제의식　126
바울 전도여행의 실상　128
초대교회의 유대화파 문제　129
할례와 크리스챤　130
메시아의 정치사적 맥락　131
바울의 앰비밸런스　133
유대교여! 안녕: 하나님의 의(義)　134

제7장　마르시온의 등장 139
유대인 성경의 부정　139
구약과 신약　140
성경없는 초기 기독교　142
신약성경의 문학적 형식　144
홀로서기의 어려움　145
영지주의라는 빨갱이 논리　146
구약과의 단절성　148
마르시온의 세계관　150
도세티즘　151
파문의 결과　153
마르시온 공동체　154
시리아의 마르시온교회　155
구약 대 신약: 아포스톨리콘　157
누가복음의 선택: 국제적 성격　158
마르시온 정경:
　　정경화작업의 최초 계기　159
성서는 누구나 편집 가능했다　160
초대교회에는 성경이 없었다　161
무라토리 정경　162
가톨릭교회의 정경화작업의 시작　162
예수의 저작　163
예수의 말　164

불타와 예수　166
예수를 따르는 사람들　167
기독교는 경전종교가 아니었다　168
바울의 예수관　170
바울이 남긴 것　171
마르시온의 11서 체제　171
논장의 성립이 경장보다 빠르다　172
제1단계와 제3단계　175
예수의 법신과 색신　176
대승불교 시작의 계기　177

제8장　복음서의 출현 181
복음서와 대승기독교　181
마가라는 인간　182
복음서라는 문학장르와 희랍비극　183
로기온과 논어(論語)　184
사기의 공자세가　186
어록의 성립과정　187
마가복음과 공자세가　188
마가가 그리는 예수의 색신　190
케리그마　191
의도된 결말　193
마가의 복음의 핵심　193
수난복음서　194
공전의 히트　196
바울과 예수　197
사울의 개종체험　198
사도 바울과 아라비아 사막　201
바울의 사도권능은
　　예수제자들과 무관　203
바울의 비젼의 독자성　204
예루살렘교회 전통과 복음양식　205

마사다 요새　205
마가복음서 집필상황과
　　이스라엘민족의 애환　208
예수에게는 메시아라는
　　자기인식이 없었다　209
요한복음 속의 예수　211
예루살렘 성전 파괴 이후의 바리새인　213
바르 코크바　214
랍비 아키바　215
다이애스포라 신세　215

제9장　낭송문화와 복음서 220

기초적 사실들　220
복음서 저작의 물리적 사실들: 종이　221
양피지와 파피루스　221
사실에 무지한 성령은
　　인간의 편견만 조장　224
시각적 문헌과 청각적 문헌　225
편지의 실제정황　225
케릭스　226
낭송문화 속의 교회　227
디모데도 소리꾼　228
판소리와 복음서　228
심청의 십자가　230
마가복음은 낭송된 것이다　231
마가복음 낭송에 대한
　　마가복음 자체의 증거　232
낭송문학 요한계시록 판타지아　233
변절과 순교의 기로　234
산조의 전승양식과 복음의 전승양식　235
빅 히트 마가복음　236
유앙겔리온의 전성시대　236

공관복음서　238
마태·누가가 마가보다 더 인기　239
마가의 정직성　240
전승의 형성　240
공적인 사실과 전승담론의 조화　242
이스라엘 사회 계층구조　242
동정녀 마리아 탄생설화와 난생설화　245
그릇된 인용: 이사야의 예언과 무관　246
처녀는 젊은 부인　246
알마아와 파르테노스　247
콘텍스트에서 텍스트로　248
여자여! 가정과의 거리　249
마리아는 어차피 처녀가 아니다　249
야고보와 예수　250
성서의 왜곡　252
마리아 컬트　252
요한복음의 탄생설화 제거　254
예수의 부계족보와
　　부계가 부정된 동정녀탄생　255
족보학에 밝은 한국인들 왜
　　성서족보학의 문제점은?　255
할아버지부터 모조리
　　다른 두 개의 족보　256
천하의 호적조사　258
원적지 호구조사는 있을 수 없다　260
헤롯의 유아살해의 허구성과
　　마태의 문제의식　262
케리그마의 본질적 성격　263
케리그마의 양식　264
성서의 디컨스트럭션　265
4복음서의 저작연대　267
마가의 자료수집 태도　268

제10장 마태복음과 누가복음 271
구약의 성취로서의 마태복음 271
누가의 세계사적 지평 273
구전전통과 성문전통 275
데오빌로는 누구일까? 276
한 사람의 열독을 위한
　　　서한양식이 아니다 277
테오필로스, 하나님을 사랑하는 자 279
헌사 작전 280
누가의 국제적 감각의 언어 281
바울과 누가의 보편주의 283
우리나라 최초의 한국말 성경 283
도회지 중심, 디너 테이블 285

제11장 요한복음과 로고스기독론 288
유대교로부터 이탈된
　　　기독교: AD 100년 288
에베소의 지혜로운 노인 289
영지주의의 혼합요소들 290
심포지움 292
희랍신들의 퇴폐성 293
대승기독교의 정점을 향하여 294
제4단계의 지평 296
로고스 그리스도론 300
영지주의는 실체화될 수 없다 301
로고스의 일반용법 302
말씀과 세계 303
로고스의 화신으로서의 아인슈타인 306
로고스의 성육신 307
시공이 단절되는 절대적 타자 308
나사로를 살리는 장면의 디테일 311

가현체의 감정일 수 없다 312
사실인가 픽션인가 313
시베리아의 한인 나사로들 314
기적을 사실로 강요하는
목사에게 송사도 가능한 현대 315
7개의 매트릭스 316
예수의 동선 317
국제도시 예루살렘의 리더 318
가룟을 넘어서 319
성전정화사건의 초장등장 319
요한은 3복음서를 다 보았다 320
재림의 재해석 321
예수는 성전에 들어갈 수 없었다 322
나는 ……이다(에고 에이미) 담론 324
요한자료의 독자성과 역사성 324
초기 기독교를 형성한 세 사람 326
사실의 인지만이 혁명 329
종교는 증오가 아니다 330

제12장 디아테사론과 몬타니즘 333
콘스탄티누스 이후와 한 무제 이후 333
교황과 황제 334
디아테사론 336
타티안 337
하나님의 마음과 인간의 이성은 하나 338
소크라테스도 크리스챤 339
모세의 율법을 지키지 마라 339
요한복음의 영향 340
이성과 신앙의 이분법은
　　　이단이요 오류다 341
유스틴의 순교 후 342
몬타니즘과 평창동 휴거파 342

리고리즘   343
성령주의, 재림주의,
　　금욕주의의 야만성   344

제13장 아타나시우스의 부활절 메시지까지 ···· 348
　－정경과 외경이 없던 시대－
AD 367년 알렉산드리아   348
기번의 기술   349
지금의 정통은 과거의 이단   350
정통이 없으면 이단도 없다   351
내용적으로는 기준이 없다   352
목소리 큰 놈이 정통   353
로마교회의 지지   355
구약의 활용   356
로마교회의 보수성과 27서 체제   356
아타나시우스의 로마유학   357
콘스탄티누스의 세 아들과 네 조카   358
콘스탄스와 아타나시우스   359
콘스탄티우스와 아타나시우스   360
아타나시우스의 영광과 수난   361
이교라는 말의 비극적 의미   363
배교자가 아닌 공평한
　　황제 율리아누스   364
신앙의 독점   365
율리아누스의 인생역전   366
아름다운 토착적 전통의 회복   367
율리아누스의 최후   368
예수님의 말씀과 인간의 언어   369
순교는 공포아닌 영광   370
희랍신전의 성격:
　　전업 성직자의 부재   371
입세간적 종교   372

전업 성직자계급의 발전: 기독교   373
콘스탄티누스의 파격적 기독교우대   374
로마사회의 붕괴   375
그리스·로마 신전폐쇄명령   376
삼위일체논쟁의 이권실속   376
아타나시우스의
　　화려한 입성: 부활절 메시지   377
27서와 경·율·논 삼장   380
경전편집에 관한
　　불교·기독교의 입장차이   382
결집 아닌 전집   383
카논의 의미   384

제14장 제롬의 라틴 벌게이트 ················ 387
아타나시우스 이후   387
시리아교회들의 반대입장   388
루터의 입장   389
성서라는 문헌에 대한 새로운 이해   389
희랍어성경도 하나의
　　정본은 존재하지 않는다   391
킹 제임스 바이블의 경우   393
고정된 판본은 하나도 없다   394
유세비우스 히에로니무스 제롬   394
제롬의 꿈   395
꿈의 계시로 위대한 번역자의 생애   396
라틴 사본들의 출현   397
제롬의 바이블 클라스   398
베들레헴에 안착한 제롬   400
성령파들의 성서모독   400
제롬과 아우구스티누스   401
트렌트 공의회   402

성서대중보급은 주자의
　　『사서집주』보다도 후대　403
명제와 말씀　405

제15장 이집트인들의 종교관념 408
주혈흡충　408
콥틱말 쓰는 크리스챤들　409
수도사 중심　410
문화전통의 혼합　410
절충주의적 격의　411
태양신 숭배의 관용성　411
오시리스 신앙　412
혼돈과 질서　414
사후세계의 진실성　415
마아트　416
예수의 낙관　417
아크　417
야훼교의 창시자 모세는
이집트종교전통속에서 성장　418

제16장 나일강 유역의 수도원 문화 420
　　 － 안토니와 파코미우스 －
모나스티시즘의 발생동기　420
예수의 세속적 가치 부정　421
착취당하는 팔레스타인 농부와 예수　422
예수의 식색관　423
세속적 가치의 부정: 불교와 기독교　425
평신도 운동　426
안토니의 생애　427
파코미우스와 아타나시우스의 해후　429
인류사상 최초의 기독교 수도원　430
헤구멘　431

콘스탄티우스의 아타나시우스 탄압　433
파코미우스의 보호　436
파코미우스 승려들이 보았던 책들　438
외경은 없애버려라　439
라이브러리의 은폐　440

제17장 사바크의 저주와 축복 442
　　 － 나그 함마디 문서의 발견 －
사바크 헌팅　442
진에 대한 공포　443
터번을 풀어 둘둘 말다　444
패밀리 퓨드　446
불쏘시개　447
엘리야의 야만　448
담배와 귤과 바꿔치기　450
제3 코우덱스의 경우　450
타노와 다타리　452
제1 코우덱스의 경우　454
나그 함마디 라이브러리 전체목록　456

제18장 에필로그 465
절차탁마 대기만성:
　　쿰란과 나그 함마디의 연속성　465
도마복음서의 중요성　466
이 책은 『요한복음강해』의 서문　468
나의 부모　469
시온성의 처녀　470

찾아보기 474

고기잡는 이적을 행하시는 예수(마 4:18~22, 막 1:16~20, 눅 5:1~11)
렘브란트 1638. 파리 루브르박물관 소장, 191×181㎜

제1장 예수의 이적

과학적 세계관의 고뇌

"예수"라는 사건은 오늘 여기를 살아가는 우리에게, 아니, 나에게 매우 고통스러운 사건이다. 오늘 여기를 살고있는 나는 인과적으로 치밀하게 짜여져 있는 물리적 환경 속에서 살고 있다. 이미 "과학"이라는 인과론적 틀 속에서 이성적으로 해석되는, 법칙적으로 연관된 제일적(齊一的) 환경에 나는 둘러싸여 있는 것이다. 이 말은 곧, 내가 파악하는 세계는 나의 몸과 정신을 포함해서 어쩔 수 없이 "해석된 체계"일 수밖에 없다는 것이다. 그 해석이 과학적 해석이며, 가장 사실적 적용성이나 지구력이 높은 사태라 해서 그것이 사실 그 자체라고 단언할 수는 없다는 것이다. 그러나 어쩔 수 없이 나의 주변에서 일어나고 있는 사태를 가장 잘 설명하고 있는 과학적 해석을 나의 세계관으로서 수용하고 있는 상식적 전제하에서는 "예수"라는 사건은 끊임없이 불화와 마찰을 일으킬 수밖에 없다. 이것이 바로 예수가

"화평을 주려고 세상에 온 것이 아니라 분쟁을 일으키려 왔다"(눅 12:51)고 한 말의 본질적 의미일까? 예수라는 사건은 단지 성서기자들이나 초대교회 크리스챤들의 세계관과 나의 과학적 세계관이 마찰이나 분쟁, 충돌을 일으킨다는 것을 의미할 뿐 아니라, 동시에 나의 존재의 내면 속에 끊임없는 실존적 갈등이 야기된다는 것을 의미하고 있는 것이다. 그리고 더욱이 내 주변의 수많은 동포들, 더불어 살아갈 수밖에 없는 이웃들이 예수라는 사건을 그들의 신앙과 신념의 체계로서 받아들이고 있기 때문에, 그러한 체계가 결코 나의 실존으로부터 객화될 수가 없다는 사실이 항상 나의 삶의 긴장감으로 남아있다. "예수"는 이미 나로부터 소외될 수 없는 나의 실존인 것이다.

우리 속담에 "아니 땐 굴뚝에 연기나랴!"라는 말이 있다. 굴뚝의 연기와 아궁이의 장작 땜에는 인과적 상관관계가 있다는 것을 지적한 우리 선조들의 날카로운 통찰이다. 다시 말해서 아궁이에 불을 지핌이 원인이 되어서만 굴뚝에 연기가 나는 결과가 초래된다는 것이다. 아궁이에 장작 지핌 없이 굴뚝에 연기나는 사태가 초래될 수는 없다는 것이다. 사실 이러한 단순한 인과관계는 우리의 상식 속에서 끊임없이 반복되는 사태이다. 이러한 사태는 데이비드 흄 (David Hume, 1711~76)의 인과성부정이나, 양자물리학의 불확정성에 의하여서도 부인이 될 수 없는 사실의 체계이다. 거시적 세계 속에서는 뉴튼적 인과법칙이 항상 잘 들어맞는다. 그런데 예수라는 사건은 이러한 우리의 상식(常識), 즉 항상스러운 의식의 체계를 여지없이 거부한다. 다시 말해서 아니 땐 굴뚝에 연기가 펄펄 나는 것이다.

예수의 동정녀 탄생설화로부터 시작하여 그가 행한 수많은 기적들, 그리고 그의 수난과 죽음과 부활 등등, 예수라는 담론을 구성하는 모든 사건들이 한마디로 "아니 땐 굴뚝의 연기들"이다. 인간의 탄생은 반드시 정자와 난자의 결합에 의하여, 그러니까 감수분열을 거쳐 46개가 아닌 23개의 크로모좀을 가진 두 남녀 생식세포의 결합과 난할과 기관분화에 의해서만 이루어질 수 있다는 것이다. 예수의 시절에는, 아니, 보다 정확히 말하자면, 복음서의 저자들이 활약하던 시대에는 이러한 생식세포들의 크로모좀과 발생과정에 관한 상세한 과학적 인식은 없었다 하더라도 최소한 상식적인 거시적 인과관계, 즉 한 남자와 한 여자의 성적 결합에 의하여 인체 내에 생식이라는 사건이 일어난다고 하는 인과적 사실에 대한 인식은 있었을 것이다. 그런데 동정녀 마리아 잉태사건은 그러한 통상적 인과를 거부한다. 그리고 보통 이러한 사건은 크리스챤들에게 신화적 환상으로서가 아니라 사실로서 제시되고 있는 것이다.

예수는 앉은뱅이를 일으키고, 혈우병환자의 피를 멈추게 하고, 신들린 자에게서 마귀를 쫓아내고, 소경의 눈을 뜨게 하고, 불과 두 마리의 물고기와 다섯 개의 빵으로 오천여 명의 군중을 배불리 먹이고, 호수 수면 위를 육지와 같이 태연히 걸어다니며, 심지어 무덤에 묻힌 지 나흘이 지나 썩은 내음새가 펄펄 나는 송장을 멀쩡한 산 사람으로 불러일으킨다(요 11:1~44). 뿐만인가? 자기 자신의 죽음과 부활을 예언하고 예언대로 그는 무덤에서 일어났고 부활의 사실을 가까운 제자들에게 알렸고, 산 인간의 모습으로 재림을 약속하면서 승천하였다.

이 너무도 드라마틱한 예수의 일생은 시작부터 끝까지, 탄생부터 죽음과 부활에 이르기까지 그 모두가 "아니 땐 굴뚝의 연기"이다. 우리의 상식적 인과를 거부하는 지상의 사건인 것이다. 총면적이 불과 남한의 1/5밖에 되지않는 팔레스타인이라는 작은 지역에서 일어난 역사적 사건으로서 복음서저자들에 의하여 기술되고 있는 것이다.

물론 우리는 이러한 성서의 기술을 과학적·합리적 세계관을 지니지 못한, 아니, 그러한 세계관이 발생하기 이전의, 비이성적 세계관의 사람들의 특수한 인식체계로서, 그리고 그러한 인식체계의 특수한 문학장르의 표현기법으로서 합리적인 해석을 얼마든지 멋있게 해낼 수 있다. 그런데 그러한 인간적이고(humanistic), 합리적이고(rationalistic), 온건하고, 상식적인 해석, 얼핏 비신화화(demythologization)라고 쉽게 말해버릴 수 있는 그러한 해석을 기독교에 대한 우리의 이해로서 받아들이는 순간, 기독교는 기독교됨을 상실해버린다. 그것은 멋있고 재미있는 인간의 문학이 되어버릴지언정 기독교는 아닌 것이다. 기독교는 오로지 상기의 이적적 사태를 나의 신앙과 신념체계로서 받아들이는 순간부터 출발하는 종교인 것이다. 예수라는 사건에서 십자가죽음과 부활을 신화학적인 해석을 통해 제거해버리는 순간, 기독교는 기독교가 아니다. 바로 여기에 내가 이 글의 모두(冒頭)에 말한 바, 기독교가 우리에게 던져주는 고통스러운 실존적 갈등의 본질이 있는 것이다.

기독교는 반드시 성서의 말씀의 진실성을 있는 그대로 수용하는 데서 출발해야 한다. 어떠한 자연주의적 해석도 차단되어야 한다. 이것이 모든 거룩하고도 진지한 성서주의의 출발이다. 나 조선의 사상가 도올 김용옥은 이러한 성서주의의 입장을 한치도 이탈하지 않는다. 인간의 구원은 오로지 성서로부터 온다는 철저한 성서주의의 입장은 교회가 구원의 주체라고 하는 통속적 곁가지사상을 배제시킨다. 인간의 구원은 교회를 통해서 올 수가 없다. 오로지 하나님의 말씀을 통해서만 올 수 있는 것이다. 세속적 사교집단인 교회조직을 신봉하는 많은 사람들에게 이러한 나의 발언은 불편한 심기를 일으킬지 모르겠지만, 이것은 나의 입장이 아니라 20세기 성서신학의 모든 정통주의, 칼 바르트(Karl Barth, 1886~1968)를 비롯하여 "오직 성서"(*sola scriptura*), "오직 예수 그리스도"(*solus Christus*)를 외치는 성서정통주의자들의 확고한 입장인 것이다.

교회는 사교집단이 아니다. 다시 말해서 교회는 세속적 역사(secular history)의 현상이 아니다. 교회 즉 엑클레시아는 그 자체가 종말론적 사건의 일부이며, 그리스도의 몸(the Body of Christ)이다.

예수 그리스도는 교회의 머리이다(골 1:18, 24, 엡 1:22). 따라서 교회는 하나님의 말씀이며 성령 안의 사건일 뿐이다. 인간의 말과 생각만이 난무하는 세속집단이 아닌 것이다. 교회라는 세속적 조직을 구원의 주체로서 운운하는 것은 모두 교부철학이나 스콜라철학 이후의 정치권력의 조작적 사태인 것이다.

그렇다면 기적을 행한 예수는 자신이 행하는 기적을 어떻게 이해했을까? 예수는 자기를 둘러싼 물리적 환경의 모든 사건을 "아니 땐 굴뚝의 연기"로서만 이해했을까? 공관복음서에 공통적으로 나타나는 예수의 유명한 훈계 속에 다음과 같은 말이 있다.

> 낙타가 바늘귀로 빠져나가는 것이 부자가 하나님의 나라에 들어가는 것보다 더 쉽다. (막 10:25, 이 「마가복음」의 기사를 받아 실은 것이 마 19:24, 눅 18:25. "낙타"가 아람어 "밧줄"의 오사誤寫로 생겨난 말일 수도 있다는 견해도 있다.)

이 말은 낙타가 바늘귀를 빠져나가는 것이 쉽다는 것을 강조한 것이 아니라, 낙타가 바늘귀를 빠져나가는 사태가 일상적 우리 체험에서 불가능하다는 상식적 인과를 전제로 할 때만이 의미있는 비유이다. 부자라고 해서 부자라는 이유만으로 결코 하나님의 나라에 들어갈 수 없다는 것을 예수가 말한 것은 아니다. 예수의 제자 베드로만 해도 어부이긴 하지만, 갈릴리호수 북단의 가버나움지역에서는 꽤 풍요롭게 살던 인물이었다. 공자(孔子)의 3대 애제자 중의 한 사람으로 우리는 자공(子貢)이라는 거부(巨富)를 꼽는다. 그는 국제적 물류를 잘 파악하여 비즈니스를 한 일대 호상(豪商)이었다. 싯달타의 초기승단의 최초의 거점이었으며, 인류사상 최초의 불교가람이라 할 수 있는 기원정사(祇園精舍)도 그 터에 금을 다 깔 수 있는 거부, 급고독(給孤獨)의 장자(長者) 수달(須達, 須達多, Sudatta)의 보시에 의하여 이루어진 것이다. 물론 초대기독교회의 성립과정을 자세히 살펴보면, 부자들의 참여 없이는 교회라는 커뮤니티의 성립 자체가 불가능했다. 예수가 말하는 부자는 단순히 돈많은 사람을 지칭하는 것이 아니다. 그가 말하는 "부자"는 세속적 영예나 권력이나 풍요로움에 집착하는 사람, 그러한 집착 때문에 가장 본질적 진리, 다시 말해서 하나님의 말씀에 마음을 열 수 없는 사람을 가리킨다. 그들은 세속적 부를 가치의 제1의로 삼고 사는 사람들이다. 그러한 부자는 아무리 계명을 잘 지키고 거룩하게 산다 해도 천국에는 들어갈 수 없다는 것이다. 그들이 천국에 들어갈 수 있는 가능성의 희박성을 표현하는 말이 "낙타의 바늘귀 통과의 어려움"이다. 사실 우리가 예수의 세계인 식체계를 "이적"으로만 설명하려고 한다면 이러한 비유 자체가 무의미해진다. 썩은 송장을 불러일으킬 수 있는 권능의 소유자라고 한다면 낙타의 바늘귀 통과도 식은죽먹기만큼 쉬운 일이어야만 하기 때문이다.

예수 이적 행함의 특징

뿐만 아니다. 예수가 자기가 기적을 행한다는 것을 자랑하거나 뽐내거나, 또 자기 앞에서 그러한 기적이 실제로 벌어진다는 사실을 신나해 하지 않았다. 나의 말이나 손가락 하나의 움직임으로 썩은 송장도 벌떡 일어서는 기적이 막 일어나는 것을 신나는 일이라고 생각했다면 그는 자기 홀로 있을 때에도 기적행함을 신나게 연습했을 것이다. 마치 마술사들이 골방에서 마술을 연습하듯이. 그러나 예수는 그러한 행태를 전혀 비치지 않는다. 예수가 갈릴리지역의 군중 속에서 수많은 기적을 행한다는 소문을 들은 바리새인들이 예수에게 찾아와서 예수의 속을 떠보려고 하나님의 인정을 받은 표가 될 만한 기적을 보여달라고 하면서 말을 걸어왔다. 만약 예수가 기적을 신나게 행하는 사람이라면 이때야말로 하나님의 징표를 보여주어 가증스러운 바리새인들의 코를 납작하게 만들 호기라 생각하고 멋있게 기적을 행했을 것이다. 산이라도 움직여 놓았을 것이다. 그러나 예수는 마음 속으로 "어찌하여 이 세대가 기적을 보여달라고 하는가!" 하면서 깊게 탄식한다. 그리고 또 다음과 같이 외친다.

나는 분명히 말하노라. 이 세대에 보여줄 표적은 하나도 없다!
(막 8:12, 마 16:4)

그리고는 매정하게 뒤돌아보지도 않고 배를 타고 건너편으로 가버린다. 이러한 예수의 태도는 군중 앞에서 서슴지 않고 기적을 행하는 복음서의 다른 기사들과 매우 배치되는 듯한 느낌을 줄 수도 있다.

예수의 기적행함이라는 사태를 우리가 바르게 이해하기 위해서 반드시 상기해야할 또 하나의 극적인 장면이 있다. 예수가 데카폴리스 지역(성서이름은 데가볼리: 현재는 요르단 국가영역에 속해있으며 알렉산더대왕이 개척한 10개의 폴리스polis 지역)에서 선교를 하다가 배를 타고 다시 건너편 갈릴리지방으로 갔는데 많은 사람들이 모여들었다. 예수가 호수가에 서있는데 야이로라는 한 회당장이 예수를 뵙고 그 발 앞에 엎드려 죽음의 경각에 놓여있는 열두 살 난 어린 딸을 살려달라고 애원을 한다. 그래서 예수는 야이로의 집을 가기 위해 그를 따라 나섰는데, 이때 엄청나게 많은 군중이 예수를 에워싸며 밀치고 하면서 따라갔다. 갈릴리의 군중 속에 휩싸여 물밀 듯이 걸어가는 예수의 모습은 이미 매우 극적이다. 이때 군중 속에는 열두 해 동안이나 끊임없는 하혈(下血)로 고통받고 있었던 여자가 있었다. 이 여자는 여러 의사에게 보이느라고 고생만 하고 가산마저 탕진했는데도 아무런 효험이 없이 오히려 병은 점점 더 심해져만 갔던 것이다. 그러던 차에 예수의 소문을 듣고 군중 속에 끼어 따라가다가 예수에게 접근하려고 애를 썼다. 이 여자는 감히 앞에 나서서 예수에게 병을 고쳐 달라고 말할 수 있는 숫기도 없는 여자였다. 단지 어떻게 해서든지 예수의 옷만이라도 만지기만 한다면, 그저 옷깃 한오라기라도 스치기만 한다면 내 병이 꼭 나을 수 있으리라는 소망과 믿음에 가득차 있었던 것이다. 드디어 예수의 옷깃에 손이 닿는 순간, 이 여자는 몸에 다가오는 전율같은 것으로써 하혈이 싹 멈추고 몸이 가뿐해지는 것을 스스로 느낄 수 있었다. 이때였다. 군중에 밀쳐 정신없을 듯한 예수는 날카롭게 되돌아서며 외친다: "누가 내 옷에 손을 대었느냐?" 예수는 한 여자가 자기 옷깃에 손을 대는 순간, 이미 "기가 빠져나가는 듯한 느낌"을 예리하게 감지하였던 것이다. 이에 제자들은 답한다: "누가 손을 대다니요! 보시다시피 이렇게 군중이 사방에서 밀어대고 있지 않습니까?"

그러나 예수는 포기하지 않고 자기 옷에 손을 댄 여자를 찾았다. 그 여자는 이 놀라운 예수의 감지능력에 당연히 두려움을 느꼈을 것이다. 그리고 이미 자기 몸에 일어난 기적을 감지하는 이상, 속이고 도망갈 수는 없었을 것이다. 이 여자는 두려워 떨며 예수 앞에 엎드려 사실대로 고백한다. 이때 예수는 그 여인에게 무어라 말했을까? 그 여자를 일으켜 만인에게 선포라도 했을까? "보라! 이 여자의 모습을 보라! 내가 이 여인의 12년 고질을 단숨에 고쳤도다! 나를 믿으라! 나를 따르라!" 과연 이렇게라도 말했을까? 한국의 어떤 부흥목사가 이런 이적을 행했다면 반드시 이렇게 외쳤을 것이다. 이 글을 쓰고 있는 나 도올도 의사다. 나 역시 12년 동안 혈루(血漏)로 고생하고 있는 여인의 병을 단 한 번의 시침으로 고치는 이적을 수없이 체험했던 사람이다. 이러한 기적은 사실 우리의 주변에서도 적지않게 목격할 수 있다. 그렇다면 용한 의사라고 칭송을 받고 점점 성업의 길로 들어서는 한의사나, 성령의 충만함으로 질병을 퇴치하여 점점 교인이 몰려드는 부흥목사와 같은 모습으로 갈릴리의 예수를 이해해도 좋단 말인가?

공관복음서의 가장 고층대를 형성한다고 하는 마가복음의 저자는 엎드려 고백하는 여인을 보는 순간 예수가 한 말을 다음과 같이 담담하게 기록하고 있다.

여인아! 네 믿음이 너를 구원하였도다. 평안히 가라!
Daughter, your faith has made you well; go in peace.
(막 5:34, 마 9:22, 눅 8:48)

이 복음서의 기사로부터 우리는 예수의 기적행함에 관하여 매우 중요한 몇 항의 사실을 발견할 수 있다.

이적의 여섯가지 의미맥락

첫째, 예수는 기적을 행하지 않는다. 이러한 나의 말에 놀랄 많은 기독교인들의 얼굴이 떠오르지만, 분명히 말하건대 예수는 기적을 행하지 않는다. 여기서 말하는 예수는 역사적 실존인물로서의 개인 예수다. 역사적 실존인물인 예수라는 개체가 주어가 되어, 그 행위의 주체가 기적을 행하는 것은 아니다. 많은 사이비종교들을 주창하는 사람이나, 예수와 같은 권능을 나도 행할 수 있다고 생각하는 많은 목사나 전도사들이나 부흥사들은, 바로 이 점에 있어서 성서를 왜곡하고 크게 자신의 존재를 곡해하고 참칭하는 것이다.

"너의 믿음이 너를 구원하였다"는 메시지는 바로 나 예수가 주체가 되어 너를 구원한 것이 아니라, 바로 너의 구원의 주체는 "너의 믿음"이라는 확증을 전달하고 있는 것이다. 이때 행위의 주체로서의 개인 예수는 드러나지 않는다. 예수가 행한 기적은 예수라는 개인을 주부로 하는 술부적 사태가 아니라 *하나님의 드러남*이다. 그것은 예수라는 역사적 개인의 행위가 아니라 하나님의 직접 행하심이며, 예수의 행위를 통하여 드러나고 있는 하나님의 의지일 뿐이다. 예수의 기적행함에 있어서 하나님을 보지 않고 역사적 예수라는 개인을 보는 것은 근원적으로 성서적 관점에서 이탈되는 것이다. 성서의 저자들은 역사적 예수에 관하여 우리에게 상세한 인간적인 정보를 전달하지 않는다. 근원적으로 그들은 역사적 예수에 관심이 없다. 사람 예수에 관한 관심 때문에 같은 사람이라고 예수의 기적을 나도 행하여 보겠다고 덤비는 사람들은 근원적으로 크리스챤의 자격이 없는 것이다.

둘째, 예수가 행하는 기적은 반드시 신앙이라는 사태와 결부되어 있다. 예수는 오로지 믿음을 불러일으키는 사태로서만 기적을 행한다. 믿음을 불러일으킬 수 없는 상황에서는 예수는 기적을 행하지 않는다. 믿음이란 마음이 가난한 자들, 마음이 비어있는 자들, 마음이 열려있는 자들에게만 가능한 사태이다. 따라서 마음이 완악하게 닫혀있는 바리새인들이 예수를 시험하기 위하여 기적을 요구했을 때 예수는 "너희들에게 보여줄 기적이란 하나도 없다"고 호통쳤던 것이다. 그들에게 아무리 기적을 행하여본들 그것이 그들에게 하나님에 대한 새로운 믿음을 불러일으키는 기적으로 인지될 까닭이 없는 것이다. 다시 말해서 우리는 예수가 기적을 행하는 것을 보고난 후에 사람들이 믿음을 일으키는 것으로 생각하기 쉽다. 그러나 실로 기적은 믿음을 가진 자들에게만 나타나는 것이다. 기적은 구경이나 평가의 대상이 아니다. 우리가 아무리 용한 마술을 본들, 마술은 마술일 뿐이다. 그것이 마술이 아니라 진짜 기적이라 해도, 그러한 마술 같은 기적들은 그냥 기적으로서 아무 의미없이 우리의 의식세계를 지나간다. 그것은 단지 "희한한 구경거리"였을 뿐이다. 신앙을 불러일으키는 힘이 없다면 기적은 그냥 "놀라운 사건"(astonishing events)일 뿐이다. 기적의 광경은 반드시 믿음과 함께 일어나야 한다. 우리가 감지한 사태로부터 기적이라는 결론을 끌어내는 것이 아니라, 우리의 감지 그 자체가 기적에 참여하고 기적 그 자체를 구성하는 것이다. 이것은 결코 주관론적 해석의 오류가 아니다.

셋째, 기적은 하나님의 존재(the existence of God)의 사실을 입증하는 보편적 사태가 아니다. 자연적 인과를 거부하는 사태만이 하나님의 존재를 입증한다고 한다면 자연적 인과 그 자체는 하나님의 존재와 무관한 것이 되어버릴 것이다. 기적은 인식론적으로 자연적 인과를 거부하는 사태라는 데 강조점이 있는 것이 아니라, 신의 전지전

능함에 대한 나의 실존적 믿음이라는 데에 더 강조점이 있다. 하나님의 전지전능은 객관적 탐구의 대상은 아니다. 기적은 그 자체로서 하나님의 활동이다. 예수는 기적을 신의 의지에 귀속시킬 뿐이다. 기적을 통하여 하나님의 존재를 입증하려고 꼬나보는 자들은 결코 기적을 볼 수가 없다. 오히려 나의 한계를 절망하는 자들에게만, 하나님께서 직접 나에게 자유롭게 말씀하실 수 있도록 나의 마음을 열어놓을 수 있을 때만이 기적은 나타날 수 있을 것이다. 기적에 대한 믿음은 결국 나의 주체적 삶의 신앙의 표현이다. 자연적 인과는 하나님을 나의 일상성으로부터 멀리 숨겨버린다. 그러나 기적은 하나님을 나의 실존에 가깝게 다가오게 만든다. 그것은 나의 일상성을 지배하는 자연적 인과에 대한 신념의 포기마저도 야기할 수 있는 "가까움"이다. 신앙은 궁극적으로 나의 모든 아집의 포기를 의미하며, 그것은 자연의 법칙성으로부터의 해방까지도 포괄하는 것이다.

넷째, 예수가 행한 기적은 단지 예수가 하나님의 아들이라는 사실을 인지시키기 위한 깨우침이나 협박의 수단일 뿐 아니라, 그러한 기적 속에 이미 하나님의 나라가 지금 여기에 도래하고 있다는 사태를 선포하기 위한 징표일 뿐이다. 하나님의 나라는 미래적 사태이지만 예수는 기적을 통하여 그것을 현재적 사태로 끌어들이고 있는 것이다.

다섯째, 예수가 행한 기적은 인간의 실존과 관계없는 초자연적 사태의 과시가 아니라 대부분 "질병의 고침"이나 "같이 나누어 먹음"

과 같은 비근한 삶의 문제와 관련되어 있다. 싯달타가 득도의 체험을 출발시킨 문제의식도 생로병사(生老病死)였고 그의 탐구의 종착역도 결국 생로병사였다. "태어나서 늙고 병들어 죽는" 인간의 실존이야 말로 모든 종교가 투쟁하지 않을 수 없는 과제상황이다. 예수의 공생애, 그의 선교활동을 지배한 기적의 행함도 결국 이러한 생로병사의 한계상황과 유리되어 있지 않다. 싯달타는 이러한 생로병사로부터 근원적인 해탈을 요구하였다면 예수도 기적을 통하여 인간에게 생로병사의 문제를 새롭게 바라볼 수 있는 하나님의 의지를 과시하려고 노력했다. 그리고 이것은 율법적 사유에 대한 전면적 재고를 요구하는 것이다. 전통적인 율법적 사유에 있어서는 지나가는 사람이 벼락을 맞는 것도 하나님의 천벌일 수가 있다. 우연적 사태를 윤리적 사태로 규정하는 것은 우리나라 사람들의 전통적 가치관에도 무의식적으로 깔려있는 생각이다. 마찬가지로 인간의 숙명적인 질병까지도 하나님의 징벌이나 진노로 해석하기 십상인 것이다(cf. 요 9:2). 나면서부터 소경인 사람, 나면서부터 앉은뱅이인 사람, 나면서부터 손이 꼬부라지거나 기형인 사람들을 우리는 그의 불행한 운명으로 규정하고 암암리 그것을 우리보다 열등한 삶의 소유자로서 비하해 버리거나 어쩔 수 없는 신의 징벌로서 저주해버리거나 윤회의 한 고리로서 불운한 업의 결과로서 체념해버리거나 한다. 예수의 기적은 바로 이러한 모든 율법이나 윤회나 도덕적 사유를 단절시킨다. 그는 선천적 기형이거나 인간의 고질적 질병을 믿음 하나에 의거하여 치유시킴으로써 하나님의 사랑이 즉각적으로 모든 인간에게 골고루

강림할 수 있다는 것을 과시한다. "고침"과 "나눔"이라는 기적적 행위의 바로 그 순간에 하나님의 나라가 이미 지금, 여기에 도래하고 있다는 것을 선포하고 있는 것이다. 그것이 바로 기쁜 소식이요 복음인 것이다.

여섯째, 예수의 이적 행함은 제식을 전제로 하지 않는다. 이적을 행하는 대부분의 사람들은 이적을 행하기 전에 꼭 제식을 치른다. 마술을 할 때도 검은 보자기를 뒤집어 씌워놓고 "수리 수리 마수리" 같은 주문을 외우든지, 무당도 소머리를 세우기 전에 꼭 굿을 하거나 공수를 주고받거나 한다. 예수에게는 일체 그러한 쇼적인 과정이 없다. 오천 명에게 "떡을 나누어 줄" 뿐이며, 앉은뱅이 보고 그냥 "걸어가라!"고 말할 뿐이다. 예수의 이적이 비록 특수한 전설이나 설화적 장식의 문맥 속에 가려져 있기는 하지만, 그것이 소기하는 의미는 우리의 상식적인 기적에 대한 기대를 깨버리고 있는 것이다. 그것은 결코 초자연적 인과의 과시가 아닌 어떤 실존적 의미를 우리에게 강렬하게 전달하기 위한 것이다. 예수는 결코 이적을 우리에게 초자연적 사실로서 과시하는 데 관심을 보이지 않는다. 그것은 그 자신의 하나님과의 소통의 역사(役事)였을 뿐이다. 예수의 관심이 만약 그러한 이적과시에 머물렀다고 한다면, 기독교는 벌써 초장에 저등종교로서 윤락해버렸을 것이다.

제2장 신화와 철학

희랍인들의 신화적 세계관

　신화(神話, myth)라는 것이 있다. 신화란 문자 그대로 신들의 이야기이다. 신들은 역사 밖에 있다. 신들에게는 우리가 역사 속에서, 그러니까 시공의 지배를 받는 세계 속에서 체험하는 인과관계가 적용되지 않는다. 신들의 세계에 있어서는 죽음과 부활은 다반사(茶飯事)이다. 희랍세계에서 아주 유행했던 바카스축제의 주인공인 디오니소스(Dionysus)만 해도 기구하게 태어났다. 디오니소스는 제우스(Zeus)와 테베의 왕 카드무스의 딸인 세멜레(Semele) 사이에서 태어난 아들이다. 제우스의 아내인 헤라는 질투를 느껴 세멜레에게 제우스가 침실에 올 때, 신의 본래 모습으로 나타나 달라고 애원하게 만든다. 제우스는 세멜레에게 어떠한 소원도 다 들어주겠다고 약속했기 때문에 하는 수 없이 본래 모습으로, 섬광과 우뢰로 둘러싸인 전차를 타고 벽력을 치면서 나타난다. 제우스는 인도의 인드라신처럼 벽력 즉 벼락의 신이기 때문이다. 불행하게도 지상의 딸인 세멜레는 벼락에 맞아 죽을 수밖에 없었다. 이때 제우스는 재빨리 세멜레의 뱃속에서 6개월이 된 태아 디오니소스를 끄집어내서 자기 허벅지 속에 감추어 봉합해버린다. 만삭이 되었을 때 디오니소스는 제우스의 허벅지에서 태어나게 된다.

디오니소스의 또 다른 탄생설화는 다음과 같은 이야기를 전해준다. 디오니소스의 다른 이름은 바카스(Bacchus)이다. 바카스는 제우스와 페르세포네(Persephone)의 사이에서 태어난 아들이다. 그가 꼬마 소년이었을 때 헤라의 명령으로 타이탄들(Titans)에게 갈기갈기 찢겨 죽음을 당한다. 타이탄들은 디오니소스의 육신을 다 삼켜 먹어버렸지만 그의 심장만은 남겨놓았다. 제우스는 그 심장을 세멜레에게 주어 삼키게 했다. 그래서 세멜레는 바카스를 임신케 된다. 그 뒤로 제우스와의 이야기가 연결된다. 그렇게 해서 바카스는 두 번 태어나게 되는 것이다.

이러한 바카스의 신화는 희랍인들이 매우 열광했던 오르페우스종교와도 깊은 관련이 있다. 오르페우스종교(Orphism)는 오르페우스(Orpheus)라는 역사적 인물에 의하여 창시된 것으로 알려져 있다. 오르페우스는 호머 이전의 최대의 시인이며 탁월한 음악가로서 이름이 나있으나 사실 오르페우스라는 인물의 역사성에 관해서는 고증할 바가 없다.

전설에 의하면 오르페우스는 트라키아의 왕인 오이아그로스(Oiagros)와 뮤즈인 칼리오페(Kalliope) 사이에서 태어났으며 음악에 천재성이 뛰어나 리라(lyre)를 발명했다고도 한다. 그가 노래를 부르면 야수와 산천초목이 다 홀려 그 곁에 와서 춤을 추곤 했다. 그는 아름다운 요정인 아내 에우리디케(Eurydice)를 열렬히 사랑했다. 그런데 에우리디케가 호반을 산보하고 있을 때, 아리스타이오스(Aristaios)가 그녀를 흠모한 나머지 범하려 하자, 그녀는 호반의 풀늪으로 달아났는데 그만 늪에 숨어있던 뱀에 물려 생명을 잃고 만다. 오르페우스는 죽은 아내를 구하려고 사람이 절대 내려갈 수 없는 명부(冥府)에까지도 내려가기를 서슴지 않는다. 그의 노래는 저승의 모든 혼령들을 매혹시켰다. 이크시온의 수레바퀴도 회전을 멈추었고, 탄타로스도 갈증을 잊어버렸고, 다나우스의 딸들도 물붓기를 멈추었고, 시지푸스의 바위도 절로 정지하였다. 그의 노래에 매료된 사공 카론(Charon)은 그를 배에 태워주었고, 저승의 개 케르베로스(Cerberus)와 지옥의 괴물들도 얌전히 들여보내 주었다. 드디어 오르페우스는 저승의 지배자 페르세포네와 하데스 앞에 서기에 이르렀다.

오르페우스는 에우리디케에 대한 사랑을 노래하면서, 페르세포네와 하데스가 사랑으로 결합된 것처럼, 자기도 도저히 떨어져 사는 이 불행을 견딜 수 없다고 애원한다. 페르세포네와 하데스는 오르페우스의 탄원을 들어주며 에우리디케를 지상으로 데리고 나가도 좋다고 허락했다. 그러나 하나의 중대한 조건이 있었다. 둘 다 저승에서 벗어나기 전까지는 절대 뒤를 돌아봐서는 안된다는 것이었다. 긴 암흑의 터널을 헤쳐나와 저 산자들이 사는 땅으로 나아가는 구멍을 보았을 때, 찬란한 빛이 새어들어왔다. 오르페우스는 그 태양의 빛을 보는 순간, 너무도 환희에 차 무의식중에 태양에 비친 자기 부인의 얼굴을 보고 싶어 뒤돌아보고 만다. 그 순간! 에우리디케의 모습은 사라져버리고 만다. "잔인한 운명이군요!" 이 외마디 한탄을 끝으로 사랑하는 에우리디케의 목소리는 더 이상 들리지 않았다.

절망 속에 오르페우스는 일곱 달 동안이나 눈 덮인 산 속에서 울었다. 그리고 그는 아내에 대한 그리움에 일체의 여자들을 가까이 하지 않았다. 그리고 비전의 밀교단체를 만들었는데 여자의 입회를 허락하지 않았다. 이에 모욕을 느낀 트라케의 여자들은 광란의 축제에서 그의 몸뚱아리를 여덟 갈래로 찢어 버렸다. 어떤 버젼에 의하면 이 여인들은 디오니소스의 광신도들이었고, 오르페우스는 디오니소스의 축제의 제물로서 자신을 기꺼이 던졌다고 했다. 그리고 그의 하프와 대가리만을 헤브로스 강물에 던져버렸다. 강물에 빠진 머리는 "오! 나의 에우리디케여!" 절규의 아름다운 노래를 부르며 떠내려갔다. 그 머리는 레스보스(Lesbos) 섬에까지 떠내려갔다. 레스보스 섬에는 오르페우스 신탁의 성전이 세워졌고 그의 하프는 하늘에 올라가 별자리가 되었다고 한다. 결국 오르페우스의 영혼은 다시 명부로 내려가 에우리디케와 결합하였고 둘은 사자(死者)의 왕국내의 파라다이스인 엘리시안 필드(the Elysian Fields)에서 영원히 같이 살았다고 했다. 하여튼 트라케(Thrace)지방에서의 오르페우스의 숭배는 디오니소스숭배와 연결되어 있으며 둘 다 죽음과 부활의 상징성을 가지고 있다.

역사적으로 오르페우스가 어떤 인물이었는지는 이러한 전설로써는 도저히 알 수가 없다. 역사적으로 그는 그의 종교적 신념 때문에 갈기갈기 찢기는 죽음을 당했을지도 모른다. 그러나 그의 종교의 교리는 잘 알려져 있다. 신도들은 인간의 영혼이 윤회한다는 것을 믿었다. 윤회(the transmigration of souls)란 인간의 영혼이 독자적인 아이덴티티를 지니고 끊임없는 수육(受肉)과 죽음과 해방을 되풀이한다는 것이다. 그리고 그러한 과정에서 전생의 업보는 후생에 도덕적 영향을 미친다는 것이다. 이러한 윤회사상을 우리는 불교의 전유물인 것처럼 오해하고 있지만 사실 이러한 윤회의 사상은 희랍을 포함한 지중해연안문명으로부터, 중동, 중앙아시아, 인도문명에 이르기까지 골고루 분포되어 있는 세계관이다. 유명한 아테네의 철학자 플라톤이 오르페우스종교에 깊은 신앙을 가진 사람이라는 것도 잘 알려져 있는 사실이다.

누가복음 16장 19~31절에는 화사하고 값진 옷을 입고 날마다 연락(宴樂)하는 부자와 그 집 대문간에서 종기투성이의 몸으로 그 집 식탁에서 떨어지는 부스러기로 주린 배를 채우려고 껄떡거리던 나사로라는 거지의 이야기가 나온다. 그 업보로 인해 죽은 후에 나사로는 천당에서 아브라함의 품에 안기고 부자는 지옥의 불꽃 속에서 끔찍한 고통을 받는다. 그리고 이 두 사람, 부자와 나사로를 안고있는 아브라함은 각각 지옥과 천당에서 서로를 마주보며 이야기를 나눈다. 그런데 그 이야기의 내용을 보면, 그것이 과연 기독교복음서의 이야기인지, 육도윤회(六道輪廻)를 반복하는 중생의 이야기를 담고 있는 불교설화나 자따까(Jātaka, 本生譚)의 한 장면인지 도무지 구별이 가질 않는다. 예수도 물론 천당-지상-지옥이 3층으로 되어있는 거대한 아파트처럼 확실히 공간적으로 분할되어 있는 우주론(cosmology)의 구조의 지배로부터 벗어나 있지 않다. "천당으로 올라간다"(ascended into heaven)든가 "지옥으로 떨어진다"(descended into hell)는 표현은 예수와 그를 따르는 크리스챤들에게는 매우 상식적 우주모델의 언사들이다.

오르페우스와 바카스

하여튼 오르페우스교도들은 오염된 생활을 피함으로써 그들의 몸을 정화시키려고 힘썼다. 정통파들은 고기를 먹어야 하는 제식의 불가피한 상황을 제외하고는 평상시는 불교도들처럼 육식을 하지 않았다. 그들에 의하면 인간은 하늘적 부분과 땅적인 부분으로 합성되어 있다. 정화된 생활을 계속하면 땅적인 부분이 감소하고 하늘적 부분이 증가한다. 하늘적 부분이 증가하는 종국에는 인간은 바카스와 합일되는 경지에 도달한다. 그때 우리는 그를 하나의 "바카스"(a Bacchus)라고 부른다.

여기서 우리는 인간을 형이상자(形而上者)와 형이하자(形而下者)의 결합으로 파악하는 『주역』「계사」적인 세계관이나, 하늘적인 기(氣)와 땅적인 혈(血)의 합성으로 파악하는 『내경』의 기혈론적 세계관을 연상할 수도 있겠지만, 그러한 천지자연론적 세계관보다는 당연히 후대의 영지주의(Gnosticism)적 세계관의 어떤 프로토타입을 이미 오르페우스종교에서 발견하게 되는 것이다.

바카스축제는 좀 잔인하다. 니체는 기독교의 노예도덕에 반발하여 디오니소스적 힘의 발출을 매우 극찬해마지 않았지만, 바카스축제는 실제로 희랍사회에서는 매우 골치거리였다. 그것은 본래 트라케·마케도니아에서 발생하여 점차 헬라스로 전파되어 왔다. 바카스는 주신(酒神)이며, 엑스타시(ecstasy)의 신이며, 풍요의 신이며, 생산(fertility)의 신이다. 바카스축제의 주요한 테마가 주(酒)·색(色)이 되는 것은 너무도 당연한 것이다. 그런데 이 바카스축제는 희랍의 상류사회의 부녀자들에게 엄청난 인기가 있었다. 그것은 트라케·마케도니아로부터 주로 여자들 사이에서 성행하던 광란의 제식이었다. 이 부녀자들을 미친자(mad ones)라는 뜻으로 매나드(the Maenads)라고 부른다. 이 매나드들은 가정을 버리고 횃불과, 끝에 솔방울들을 회향풀로 감은 막대 튀르소스(thyrsos)를 휘두르며 산야의 언덕에 모여 "유오이!"(Euoi!)를 외치며, 프루트와 팀파논(tympanon, kettledrum)의 리듬에 맞추어 광란의 춤을 춘다. 이들은 독주를 마시면서 점점 황홀경에 빠져드는데 이때 살아있는 들짐승을 여덟 갈래

디오니소스 축제의 광란에 빠진 매나드와 꼴려있는 바카스의 종자 사티로스. 매나드 여인은 한 손에 찢은 동물, 한 손에 튀르소스를 들고 있다.

BC 490년경의 아티카지역 사발 그림.

로 찢어 피흘리는 고기를 그대로 먹는다(omophagia). 더욱 끔찍한 사실은 살아있는 인간 소년을 여덟 갈래로 갈기갈기 찢어먹기도 한다는 것이다(allelophagia). 사실 아브라함이 말년에 얻은 자식을 번제로 바치려 했다는 것을 생각하면 이런 풍속도 결코 기이하다고만은 할 수 없을 것이다. 하여튼 이것은 타이탄들이 디오니소스를 찢어 먹은 것을 다시 연출하는 것이다. 그 찢기는 생물은 신의 화신이다. 타이탄들은 지상에서 태어났지만 디오니소스를 찢어 먹고 나서 신성의 불꽃을 지니게 되었던 것이다. 마찬가지로 바카스축제의 무녀들도 이러한 의식을 통해 신성에 합일된다고 믿었다. 그리고 이런 광적 도취에 의하여 신과 하나가 됨으로써 일반적인 방법에 의하여서는 손에 넣을 수 없는 신비로운 지식(그노시스)을 얻을 수 있다고 믿었다.

피타고라스와 싯달타

 오르페우스는 전통적인 바카스축제가 지나치게 광란의 오르지(orgy)로 흐른 것에 새로운 정신적 요소를 도입하려고 노력했다. 즉 엑스타시를 광란에 의하여 도달하는 것이 아니라 불교의 초기승단의 선정과도 같은 금욕의 방법을 강조했다. 육체적 도취를 정신적 도취로 대신하려 했던 것이다. 오르페우스를 박카스신앙의 개혁자라고 한다면, 오르페우스종교를 개혁하려고 했던 매우 혁신적이고도 신비로운 사상가가 바로 피타고라스(Pythagoras, c. BC 580~500)였다. 그는 이태리 남부에 있던 그리스 도시 크로톤(Croton)에 매우 신비로운 종교집단, 그러니까 나중에 사해부근에서 사해문서의 발견과 함께 고고학적 발굴로 드러나게 된 쿰란 커뮤니티와도 비슷한 신앙공동체를 만들고 그 속에서 교주 노릇을 하고 살았다. 우리는 그를 인류에게 수학을 선사한 위대한 과학자처럼 이해하고 있지만 고대세계에 있어서 과학과 종교는 분리될 수 없었다. 종교적 통찰이 과학적 사색을 낳았고, 과학적 발견이 종교적 신념을 강화시켰던 것이다. 피타고라스는 아인슈타인과 최수운과 김일부가 한몸이 된 그러한 류의 인간이었을 것이다.

 그의 종교단체에는 강력한 금기규칙이 있었는데 그 제1계명이 "콩을 먹지말라"는 것이었다. 좀 이해되기 어려운 규칙이다. 떨어뜨린 물건을 줍지말라, 흰 수탉을 만지지말라, 빵을 쪼개지말라, 쇠붙이로 불을 휘젓지말라, 됫박 위에는 앉지말라, 심장을 먹지말라, 문지방을 밟고 넘지말라, 제비와 함께 지붕을 쓰지말라, 냄비를 불에서 꺼내었을 때 냄비자리가 재 속에 남지 못하도록 그 흔적을 저어서 없애라, 이부자리에서 자고 있어났을 때 반드시 이부자리를 토닥거려 몸이 눌린 자국을 없애라 등등의 규칙은 그 나름대로 원시적인 타부로서 이해가는 측면도 있지만, 콩을 먹지말라는 계명은 이해가 잘 되지 않는다. 하여튼 된장 없이 못사는 한국사람은 그곳에서 살 수가 없었을 것이다. 콩을 먹지말라는 규율 때문에 많은 사람이 그 신앙촌을 이탈했다고 한다.

피타고라스 신앙촌을 지배한 사상의 가장 중요한 세계관은 윤회였다. 그것은 싯달타를 지배한 세계관과 완전히 동일한 것이었다. 윤회란 우리의 영혼이, 육신의 다리(교각)들을 매개로 하여 끊임없이 여행을 하는 것이다. 그런데 이 끊임없는 여행은 결코 바람직한 사태가 아니다. 인간의 영혼은 이 지루하고 반복적인 고통의 굴레로부터 근본적으로 이탈해야 한다. 이 이탈을 해방이라 불렀고, 불교도들은 해탈(解脫)이라 불렀던 것이다. 윤회로부터의 근원적인 벗어남이 곧 열반(涅槃, Nirvana)인 것이다.

싯달타나 피타고라스나 다 같이 이 열반을 획득하는 길을 사색을 통하여 발견하려고 했다. 싯달타나 피타고라스나 모두 최초의 출발점은 금욕이나 극기였다. 싯달타는 우파니샤드의 범아일여론에서부터 고행의 수행을 출발시켰고, 피타고라스도 오르페우스종교의 금욕주의 수행에서부터 출발했다. 그러나 싯달타는 단순히 육체를 학대하는 고행의 한계를 자각하고 중도를 체득하기에 이른다. 중도는 깨우침이요 앎이다. "붓다"(Buddha)라는 것은 "바르게 안 자"라는 뜻이다. 무엇을 알았는가? 그가 안 것은 선정(禪定)의 주체인 나(Atman)라는 존재는 연기(緣起, paṭiccasamuppāda)의 한 고리일 뿐이라는 우주의 실상에 대한 깨달음이다. 이 연기에 대한 깨달음은 무아(無我, anātman)의 증득(證得)으로 연결된다. 무아를 통하여 싯달타는 인간의 근본무명을 타파하기에 이른다.

마찬가지로 피타고라스도 사색을 통하여 해탈의 증득을 얻으려했다. 그가 도달한 근원적 깨달음은 바로 우주의 실상이 수적 질서로 이루어져 있다는 것이었다. 이 수적 질서에 대한 관조를 통해 인간은 근원적 해탈을 획득할 수 있다고 믿었다. 수적 질서에 관한 철학적 사색은 영혼의 정화를 가져올 수 있고, 이러한 영혼의 정화는 곧 인간이 신적 경지와 합일이 되게 하며 해탈의 문이 열리게 되는 것이다. 신비적 수리는 구극적 해탈의 문의 열쇠였던 것이다.

피타고라스의 이러한 수리적 신비주의는 사유가 감각보다 우월하며, 직관이 관찰보다 탁월하다는 생각을 불러일으켰다. 그리고 궁극적으로 우리가 살고 있는 이 세계의 실상(Reality)이 시시각각으로 변하는 허망한 물리적 세계가 아니라 사유적 세계라고 하는 아주 독특한 존재론적 믿음을 불러일으켰다. 사유가 감각보다 더 고귀하며, 사유의 대상이 지각의 대상보다 더 실재적이라고 하는 모든 희랍적 사고방식의 광맥의 원류에 피타고라스가 자리잡고 있는 것이다. 이러한 오르페우스의 요소는 피타고라스를 통하여 플라톤으로 흘러들어 갔고, 또 다시 플라톤을 거쳐 그 이후의 모든 철학에 배어들어 갔다. 사실 모든 철학이 매우 엄밀한 논리와 무전제적인 사고를 과시하는 듯이 보이지만 그 궁극에는 항상 종교적 세계관이나 신비적 통찰을 깔고 있다. 철학은 종교를 부정하는 그 무엇이 아니라, 종교적 가치관으로부터 배어나오는 순수한 사유의 세계라 해야할 것이다.

플라톤의 이원론, 감관계와 예지계를 나누고, 이데아계와 현상계를 여지없이 둘로 나누어버리는 그의 에로스적 초월적 세계관은 본질상 모두 피타고라스 철학의 변형태에 불과하며 그 배후에는 오르페우스종교와, 그와 유사한 희랍인들의 종교적 정서가 자리잡고 있다. 희랍인들에게 있어서는 신화와 종교가 구분되지 않는다. 신화는 그들의 종교의 어휘였다.

플라톤의 제자인 아리스토텔레스는 스승의 기하학주의적인 이원론을 생물학주의적 일원론으로 환원시키려고 노력했지만 결국 불철저한 이원론으로 끝나버리고 만다. 플라톤의 이원론을 현상의 질서 속에서 변증법적으로 전개시켰지만, 그의 4원인설이나 형상과 질료

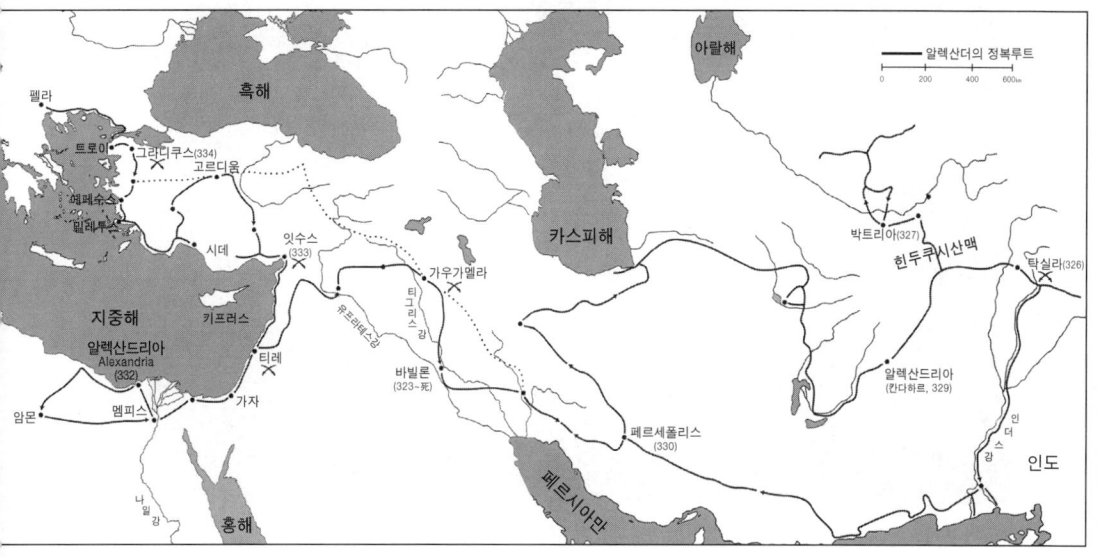

알렉산더의 세계정복

의 변증법에는 궁극적으로 플라톤의 이데아론이 조금도 훼손되지 않은 형태로 남아있다.

알렉산더 세계정복의 의미

그런데 아리스토텔레스의 제자인 알렉산더대왕(Alexander the Great, BC 356~323)은 자기 스승의 구태의연한 형이상학적 세계질서와는 전혀 다른 새로운 세계를 관념이 아닌 이 시공, 이 땅 위에 개척하는 데 광분한 패기넘친 젊은이였다. 젊은 알렉산더는 BC 334~324의 10년이라는 매우 짧은 기간에 헬레니즘(Hellenism)이라는 새로운 세계질서를 수립했다. 그는 원래 마케도니아 사람이라서 아테네중심의 희랍질서로부터는 변방적인 인물이었지만 그만큼 그는 희랍질

이스탄불 고고학 박물관에 보관되어 있는 알렉산더대왕의 대리석 석관. 지은이 촬영
BC 325~311사이, 현 레바논의 시돈에서 제작.

서를 편견없이 동경했고, 그가 정복하는 모든 곳마다 희랍의 모든 것, 도시, 언어, 철학, 가치관, 삶의 방식, 종교, 예술, 과학 등 그 모든 것을 전파했다. 그가 10년 동안 정복한 세계는 아시아와 시리아, 이집트, 바빌론, 페르시아, 사마르칸트, 박트리아와 인도 서북부 인더스강 유역까지를 포괄하는 방대한 영역이었다. 그의 비망록을 보면 그는 정복하는 데만 관심이 있었지 그가 정복한 지역을 영구히 다스리는 데 체계적 관심을 두지 않았다. 그가 바빌론에서 숨을 거두었을 때 그는 아직 만 33세도 채우지 못한 청년이었다. 그의 젊음은 어떠한 고착적인 발상도 허락하질 않았던 것이다. 따라서 그는 정복하는 모든 지역마다 그 지역이 존숭하고 있는 가치관이나 문화 · 종교 · 예술을 존경해주었다. 따라서 알렉산더의 세계정복은 희랍문화의 전

애마 부세팔로스를 타고 세계를 정복하고 있는 20대 청년 알렉산더의 리얼한 모습. 투구의 사자는 희랍의 헤라클레스를 상징하고 귓밥의 양뿔은 이집트의 아문신을 상징한다. 오른 손은 창을 던지는 다이내믹한 포오즈.
옆 페이지 석관 왼쪽 최 외곽부분확대

파와 동시에 좁은 폴리스공동체에 갇혀있던 희랍 도시국가문명의 종식을 의미하게 되었으며 거꾸로 동방으로부터의 모든 종교나 예술이나 가치관, 새로운 문명의 요소들이 역류되어 왔다.

 동·서문명의 대거 융합으로 코스모폴리타니즘이 등장하고 다양한 가치관의 용인과 함께 보편주의적 사고가 생겨났다. 알렉산더 자신도 희랍인들의 우월의식에서 본다면 야만적이기만 했던 이방인의 두 공주와 결혼했으며, 그의 마케도니아 장수들도 이방인의 여자들을 아내로 맞아들여야 했다. 이러한 융합으로 비로소 사색하는 사람들의 마음속에 "인류 보편"(mankind as a whole)이라는 새로운 관념이 생겨나기 시작했던 것이다. 역사학에서는 BC 323년 알렉산더대왕의 죽음으로부터 BC 30년 클레오파트라의 죽음(로마가 이집트를 병합)까지를 헬레니즘 시대(the Hellenistic Period)라고 부르지만, 지금부터 우리가 탐구하고자 하는 기독교는 기본적으로 이 헬레니즘문명의 소산이라고 하는 매우 기초적인 사실을 항상 염두에 두고 다각적인 고찰을 할 줄 알아야 한다. 그것은 어디 흑룡강성의 북부여나 비류수(沸流水)변의 졸본부여(卒本夫餘)에서 생겨난 종교는 아니라는 것이다.

기독교의 출발은 물론 예수와 그의 제자들을 포함하여 팔레스타인의 유대인으로부터 시작된 것이지만 예수의 사후 초대교회는 이미 헬라화된 유대인들이 대거 참여하여 그 주도권을 장악해갔으며, 이들은 기독교를 유대인이 아닌 헬레니즘 세계의 이방인들에게 펼치려고 노력했다. 그 대표적인 인물이 사도 바울이라는 사상가였다. 바울은 철저히 헬레니즘문명권에서 성장한 헬레니즘 사상가(a Hellenistic thinker)였다. 그리고 AD 100년경에는, 최소한 2세기 초반에는 기독교는 유대교로부터 완전히 분리되어 헬레니즘세계의 이방인들만의 종교로서 성장하여갔던 것이다. 물론 초기 기독교의 모든 문헌들도 헬라어, 즉 헬레니즘시대에 보편적으로 통용되던 코이네 희랍어로 쓰여진 것이다. 바울의 서간도 모두 희랍어로 쓰여진 것이다.

그렇다고 지금 내가 독자들에게 기독교를 헬레니즘의 틀 속에서, 헬레니즘적 사유체계로서 이해해야 한다는 것을 말하려는 것은 아니다. 오히려 기독교는 헬레니즘시대의 산물이면서도 헬레니즘적 사유를 철저히 거부한 측면이 강하다. 아니, 거부했다기보다는 헬레니즘적 상식의 세계에 도전하면서, 헬라화된 로마세계에 새로운 논리와 시각과 활력을 제공했다고 말할 수 있다. 단지 우리가 간과할 수 없는 사실은 초기 기독교사의 전개는 어디까지나 졸본부여나 예맥의 장이 아닌, 에베소, 안티옥, 알렉산드리아 등 지중해연안의 헬레니즘의 장에서 끊임없이 헬라스사상과의 교섭을 통해서 성장하여갔다는 것이다. 그 과정에서 우리가 상상하기 어려운 다양한 기독교운동이 존재하였다. 물론 그러한 다양한 기독교운동 속에서 그려진 예수의 모습도 일양적(一樣的)인 해석을 거부하는 다양한 모습이었다.

BC 3세기경의 헬레니즘 시대의 원작으로 사료되는 이 무명의 노파 조각 (the statue of an old woman)은 헬레니즘 시대의 정신을 너무도 리얼하게 표현하고 있다. 고전시대의 작품처럼 완벽한 비율을 지닌 이상적 나체의 신상을 형상화하고 있질 않다. 못생기고 지친 한 노파가 시장바구니를 들고 꾸부정하게 걸어가는 평범한 삶의 한 장면을 축 처진 의상의 주름과 함께 섬세하게 표현하고 있다. 얼굴은 인간세의 윤리적 고뇌를 담고 있는 모습이다. 이러한 헬레니즘의 고뇌 속에서 바로 기독교라고 하는 새로운 종교가 탄생한 것이다.

제3장 헬레니즘의 사유

아타락시아

　헬레니즘시대에는, 희랍고전시대의 철학이 우주의 본체를 추구하는 존재론적 탐구(ontological quest)에 집착하였다고 한다면, 다시 동방사상의 유입으로 인생론적 문제, 개인의 구원과도 같은 아주 구체적인 삶의 문제에 몰두하게 되었다. 이들은 덕(德, aretē)을 말하였고, 행복(eudaimonia)을 말하였고, 마음의 평정, 즉 아타락시아(ataraxia)를 말하였다. 희랍의 초기 자연철학이 페르시아전쟁에서의 승리 이후 페리클레스 황금시대를 맞이하면서 소피스트철학의 난무로 장이 바뀌었듯이, 알렉산더대제의 제국문명이 도래하면서 또다시 인간의 삶의 문제에 관하여 근원적이고도 합리적이고도 보편적인 해결을 꾀하려는 운동들이 활발히 전개되었다. 소피스트들의 상대주의적이고도 우상파괴주의적 세계관을 넘어서는 절대적인 마음의 상태를 확보하려고 했으며, 이들의 추구는 대체적으로 반문명론적 성향을 지니고 있었다. 이미 제국주의적 전화(戰禍)나 풍요로움 속에서 역설적으로 인간소외를 자각하였다고 말할 수도 있다. 이 시대의 사조로서 우리는 견유학파(Cynicism), 회의주의(Skepticism), 에피큐로스학파(Epicurianism), 스토아학파(Stoicism), 그리고 신플라톤주의(Neo-Platonism)를 대표적으로 들 수 있다.

견유학파의 가치관

견유학파의 견유(犬儒, cynic)란 문자 그대로 "개 같이(canine) 사는 지식인"이란 뜻이다. 이 말에서 우리는 이미 이들이 얼마나 지독하게 반문명적이었나를 알 수가 있다. 이들은 종교, 풍습, 옷차림, 집, 음식, 예절 등 일체의 인간세(人間世)의 전통을 부정하였다. 그들은 일년 내내 한번도 빨지 않은 남루한 옷을 걸치고 구걸하며 살았다. 그들은 전 인류에 대한 동포애뿐만 아니라 동물 전체에 대한 동포애를 주장하였다. 그 대표적인 사상가 시노페의 디오게네스(Diogenes of Sinope, BC 412~323)는 평생을 절구통 속에서 살았다고 전해지는데 알렉산더대왕이 그의 명성을 듣고 그를 방문한 적이 있다고 한다. 그가 웅크리고 앉아있는 절구통 속을 들여다 보면서 알렉산더대왕이 물었다.

"존경스러운 철학자님! 무엇이든지 원하는 대로 해드리겠습니다. 무엇을 원하십니까?"

이때 디오게네스는 무어라 말했을까?

내 햇빛을 가리지 마시오!
Please stand out of my light!

 이 극적인 해후의 장면은 매우 잘 알려진 이야기이지만 이 상징적 언사에 가려져있는 심오한 사유를 그냥 가벼운 해프닝으로 스쳐지나가 버린다는 것은 매우 안타까운 일이다. 디오게네스는 알렉산더가 건설하려고 하는 제국문명 전체를 거부하고 있는 것이다. 나의 실존적 삶에 필요한 것은 알렉산더대왕의 부귀와 권력이 아니라 지금 이 순간 나에게 비치고 있는 햇빛이면 족하다. 여기에는 유위적 문명에 항거하는 무위적 자연에로의 회귀사상이 있다. 그리고 최소한의 질박한 삶(simplicity)과 자기절제(self-control)로서 얻을 수 있는 도덕적 자유, 모든 공포로부터의 해방을 구가한다. 디오게네스는 "나는 현존하는 모든 가치를 재주조한다"(I recoin current values.)고 말했는데 그의 재주조는 니체의 가치전도보다도 훨씬 더 래디칼한 것이다. 견유학파의 사상을 이해하려면 초기불교 승단의 아라한들, 컴컴한 비하라(vihara) 굴 속에 앉아있는 수행자들과 매우 자유로운 노장(老莊)철학의 무위(無爲)사상이 결합된 그 어떤 이미지를 연상하면 정확한 그림이 그려질 수 있을 것이다. 이 견유학파의 사상은 초기 기독교의 형성시기에 매우 유행한 사상이었다. 특히 알렉산드리아에서 지배적인 영향력을 발휘하였다. 이들은 물질적 소유 없이 사는 법, 소박한 음식으로 행복할 수 있고, 비싼 옷이 없이도 따뜻하게 지낼 수 있고, 국가에 충성한다는 것의 하찮음, 자녀나 친구의 죽음을 슬퍼하는 것의 어리석음 등등을 설파하는 작은 설교집을 유포시켰다. 이렇게 하여 견유학파의 사상은 매우 대중화되었다. 그들이 가르친 것은 세속적 가치의 부정이 아니라, 그러한 가치에 대한 무관심이었다.

이러한 헬레니즘의 배경을 이해하지 못하면, 부나 권력과 같은 세속적 가치에 대하여 아주 래디칼한 전도를 요구하고, 바리새인들이 신봉하는 율법적 사유의 철저한 부정을 가르치는 예수라는 사상가의 시대적 분위기를 읽어내기 힘들다. 최근에 발굴된 초기 기독교 자료로서 Q자료보다도 더 오리지날한 예수어록 파편을 포함하고 있는 것으로 간주되고 있는 『도마복음서 The Gospel of Thomas』 속에 비쳐지고 있는 예수는 견유학파의 한 지혜로운 사상가 같은 느낌이 든다. 인자(Son of Man)를 주어로 하는 수난과 죽음과 부활에 관한 종말론적 언급이 없다. 종말론적 사유는 오히려 시간적으로 역전되어 있다. 천국이 앞으로 다가올 미래의 사건이 아니라 오히려 모든 것이 분화되기 이전의 합일된 원융한 원초적 사태이다. 노자(老子)의 "혼돈混沌"을 연상케 한다.

스토아학파의 사상

견유학파의 사상은 스토아학파의 사상으로 발전하였다. 스토익들(Stoics)은 견유학파의 자기절제와 세속적 가치에 대한 무관심을 계승하였지만 문명이 인간에게 제공하는 최소한의 즐거움은 거절하지 않았다. 그러나 참다운 인간의 행복이란 어떠한 외재적인 것에 의하여서도 마음이 움직이지 않는 부동심의 경지, 아파테이아(apatheia)에 있는 것이다. 이러한 경지를 누리기 위해서는 "자연에 따르는 생활을 하라"고 충고한다. 그들에게 자연이란 로고스(Logos)이며 이성이다. 그리고 인간의 덕(Virtue)이란 바로 이성에 복종하는 것이다. 욕정(passions)은 영혼의 질병이다. 자연에 따르는 생활이란 이성에 따라서 살아가는 것이며, 그것은 곧 이성의 힘에 의하여 욕정을 억제하는 것이다. 이성으로써 욕정을 억제할 수 있는 사람이야말로 유덕한 사람이며, 이들이야말로 자율적 이성에 의한 자족적 삶을 누릴 수 있는 자격이 있는 것이다. 스토아학파의 이성은 후대 자연법사상(Natural Law)에 결정적 영향을 주었다. 바울의 율법관도 이러한 스토아철학의 자연법사상과 깊은 관련이 있다(율법없는 이방인이 본성으로 율법의 일을 행할 때는 이 사람은 율법이 없어도 자기가 자기에게 율법이 되나니. 롬 2:14). 우주를 하나의 단일한 생명체로 보고, 한 영혼을 가지고 있으며, 그것을 하나의 로고스라고 보는 이러한 스토아철학의 어휘는 요한복음의 로고스사상과도 모종의 관련이 있다. 이러한 관련을 운운한다면, 다시 말해서 예수를 말씀(로고스)과 일치시키는 사유체계를 운운한다면, 일찍이 피타고라스에게까지 소급되어 올라가지 않을 수 없다. 감각(sensation)에는 나타나지 않지만 사유(intellect)에 나타나는 영원한 세계에 관한 모든 관념은 피타고라스로부터 비롯되기 때문이다. 오르페우스종교, 피타고라스의 수리적 신비주의, 견유학파, 스토아학파, 그리고 영지주의, 이러한 것들은 하나의 논리로써 꿸 수는 없지만 부분적으로 모두 관련되어 헬레니즘문명의 기저를 이루고 있다. 이러한 문명의 관계 속에서 기독교의 다양한 제문제들이 파생하였던 것이다. 다시 한번 강조하지만 나는 이러한 관계항으로써 기독교를 규정하려는 것은 아니다. 단지 기독교를 이해하는 우리의 틀은 이러한 모든 함수들을 고려할 수밖에 없다는 것이다.

스토아철학을 대변하는 로마시대의 사상가로서 우리는 세네카(Seneca, BC 3~AD 65)를 들 수 있지만 그는 불행한 제자를 두었다. 기독교도들을 별 이유없이 박해한 네로 황제가 바로 세네카의 제자였다. 사실 네로 황제야말로 초기 기독교 교회를 결속시키는 데 가장 큰 공헌을 한 사람일지도 모른다. 사도 바울도 네로가 죽였다. 네로가 사도 바울을 죽였을 그 즈음, 자기 스승 세네카에게 자살할 수 있는 자비를 베풀었다(AD 65). 혈관을 끊은 후 비서가 받아쓰는 가운데 최후의 순간까지 장엄한 웅변을 쏟아내면서 침착하게 저승으로 사라졌다. 『명상록 Meditations』의 저자 마르쿠스 아우렐리우스(Marcus Aurelius, AD 121~180) 황제가 후기 스토아학파의 대가라는 사실은 조선의 독자들에게도 너무 잘 알려져있다. 스토아철학은 황제로부터 관료들에 이르기까지 기독교가 공인되기 이전에는 로마사회의 가장 보편적 교양이었다.

에피큐로스학파

　에피큐로스학파는 쾌락(pleasure)이 유일한 선이라고 주장한다. 쾌락은 축복된 삶의 처음이자 마지막이다. 학문이건, 도덕이건, 그 자체에 목적이 있는 것이 아니라 다만 쾌락이라는 목적을 위한 수단에 불과하다. 영어로 "에피큐어"(epicure)라 하면 "식도락가"라는 의미가 된다. 이들은 모든 선의 근원은 위(胃)의 쾌락이라고 주장한다. 그러나 탐식(貪食)을 하면 위에 고통이 올 것이다. 따라서 위의 쾌락을 위해선 절식(節食)이 요구될 것이다. 참다운 미식가들은 먹는 것을 잘 조절해야 한다. 사람이 쾌락을 추구하고 고통을 회피한다는 것은 인간의 자연스러운 내적 본성이다. 그러나 문제는 쾌락의 강도와 지속에 있다. 과도한 쾌락의 추구는 반드시 고통을 수반하기 때문에, 결국 쾌락의 추구는 결국 고통의 회피라는 문제로 귀결된다. 동적인 쾌락(dynamic pleasures)보다는 정적인 쾌락(static pleasures)이 선호될 수밖에 없다. 얼핏보면 에피큐로스학파와 스토아학파는 각각 쾌락주의와 금욕주의라는 상반된 가치를 추구하고 있는 것처럼 보이지만, 에피큐리안들의 쾌락주의도 결국 금욕주의로 귀결되고 만다. 쾌락의 지속을 위해서는 단순하고 검약한 생활을 할 수밖에 없다. 신중함에 의하여 조절되는 이성적 삶을 통하여 몸과 마음의 평정(equilibrium)을 유지하는 것이 상책이다. 배고픔을 충족시키는 기쁨은 격렬한 쾌락이다. 그러나 그러한 쾌락은 위장의 고통을 수반한다. 항상 먹는둥 마는둥 소식과 절제로 신체적 평정을 유지해야만 정적 쾌락이 유지된다. 이러한 경지를 그들은 아타락시아(ataraxia)

라고 불렀다.

에피큐로스(Epicurus, BC 341~270)는 공포를 피하는 문제로부터 그의 사변철학을 출발시켰다. 인간에게 공포를 일으키는 가장 큰 두 근원이 있으니, 그 하나가 종교이고 또 하나가 죽음이다. 그런데 이 두 원인은 서로 관련되어 있다. 종교는 죽음의 공포를 고취하는 것으로써 그 존재이유를 정당화하기 때문이다. 그래서 그는 신은 인간사에 간섭할 수 없기 때문에 근원적으로 공포의 대상이 될 수 없다는것과, 영혼은 육신과 함께 멸한다는 것을 입증하는 형이상학적 이론을 수립했다. 많은 사람이 종교를 위안으로 생각하지만 에피큐로스는 종교야말로 공포의 근원이라고 생각했다. 그는 유물론자였다. 따라서 영혼도 물질이다. 죽음은 걱정의 대상이 될 수 없다. 죽음은 영원히 감각될 수 없기 때문이다. 죽음은 모든 감각의 종료를 의미할 뿐이다. 영혼불멸에 관한 모든 교설은 인간이 고통에서 벗어날 수 있는 희망에 대해 치명적인 타격을 가하는 야비한 이론일 뿐이다. 에피큐로스학파의 이론은 인도의 차르바카(Cārvaka)철학과 매우 유사하다. 하여튼 헬레니즘시대의 동서교류는 구체적으로 추적하기는 어렵지만 이러한 자유로운 사상들의 융합을 가져왔다. 이것은 매우 개명한 생각들이며 달관한 인본주의의 사유체계들이다.

회의학파

회의학파(Skeptics)는 실천론이 아닌 지식론에 있어서 아타락시아를 추구했다. 일체의 이론의 정당성에 대한 판단을 중지시킴으로써 마음의 평정을 누리고자 했던 것이다. 우리의 지각은 결코 외물(外物)의 진상을 보여주는 것이 아니며, 어느 시대 어느 장소를 막론하고 승인하지 않을 수 없는 보편적 진리란 존재할 수 없다. 궁극적 실재에 관하여 우리는 아무것도 알 수가 없다. 따라서 우리는 모든 명제에 대하여 확실한 진·위 판단을 내려서는 아니된다. 이러한 판단중지를 이들은 에포케(epochē)라고 불렀다. 절대적인 진리는 존재하지 않는다. 아무것도 결정하지 말고, 어떤 것에도 동의하지 말라!

신플라톤주의자로서는 플라톤철학에 의하여 유대교를 해석하고 신학의 체계화를 꾀한 유대인 사상가, 예수와 완벽하게 동시대의 사람인 필로(Philo, BC 15-10~AD 45-50)가 있다. 필로의 로고스사상은 플라톤의 이데아를 인격적으로 해석한 것이며, 그것은 요한복음 로고스사상의 선구적 사상으로서 많은 학자들의 탐구의 대상이 되고 있다.

사도행전 17장에 보면 아테네를 방문한 사도 바울이 에피큐로스학파와 스토아학파의 여러 철학자들과 쟁론을 벌이는 장면이 나오고 있다. 신약성서를 읽을 때, 우리는 이러한 장면을 아주 가볍게 간과해버릴 수 있지만(행 17:16~34) 헬레니즘세계에 관하여 깊은 통찰력을 가지고 있는 사람이라면 헬레니즘의 심장부인 아테네에서 헬레니즘의 주류철학의 아성에 도전하고 있는 좀 무모하고도 용감한 사도 바울의 모습을 동정적으로 연상하는 것은 참으로 스산한 느낌을 자아낸다. 물론 사도행전의 이러한 기사는 사도 바울의 입장에서 기술되었기 때문에 바울의 쟁론에 대한 에피큐리안들이나 스토익들의 구체적인 반론이나 비판은 기술되어 있지 않다. 사도 바울은 마치 아고라에서 소피스트들과 변론하고 있는 소크라테스의 모습을 연상시킨다. 사도행전의 저자는 의도적으로 그렇게 그렸다.

사도 바울의 도전

사도 바울은 우선 다신론적인 아테네의 분위기를 지적한다. 신상으로 가득차있는 아테네의 거리를 보고 우선 헬라스 사람들이 신앙심이 강한 사람들이라고 칭찬해준다. 그러나 신들이 하도 잡다하게 많아, "미처 알 수도 없는 신"들에게까지 제사지내고 있는 그들 신앙의 그릇된 현황을 지적한다. 그리고 그들이 경배하는 신들, 이름도 다 기억할 수 없는 그들의 신들은 인간의 형상을 한, 인간의 협애한 상상력 속에서 제조된 우상에 불과하다는 것을 지적한다. 그리고 그 모든 우상들을 초월하는 이 전 우주의 창조자로서, 하늘과 땅의 주인으로서, 사람이 만든 신전에서 살지 않는 구체화시키기 어려운 단 하나의 하나님을 선포한다. 그리고 그 하나님은 돌이나 은이나 금으로 만든 형상은 아니지만 모든 개개인의 삶 속에서 가깝게 느낄 수 있는 구체적 존재라는 역설을 말한다. 우리는 그 하나님, 그 분 안에서 숨쉬며 움직이며 살아가고 있는 것이다.

그리고 그는 그의 특유한 종말론적 교설을 선포한다. 그 하나님은 당신이 선택한 사람을 죽은자 가운데서 다시 살리심으로써 모든 사람에게 종말론적 구원의 증거를 보이셨다. 바울의 테마는 예수의 죽음과 부활이며, 재림과 마지막 심판이다. 이 임박한 심판을 앞두고 있는 이 땅 위의 모든 사람에게 회개를 명령한다.

사실 이러한 메시지는 에피큐로스학파나 스토아학파의 사람들에게 하등의 설득력을 가질 수 있는 언사가 아니다. 당대 헬레니즘시대는 이미 우주에 대한 법칙적 사고가 성숙했으며, 인생의 궁극적 진리에 관하여서도 종말론적 선포가 하등의 설득력을 가질 수 없을 만큼 인간 심성(心性)에 관한 인본주의적 해석이 난숙해있었다. 이러한 상황에서 다짜고짜 예수라는 역사적 인물의 부활을 근거로 회개를 명령하는 바울의 논리가 아테네에서 먹혔을 리 만무하다. 이러한 상황에 관해 사도행전의 저자(누가?)는 매우 담담한 필치로 다음과 같이 솔직하게 기술하고 있다.

> 죽은자가 다시 살아난다는 말을 듣고 바울을 비웃는 사람들이 있었는가 하면 훗날 다시 그 이야기를 듣겠다는 사람들도 있었다 (행 17:32. 공동번역).

우리가 상식적으로 생각해볼 때, 역사적으로 실존한 하나의 인간이, 아무리 성부·성자·성신의 삼위일체를 이론적으로 수용한다 하더라도, 육신으로 죽었다가 다시 살아났다는 이야기를 종말론적 회개의 근거로서 선포한다는 것, 그리고 그러한 케리그마로써 인본주의적 정신이 성숙한 헬레니즘세계를 공략해들어갔다는 것은 참 이해하기 어려운 것이다. 그것이 특이한 자기 자신의 비견에 미쳐버린 광적인 지식인의 독백에 그친 사태가 아니라, 실제로 바울의 생애 당대에 이미 그러한 교설과 믿음이 헬레니즘세계에 광범하게 유포되었다는 사실은 한 인간의 죽음과 부활의 미스터리를 푸는 것보다 더 난해한 사태일지도 모르겠다. 사도 바울은 동학의 케리그마를 유포시킨 해월(海月)의 이야기보다는 더 성공적인 족적을 인류사에 남겼던 것이다.

사도 바울이 헬라문명권에서 성장한 헬라화된 유대인이며 헬레니즘이 유창한 희랍어를 통하여 체화된 인간이라 할지라도 그가 펼친 논리를 헬레니즘적 사유체계 속에서만 규정해들어가는 것은 위험하다. 헬레니즘의 인본주의적 합리성의 암벽을 뚫고 들어가는 유대전통의 독특한 사유체계와 믿음체계, 그리고 그러한 초합리적 사태를 해석하는 바울 자신의 독특한 논리체계를 독자적으로 이해하지 않으면 안된다. 그리고 그것은 바울 자신의 독창적 창안이 아니라 예수라는 실존체의 말씀과 뚜렷한 내면적 연속성을 가지고 있다는 것을 우리는 인지해야 한다. (『예수는 신화다』의 저자는 초대교회의 성립사에 관하여 보다 면밀한 고찰을 했어야 했다. 도대체 예수의 실존성을 전제로 하지 않고서는 최초의 팔레스타인의 신앙공동체들의 성립과정을 설명하기 어렵다. 단지 그의 논리는 콘스탄티누스대제의 기독교공인 이후의 기독교 발전 상황을 이해하는 데 유용하다. 영지주의자들Gnostics과 문자주의자·사실주의자Literalists의 대결의 틀은 현경 교수의 말대로 참고할 가치가 있다.)

이러한 문제들에 관한 전반적 인식이 없으면, 인본주의사상으로 깊게 단련된 조선조의 문명체계가 어떻게 그렇게 대규모적으로 전혀 황당한 듯이 보이는 신화적 논리 앞에 무릎을 꿇었는지, 그것은 단순히 당쟁으로 얼룩진 권력의 장 속에서 소외되고 핍박받은 남인(南人)들의 정치적 상황이라는 구실만으로는 설명되기 어렵다. 춘추(春秋)시대에 이미 공자는 괴력난신(怪力亂神)을 거부하는 경원(敬遠)의 인문주의를 표방했고 전국시대에 들어오면서 맹(孟)·순(荀)의 성론(性論)으로 발전하여 그러한 인문주의는 이론적 깊이를 더해갔다. 한초(漢初)에는 금고문경학(今古文經學)논쟁을 거치면서 방대한 경전 해석학을 성립시켰고 동시에 제자백가(諸子百家)를 누르고 독존(獨尊)의 국교로서 자리잡았던 것이다. 그후 위진남북조를 거쳐 수(隋)·당(唐)에서 만개한 대승불교(大乘佛敎)의 도전을 거치면서도 송(宋)대에는 다시 이기론(理氣論)의 무기를 들고 나와 불교를 파출(罷黜)하고 다시 정통(正統)의 위치를 공고히 하면서 심성론(心性論)의 다양한 논쟁을 유발시켰다.

이러한 합리적이고도 인본주의적인 심성론으로 오백년의 사직의 기초를 다져온 조선조문명이 예수의 복음으로 이토록 처참하게 무너진다는 것은 19세기말기까지만 해도 상상키 어려운 일이었다. 지금 현재 우리나라의 종로통에서 아무나 지나가는 사람을 붙들고 무작위적으로 물어보라! 퇴계의 『성학십도 聖學十圖』나 율곡의 『성학집요 聖學輯要』의 내용을 아는 사람이 더 많겠는가, 마태복음이나 요한복음의 구절을 줄줄 암송해대는 사람이 더 많겠는가? 정약용의 방대한 『여유당전서 與猶堂全書』의 위용을 생각할 때, 그 안의 「중용자잠 中庸自箴」의 몇 구절 속에 도사려 있는 기독교적 하느님(上帝)의 빈곤한 논리가 오히려 그 『전서』의 위용을 무색하게 만든 새시대의 논리로 전개되어나갔다는 것을 생각한다면, 기독교에 대한 우리의 논의는 결코 단순한 논리적 반박으로 끝날 수 있는 문제는 아니다. 다시 말해서 유교문명권 내에서 성장한 오늘 한국기독교의 문제를 상고하는 것이나, 헬레니즘문명권 내에서 성장한 초기 크리스챤의 문제를 천착하는 것에는 모종의 공통된 논리의 핵이 들어있는 것처럼 보인다. 뮈토스를 탈출한 헬레니즘의 로고스를 기독교라는 새로운 뮈토스가 다시 격파해버린 것이다. 이것은 참으로 인간의 실존과 관련된 영원한 문제상황을 우리에게 던져주고 있다.

제4장 콘스탄티누스의 공인까지

성서고고학의 양대 사건: 쿰란과 나그 함마디

　20세기는 동·서문명의 고전학에 있어서 눈부신 발전이 이루어진 세기였다. 황하(黃河)문명권의 최고의 지혜의 서라 할 수 있는『노자 老子』의 백서(帛書: 비단에 쓴 책) 고판본이 2종이나 완정한 형태로 호남성(湖南省) 마왕퇴(馬王堆: BC 168년 무덤)에서 발굴되었고,『주역』의 백서고판본과 대량의 고귀한 고전판본들이 같이 출토되었다. 1973년 11월부터 74년초에 걸친 사건이었다. 그리고 1993년에는 호북성(湖北省) 곽점촌(郭店村)에서 BC 300년 이전으로 거슬러 올라갈 수 있는『노자』죽간본(竹簡本)이 나왔다. 그외로도 중국 최고의 문자인 갑골문(甲骨文)이 새겨진 귀갑(龜甲)·우골(牛骨)의 발견, 명문이 있는 청동기나 고대역사유물의 대량출토는 중국고문명에 대한 우리의 인식의 지평을 크게 바꾸어 놓았다. 진시황시대의 사람들이 그 이전의 역사에 대하여 아는 것보다 20세기를 거친 오늘 우리가 중국

고문명에 관하여 훨씬 더 정확하고 소상하게 알 수 있다고도 말할 수 있다.

신·구약성서와 관련하여서는 천지를 굉동(轟動)시키고도 남을, 방대한 문서의 발견을 포함한 양대사건이 있다. 하나는 1947년부터 1956년까지 사해 북단의 쿰란지역의 11개 동굴에서 800여 개의 사본이 발견되었는데 이것은 기원전 2~3세기로부터 기원후 1세기 사이에 필사된 것으로, 「에스더」와 「느헤미야」를 제외한 202개의 구약성서 사본과 외경, 위경, 외부문서, 내부문서 그리고 성서 해석문서 등이 포함되어 있다. 그리고 이 사해문서와 관련하여 이 동굴 라이브러리를 존립하게 만든 공동체 취락군들이 발굴되었는데, 우리는 이 공동체를 포괄적으로 쿰란공동체(Qumran community)라고 부른다. 이 공동체는 BC 150년경부터 AD 68년경까지 지속적으로 존립했는데 이곳의 건축물들은 개인들의 일반 주거가 아니라 공동체생활을 목적으로 지어진 것임이 확연히 드러난다. 물론 개인들의 주거는 그 주변으로 광범하게 텐트나 토굴의 형태로 산재했을 것이다.

쿰란과 엣세네

이 쿰란공동체는, 예수시대의 유대인 역사가인 프라비우스 요세푸스(Flavius Josephus, AD 37~100년경)의 엣세네파에 관한 상세한 기술과 일치하는 많은 문서적 근거를 발견할 수 있기 때문에, 현재의 연구결과는 쿰란을 대강 엣세네파 공동체로 간주하는 데 의견의 일치

쿰란 서남지역 제4·제5동굴

를 보고 있다. 복음서에는 바리새인(the Pharisees)이나 사두개인(the Sadducees), 열심당원(the Zealots) 등은 언급되고 있지만 엣세네파(the Essenes)는 언급되지 않는다. 그러나 이 엣세네파도 세례 요한이라는 역사적으로 그 실존성이 확실히 인정되는 인물과의 관련을 통하여 간접적으로 신약성서의 한 시대배경으로 등장하고 있다고 말할 수 있다.

세례 요한이 엣세네파의 한 사람이었는지는 알 수가 없으나, 세례 요한의 행태나 신념의 상당부분이 이 쿰란 엣세네파 공동체와 유사

하다는 논지가 있다. 세례 요한도 광야에서 살았고, 낙타 털옷을 입고 허리에 가죽띠를 두르고 메뚜기와 들꿀을 먹으며 살았다(막 1:6, 마 3:4). 그리고 독자적인 제자들이 있었다. 그러니까 광야에서 매우 검약한 금욕주의적 삶을 살아가는 어떤 커뮤니티에 속해 있었다고 말할 수 있다.

마가복음은 세례 요한의 활동지역을 갈릴리지역의 요단강으로 기술하고 있는데, 아마도 갈릴리바다의 남단에서 요단강으로 흘러내려가는 지역이었을 것이다. 누가복음은 요르단강 부근의 모든 지방을 두루두루 다녔다고 쓰고 있다(눅 3:3). 요한복음만이 세례 요한의 활동지역을 요단강 건너편 베다니(Bethany)와(요 1:28) 살렘(Salim)에서 가까운 애논(Aenon)으로 수량이 풍부한 지역이라고(요 3:23) 구체적으로 쓰고 있는데, 지금 이 지명으로는 확실한 지점을 비정키 어려우나 쿰란으로부터 멀지 않은 여리고 지역의 요단강가로 사료되고 있다. 하여튼 세례 요한은 쿰란공동체에서 멀지않은 곳에 또하나의 공동체를 리드하고 있었으며, 쿰란공동체를 분명히 알고 있었을 것이다. 그리고 직·간접적인 접촉이 있었다고 생각되고 있다.

"세례를 통하여 죄사함(forgiveness of sins)이 이루어진다"는 발상은 전혀 유대교적인 전통이 아니다. 불트만과 같은 석학도 그것을 동방종교의 영향으로 보고 있다. 페르시아나 바빌론의 고대신화 제식의 영향으로 간주한다. 후대의 만대아교(Mandaeanism)의 세례제식도 요한의 운동이 발전해나간 것이다. 그런데 세례 요한 공동체와 쿰란공동체 사이에는 세례라는 제식의 공통성이 있는 것이다. 그리고 그것은 종말론적 기대, 즉 메시아 대망사상이나, 우주의 종말, 마지막 심판, 그리고 회개 등등과 관련되어 있다. 이러한 공통점 때문에 세례 요한을 엣세네파의 한 사람으로 간주하는 학자들도 있으나 나 도올은 그렇게는 볼 수 없다고 생각한다. 세례 요한의 사상과 쿰란공동체 사상 사이에는 "세례"를 둘러싼 제식적 의미에 관해서도 매우 래디칼한 차이가 있다. (이 차이에 관한 자세한 설명은 나의 『요한복음강해』 126~127을 보라.) 아마도 굳이 세례 요한을 엣세네파와 관련지어 설명하려고 한다면 세례 요한이야말로 엣세네파의 제식주의나 종말론적 사유의 편협성을 과감하게 탈피해버린 매우 혁명적인 사상가였다고 해야 할 것이다. 그리고 예수는 그러한 혁명적 발상을 더 한 발자국 앞으로 밀고 간 인물이었다. 예수는 "물에 의한 세례"를 믿지 않았다. 그는 "성령에 의한 세례"라는 새로운 영적 차원을 도입했던 것이다.

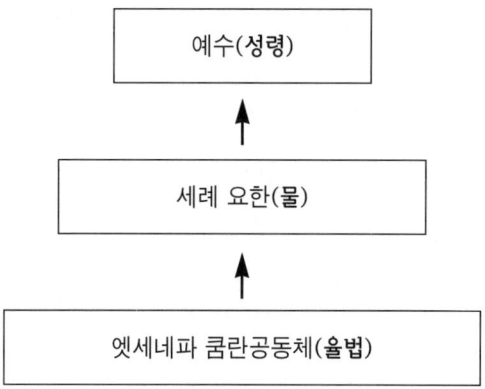

세례 요한에 대한 기사도 모두 예수제자들이나 초대 크리스챤교회 조직의 입장에서 찬술된 것이기 때문에, 그 독자적 성격에 관한 정보가 매우 빈약한 상태에서 쿰란공동체의 내부사정을 알려주는 고고학적 발굴과 문헌들은, 세례 요한과 그 집단의 역사적 성격을 재구성

하는 데 엄청난 도움을 준다. 그 뿐만 아니라 세례 요한에 대한 풍요로운 이해는 당연히 예수라는 역사적 실존에 관한 우리의 이해를 풍부하게 만드는 것이다. 예수의 청년시절에 관한 정보부재, 그리고 40일간의 광야의 고투로 상징되고 있는 그의 광야유혹은 많은 사람들이 그가 인도를 다녀왔다는 등 황당한 이야기를 지어내게 만든다. 그러나 우리는 최소한 예수가 젊은 시절에 쿰란공동체와 유사한 어떤 공동체에서도 생활해본 적이 있는, 광야에서의 어떤 고행을 체험하고, 그 체험으로부터는 인간의 구원이 생겨날 수 없다는 절망감을 자각한 인물, 그리고 그 자각과 동시에 전혀 새로운 발상과 비젼을 획득하고 구세의 공생애로 자기 삶을 던진 어떤 인물이라는 매우 안전한 상상을 해볼 수 있다. 최소한 쿰란은 문학적 상상이나 신화적 픽션이나 문헌적 날조가 아닌, 고고학적 사실이며 물리적 근거가 있는 역사적 현실이다. 그리고 그러한 역사적 현실은 쿰란에만 존재했던 것은 아니라 당대 팔레스타인 광야에 널려있었다는 사실을 생각할 때 우리에게 신약시대 배경사에 관한 많은 구체적 사유의 실마리를 제공한다.

쿰란 발굴의 역사적 의미

사해쪽에서 바라보면 달이 걸려있는 언덕이라고 해서 이름지어진 이 쿰란(Qumran: moon hill)지역 공동체는 엄격하게 유대인공동체였고, 구약성서의 모든 것, 그 율법과 유대교전통을 신봉하는 규율집단이었다. 자기들이야말로 임박한 하나님의 심판을 예비하기 위하여 악과 전쟁을 해야하고 새로운 시대를 맞이하기 위하여 선택된 새로운 계약공동체라고 믿었다. 이들이 본 히브리어 구약성서의 발굴은 구약성서에 관하여 우리가 물리적으로 획득할 수 있는 최고(最古)의 사본을 엄청나게 대량으로 제공했다. 이로써 마소라텍스트 히브리어성경과 셉츄아진트(Septuagint, 칠십인역), 사마리아오경(Samaritan Pentateuch) 등 현존하는 문헌의 가치를 형량할 수 있는 정확한 기준이 생기게 되었다. (사마리아오경에 관해서는 『요한복음강해』 217~218을 참고할 것.) 구약판본학의 혁명적 사건이라 아니 할 수 없다. 이 최고본의 출현으로, AD 6~10세기에 걸쳐 히브리구약의 원본을 재구성한 마소레티스 유대인 학자들에 의하여 성립한 마소라텍스트(Masoretic Text)의 정밀성이 입증되었고 또 동시에 구약에 있어서도 고정적 원본(Urtext)이라는 것은 있을 수 없다는 사실을 확인해주었다. 본문형태(text-type)의 다양한 필사본의 존재는 필사자들의 단순한 실수의 결과가 아니라는 사실을 확인시켜주었던 것이다. 즉 쿰란시대에도 고정된 형태의 본문은 없었고 성서본문이 전달, 성장, 발전하는 과정에 있었다는 사실이 입증됨으로써 성서는 오랜 세월을 거쳐 형성된 것이라는 역사비평가들의 주장을 뒷받침해주었다(천사무엘, 『사해사본과 쿰란공동체』 163).

키히르벹 쿰란(Khirbet Qumran)의 발견의 총체적 성과를 평가한다면 우리에게 그동안 모호하게 남아있었던 신구약 중간시대 혹은 간약시대(間約時代, Intertestamental Period: 대강 BC 150~AD 70 사이를 말함)에 관하여 매우 구체적인 그림을 그려볼 수 있는 사실(史實)적 단서를 제공한다는 것이다. 그리고 이러한 단서는 단지 유대이즘의 종교와 역사를 재구성할 뿐 아니라 우리가 지금 관심을 가지고 있는 신약의 태동에 관하여 매우 구체적인 근거를 제공한다. 기독교는 예수라는 역사적 개인의 사역으로 시작된 것이지만, 신약의 성립은 전적으로 초대교회의 역사와 관련되어 있다. 교회 없는 성서는 상상할 수가 없다. 그런데 교회는 교인들의 공동체이다. 요새와 같이 일정한 시간에 통근하는 사람들(commuters)의 집합체로서의 추상적인 회중을 의미했다기보다는 작은 단위의 삶의 공동체였다고 생각된다. 물론 도시나 큰 마을에는 전통적으로 시나고그(Synagogue, 會堂)라는 열린 공간이 있어서 요즈음 교회 비슷한 유대교 로칼센터 역할을 했었기 때문에, 그러한 방식의 초대교회도 상당수 있었을 것이다. 그러나 그렇게 개방적 공간으로서 몇몇 집사나 장로의 무형적 조직으로 이루어진 그러한 공동체로써는 초기기독교운동을 밀고나가기가 어려웠을 것이다. 대부분의 강력한 전위적 초기교회는 쿰란스타일의 생활공동체였다. 이러한 의미에서 혹자는 쿰란공동체야말로 "예수 이전의 그리스도공동체"라는 재미있는 표현을 쓰기도 한다. "그리스도"(Christ)라는 말을 "기름부음을 받은자"(the anointed), 즉 히브리말로 "메시아"(messiah)에 해당되는 일반명사로 이해한다면 쿰란공동체는 얼마든지 그리스도공동체로서 규정될 수 있다. 다시 말해서 우리는 쿰란공동체의 연구를 통하여 초기 크리스챤공동체 다시 말해서, 초대교회의 성격을 역사적으로 재구성해볼 수도 있는 것이다.

알렉산드리아

쿰란 사해문서의 발견과 동시에 이루어진 또 하나의 거대한 발견은 요르단강변이 아닌 나일강변에서 이루어졌다. 초기기독교의 역사에 있어서 나일강은 매우 중요하다. 나일강 하구에 있는 아름다운 항구도시, 알렉산드리아(Alexandria) 때문이다. 우리는 알렉산드리아 하면 지금 이집트 영역에 속해 있기 때문에 별볼일 없는 무슬림의 도시처럼 생각하기 쉽지만 알렉산드리아야말로 예수시대에는 지중해 연안문명에서 가장 번성한 최대·최고의 문화도시였다. 알렉산더대왕은 자기가 정복한 헬레니즘 대제국의 본산으로서 아테네를 능가하는 새로운 문명의 센터를 이곳에 건설하려 했다. 마레오티스(Mareotis, Lake Maryūt)라는 거대한 호수를 끼고 있는 이곳은 새로 정복한 이집트 영역의 신 수도였으며 지중해를 장악하는 해군기지로서 최적의 곳이었다. 알렉산더는 자기가 사랑했던 최측근의 건축가 디노크라테스(Dinocrates)에게 자신의 이름을 딴 이 도시의 설계를 맡겼으며, 헬레니즘의 최정화를 이곳에 구현시키려했다. 1세기만에 알렉산드리아는 헬레니즘문명권의 가장 위대한 도시가 되었고 알렉산더를 계승한 프톨레미 1세가 아리스토텔레스의 제자 디미트리오스의 도움을 받아 건설한 도서관에는 50만 권의 장서가 들어찼다. 유클리드(Euclid), 아르키메데스(Archimedes), 네오플라토니즘의 철학자 플로티누스(Plotinus), 르네상스시대의 관측을 선구한 천문·지리학자 프톨레미(Ptolemy, fl. AD 127~145), 에라스토스테네스(Erastosthenes, BC 276~194)와 같은 위대한 학자들이 모두 이 알렉산드리아의 프톨레미왕조 박물관(Mouseion)의 연구소에서 배출되었다.

예수의 현대사

프톨레미왕조의 마지막 여왕, 로마 공화정의 가장 찬란했던 두 영웅, 줄리어스 시이저와 마르쿠스 안토니우스를 사랑의 열정과 권세의 탐욕의 불길 속에 파멸시키고 끝내 독사의 이빨에 39세의 탐스러운 몸매를 던져 온갖 황금으로 치장된 침대 위에서 장엄하게 운명의 막을 내린 클레오파트라(Cleopatra Ⅶ, BC 69~30), 그 숙명의 여인이 활약하던 무대, 셰익스피어가 영원한 로맨스를 연출한 그 무대도 바로 알렉산드리아였다. 예수가 태어날 때 "베들레헴과 그 일대에 사는 두 살 이하의 사내아이를 모조리 죽여버리라"(마 2:16)고 명령해서 예수의 출생이야기에 스릴감을 더해주었던 인물, 헤롯 대왕(Herod the Great, BC 73~BC 4)은 클레오파트라의 애인 마르쿠스 안토니우스의 절친한 친구였다. 그런데 클레오파트라는 자기 애인의 오랜 친구인 헤롯마저 유혹하여 자기 지배하에 두려했다. 헤롯은 클레오파트라의 유혹을 물리쳤고, 옥타비아누스 편에 가담하여 유대의 통치자로서의 위치를 굳건히 했다. 예수는 이러한 시대에 태어났다. 예수가 역사적 실존인물이라고 한다면 줄리어스 시이저와 클레오파트라의 사랑이야기는 물론, 마르쿠스 안토니우스, 그리고 옥타비아누스의 라이벌 투쟁사도 알고 있었을 것이다. 플루타크『영웅전』의 이런 이야기들 모두 우리가 박정희·이승만 이야기를 하는 것과도 같은, 예수의 현대사였다.

알렉산드리아의 유대인

알렉산더가 이집트를 정벌할 때, 유대인들은 그를 도와 첩자나 용병구실을 했다. 그래서 알렉산더대왕은 그 대가로 이 새로 만든 도시의 일정구역을 유대인의 거주지역으로 만들어주고 유대인들에게 유리한 생활조건을 허락하고 그들의 활동을 장려했다. 유대인들은 유리한 삶의 조건만 있으면 이동하는 데 익숙해 있다. 곧 대량의 유대인 이주가 이루어졌고, 알렉산드리아는 유대이즘과 헬레니즘이 교차·융합하는 코스모폴리스(cosmo-polis)가 되었다. 알렉산드리아에 이주하여 온 유대인들은 개방적인 성향의 사람들이 대부분이었고 문화수준이 높았다. 그리고 그들은 헬레니즘의 모든 것을 편견없이 흡수하였다. 알렉산드리아는 헬라화된 유대인들이 만들어간 도시라 해도 과언이 아니다. 예수시대에는 이 세계적인 문명도시 인구의 절반 가량이 유대인이었다. 그리고 이들은 국제적인 무역을 장악했기 때문에 매우 부유했다. 예수시대에 예루살렘에서 벌어지는 명절이나 축제도 이 알렉산드리아의 유대인들의 참여가 없이는 장사가 잘 되지 않았다.

AD 70년 예루살렘의 함락 이후에도 알렉산드리아의 유대인 커뮤니티는 건재했다. 아니, 더 많은 사람들이 다이애스포라를 찾아 알렉산드리아로 모여들 수밖에 없었다. 알렉산드리아는 예루살렘 멸망 이후에는 유대이즘의 주요거점이 됨과 동시에 자연적으로 초기기독교운동의 대본산이 될 수밖에 없었다. 초기기독교는 원래부터 유대인공동체운동으로서 출발한 것이었으며 따라서 유대인들은 그것을 유대교의 한 분파로서 인식했다. 알렉산드리아에 오래 거주한 유대인들은 히브리말을 하지 못하고 헬라말을 했다. 엘에이(L.A.)에 사는 교포들이 한국말을 잘 하지 못하고 영어만 잘하는 것과도 같은 현상이다.

셉츄아진트: 구약의 한 텍스트

프톨레미 2세(Ptolemy II, BC 285~246)는 유대인들에게 희랍어성경을 만들 것을 요청했다. 12지파에서 각기 6명씩 선출된 72명의 학자가 72일 동안 제각기 독립된 골방에 쑤셔박혀 번역했는데 나중에 맞추어보니 번역의 결과가 정확히 일치했다는 이야기가 전해내려오고 있다. 이 전설이 허황된 것만은 아니라고 유대인학자들은 그 실체성을 인정하고 있다. 각 부족에서 합의를 거쳐 공동의 노력으로 정밀하게 이루어진 번역이라는 뜻일 것이다. BC 3세기~2세기에 걸쳐 이루어진 이 번역을 보통 "셉츄아진트"(Septuagint), 우리말로는 "칠십인역"이라고 부른다. 셉츄아진트는 그 나름대로 마소라 텍스트와는 다른 체제를 가지고 있으며, 전통적인 히브리경전에는 포함되어 있지 않은 많은 책들이 포함되어 있다. 어떤 것은 히브리어나 아람어 원본에서 번역되었고 어떤 것은 원본 없이 희랍어 자체로 구성되었다. 초기기독교인이 구약을 인용한다 하는 것은 히브리어 원전에서 인용한 것이 아니라, 거의 모두가 셉츄아진트에서 인용하는 것이다. 베냐민지파의 정통후예임을 자랑하는(롬 11:1) 사도 바울이 인용하는 구약도 히브리성경이 아닌 셉츄아진트에서 인용한 것이다. 알렉산드리아에서 셉츄아진트가 성립했다는 사실 자체가 예수시대에 얼마나 유대이즘의 헬라화가 이루어졌는가 하는 것을 방증하는 하나의 사건이다.

셉츄아진트와 쿰란 텍스트

셉츄아진트가 히브리어 원문에 없는 내용을 첨가하거나 원문의 내용을 생략했으며, 때로는 부주의하게 번역하거나 원문의 내용의 의미맥락을 바꾸어 교묘하게 왜곡시켰다는 주장이 본문비평과정에서 제시되어왔다. 그러나 쿰란문서의 발견은 이러한 주장을 뒤엎는 계기가 되었다. 쿰란문서 중에서 셉츄아진트 그 자체의 희랍어 초기사본(BC 2세기로 소급되는 문헌들)도 발견되었을 뿐 아니라, 셉츄아진트 번역의 저본이 된 히브리어 텍스트도 많이 발견되었다. 여태까지는 셉츄아진트가 마소라 텍스트에 비교해서 6,000군데나 다르고, 이 다른 부분의 판정에 있어서 모두 셉츄아진트의 텍스트는 열등한 번역의 결과라는 편견을 가지고 바라보았다. 그러나 쿰란문서의 발견으로 셉츄아진트가 마소라 텍스트와는 다른 종류의 히브리어 본문을 대본으로 삼았다는 확증을 갖게 했으며, 이 책의 번역자들은 그 원문을 매우 신중하고 충실하게 번역했다는 사실을 밝혀주었다. 또한 그 번역자들이 부분적으로 서로 다른 번역방법의 원리를 적용했을 가능성도 있다는 주장도 제시할 수 있게 되었다. 그리하여 셉츄아진트의 가치는 재평가되었다. (천사무엘, 『사해사본과 쿰란공동체』 160.)

알렉산드리아는 헬레니즘문명을 로마에 넘겨주는 데 가장 큰 공헌을 했다. 그리고 알렉산드리아에서 보존되고 성장한 유대이즘의 전혀 새로운 국면, 초기 기독교라는 싹을 로마문명의 주류로 만드는 데도 결정적 기여를 했다. 기독교는 유대이즘과 헬레니즘의 본질적 융합에서 생겨난 기화(奇花)이다. 아니, 보다 엄밀하게 말하면 헬레니즘의 토양에서 새롭게 피어난 유대이즘의 독특한 가치관체계라 말할 수 있다. 우리는 초대교회역사를 생각할 때 지나치게 초기기독교인에 대한 로마권력의 박해를 확대해석해왔다. 『쿠오바디스』류의 영화 몇 장면이 주는 인상으로 로마제국과 초기기독교 관계를 그릇되게 설정해왔다. 로마가 실제로 박해한 것은 유대인들의 정치적 해방이나 독립을 꾀하려는 운동이었지, 기독교라는 종교적 신념에 대해서는 박해할 하등의 이유가 없었다. 로마는 헬레니즘의 문화전통을 이어받아 다양한 신들의 종교문화를 수용하기를 즐겨했으며, 다양한 이방인들의 비교적(秘敎的) 종교전통을 포용했다. 예수는 일찍이 "시이저(가이사)의 것은 시이저(가이사)에게, 하나님의 것은 하나님께"(막 12:17, 마 22:21, 눅 20:25)라고 말하여 자신의 영적 운동이 정치적인 맥락에서 떠나있음을 명료하게 밝혔다. 다시 말해서 시이저가 지배하는 로마권력에 항거할 의도가 없다는 것을 천명한 것이다.

팍스 로마나와 초대교회

초대교회의 역사는 실제적으로 시이저가 암살되고 옥타비아누스가 아우구스투스(Augustus: 존엄한 사람이라는 뜻)의 칭호를 획득한 이후의 팍스 로마나(Pax Romana), "로마의 평화" 시대, 즉 제정 로마의 최전성시기를 배경으로 하고 있으며 로마의 제정(帝政)은 제정이기는 하지만 공화정(共和政)의 축적된 전통의 기반 위에 서있었기 때문에 그렇게 가혹한 전제군주들이 아니었다. 초기기독교가 팍스 로마나의 평온한 분위기에서 세력을 팽창시켜 간 시대는 마르쿠스 아우렐리우스(Marcus Aurelius, AD 161~180 재위)에 이르는 5현제시대였다.

네로 박해의 실상

네로의 크리스챤박해도 실상과는 달리 크게 부풀려진 이야기일 것이다. AD 64년의 대로마화재사건의 주범으로서 기독교인들이 희생양이 되었다고는 하지만, 로마화재와 네로 황제는 실제적 관련이 없었다. 네로는 화재가 발생할 당시, 로마에서 56km나 외곽에 떨어진 안티움(Antium)의 빌라에 있었고, 로마의 방화를 사주할 하등의 로만틱한 이유가 없었다. 그것은 자연발생적인 우발적 화재였을 가능성이 높다. 17세에 로마역사상 최초의 절대권력의 일인황제로 등극한 그가 화재발생 당시에는 크게 인기를 잃었고 따라서 민심이 그에게 화재의 원인을 돌리자, 황제 주변의 관료들이 당시 평판이 그렇게 좋지만은 않았던 기독교인들에게 그 화재의 원인을 덮어씌운 것은 사실이었다. 그러나 당시 로마에서는 기독교인과 유대인의 구분이 없었다. 희생되었다면 유대인이 더 희생되었을 것이다. 그리고 그것도 1923년 동경 관동대지진(關東大地震) 때 조선인이 희생당한 해프

닝보다도 더 소규모의 사건이었을 것이다. 네로는 대중이 관람하는 무대 위에서 광대 노릇을 할 정도로 예술과 모험에 미친 사람이었고, 모든 이방인의 컬트에 심취했기 때문에, 특별히 기독교를 조직적으로 탄압해야 할 아무런 이유가 없는 인간이었다. 하여튼 네로는 로마사에서 애매하게 안티크리스트의 화신으로서의 누명을 뒤집어썼다.

기독교가 콘스탄티누스 황제에 의하여 공인되기 이전에, 기독교가 공식적으로 박해를 받은 기간은 단 5년밖에 되지 않는다. 역병이 고대세계를 휩쓴 AD 250년, 기독교인들에게 희생동물을 바치라고 명령한 데키우스 황제(Emperor Decius)의 치세 1년간, AD 257~259년 발레리아누스 치하에서, 그리고 AD 303~305년 디오클레티아누스 치하에서 박해가 되풀이되었지만 교회사의 과장된 기술처럼 그렇게 무자비한 대규모의 학살은 아니었다. 알렉산드리아의 기록에 의하면, 데키우스 황제의 박해를 받아 순교한 알렉산드리아의 기독교인의 숫자는 남자 10명, 여자 7명에 지나지 않는다. 이 시대의 로마는 시민법(jus civile)의 시대를 지나 만민법(jus gentium)의 보편주의가 지배하고 있었으며, 스토아철학사상과 결합한 자연법(jus naturale)은 보편이성이 부여하는 모든 인간이 구유할 수밖에 없는 본성상의 평등한 권리를 존중했다. 따라서 종교적 신념에 관한 문제에 관하여 그렇게 함부로 인간을 다룰 수 있는 로마가 아니었다. 로마는 인간의 상식과 실제적 지혜를 존중하는 시민사회였고 법제사회였다.

순교의 자원(自願)

초대교회의 순교의 역사는 로마라는 정치권력의 박해에 기인하기보다는, 교회 내부의 분열과 갈등, 그리고 종말론적 신념체계 그 자체의 문제점에 기인한다고 보아야 한다. 초대교회 순교자들은 순교를 갈망했다. 그들은 하루 속히 신의 영광을 드러내기 위하여 이 속세의 삶을 종료시키기를 원했다. 그들의 순교는 영웅적이었다. 그리고 그들은 그러한 영웅적 순교를 통해 하늘나라에서 유리한 고지를 점한다고 믿었다. 이러한 기술을 도올의 편견으로 오해할지도 모르는 독자들은 당시 로마법정기록을 수없이 열람한 20세기의 대사학자 아놀드 토인비(Arnold Toynbee, 1889~1975)의 다음과 같은 증언에 귀를 기울여 봄직하다.

> 초기기독교의 광신주의는 기독교 이전의 이교도문화에서는 찾아보기 어려운 특징이었다. 기독교 순교자들의 재판에 관한 로마의 의사록은 아주 정확한 역사적 문헌들이 잘 보존되어 있어 그 내용을 잘 알 수 있다. 로마의 재판관들은 별 이유없이 사형을 언도하는 것을 매우 끔찍하게 꺼려했다. 그러나 기독교 순교자들은 사형언도를 내릴 수밖에 없도록 고의적으로 재판관을 휘몰아갔다. 요즈음의 전체주의 국가에서 행하여지고 있는 정직한 재판기록을 우리가 열람할 수 있다고 한다면, 로마시대의 인도주의적 정신에 지배되고 있는 그러한 재판관을 발견하기란 거의 불가능할 것이다. 요즈음의 재판이 훨씬 더 광적이라는 것이 판명될 것이다 (Arnold Toynbee, *Christianity Among the Religions of the World* 18).

이러한 분위기는 당대의 황제인 마르쿠스 아우렐리우스의 『명상록』에도 잘 그려지고 있다.

> 육신으로부터 당장이라도 풀려나 소멸될 수 있는 해탈의 각오가 되어있는 영혼은 얼마나 칭송할 만한 것인가? 그러나 이러한 각오는 반드시 자신의 구체적 삶의 순간의 결단으로부터 우러나오는 것이어야지, 그리스도교도들처럼 법관의 명령도 무시하는 완강한 고집에서 나오는 것이면 안된다. 심사숙고해야 하며, 품위가 있어야 하며, 타인에게 신념을 전달하는 것이어야 한다. 그리스도교도들처럼 영웅적·극적 제스처를 써서는 아니 된다. (*Meditations* 11.3.)

아우렐리우스의 이러한 통찰을 황제의 안락하고 나른한 푸념이라고 빈정댈 수 있을지 모르지만 분명 토인비가 지적하고 있는 사실(史實)에 관한 한 시대적 진실을 충실하게 반영하고 있다고 말할 수밖에 없다. 기독교는 공인 이전에 박해받은 것보다는 공인 이후에 이교도와 이단과 신비주의자를 박해한 역사가 몇천 배 몇만 배 잔혹하다는 매우 정직한 사실을 인정한 후에야 우리는 비로소 초기 기독교사의 진실에 접근할 수 있다.

우리가 기독교를 믿는다는 것은 예수 그리스도를 믿는 것이다. 예수 그리스도를 믿는다는 것은 하나님의 말씀을 믿는 것이다. 우리는 교회를 믿는 것이 아니고, 순교자를 믿는 것이 아니고, 교회사를 믿는 것이 아니다. 콘스탄티누스 이후의 역사는 성서주의의 본연으로부터 너무 이탈되어 있다. 그것은 예수의 가르침을 중심으로 한 기독교가 아니라 황제교화(皇帝敎化) 된 다른 차원의 기독교의 발자취라 해야 할 것이다.

 콘스탄티누스의 기독교공인을 3세기에 걸친 박해와 순교와 이방선교의 찬란한 극적 승리로서 간주하는 것은 역사적 실상과는 거리가 멀다. 기독교는 이미 알렉산드리아, 팔레스타인, 시리아, 소아시아, 그리스, 로마, 카르타고, 리옹 등지에 막강한 교구제와 주교를 정점으로 하는 장로·집사 등 성직자 하이어라키를 확보하고 있었으며 로마제국 전체내에 5% 이상의 신도를 보유하고 있었다. 5%라는 숫자가 매우 소수라는 느낌을 줄 수도 있지만, 이 소수는 강력하게 조직화된 소수며, 고도의 이론과 신앙으로 무장된 소수며, 로마의 정통적 다신론신앙이나 다양한 이교도 컬트의 느슨하고 해이되어가는 쇠잔(衰殘)세력과는 대조되는 치밀고 올라오는 흥성(興盛)세력이다. 로마 최선의 황제 마르쿠스 아우렐리우스의 아들이며, 로마 최악의 황제라고 평가되는 콤모두스(Commodus, 177~192 재위), 얼마 전『글라디에이터』라는 영화의 한 주인공으로 나왔던 치졸한 인품의 그가 그의 레슬링코치에게 목졸려 죽음을 당한 이후 이미 로마의 몰락은 시작되었다. 제국의 방위를 떠맡고 있었던 군인들의 제위쟁탈전이 시작되면서 국가의 기강은 무너졌고, 1세기 동안 끊임없이 지속된 내란의 와중에서 병영황제시대(兵營皇帝時代, 235~284)가 계속되었다. 강력하고 유능한 행정가였던 디오클레티아누스(Diocletianus, 245~316)가 황제로 즉위하면서 3세기의 무정부상태는 막을 내렸지만, 그동안의 제위계승의 부작용을 고려하여 그는 동방과 서방의 로마에 각각 정·부의 황제를 두었다. 이로써 황제가 4명이 있는 사두정치(四頭政治, tetrarchy)가 개시되었던 것이다.

밀라노 칙령

사두정치가 안정적으로 지속될 까닭이 없었다. 그리고 부제에 취임하기 위해서는 반드시 정제의 딸과 결혼해야 한다는 조건이 있었기 때문에, 이 4명의 황제들은 인척관계로 얽히게 된다. 콘스탄티누스는 서방의 부제 콘스탄티누스 클로루스(Constantinus I Chlorus, ?~306)의 아들이었다. 디오클레티아누스로부터 시작된 사두정치는 디오클레티아누스의 은퇴 이후로는 그의 자리를 메꿀 인물이 없었다. 따라서 사두정치는 마구 엉켜들어갔고 306년에는 자그마치 6명의 황제들이 난립하는 사태가 벌어진다. 콘스탄티누스는 그중의 한 명이었다. (312년 "밀비우스 다리의 전투"에 이르는 자세한 상황은 시오노 나나미의 『로마인 이야기』 제13권 165~218을 참고.) 이 콘스탄티누스가 모든 황제들을 쳐부수고 오직 하나인 대제로 세력을 공고히 해가는 과정에서 밀라노칙령(the Edict of Milan)이 발표된 것이다. 그것은 순수한 정치적 타협이었고 술수였고 전술이었고 탁월한 비젼이었다. 밀라노칙령이 반포된 것은 313년이었고, 그가 독존의 대제가 된 것은 324년이었고, 니케아 종교회의(the Council of Nicaea)가 열린 것은 다음해 325년이었다.

교회사에서는 밀라노칙령을 기독교의 온 교회가 핍박 없는 평화세계를 만난 역전의 대사건으로 기록하지만, 그것은 기독교만의 공인은 아니다.

> 오늘부터 기독교든 다른 어떤 종교든 관계없이 각자 원하는 종교를 믿고 거기에 수반되는 제의에 참가할 자유를 인정받는다. 그것이 어떤 신이든, 그 지고의 존재가 은혜와 자애로써 제국에 사는 모든 사람을 화해와 융화로 이끌어주기를 바라면서…… 기독교에게 인정된 이 완전한 신앙의 자유는 다른 신을 믿는 자에게도 똑같이 인정되는 것은 말할 나위도 없다. 우리가 완전한 신앙의 자유를 인정하기로 결정한 것은 그것이 제국의 평화를 유지하는 데 효과적이라고 판단했기 때문이고, 어떤 신이나 어떤 종교도 그 명예와 존엄성이 훼손당해서는 안된다고 생각하기 때문이다.

21세기 헌법의 한 단락이라고 말해도 좋을 정도의 감동적 내용이지만, 오히려 이것은 콘스탄티누스가 기독교를 공인한다는 것이 당대 로마사회에서 얼마나 어려운 과제였느냐를 우리에게 알려주는 하나의 증거이기도 하다. 기독교를 공인하기 위해서는, 바로 전제(前帝) 디오클레티아누스가 열렬히 탄압했던 기독교를 갑자기 공인된 대낮의 떳떳한 종교로 만들기 위해서는, 모든 종교에게 똑같은 신앙의 자유를 허락한다고 하는 위장전술을 쓰지 않으면 아니 되었던 것이다. 내전에 참여하고 있는 그의 군단장병들은 미트라스숭배(Mithraism)에 젖어있었고, 로마 전통의 잡다한 수호신들은 로마인들의 모든 생활습속 구석구석에 스며있었다.

콘스탄티누스는 이러한 표면상의 신앙자유선언과는 달리 내면적으로는 기독교의 위상을 높이고 기독교의 신도수를 소수에서 다수로 전환시키는 획기적인 조치를 단행하였다. 우선 몰수된 교회재산들을 국가가 보상하여 교회에 되돌려주었다. 그리고 황제의 사유재산을 기독교회에 기증하였다. 성직자(clerus)라는 종교전문직을 인정하고 그들의 공무를 면제해주었다. 병역이나 세금이 모두 면제된 것이다.

황제교와 유일신교

6명의 황제가 1명의 황제로 되어가는 과정에서 이러한 타협이 이루어진 것은 너무도 당연하고 현명한 술책이었다. 6명의 황제란 "다신교"를 의미한다. 1명의 황제란 "일신교"를 의미한다. 로마의 황제는 옥타비아누스 이래로 신성의 상징으로 인식되어왔다. 그러나 3세기의 전국시대(戰國時代)를 방불케하는 혼란기를 거치면서 황제의 권위는 땅바닥에 떨어졌다. 설사 콘스탄티누스가 무력으로 내란을 제압하고 독존의 1인 황제가 된다 해도 그 권위가 유지된다는 보장이 없었다. 그리고 로마는 어디까지나 공화제를 거친 시민사회였기 때문에 황제등극의 권위준거가 로마시민과 로마원로원에 있었다. 황제 스스로 자기에게 권위를 부여할 수 없었다. 공화정시대에는 최고의 권력자인 집정관을 시민집회에서 선거로 결정했던 것이다.

이러한 상황에서 새로운 로마를 건설해보려는 야심 찬 콘스탄티누스가 자기의 불가침의 신성한 1인 절대권력을 새롭게 보장하기 위해서 그러한 자기 정치권력구조와 유사한 이론적 구조를 가지는 종교의 백업이 필요했다는 것은 두말할 나위가 없다. 모든 이방의 종교들을 검토해 보아도 기독교 만한 후보가 없었다. 기독교의 신은 유일하고, 절대적이고, 전지전능하며, 독재적이고, 일방적이고, 구속사적이다. 로마의 신들은 많고, 친근하며, 인간적이며, 삶에 즐거움을 주며, 쌍방적이고, 민주적이고, 동반적이다. 희랍-로마의 신들은 "인간의 구원"을 일방적으로 선포하지 않는다. 구원은 인간이 이성의 외침에 따라 스스로 행하는 것이며, 신들은 그 과정을 돕는 친구들일 뿐이다. 로마의 신탁은 절대적인 명령이 아니었다. 우리나라 선남선녀들이 동네 어귀 서낭당에서 비는 지역신들의 흠향에 대한 반응일 뿐이었다. 인문주의가 만개한 자신있는 팍스 로마나 전성시기에는 여유로운 로마인들은 유대이즘전통의 유일신사상은 신앙이라기보다는, 하나의 억지춘향의 미신이라고 간주했다. 배타적인 그들의 독선이 매우 촌스럽고 유치하게 보였다. 그러나 쇠잔기에 들어선 허약한 로마인들에게 강력하고도 배타적인 유일신사상은 희망이고 위안이고 방황할 필요없는 절대적 삶의 기준이 될 수 있다. 허약해진 사람들에게는 초기기독교가 제공하는 공동체적 소속감은 위대한 위로였을 것이다.

콘스탄티누스는 이러한 시대정신을 간파하고 크리스챤조직을 자기의 절대권력의 기반으로 교묘하게 활용하는 기지를 발휘했다. 그는 로마제국에 산재한 기독교교구 주교들의 전폭적인 지지를 필요로 했던 것이다. 그리고 그들에게 가능한 모든 재정적 특권을 주었다. 최초의 『교회사 Ecclesiastical History』를 쓴 카이사레아의 주교 유세비우스(Eusebius of Caesarea, 4세기 콘스탄티누스와 동시대 활약)는 콘스탄티누스의 칙령 이후 기독교에 개종하는 사람들은 대개 "신앙보다는 이권 때문"이라고 씁쓸하게 말했다. 그러나 유세비우스는 콘스탄티누스의 통치야말로 신의 섭리의 실현이며, 콘스탄티누스 대제야말로 주님의 제13 사도라고 극구의 칭송을 아끼지 않았다. 과연 그럴까?

콘스탄티누스는 310년 자기 아내의 아버지였던 선제(先帝) 막시미아누스(Maximianus)를 죽였다. 2년 뒤인 312년에는 아내의 오빠인 막센티우스(Maxentius)를 밀비우스 다리에서 무찔러 죽음으로 몰아넣었다. 다리밑 테베레강에 빠져 허우적거리다 익사한 시체를 다시 참수하여 그 대가리를 창끝에 꽂고 로마에 입성하였다. 콘스탄티누스는 그 결정적인 밀비우스 다리 전투 전날 밤 예수 그리스도가 그에게 현몽하여 승리와 그 모든 것을 예시하였다고 굳게 믿었던 것이다.

그리고 325년에는 자기 이복누이의 남편인 정제(正帝) 리키니우스(Licinius)를 전투에서 무찔렀다. 리키니우스는 제위의 상징인 보라색 망토를 벗고 콘스탄티누스 앞에 무릎을 꿇었다. 그리고 일개 야인으로 은퇴하여 누이동생과 여생을 보내게 해달라고 빌었다. 그는 선심 쓰는 척 처음에는 리키니우스에게 데살로니카에서 은퇴생활하는 것을 허락해주었다. 그러나 1년도 못되어 반란음모를 구실삼아 그를 재판도 하지 않고 사형시켜버렸다. 뿐만 아니다. 기독교를 공인하고 예수의 복음을 온 천하에 선포한 그가, 자기를 황제로 만드는 데 결정적인 공헌을 한 탁월한 장수였던 친아들, 부제(副帝) 크리스푸스(Crispus)를 어느날 갑자기 체포하여 이스트라반도 끝에 있는 풀라의 감옥으로 극비리에 호송해버렸다. 그리고 가혹하기 그지없는 고문과 심문을 되풀이했다. 그는 로마제국의 제2인자인 황제였다. 로마에서는 노예가 아니면 자백을 끌어내는 수단으로 시민을 고문하는 것은 금지되어 있었다. 크리스푸스는 믿고 따르고 충성을 다 바쳤던 아버지에게 무죄를 주장했지만 가혹한 고문으로 처참하게 죽어갔다. 29세의 꽃다운 청춘이었다. 뒤주간에 갇힌 사도세자보다도 더 비인간적인 대접을 받았다. 어차피 피장파장이겠지만 영조는 그래도 후회하고 애도하는 뜻에서 사도(思悼)라는 시호를 내리고 경모궁(景慕宮)을 지어주었다. 노론 소론 싸움의 제물이었다. 그러나 콘스탄티누스는 자기 아들을 악랄하게 죽였고 입다시고 말았다. 왜 그랬을까? 무엇을 자백받으려 했을까?

바로 자기 둘째 부인 파우스타(Fausta)와의 불륜이었다. 크리스푸스는 첫째 부인의 아들이다. 그러니까 크리스푸스에게는 파우스타는 계모였다. 파우스타는 선제 막시미아누스의 딸이며, 남편이 자기 아버지와 오빠를 죽이는 권력투쟁의 가슴아픈 세월을 20년이나 견디며 아들을 셋이나 낳아주었다. 현숙한 여인이었다. 열 살 정도 아래의 전처 소생, 크리스푸스와 정말 정을 통했을까? 알 수는 없는 일이다. 가슴을 조이며 권력의 뒤안길에서 현숙하게 살아가는 중년부인 계모에 대한 애처로운 가슴은 크리스푸스에게도 있었을지도 모르겠다. 무죄를 절규하는 크리스푸스의 마지막 항변이 어두운 감옥의 돌벽에 메아리쳤을 때 황후 파우스타의 운명도 결정되었다. 파우스타가 무심코 황궁 안의 가족전용의 김이 자욱한 욕실에 들어갔을 때 문이 철커덩 닫혔다. 그리고 끓는 물은 계속 퍼부어졌다. 황후 파우스타는 목욕하다가 사망했다고 공표되었다. 이 악랄한 살인의 가장 근원적인 이유는, 친아들이지만 스물두 살밖에 차이지지 않는 크리스푸스는 황위의 가장 강력한 라이벌이었다는 것이다. 그리고 파우스타가 낳은 세 아들이 이미 유아기를 지나 황통의 확고한 계승자로서 엄존했기 때문에 두 사람을 싹 쓸어버려도 아무 문제가 없었다. 이것이 제13 사도, 교회사에서 최고의 성자로 추앙받는 콘스탄티누스의 교활한 삶이다.

그는 골(Gaul)족과의 전쟁(316~22)에서도 승리한 후, 북방 바바리안들의 왕들과 수천 명의 부하들을 함께 야수의 먹이로 던져주었다.

이러한 끔찍한 사건은 이교도들에게 깊은 충격을 주었다. 모두 기독교공인 이후의 행적들이다.

그는 기독교를 공인한 후에도 세례받기를 거부했다. 그는 요단강에 가서 직접 세례를 받겠다고 하면서 미루기만 했다. 그는 세례를 통하여 그의 죄가 사함을 얻는다는 것을 잘 알고 있었다. 그는 그의 삶의 최후의 순간까지 그가 저질러야 할 너무도 많은 죄악이 자기를 기다리고 있다는 것을 너무도 잘 알고 있었다. 그래서 세례의 순간을 미루고 또 미루었다.

337년 봄, 콘스탄티누스 황제는 대군을 이끌고 콘스탄티노폴리스를 떠나 소아시아로 갔다. 페르시아 왕국이 40년만에 로마를 상대로 다시 군사행동을 개시했기 때문이었다. 노구의 콘스탄티누스는 지쳐있었다. 소아시아반도의 서북단 니케아 근처의 니코메디아(Nicomedia)에 왔을 때 그만 그는 병석에 누웠다. 그곳은 그가 18세부터 30세까지 아버지를 떠나 디오클레티아누스 황제 밑에서 그의 청춘을 보냈던 곳이다. 죽기 직전, 그는 황제의 보라색 망토를 벗고 초심자가 입는 흰 까운을 입고 세례를 받았다. 집전자는 아리우스파였던 니코메디아 주교 유세비우스였다. 그리고 죽었다. 향년 62세. 337년 5월 22일이었다. 시오노 나나미의 유머에 찬 표현대로 그는 이 세상을 떠나기 직전에 "천국을 도둑질하고" 죽었다.

'왕권신수설'은 절대왕정이 화려하게 꽃핀 17세기에 영국의 제임스 1세나 프랑스의 루이 14세가 주장한 설로 알려져있다. 하지만 그것을 '현세에 대한 지배권의 신수설'로 바꿔 말하면, 17세기보다 1300년 전에 이미 콘스탄티누스 황제가 씨를 뿌린 '사상'이었다. …… 지배권의 신수설이라는 '사상'은 그후에도 오랫동안 장수를 누렸다. 생각하기에 따라서는 프랑스혁명 때까지 계속되었다. 이처럼 오랫동안 목숨을 유지할 수 있었던 것은, 인간이 아니라 신이 통치자를 결정한다는 이 '사상'이 지배자에게는 정말로 편리했기 때문이다 (시오노 나나미, 『로마인 이야기』 13-350).

이것은 로마역사에 관해서 서방의 고전학자들에게도 권위를 인정받고 있는 시오노 나나미(鹽野七生)의 통찰력 있는 언급이다.

과연 로마는 콘스탄티누스의 계획대로 기독교라는 새로운 활력소로 인하여 되살아났는가? 결코 그렇게 말할 수는 없다. 로마의 멸망은 이미 결정된 것이다. 기독교라는 요소가 결코 쇠망의 길로 접어든 로마를 흥성의 길로 역전시키지는 못했다. 결국 로마의 문제는 이미 창조성을 결여한 시민사회의 도덕적 해이(moral laxity)였다. 로마와 접합된 기독교는 이미 권위화된 기독교였으며, 그 유일성과 배타성과 절대성은 로마사회를 더욱 경직시켰으며, 멸망을 재촉시켰다. 결국 기독교는 로마의 멸망을 한 1세기 더 연장시켜 준 셈이지만, 너무도 중요한 사실은 그 멸망연장기간을 통하여 너무도 심각하게 향후 모든 유럽역사의 발전을 기독교 일색(一色)으로 염색시켜 놓았다는 것이다.

콘스탄티노폴리스, 오늘의 이스탄불에 이슬람의 회칠로 덮여있는 소피아성당(Hagia Sophia), 그리고 베드로의 무덤 반석 위에 섰다고 하는 로마의 베드로성당(Saint Peter's Basilica)의 위용에 우리는 압도당할 수밖에 없는 모종의 기운을 느끼지만 그 원래의 구전(舊殿)은 모두 콘스탄티누스 황제에 의하여 320년대에 지어지기 시작한 것이다. 그러나 우리가 확실히 알아야 할 사실은 우리가 만나고자 하는 예수님은 그러한 위압적인 거석(巨石) 안에는 계시지 않다는 것이다. 소피아성당과 베드로성당, 이 동·서 로마의 양대 심볼 속에서 우리는 콘스탄티누스가 씨뿌려놓은 기독교 문명의 천여 년 성상의 성쇠를 읽어낼 수 있다. 그러나 그것은 어디까지나 장식물들이다. 그것은 구운몽(九雲夢)의 덧없는 한 장면일 수도 있다. 나는 한국인들이 성지순례를 하기 어려웠던 시절, 이미 약관의 나이에 몸소 이 성지의 유적들을 다 돌아보면서 그렇게 절감했다. 내가 발견한 예수는 웅장한 베드로성당의 돔 안에도, 미켈란젤로의 섬세하고도 가냘픈 피에타(Pieta) 조각 속에도, 하기아 소피아의 정교한 모자이크 속에도 있지 않았다.

갈릴리 바다의 북단 가버나움(Capernaum, Kapharnaoum)의 호수가에 찰랑거리는 물결, 살랑거리는 산들바람, 그리고 산상수훈이 설파되었다는 작은 동산, 그것은 우리나라 강원도 옛 감자바위 동네의 소박한 모습이나 이효석이 읊어댄 메밀꽃 필 무렵의 봉평 들녘이나 꽃 덮인 샛길, 장터, 이런 것들이 연상되는 그러한 곳에 예수는 있었던 것이다. 예수는 음모와 권세와 부귀와 영화의 찬란한 금빛 장식 속에 있지 않았다. 우리가 시골장터에서 만나볼 수 있는 그러한 갈릴리의 군중들, 마음이 가난하고, 애통하고, 정의에 주리고 목마르고, 불쌍히 여길 줄 알고, 마음이 깨끗한 사람들, 그러한 이름모를 뭇 군중 속에 있었다. 나는 로마의 베드로 성당을 보고난 후 이스라엘 가버나움의 호수가에 하염없이 앉아서, 이런 생각을 눈물겹도록 하고 또 해보았다(1978년 7월 22일 토요일, 나의 생애에서 기억할 만한 사건이었다).

제5장 삼위일체 논쟁

어두운 중세기의 시작

초기기독교는 콘스탄티누스라는, 헤겔 말을 빌리면 "세계사적 개인"(World-Historical Individual)을 통하여 로마를 정복하고 로마로 통한 모든 세계의 길을 정복했지만, 로마와 더불어 그 진실한 모습은 자취를 감추었을지도 모른다. 소아시아의 도시 니케아에서 300여 명의 기독교 주교들을 소집해놓고 기독교 교리에 관하여 그 입심 거센 주교들의 논쟁을 주재하고 앉아있는 콘스탄티누스 황제의 모습은 이미 어두운 서양 중세기의 시작을 알리는 사건이었다.

니케아 종교회의(Council of Nicaea, 325년 5월)에서 문제가 된 사안은 바로 초대교회의 센터인 알렉산드리아의 두 종교지도자간에 7·8년 동안 비판의 거센 불을 뿜은 논쟁의 조정에 관한 것이었다. 니케아 종교회의는 일반세계사에서 매우 중대한 사건으로 취급된다. 세계 3대종교의 하나로서의 오늘의 기독교의 모습을 결정한 것이 바로 이 니케아 종교회의였다고 해도 과언이 아닐 만큼 중요한 사건이었기 때문이다. 그리고 그것이 바로 알렉산드리아 교구내의 지역적 논쟁이 불씨였다고 할 때, 알렉산드리아가 당대 기독교세계에서 차지하는 위치를 가늠질 해볼 수 있다. 알렉산드리아의 두 지도자란 알렉산드리아의 주교(bishop) 알렉산더(Alexander, 312?~328 주교재직)와 그에 항쟁한 아리우스(Arius, c.250~336) 목사였다. (아리우스의 직책에 관해서는 "presbyter," "elder," "priest" 등의 영역표현이 사용되고 있으나, 오늘날의 신부나 장로 개념에는 정확히 부합되지 않는다. 그는 정확하게 "안수 받은 설교자"였다. 따라서 요즈음 조직개념으로 말하면 "목사"라는 표현이 가장 적절하다.)

알렉산드리아의 아리우스

아리우스는 리비아(구레네)에서 이주하여 온 부모 밑에서 알렉산드리아에서 태어났다. 그는 한때 분열주의자로 몰린 멜레티오스(Meletios of Lycopolis)에게 사상적으로 동조했다가 연좌·추방되어 고행의 세월을 보냈다. 그러한 고난의 기간 동안에 그는 영적 체험을 한 듯하다. 그리고는 매우 강력한 영적 설교자로 다시 등장한다. 그는 312년 봄 아킬라스(Achillas)의 교구에서 목사 안수를 받았다. 당시 알렉산드리아의 기독교인들의 분위기는 디오클레티아누스와 막시미아누스의 기독교박해 이후 매우 침체되어 있었다. 그런데 이 혜성처럼 등장한 아리우스는 기독교인이 가장 밀집한 알렉산드리아한복판의 바우칼리스(Baucalis) 지구의 목사로 취임하면서 엄청난 인기를 끌었을 뿐 아니라, 인격적으로도 매우 존경을 받았다. 그는 알렉산드리아의 지적 분위기를 매우 잘 반영하는 인물이었으며, 다년간의 고행으로 금욕적 경건함이 체화된 인간이었고, 요즈음 말로 한다면 매우 "리버럴"한 사상가였다.

그는 철저한 네오플라토니스트(Neo-platonist)였다. 네오플라토니즘적인 사유를 기독교의 신비적 종교체험과 결합시키려 했다. 네오플라토니즘이라는 사상 자체가 알렉산드리아에서 태어난 운동이며 알렉산드리아의 지적 분위기를 잘 반영하는 사상체계인데, 알렉산드리아 출신의 플로티누스(Plotinus, AD 204~270), 그리고 그 이전의 알렉산드리아의 유대인 사상가 필로(Philo Judaeus, c. BC 15~AD 50)를 통하여 그 정체를 더듬어 볼 수 있다. 플로티누스의 사상을 잘 뜯어보면 우리가 흔히 영지주의(Gnosticism)라고 막연하게 폄하하고 곡해했던 사상의 분위기와 일맥상통한다는 것을 알 수 있다. 네오플라토니즘이라는 것은 플라토니즘의 초월주의, 아리스토텔레스의 현세주의와 현상세계의 계층적(hierarchical) 이해, 그리고 유대교-기독교전통을 포함하는 모든 동방세계의 종교적 신비주의를 융합한 당대의 가장 총체적 사상이었다.

네오플라토니즘

궁극적 유일자(*to hen*, the One)만이 모든 대립과 차별을 초월한 유일절대의 실재이며, 우리가 흔히 생각하는 만물의 세계는 이 유일자로부터 유출(emanatio)되어 나오는 것이다. 물론 아무리 유출된다 해도 대립과 차별을 초월한 유일자 그 자체는 증감이나 변화가 없다. 유일자는 우리의 사유나 언어가 단절되는, 규정불가능한, 기술불가능한 "불가사의"(不可思議)의 절대자이다. 유출에는 단계가 있으며, 그 유출의 단계는 "타락"(Fall)으로 설명되기도 한다. 그 3단계는 이성(nous), 영혼(psyche), 물질(physis)이다. 유일자로부터 가장 멀리 유출된 물질은 죄악의 정도가 가장 높다. 물질은 물리적인 3차원적 공간의 세계이며 우리의 몸을 구성한다. 이성이 영혼으로 타락하고(떨어지고), 영혼이 물질 속으로 떨어져서 물질세계 속에 갇혀버렸다는 것이 곧 죄악의 상태인 것이다. 그러나 이 3차원적 공간세계 이 자체가 유일자의 끊임없는 창조적 유출이기 때문에 그것을 전적으로 부정적으로 볼 수만은 없다. 그것 역시 모든 진·선·미의 가능성을 구유하고 있다고 보아야 한다. 인간은 이성·영혼·물질의 모든 계기를 다 구유하고 있는 소우주적 존재(micro-cosmos)이며, 당연히 유일자로부터 유출된 존재이며, 궁극적으로는 그 유출을 소급하여 유일자와 다시 합일이 될 수 있는 자유의지를 소유한 존재이다. 인간의 정신활동은 직관적 이성(intuitive reason), 논리적 이성(discursive reason), 감각(perception)의 3단계로 등급 매겨질 수 있는데, 궁극적으로 직관적 이성을 잘 활용하면 유일자와 합일될 수도 있다. 금욕주의적 삶을 통해 고귀한 덕성(the highest virtues)을 축적한 사람은 어느 순간에 신비적 황홀경을 통해 유일자와 합일이 되는 체험을 할 수가 있다. 영혼이 육체의 감옥을 벗어나 유일자에게로 소급하여 합일되는 신비적 체험인 것이다. 그러한 경지를 엑스타시스(ekstasis, 脫自)라고 불렀다.

플로티누스는 또 우주의 이성적 원리를 로고스(Logos)라고 부르고 그것을 빛(Light)이라 규정하고, 암흑(Darkness)인 물질세계와 대비시키기도 했는데 이런 언어는 요한복음의 세계관이나 영지주의의 일반적 어휘와 상통하는 것이다. (나의 『요한복음강해』 제1장 해석을 보라. 101~110.) 플로티누스는 신비주의적 종교사상가라고도 말할 수 있겠지만 그 종교적 요소를 철저히 논리적으로 표현했기 때문에 우리는 그를 철학자로서 다룬다. 그러한 향후의 모든 기독교적 신비주의자들의 사유체계는 이 플로티누스의 사상구조를 크게 벗어나지 않는다. 14세기초의 신비주의 사상가 마이스터 엑카르트(Meister Eckhard, c.1260~1328)의 신비주의철학도 네오플라토니즘과의 관계를 떠나 이야기하기 힘들다. (엑카르트의 사상에 관해서는 최근 길희성 교수가 깊게 천착한 역작이 있다. 『마이스터 엑카르트의 영성사상』, 서울: 분도출판사, 2003.)

아리우스의 예수인간론

당시 알렉산드리아에서 대중에게 감화를 주면서 기독교의 신앙분위기를 쇄신하고 선풍을 일으켰던 아리우스의 주장 가운데, 가장 핵심적이면서도 아리우스가 끝내 한치도 양보하지 않은 테마가 곧 "예수는 인간일 뿐이다"하는 것이었다. 이 말 한마디 때문에 오늘까지도 아리우스는 흉악한 이단자로 취급되고 파문과 저주의 대상이 되었고 기독교의 정통사상과 타협하기 어려운 요소가 내포되어 있는 것처럼 느껴지지만, 이것은 당시 개명하고도 고상한 알렉산드리아 초기기독교도들의 리버럴한 사상 분위기를 자연스럽게 대변한 사상이었다. 그렇지 않다면 아리우스 사상이 콘스탄티누스 황제의 직접 중재가 필요할 정도로 문제시되었을 하등의 이유가 없다. 아리우스는 당시 로마세계 전 기독교인들의 존경받는 지적 거물이었고 일반 신앙인들의 우상이었다.

"예수는 사람일 뿐이고 하나님일 수 없다"라는 주장은 진실로 이단사상처럼 들린다. 그리고 예수를 격하시키는 발언처럼 들린다. 그러나 실제로 이러한 주장이 과연 어떠한 의미맥락에서 논파되었는지에 관한 아무런 탐색이 없이 그냥 이단으로 몰아치는 것은 매우 몰상식한 태도다. 사실 우리는 아리우스에 관하여 보다 동정적으로 깊은 이해를 할 수 있는 정확한 자료를 확보하고 있지 못하다. 그는 결국 이단으로 몰렸고 따라서 그에 관한 자료들이 모두 파기되어 버렸기 때문이다. 역사에 남은 문헌들은 모두 그의 반대파의 입장에서 서술된 것이다. 이단이 된다는 것은 이처럼 서글픈 것이다.

그런데 당대의 논쟁을 살펴보아도 아리우스의 논점은 결코 반기독(Anti-Christ) 혹은 반기독교적인 것은 아니다. 왜냐하면 그의 강조점은 "예수의 사람됨"에 있었던 것이 아니라 "하나님의 절대유일성"에 있었던 것이다. 하나님이 절대유일하다는 것은 창조(생산)될 수 없다는 것(agennētos, "underived," "ungenerated")을 의미하는 것이다. 그것은 어느 타자로부터 유래될 수 없는 것이다. 따라서 그것은 시·공을 초월하는 것이며, 시·공의 변화 속에 있는 것이 아니다. 시·공의 변화를 창조할 수는 있으되, 시·공의 변화로부터 창조되거나 생산되는 것이 아니다. 그러나 예수는 분명 수육(受肉)된 존재이며, 시·공 속에서 걸어 다니는 변화의 존재이다. 사람들과 같이 말하며 느끼며 같이 먹고 마시며 같이 울고 웃는다. 예수가 사람 되었다는 것은 분명 아버지가 아들을 생산하듯이 생산되었다(gennētos, "begotten")는 것을 의미한다. 복음서가 그리고 있는 예수는 분명 우리군중들의 삶 속에서 살아 움직인 변화의 주체이다. 만약 이러한 변화의 주체이며 인간의 형상을 한 인격의 주체를 또 하나의 완벽한 하나님이라고 한다면, 그것은 유일절대신(monotheism)을 신앙하는 기독교원리에 어긋난다. 그것은 신을 둘 인정하는 것이며 그렇게 되면 기독교는 그리스-로마전통에서 신봉되고 있는 것과도 같은 다신론(polytheism)의 한 형태가 되어버린다고 아리우스는 주장했다. 성부와 성자의 관계에 있어서 오직 성부(Godhead, the Father)만이 유일절대의 하나님이며, 성자(the Son)는 결코 성부와 동일한 동격의 신성을 가질 수는 없다고 보았다. 성자는 성부에게 종속될 수밖에 없다. 알렉산드리아 출신의 대선배 신학자 오리겐(Origen, c.185~c.254)도 이러한 종속론(subordinationism)을 발표한 바 있었다. 아리우스는 자기의 상관인 알렉산드리아의 주교 알렉산더가 두 개의 하나님, 두 개의 "창조되지 않은 자"를 가르치고 있다고 비난했다.

가현설의 위험성

이러한 논의에 관하여, 하나님과 창조된 세계를 매개하는 중간자(mediator)로서의 로고스(Logos, 말씀)를 설정하고, 그 로고스가 곧 예수라고 말하는 이론이 가능하다. 아리우스도 초기에는 이러한 중간자이론을 활용하여 어떤 타협점을 생각해보려고도 한 것 같지만 결국 아주 정직하게 결론을 내려버렸다. 로고스도 창조자이거나 피조물일 수밖에 없다는 것이다. 애매한 중간이론은 무의미하다는 것이다. 예수를 신과 동일한 실체로 만들어버린다면 예수는 실제로 이 시·공의 세계에 속할 수가 없다. 창조된 존재일 수 없기 때문이다. 그렇게 되면 이 세계 속에서의 예수의 모든 활동은 극단적으로 말하면 하나의 허상이 되어버리고 만다. 막말로 하나의 유령(phantom)이 가현(假現)하여 돌아 다니는 것이 되고 말 것이다. 십자가 위에서 "나의 하나님, 나의 하나님, 어찌하여 나를 버리셨나이까?" (막 15:34)를 외치는 예수의 모습은 인간 예수의 고뇌 찬 울부짖음이 아니라, 그 장면을 보고있는 사람들을 놀려먹기 위한 유령의 장난이 되고 말 것이다. 이러한 가현설을 도세티즘(Docetism)이라고 부르는데, 아리우스는 분명 이러한 도세티즘의 위험성을 배제하려고 했다.

아리우스는 "예수의 사람됨"을 확실하게 함으로써 역설적으로

"인간의 하나님됨"을 확보하고 기독교의 유일신관을 천명하려 했다. 예수를 단순히 열등하고 범용한 한 인간으로 설정한 것이 아니라, 하나님의 아들(the Son of God)로서의 그의 특별한 로고스적 성격, 그러니까 네오플라토니즘적인 합일, 엑스타시스, 그리고 죽은 후의 그의 완벽한 신성의 복귀 등, 우리와 같은 인간이면서도 우리와는 다른 어떠한 가능성의 존재로서 설정함으로써 인간이 예수의 수육·죽음·부활에 참여할 수 있는 길을 열어놓으려고 했다. 이것이 바로 알렉산드리아의 지적 분위기였으나, 이러한 방면의 아리우스 사상에 관해서는 우리가 상고할 자료가 별로 없다. 예수를 단순한 인간으로 격하시켜버리는 현대적 합리주의 해석은 아니었을 것이다. 인간 예수의 리얼한 모습과, 인간과 신의 합일을 꾀하는 신비주의와, 하나님의 절대유일한 초월성이 종합된 매우 포괄적 체계였을 것이다. 그러나 알렉산더 주교에게는 이러한 아리우스의 주장은 예수를 단순한 인간으로 격하시킴으로써 기독교적인 독특한 유일신관의 기저를 파괴시키고, 신적인 권능으로써 인간의 죄악을 대속한다고 하는 구원론적 의미를 약화시키고, 기독교를 비의적인 수련의 방편으로서 신비주의화시키는 우려가 있다고 판단했을 것이다.

호모우시온

결국 니케아종교회의는 콘스탄티누스 황제가 알렉산더 주교의 편을 들 수밖에 없는 분위기로 흘러갔고, 아들도 아버지와 똑같은 신격의 존재라는 신경(信經)을 발표하기에 이르렀다. "성자는 성부와 동일한 실체이다"(homoousion to Patri)라는 "호모우시온"(同體)의 니케아신경(the Creed of Nicaea)은 그후 끊임없는 반박과 수정을 거쳐야 했지만 끝내 삼위일체론(Trinity)의 정통이론이 되었고, 테오도시우스 황제의 강압적 정책으로 아리우스파의 공식적 반박은 자취를 감추었으나, 새롭게 유럽역사에 등장한 게르만 통치자들의 입교자 중에 아리우스파가 많아 그 영향력은 역사에서 사라지지 않고 지속되었다. 오늘날에도 16세기의 합리적 종교개혁파와 매우 리버럴한 칼비니스트에게서 유래한 영국·미국의 유니태리아니즘(Unitarianism)은 아리아니즘의 한 지속으로 볼 수 있다. 그들은 예수의 신성과 삼위일체론을 정면으로 거부한다. 내가 공부하던 뉴잉글랜드지역의 유니태리안 교회에 가보면, 성경과 함께 『논어』와 불경이 같이 꽂혀있다. 그 교회 목사님이나 신도들은 종교적 문제에 있어서 이성의 무제약적 활약을 극구 권장한다. 교회의 목사의 아들로 태어난 탁월한 에세이스트며 강연자였던 에머슨(Ralph Waldo Emerson, 1803~1882), 『주홍글씨』를 쓴 호손(Nathaniel Hawthorne, 1804~1864), 시민불복종 권리를 외친 써로우(Henry David Thoreau, 1817~1862) 등 미국의 정신사를 리드했던 트랜센덴탈리즘(New England Transcendentalism)의 거장들이 모두 이 유니태리아니즘과 직·간접적인 관계를 맺고 있다.

아주 극성적인 아리아니즘의 당대의 또 한 형태로서는 펜실바니아의 알레게니에서 태어난 찰스 테이즈 럿셀(Charles Taze Russell,

1852~1916)의 조그만 성경모임(the International Bible Students Association, 1872)으로부터 출발한 "여호와의 증인"(Jehovah's Witness)이다. 그들은 자신을 "예수의 증인"이라고 부르지 않는다. 절대·유일·보편의 지고한 신은 오직 "여호와"(Jehovah)일 뿐이며 예수는 여호와의 피조물일 뿐이며 사람일 뿐이며 그는 대속의 도구였을 뿐이다. 그는 죽어 영이 되어 이 세계 속에 같이 하고 있을 뿐이다. 예수에게 신성을 허락하지 않는 측면에서 이들은 아리안파로 분류된다. 따라서 그들은 "기독교인," 즉 크리스챤(Christians)이라는 말을 쓰지 않는다. 그들은 스스로를 "증인"(Witness)이라고만 부른다. 그들은 이 세계가 완벽하게 사탄(Satan)의 지배하에 있다고 믿는 측면에서는 역사적으로 영지주의와 상통한다. 따라서 신도들이 할 수 있는 일이란 이 사탄의 지배로부터 벗어나는 것이다. 그들은 임박한 예수의 재림을 믿는다. 럿셀은 1874년을 보이지 않는 예수의 귀환의 해로 설정하다가 1914년을 예수 재림의 해(the year of Christ's Second Coming)로 지정하였다. 1914년에 아무런 휴거도 일어나지 않자 계속 연기하였는데, 요즈음은 막연하게 말세의 표징들을 과학적으로 입증하는 언사들을 동원하고 있다.

마지막 심판의 날에 여호와에게 영생을 허락받아 예수와 함께 천국화된 지상을 지배할 자는 144,000명의 소수로 지정되어 있다(요한계시록의 주장: 12지파라는 숫자관념에서 비롯된 숫자). 이들은 사탄이 지배하는 이 세속의 세계를 인정하지 않기 때문에 지상의 어떠한 국가에도 충성을 표시하면 안된다. 그들에게는 내셔날리즘이나 애국심이란 있을 수 없으며, 따라서 국기에 배례하거나 병역을 복무하거나 선거에 참여하지 않는다. 수혈도 거부하고 타 종교와의 교제도 불허하며, 성직자나 일체의 조직타이틀을 허락하지 않는다. 회중만 있고 목사는 없으며 일체의 예배용 이미지도 사용하지 않는다. 이러한 그들의 철저한 신앙신조 때문에 많은 나라에서 박해를 받고 순교자를 내었고 민권운동자들의 동조를 얻었다. 그러나 아이러니는 그들은 민권 그 자체를 거부한다는 것이다. 인간의 자유를 신장하거나 민권을 통하여 지상의 복지사회를 건설하는 것이 아니라 철저하게 신권(theocracy)에 의한 심판의 준비단계로서 자신의 행동양식을 규정하고 있을 뿐이다. 여호와증인의 신념체계를 보면 초대교회의 행태에 관하여 많은 것을 연상케 한다. 그리고 지옥과도 같았던 1·2차세계대전의 참상 속에서 그들이 지켰던 신념의 순수성에 관해서는 수긍이 되는 일면도 있지만 아리우스의 신념체계는 여호와의 증인들과 같이 그렇게 폐쇄적인 말세론의 느낌은 아니었을 것이다. 보다 지성적이고 여유롭고 합리적이면서도 매우 신비적인 알렉산드리아의 분위기에 부합되는 네오플라토니즘적인 사상이었을 것이다.

동방교회의 일반적 정서

니케아종교회의(325)에서 비록 동체(*homoousios*)론 조항을 집어넣은 신경(creed)이 반포되기는 했지만, 니케아종교회의에 참석한 주교들 가운데서 서방주교는 단지 6명일 뿐이었고, 300여 명의 동방주교의 대부분은 아리우스를 지지했다. 막강한 니코메디아의 주교 유세비우스의 열렬한 위호가 있었고 그 회의를 실제적으로 주도해 간 팔레스타인의 대도시 카이사레아의 주교 유세비우스(동명이인이므로 주의할 것), 최초의 초대기독교역사인 『교회사』와 『콘스탄티누스의 생애』를 저술한 그 유세비우스도 중도적 입장을 취하긴 했지만 아리우스의 논의의 합당함에 기울어져 있었다. 동방교회의 일반적 사상분위기는 다원론(pluralism)이었고 종속론(subordinationism)이었던 것이다. 그럼에도 불구하고 콘스탄티누스 황제는 알렉산더의 동체론·일체론을 강행하였던 것이다. 아리우스와 그에게 동조한 두 명의 성직자는 끝내 공동코뮤니케인 니케아 신경에 서명하기를 거부했다. 콘스탄티누스 황제는 이들 세 명을 동방에서 멀리 떨어진 북방의 라인강변으로 추방해버렸다. 이로써 아리우스가 패배한 것 같지만 이후 전개된 역사의 실제상황은 그렇지 않다는 것을 말해준다. 이 추방령은 콘스탄티누스 황제의 여동생 콘스탄티아가 아리우스를 옹호했기 때문에 콘스탄티아의 노력으로 3년 뒤에는 해제되었다. 아리우스의 진짜 적수는 알렉산더 주교가 아닌 아타나시우스(Athanasius, c.293~373)였다.

아타나시우스

아타나시우스는 이집트 사람으로, 알렉산드리아에서 성장하면서 철학과 신학을 깊게 공부한 인물로서 이미 니케아종교회의에 알렉산더 주교를 수행한 집사(deacon)로서 참석하여 아리우스논쟁의 현장을 목격하였다. 그런데 3년 후(328) 알렉산더 주교가 병사하자 그 후임으로 발탁되어, 젊은 나이에(35세) 알렉산드리아 주교가 되었다. 그는 주교가 되자마자 이집트와 리비아 전역을 여행하면서 자기 교구의 상황을 세밀하게 직접 관찰하였고, 나일강 유역의 콥틱어를 쓰는 수도자들과 교류하였고 그들의 지도자인 파코미우스(Pachomius)와

아타나시우스. 12세기 모자이크
이태리 팔레르모 팔라티네 성당

도 교분을 확립하였다. 그리고 그때부터 리코폴리스의 주교인 멜레티우스(Meletius of Lycopolis)와 아리우스의 이론을 이단으로 휘몰아치며 니케아신경의 동체론을 정통이론으로 확립하는 데 평생을 바치었다. 그러나 전반적으로는, 아리우스파가 그의 생애를 통하여 더 우세하였기 때문에 5번이나 유형을 당하는 비운을 겪어야만 했다 (아리우스 지지파인 발렌스 황제에 의한 마지막 유형이 365년).

한편 아리우스파는 니코메디아의 주교 유세비우스와 콘스탄티아의 치밀한 복권계획에 의하여 아타나시우스를 포함한 반아리우스파들을 모두 제거하는데 성공한다. 그리고 예루살렘 교회당 봉헌식에서 아리우스를 복권시킬 것을 공식적으로 결정하였다. 유세비우스는 아리우스의 복직식을 거창하게 준비했다. 아리우스는 끝내 자기의 신념이 관철되고 승리하는 것을 보면서 흥분된 가슴을 억누르지

못했을 것이다. 그러나 그는 콘스탄티노플의 거리를 걷다가 심장마비로 비장한 한 생애를 마감한다(336). 이미 86세의 노구였다. 그리고 1년 후 콘스탄티누스 황제도 서거한다. 그리고 콘스탄티누스 황제의 뒤를 이은 황제들은 계속해서 아타나시우스를 탄압했다. 아타나시우스는 그러한 탄압 속에서 오히려 이집트 민중들의 영웅이 되었으며, 아리우스와 그의 추종자들을 비판하는 신학적 논문을 계속 발표한다. 삼위일체논쟁은 그동안 동체론(homoousios)을 포기해 버리고, 아버지와 아들은 같지 않다는 아노모이오스(anomoios), 아버지와 아들은 유사한 실체이다라는 호모이우시오스(homoiousios), 실체라는 애매한 개념을 생략해 버리고 그냥 아버지와 아들은 유사하다라고만 주장하는 호모이오스(homoios) 등등으로 변질되어 구질구질한 논쟁을 계속하였으나, 결국 아타나시우스의 끈질긴 논거와 설득에 의하여 원래의 동체론·일체론인 호모우시오스(homoousios)를 그 정통이론으로 다시 확립하기에 이르렀다. 호모우시오스이론은 향후 가톨릭의 역사를 지배하게 된 것이다.

이토록 1세기에 걸쳐 치열하게 싸워야만 했던 삼위일체론이란 도대체 무엇인가?

삼위일체론의 정체

예수는 사람일까 하나님일까? 우선 이런 질문에 우리가 논리적으로 맞부닥뜨리면 매우 당황케 되고 부수될 수밖에 없는 많은 논리적 문제가 부담스러워 진다. 우선 예수를 완전히 하나의 사람으로만 간주해버리면, 우리와 완전히 똑같은 하나의 인간이라고 한다면, 하나님의 아들로서의 그의 모든 특별한 규정이 의미를 상실하고 "역사적 예수"라고 하는 시공 속의 합리적·과학적·상식적 추론체계만 적나라하게 드러나버린다. 그렇게 되면 예수는 단순한 세속의 역사적 사건이 되어버리고 구속사적인 종교적 의미가 증발되어 버린다. 그리고 평범할 수밖에 없는 하나의 인간 위인을 그렇게 우리가 예배하고 신앙하고 따라야 할 아무런 이유가 없어진다. 복음서는 평범한 위인전기가 되어버리고 말 것이다. 많은 사람들에게 이러한 결론은 바람직하지 못할 것이 뻔하다.

그렇다고 예수를 신이라고 말하면 어떻게 될까? 논리적으로 예수를 완전히 신과 동일시해버리면 복음서의 이야기는 신의 이야기가 될 것이므로 그것은 희랍신화에 나오는 신들의 이야기와 다를 바가 없어진다. 즉 복음서는 단순한 신화가 되어버린다. 예수를 신이라고 존숭하는 것은 좋지만 결과적으로 예수는 우리와 동떨어진 존재가 되어버릴 것이며 인간으로서의 수난(Passion)과 부활(Resurrection)은 우리에게 아무런 감동을 주지못한다. 헤라클레스의 수난의 역사이야기를 읽는 것보다도 재미가 없을 것이다. 그렇다고 우리가 헤라클레스의 투쟁이야기를 읽으면서 감동의 눈물을 흘리지도 않는다. 우리가 예수의 수난이야기를 읽으면서 눈물을 흘리고 감동을 받는 것은 오직 인간 예수로서의 수난과 부활이다. 최소한 복음서 저자들은 그러한 감동을 전하도록 우리에게 예수 이야기를 기술해주었다.

그리고 예수를 하나님과 완전히 동일시할 때, 그리고 동시에 예수에게 수육(受肉, the Incarnation)의 인성을 완벽하게 인정할 때, 인간인 예수는 곧 신이 되어버릴 것이다. 이것은 모든 인간이 신이 될 수 있다는 가능성을 인정하는 결과를 논리적으로 초래할 수밖에 없다. 불교에서 불타는 완전한 각자(覺者)이며 따라서 윤회의 굴레를 완벽하게 벗어나 열반에 들어가는 존재이다. 그런데 불교의 특징은 역사적 인간 싯달타에게뿐만 아니라 모든 인간에게 성불의 가능성을 열어준다는 데에 있다. 기독교 초기에도 신인(神人)으로서의 예수의 죽음과 부활 이야기는 모든 인간이 예수의 죽음과 부활에 참여함으로써 예수와 똑같이 신이 된다고 하는 합일 즉 엑스타시스의 가능성을 인정하는 이야기로 해석되는 경향이 짙었다.

> 그리스도께서 너희 안에 계시면 몸은 죄로 인하여 죽은 것이나 영은 의를 인하여 산 것이니라. 예수를 죽은자 가운데서 살리신 이의 영이 너희 안에 거하시면 그리스도 예수를 죽은자 가운데서 살리신 이가 너희 안에 거하시는 그의 영으로 말미암아 너희 죽을 몸도 살리시리라 (롬 8:10~11).

이러한 바울의 이야기도 그 추상적인 성격을 극단화시켜 이해한다면 우리 인간이 예수를 매개로 하여 육신을 벗어나 하나님의 영원한 생명 그 자체가 된다고 하는 불교적인 이야기가 되어버릴 수도 있다.

"말씀이 육신이 되어 우리 가운데 거하신다"(요 1:14)는 이야기도 예수라는 특수존재에 국한되는 이야기가 아니라 인간 일반이 될 때에는, "인간 = 예수 = 하나님"의 등식이 전개될 수 있는 근거 메시지가 될 수 있다. 실제로 초대교회의 분위기는 이러한 해석의 가능성이 자유롭게 허용되었고, 많은 사람이 그러한 방식으로 케리그마를 이해하고 다양한 운동과 창조적인 저술활동을 펼쳤다. 그러나 이러한 이해방식은 결국 이단으로 몰릴 수밖에 없었다. 왜냐하면 유대이즘의 유일신론적 사유의 틀은 인간과 하나님의 횡적인 연대성을 별로 좋아하지 않는다. 아니, 그것을 강하게 거부한다. 인간과 하나님의 관계설정은 궁극적으로 종적인 일방성이다. 그 일방성의 방향은 인간에서 신에로의 방향이 아니라, 철저히 신에서 인간에로의 방향이다. 따라서 예수의 신성을 말한다 해도 그것이 곧 인간의 신성을 말하는 것으로 비약될 수는 없다. 여기에 삼위일체론의 곤혹스러운 과제상황이 있는 것이다. 더구나 콘스탄티누스 대제의 입장에서 볼 때에는 인간과 하나님의 횡적 연대는 있을 수 없는 이야기다. 신민에 대한 황제의 절대적 군림의 권위를 얻고자 하는 콘스탄티누스의 입장에서 보면 아리우스의 인간주의적 해석은 기독교의 초월적 유일신론의 강점을 희석시키는 위험한 이론으로 간주될 수밖에 없었을 것이다. 그는 아리우스사상에 내포된 신비주의적 평등관을 두려워했다. 물론 아타나시우스도 마찬가지였다.

마태복음은 다음과 같은 예수의 말로 끝난다:

너희는 가서 모든 족속으로 제자를 삼아 아버지와 아들과 성령
의 이름으로 세례를 주고⋯⋯(마 28:19).

그리고 고린도의 교인들에게 보낸 바울의 편지는 다음과 같은 사
도의 축도(apostolic benediction)로 끝난다.

주 예수 그리스도의 은혜와 하나님의 사랑과 성령의 교통하심이
너희 무리와 함께 있을지어다 (고후 13:13).

이미 1세기 중엽부터 말에 걸쳐, 그러니까 아주 초기의 기독교교
회의 리터지(liturgy, 典禮)나 기도에서 이미 삼위일체론의 원형을 이
룬다고 할 수 있는 "아버지-아들-성령" "예수 그리스도-하나
님-성령"이라는 개념이 한 문장에서 병렬되어 나타나고 있었다는
사실을 확인할 수 있다. AD 100년경 전·후로 성립했다고 하는 요한
복음은 이미, 아버지와 아들, 그리고 성령의 다른 이름인 보혜사(保
惠師, Parakletos)라는 삼자의 틀 속에서 전체적인 이론구조가 갖추어
진 복음이다. 보혜사(파라클레토스)란 원래 "법정변호인"을 뜻하는
말인데, 아버지의 법정에서 인간을 변호해주는 존재라는 뜻으로 예
수의 다른 면모를 나타내는 말이었다. 법정에서의 고소인, 검사는 디
아볼로스(diabolos), 즉 악마(devil)요 사탄(Satan)이다. 보혜사는 예
수의 부재시에는 예수를 대신하여 인간을 진리로 이끄는 영적 존재
이다. 그리고 보혜사의 오심은 곧 예수의 재림과 동일한 의미를 지

닌다 (나의 『요한복음강해』 388~9, 402, 408 참고).

삼위일체론은 비성서적 논쟁

그러나 이러한 세 개념의 병치가 삼위일체(Trinity)의 논쟁을 불러일으킬 하등의 이유는 없다. "성부·성자·성신"이라는 말은 복음서의 개념이 아니다. 그것은 오직 가톨릭교회내에서 성립한 삼위일체 논쟁 이후의 독단론적인 교리개념일 뿐이다. 복음서의 언어는 기본적으로 "아버지(파테르)와 아들(휘오스)"이다. 아버지와 아들이라는 개념은 "하나님 아버지의 아들"로서의 예수의 자기이해 속에서 일차적으로 의미를 지니는 것이다. 가부장적인 유대인 가정 속에서 지극히 일상적으로 쓰였던 토속적인 개념일 뿐이며 예수는 아예 아람어로 "아바"(Abba)라고 말한다(막 14:36, 로 8:15, 갈 4:6). 어머니를 "엄마"라고 부르는 것과도 같은 아주 친근한 호칭이다. 아버지(파테르)는 요한복음에서 115회나 사용되고 있다.

유대인 가정이나 한국인 가정이나 매우 유사한 가부장적 가치관에 지배되고 있으므로, 우리는 아버지의 의미를 매우 쉽게 감정이입하여 이해할 수 있다. 아버지는 공경의 대상이 되는 권위로운 존재며, 아들에게 공부하라고 일하라고 명령하는 존재며, 재산을 쥐고 관리하는 존재며, 아들을 타지로 파견할 수 있는 존재이다. 그러나 예수는 아버지의 일차적 의미를 이러한 가부장적 권위의 대상으로 파악하질 않았다. 예수의 아버지는 자애로운 존재며, 모든 것을 포괄적으로 편협하지 않게 파악하는 존재며, 아들에게 무한정의 사랑을 퍼붓는 존재이다. 요즈음은 좀 악독한 아버지도 있기는 하나 우리가 자식을 기르면서 느끼는 정상적 감정을 가지고 생각해보면 쉽게 이해가 간다. 우리가 자랄 때도 엄마는 매섭게 야단을 잘 치지만, 아버지는 옆에서 응석을 받아주는 자비로운 존재로 인식되었다. 누가복음의 그 유명한 탕자(Prodigal Son, 눅 15:11~32)의 비유가 아주 드라마틱하게 표현해주고 있듯이, 아들이 어떠한 잘못을 저지르고 어떠한 방탕한 생활을 했더라도 집에 돌아오기만 하면 받아주는, 천번 만번이라도 무조건적으로 용서하고 즐거워하는 아버지, 좋은 옷을 내어다 입히고, 손에 가락지를 끼워주고, 발에 신을 신기고, 살찐 송아지를 잡아 풍류의 잔치를 열어주는 아버지가 곧 예수가 인식하는 아버지의 모습이다. 아버지는 "신적 존재"(Divine Being)라기보다는 "자비의 품"(Bosom of Benevolence)이다. 그것은 존재론적 대상이 아니라 일상적 느낌의 대상일 뿐이다. 이러한 아버지에 대하여 아들은 내가 아버지보다 못한 열등한 존재라고 느낄 수도 있고(요 14:28), 또 아버지와 동격의 존재며, 아버지와 나는 하나라는 자신감을(요 10:30) 표현할 수도 있다. 이러한 표현 때문에 아버지와 아들이 하나냐 둘이냐 하는 존재론적 문제가 생겨날 하등의 이유가 없다(나의 『요한복음강해』 100 참고). "주 예수 그리스도의 은혜와 하나님의 사랑과 성령의 교통하심"이 병렬되었다 해서 이것이 하나냐 둘이냐 셋이냐 따위의 문제가 생겨날 하등의 이유가 없는 것이다.

아버지 하나님은 존재일 수 없다

이러한 것이 문제가 된 것은 그레코-로망의 이방세계에 기독교회가 자리를 잡으면서 헬레니즘-로마의 다신론적 세계에서 유대인들과 기독교인들이 자신들의 신관을 한결같이 유일신론이라는 배타적 틀 속에서 어필시키고 다신론적 신앙을 멸시하는 정치적 행동을 일삼게 되자(한국 기독교인들이 서낭당이나 신사참배를 거부하는 것과 비슷한 상황), 헬레니즘의 사상가들은 결국 예수를 신이라 말하는 너희들의 유일신앙도 다신론이 아니냐고 하는 반론을 펼치게 되었고, 이에 대한 강력한 아폴로지로서 삼위일체론은 대두하게 되는 것이다.

예수가 하나님을 "아버지"로서 인식한 것은 사실 유일신론의 보편논쟁에 휘말리게 되면 매우 불리한 결과를 초래한다. "하나의 인격신"이라는 개념 자체가 우주 전체를 포괄하는 하나의 존재라는 개념으로서 논의되기에는 너무도 이론적 하자가 많은 개념이기 때문이다. 신에게 아버지와 같은 인격성을 부여하면, 이미 그 인격성으로 인하여 신은 제약될 수밖에 없기 때문이다. 신이 제약되면 그것은 반드시 자기 외의 타자를 인정할 수밖에 없기 때문에 유일성을 논리적으로 고수하기 힘들다. 그러나 예수가 하나님을 "아버지"로서 인식하고 자기 자신을 그 하나님 아버지의 유일한 독생자로서 인식했다고 하는 것 자체가 오히려 역설적으로 유일신관의 모든 논의를 거부할 수 있는 힘을 갖는 것이다. 예수가 믿는 아버지 하나님은 근본적으로 "유일신론적 존재"가 아니기 때문이다.

많은 사람들이 기독교를 "유일신론"(monotheism)이라고 자랑스럽게 말하지만 그것은 매우 기독교를 천박하게 이해하는 유치한 발언이다. 예수까지 들먹이지 않아도 그 이전의 유대교전통에 있어서도 하나님은 유일신이 아니었다. 하나님은 전 우주를 창조하신 하나님이기는 하지만, 그것은 이 우주를 창조하는 힘(Power)을 말하는 것이요, 의지(Will)를 말하는 것이다. 그것은 우주의 제1원리로서의 존재(Being)가 아니다. 창세기의 창조는 그 자체로서 우주의 존재론을 천명하려는 것이 아니라, 아담과 이브라는 인간의 이야기를 하기 위한 서막에 불과하다. 다시 말해서 구약의 하나님도 인간의 삶이나 행동과 관련되어서만 의미를 갖는 하나님이며 전 우주를 포괄하는 제1의 존재론적 실체로서 객관적으로, 인간과 무관하게 존재하는 그 무엇이 아니다. 그러한 우주의 근원적인 존재론적 실체를 탐구하고 싶다면 우리는 신·구약 성경을 읽어서는 아니 된다. 우리는 반드시 헤라클레이토스나 파르메니데스와 같은 소크라테스 이전의 자연철학자들(Pre-Socratics)의 단편이나, 뉴튼·갈릴레오와 같은 르네상스시대의 과학자들의 논문을 읽어야 한다.

구약의 하나님, 야훼(여호와)는 사랑하고 질투하고 징벌하는 하나님이다. 끊임없이 인간의 삶 속에 자신을 드러내는 살아있는 힘이며 창조하는 의지(Creating Will)일 뿐이다. 모세에게 십계명을 줄 때에도 야훼(여호와)는 이렇게 말했다: "너희는 내 앞에서 다른 신을 모시지 못한다. …… 나 야훼 너희의 하나님은 질투하는 신이다."(출

20:3~4, 신 5:7~9) 다시 말해서 야훼가 유일하다는 것은 이스라엘민족과의 계약관계에 있어서의 유일성을 말하는 것이며, 존재론적으로 야훼 이전에 다른 신이 있다는 것을 부정하는 말은 아니다. 야훼 스스로 자기 이외의 타 이방의 신들이 존재한다는 것을 인정하고 있다. 그러기 때문에 이스라엘민족이 타 신을 섬기면 질투하게 된다는 것이다. 구약 자체가 다신론적 환경 속에서 야훼와의 약속을 유일한 계약으로 지켜간 역사일 뿐이다. 여호수아가 이스라엘민족을 이끌고 젖과 꿀이 흐르는 가나안땅을 정복하고 정착하기 직전에도 온 이스라엘지파들을 세겜으로 소집하여 부족동맹(Amphictyony)을 맺고 야훼만을 섬기겠다는 확고한 다짐을 받아냈지만(수 24:14~28), 이스라엘민족의 역사는 끊임없이 그러한 계약을 위반한 역사였다. 구약의 역사는 유일신의 역사가 아니라 다양한 신들과의 관계 속에서 여호와신앙만을 유일하게 고수해 간 이스라엘민족의 투쟁사였다.

관계의 절대성

예수가 하나님을 "아버지"로서 인식한 것은 하나님이 유일하다는 것을 존재론적으로 증명하려는 것이 아니라, 탕자를 무제약적으로 사랑하고 천만번이라도 받아주는 자애로운 아버지와의 "관계의 절대성"을 말하고 있는 것이다. 그 관계의 1차적 절대성은 하나님 아버지와 독생자 예수와의 관계의 절대성이고, 우리 인간은 독생자 예수와의 관계의 절대성을 통해서 그러한 절대적 관계로 돌입한다. 절대적 관계라는 말은 하나다 둘이다 하는 수비적(數比的) 관계를 모두 단절시킨다. 조금 위험한 비유가 될 수 있을지 몰라도 내가 한 여자를 사랑한다고 할 때, 내가 진정으로 절대적으로 그 여자를 사랑한다고 하는 것은 그 여자와의 절대적 관계 이외의 모든 관계가 단절되는 것을 의미한다. 나의 삶의 의미체계에 있어서 그 여자는 절대적인 그 무엇이다. 그렇지만 그 상태에서도 객관적으로 타 여인들이 존재하지 않는 것은 아니다. 사실 한 남자와 한 여자가 이러한 절대적 계약관계로써 서로에게 절대적으로 헌신하는 삶을 일생 유지한다는 것은 현실적으로 어려운 일이다. 평생 기독교인으로 산다는 것은 이것보다 더 어려운 일이다.

물론 유일신론(monotheism)의 철학적 쟁론에 물들어 있는 사람들은 나의 이러한 논점을 매우 불쾌하게 생각할 것이다. 하나님과의 관계를 한 여자와의 관계에 비유하다니! 그러나 예수님도 평범한 유대인 가정 속의 "아빠"에 그의 하나님을 비유했다. 그 아버지에 대한 절대적 인식의 역사가 내가 『요한복음강해』에서 말하고 있는 요한복음의 전체내용이다. 한 여자는 한정된 한 개체일 뿐이고, 하나님은 우주 전체와 관한 것이기 때문에 비론(比論)의 차원이 다르다고 말할 수 있을지 모르지만 아무리 전체를 주장해도 그 전체는 오로지 나의 삶, 나의 지금 여기의 실존과의 관련 속에서만 의미를 갖는 전체이다. 우주의 4가지 힘을 하나의 통일된 개념으로 묶으려는 현대물리학의 노력과 같은 전체는 아닌 것이다. 아인슈타인의 통일장론도 미완의 꿈이다. 아무리 신의 전체성·유일성을 주장한다 해도 그것을 이론적으로 주장한다면 그것은 종교전쟁만을 유발시키는 형이상학적 낭설일 뿐이다. 예수에게는 일체 그러한 형이상학이 없다. 수사학적 과장이 없다. 예수의 언어는 매우 일상적이고 구체적이며 긴박하다. 예수는 우주의 유일한 제1원리(First Principle)를 말한 적이 없다. 그러한 것들은 모두 초기기독교가 헬레니즘세계로 편입되면서 생겨난 부차적인 이론투쟁의 산물이었다.

실체라는 개념은 기독교와 무관

니케아신경에서 "아들은 아버지와 하나의 실체이다"(homoousion tō Patri)라고 했을 때, 실체라는 말도 전혀 복음서와는 관련이 없는 언어이다. 그것은 우시아(ousia)라는 말인데 그것은 당대에 유행하던 스토아철학을 통하여 삼위일체논쟁에 끼어든 희랍철학의 개념으로서 피타고라스학파에까지 소급해 올라간다. 우시아라는 말의 실제적 함의도 매우 다양하고 애매해서 감각적 사물의 현상세계에 적용될 수도 있고, 그러한 변화의 세계(genesis, becoming)와 대비되는 그것을 초월하는 비감각적 예지계의 불변의 존재(ontos on, being)를 의미하기도 한다. 우시아는 일반적으로 우리가 실체(substance)나 본질(essence)이라고 말할 때 해당되는 말인데, 아리스토텔레스의 형이상학에 있어서는 모든 운동의 기저에 있으면서 그 운동들을 가능케 하는 부동(不動)의 궁극적 원인(final cause)을 의미했다. 아버지·아들·성령이 다신론이냐 유일신론이냐? 다신론적이면서도 존재론을 궁구(窮究)하는 헬레니즘풍토에서 강요된 이러한 질문에 관하여 초기교부들은 당황했다. 아버지·아들·성령이 하나라고 그 일체성(unity)만을 강조하면 그 세 의미가 가진 그 나름대로의 유니크한 다양성이 희생되고, 그것이 세 개의 다른 것이라고 말해버리면 다신론의 위험성과 유일신론의 일체적 감각이 분열될 수 있다. 그래서, 우시아(*ousia*) 그 실체나 본질로 말하면 하나일 뿐인데, 그 우시아가 나타나는 것은 성부·성자·성신의 유니크한 성격을 가지는 3개의 위(位, hypostasis)로서 나타난다고 주장함으로써, 일체성과 다양성을 종합하는 헬라철학적 사유를 표방하기에 이르는 것이다.

기독교는 황제교가 아니다, 존재론도 아니다

그러나 이것은 기독교와는 전혀 무관한 철학적 사유의 장난이다. 콘스탄티누스 황제 이후에 종교권력과 정치권력이 융합된 가톨릭교회의 권위가 강요하는 교리에 의하여 기독교를 접근하면 그것은 기독교가 아니다. 내가 이런 말을 한다고 해서 현금(現今)의 우리나라 가톨릭교회의 교리를 전면부정한다는 말은 아니다. 지금의 가톨릭은 정치권력과 분리된 종교조직이며 과거의 가톨릭이 아니다. 가톨릭이란 원래 초대교회사에서 로칼한 지방교회들의 분열이나 이단의 발호를 막기 위해 신앙의 공통성을 기준으로 하여 자연적으로 형성해간 보편적 교회(Universal Church)란 뜻이다.

가톨릭이란 말 자체가 희랍어의 카톨리코스(*katholikos*)에서 온 말이며 "보편적"이라는 뜻이다. 그 보편교회의 무형의 중심이 처음에는 예루살렘교회였지만 세속정치권력의 중심을 따라 점점 로마교회로 옮겨갈 수밖에 없었다. 그 로마교회가 교황청으로까지 발전하여 오늘의 장대한 세계보편조직을 형성했지만, 나는 그 조직의 유지의 필요에 의하여 강요된 교리의 역사를 기독교로 착각해서는 안된다는 것이다. 아우구스티누스(Aurelius Augustinus, 354~430)의 신학도 플라토니즘을 변형시킨 것이고, 스콜라철학의 왕이라고 부르는 토마스 아퀴나스(Thomas Aquinas, 1225~74)의 『신학대전 Summa theologiae』의 전 체계도 아리스토텔레스의 철학을 빼버리면 그 골격이 지탱될 수가 없다. 신의 존재증명을 운운하는 이러한 스콜라철학의 명제들은 더 이상 기독교를 이해하는 데 있어서 유의미한 명제들이 아니다. 기독교는 존재론이 아니다. 헬레니즘의 철학적 탐색의 연장태로서 발전한 로마가톨릭의 이론체계를 기독교로 이해할 수는 없다. 우리는 성서 그 자체로 항상 되돌아가야 한다.

요즈음의 가톨릭교회내에는 이러한 스콜라철학의 질곡에서 벗어나 자유롭게 성서 그 자체를 깊게 탐구하는 사제나 사상가들이 많다. 그래서 가톨릭(구교)은 프로테스탄트(개신교)보다 보수적이라는 식의 막연한 인상을 가지고 접근하면 안된다. 교회나 교리의 사회적 병폐를 운운한다면 오히려 개신교 사람들이 반성해야 할 테마를 더 많이 가지고 있을지도 모른다.

사도 바울의 본명은 사울이다. 예수와 동시대 사람으로 소아시아 길리기아 다소에서 태어났다. 동·서의 무역교통요새였으며 국제적인 대학 도시였으며 스토아학파의 본거지였다. 바울은 고등한 희랍어를 구사했으며 히브리교육에도 정통한 바리새인이었고, 율법에 정통한 랍비였고, 로마시민이었다. 당대 유대인으로서는 최고의 학식을 소유한 사람이었으며, 베냐민지파의 정통혈손으로서 자부했다. 그는 키가 크지는 않았고 못생겼고 말도 그리 유창하지는 않았지만 강렬한 인상과 함께 영적감화를 주었다. 모든 거친 환난을 견딜만큼 신체적으로 강인했으며 또 사소한 일에도 새로운 삶의 의미를 발견하는 매우 섬세한 감성의 소유자였다. 이방인교회는 그를 통하여 만들어졌지만, 요즈음의 성직자와는 달리 텐트제작등의 생업기술로 스스로 생계를 유지했고 교회로부터 일체의 금전을 취하지 않았다. 신비로운 능력이 있었지만, 그는 인간의 상식과 인간의 연약함에 오히려 하나님의 은총이 깃든다고 확신했다. 평생 고질병으로 시달리기도 한 그는 예수를 통하여 하나님의 실존적 의미를 끊임없이 발견해 나간 위대한 삶을 살았고, 그의 삶과 더불어 기독교는 세계종교로 발돋음할 수 있었다.

5세기 모자이크 상.

118 기독교 성서의 이해

제6장 바울의 기독교운동

초대교회사의 재발견: 나그 함마디

여태까지 우리는 알렉산드리아의 지적 분위기를 말하기 위하여 상당히 많은 지면을 할애해 가면서 기독교교리의 매우 근원적인 많은 문제들을 논의해야만 했다. 그러나 우리가 원래 말하고자 했던 논의의 맥락은 사해문서라고 흔히 불리우는 쿰란사본의 발견에 비견할, 어찌 보면 미래적 가치에 있어서 그것보다 훨씬 더 심원한 중대성을 지니는 또 하나의 발견에 관한 것이었다. 이 발견은 바로 쿰란커뮤니티가 끝난 시점(AD 68)에서부터 아타나시우스의 시대(AD 367)에 걸치는 300여 년의 초대교회 역사를 다시 쓰게 만드는 대 사건이었다.

1945년 12월의 사건이었다. 알렉산드리아 나일강을 따라 한 100마일을 거슬러 올라가면 이집트의 수도인 카이로(Cairo)가 나온다. 카이로에서 계속 나일강을 따라 올라가면 한 300마일 떨어진 지점에 나일강이 남북으로 흐르지 않고 동에서 서쪽으로 횡으로 휘어 흐르는 곳이 있다. 그 남쪽, 그러니까 더 상류쪽으로는 왕들의 계곡(Valley of the Kings)과 고대 이집트의 찬란했던 수도 테베(Thebes)가 있고 그 아래로는 투탄카문이 완성하고 람세스2세가 증축했다는 거대한 신전이 자리잡고 있는 아문(Amun)신의 도시 룩소르(Luxor)가 있다. 거기서 더 올라가면 아스완댐이 나온다. 나일강이 횡으로 휘는 바로 그 지점에 나그 함마디(Nag Hammadi: 토속발음 Nahg HaMAH-Dee)라는 도시가 있다. 이 나그 함마디 지역은 초기기독교역사와 너무도 밀접한 역사가 있다.

여러분들은 알렉산더의 뒤를 이은 아타나시우스(Athanasius, 293~373)가 알렉산드리아의 주교로 취임하자마자(328) 이집트와 리비아의 전역을 샅샅이 방문하고 나일강 상류의 콥틱 수도승들과 중요한 협력관계를 확립하는 데 성공했다는 이야기를 기억할 것이다. 그 콥틱 수도승의 리더, 파코미우스(Pachomius)의 이름도 함께 기억할 것이다.

이미 4세기의 이집트는 전역이 기독교화되어 있었다. 2~3세기부터 기독교의 이방전도는 이집트를 깊게 파고들었다. 사실 유대민족의 역사가 실제로 이집트라는 다이애스포라에서 시작되었다고도 말할 수 있을 정도로(출애굽 이전에 400여년을 살았다) 이집트문명과 유대문명은 밀접한 관계를 가지고 있으며, 언어, 종교, 문화, 생활관습에 있어서 우리가 생각하는 것보다는 많은 공통점이 있기 때문에 기독교가 침투하기에 매우 자연스러운 토양이었다. 그런데 AD 2세기의 이집트인들은 기독교화되면서 새로운 문화현상을 만들어냈다. 즉 콥틱이라는 문자체계를 만들어낸 것이다.

콥틱 크리스챤

이집트의 상형문자(monumental hieroglyphics)는 BC 3000년경부터 AD 3세기까지 지속된 고문자이다. 그것은 피라밋 텍스트, 왕들의 전기 텍스트, 그리고 종교적 목적을 위하여 고귀하게 쓰였다. 그런데 BC 7세기초부터 그 상형문자의 간략화된 초서체(cursive form)가 발전하여 상업, 문학, 공문서 등 일상생활과 관련된 모든 분야에서 매우 보편적으로 쓰였다. 그것을 디모틱문자(Demotic Script)라고 한다. 희랍말 데모티카(*demotika*, 대중적인)에서 왔기 때문에 "민용民用문자"라고 한다. 이 디모틱문자는 희랍제국인 프톨레미왕조(the Ptolemaic period, BC 304~30)시대에 점차 희랍어로 대치되기 시작하였다. 그러다가 프톨레미 왕조의 마지막 여왕 클레오파트라가 죽고 로마치하에 들어가면서부터는 사법·행정의 공식문서에서는 오로지 희랍어만 사용하는 것이 허락되었다. 희랍어가 이렇게 보편화되고 공식교양언어로 자리잡자 이집트사람들은 자연스럽게 자기말을 희랍어알파벳을 사용하여 표현하는 방안을 강구하게 되었다. 그래서 자기네 발음을 표현하는 데 부족한 측면은 7글자를 디모틱문자에서 보충하여 AD 2세기부터는 희랍어 이두체제인 콥틱문자를 사용하기에 이르렀다. 기독교가 이집트에 보편화되면서 기독교도들은 이 콥틱문자를 전용하기에 이르렀고 콥틱문자와 콥틱어를 비약적으로 발전시켰다. 그래서 우리는 이집트 기독교인들을 콥틱 크리스챤(Coptic Christians)이라고도 부른다. 3·4세기의 이집트 기독교운동은 모두 이 콥틱어로 이루어진 것이다. 그리고 콥틱어는 7세기 이슬람의 이집트 정복으로 자연히 쇠퇴할 수밖에 없었다. 당시 이집트의 보편언어인 콥틱언어 자체가 기독교화된 언어였기 때문에 이슬람문명과 양립하기 어려웠다. 아랍인들은 997년 공식적으로 콥틱어를 금지시켰다. 그러나 콥틱 기독교 교회는 무슬림의 탄압 속에서 순교자를 내면서도 줄기차게 유지되었고 콥틱어도 콥틱교회의 제식언어와 제식음악인 콥틱 챈트(Coptic chant) 등, 구술전통을 통하여 살아남았다. 19세기부터는 로마 가톨릭(Roman Catholicism)이나 동방 정교회(Eastern Orthodox)로부터 자기들을 구분하기 위하여 콥틱 정교회(Coptic Orthodox)라 부르고 교구체제를 정비하였다. 콥틱 정교회는 인간 예수를 인정하고 그 인간 예수 내의 신성과 인성의 혼재나 분열을 거부하는 단일성론(Monophysite doctrine)을 주된 교리로서 신봉한다. 지금도 이집트 인구의 8%가 콥틱 크리스챤이며 소수지만 아직도 콥틱어를 일상언어로서 사용하는 콥틱 기독교 가정이 상존한다. 지금도 이집트에 가면 사방에서 콥틱 교회나 콥틱 관련 박물관을 발견할 수 있다.

콥틱어

콥틱어는 함족과 셈족의 혼합언어(Hamito-Semitic language)인 고대 이집트언어 발달사의 마지막 단계에 해당된다. 무슬림국가인 이집트는 공식적으로 아랍어를 국어로 쓰고 있기 때문에 불행하게도 이집트어는 멸절된 언어다. 이집트역사를 쓸 때에도 서로마제국의 통치가 종료된 395년부터 이슬람이 이집트를 정복한 641년까지를 공식적으로 콥틱 시대(Coptic period)라고 부른다. 그것은 기독교시대(Christian period)이며 비잔틴시대(Byzantine period)에 해당된다. "콥트"(Copt)라는 말 자체가 아랍말 "쿠브트"(qubṭ)에서 왔는데, 그것은 "애굽부트"(Aigyptios)라는 희랍어가 와전된 것이다. (우리말의 "짱꼴라"가 중국인 즉 "종꾸어르언"이 와전된 것과 비슷.) 그러니까 무슬림으로 전환한 이집트인들은 자신을 "이집트인"(콥트)이라고 부르지 않았고 따라서 이집트 토속 기독교전통을 유지하는 사람들만 콥트라고 불리우게 된 것이다. 이 콥트 기독교인이야말로 초대 예루살렘교회의 전례를 가장 원형에 가까운 형태로 유지하고 있었다.

여태까지 우리가 논의한 아타나시우스나 아리우스나 멜레티우스나 파코미우스, 이런 사람들이 모두 희랍어에 정통한 사람들이지만 동시에 자기네 말인 콥틱어를 썼다. 아타나시우스도 본국인들에게 훈계할 때는 콥틱어로 썼다. 콥틱어는 이집트 고대문명의 기나긴 역사에 있어서 최초로 자기들의 구어체계를 발음대로 적을 수 있는 알파벳 소리글이었다. 그 이전의 상형문자들은 디모틱 흘림체를 포함하여 모두, 조선왕조의 지식인들에게 있어서 한문과도 같이, 전혀 그 발음체계가 반영되지 않는 뜻글이었다. 그리고 희랍(프톨레미)·로마의 통치를 통하여, 우리나라 조선왕조말의 언어가 일제시대를 통하여 엄청난 일본말 어휘를 흡수하면서 변하듯이, 희랍어 어휘를 엄청나게 흡수하면서 발전했다. 기독교문명의 모든 것을 표현하기에는 콥틱어가 매우 편리했다. 나일강 주변으로 기독교세력이 넓게 분포되면서 콥틱어 기독교문화가 성립했는데(콥틱어도 지역에 따라 방언이 있다), 이 콥틱어야말로 그 자체가 이미 뿌리깊은 종교·신화·예술전통을 지닌 이집트문명과 동방오리엔트문명, 헬레니즘문명, 유대이즘문명, 신흥 기독교문명이 혼합된 복합문명의 소산이었다. 그리고 이 콥틱 크리스챤의 특징은 기독교인이면서도 이 다양한 문명의 물줄기들을 배타함이 없이 개방적으로 수용했다는 데 있다.

형성기의 기독교: 배타없다

우리가 알아야 할 것은 당시 기독교는 형성기에 있었다는 것이다. 다시 말해서 "배타"(exclusiveness)라는 것이 큰 의미를 갖기 어려운 상황이었다는 것이다. 무엇 하나를 배타하기에는 너무도 문명의 두께와 질감이 다양했고, 창조적이었고, 혼돈스러웠고, 절대적 권위를 갖는 리더십이나 기준이 존재할 수가 없었다. 우리는 이러한 다양한 물줄기가 뒤엉키어 하나의 카오스를 이루는 콥틱 크리스챤의 일반적인 분위기를 일컬어 보통 그노스티시즘(Gnosticism), 즉 영지주의(靈知主義)라고 부른다. 내가 이런 말을 하면 교회사의 일반적 상식을 가지고 있는 사람들은 매우 혼돈스럽게 그리고 의아스럽게 생각할 것이다. 그들이 알고있는 영지주의는 영지(그노시스)라는 말과 관련되어 매우 협애하게 쓰이는 신비주의적 이단사상으로서 초기기독교에서부터, 신약성서의 세계에서부터 배척되었던 악종(惡種)사상일 뿐이다. 따라서 그들은 영지주의를 신봉하는 자들이야말로 교회 내에서 분란만 일으키는 소수분열주의자들이라는 편견에서 자유롭지 못하다. 그러나 신약성서를 통틀어서 그렇게 명료하게 개념화된 "영지"라는 개념은 나타나지 않는다. 더구나 "영지주의"(Gnosticism)라는 말도 없고, "영지주의자"(gnostic)라는 말도 없다.

영지란 무엇인가?

성서에서 나타나는 개념은 그냥 "지식"(gnosis)이다. 이 지식은 기독교신앙과 관련된 바른 앎이다. 동사형인 "기노스코"(ginosko), "에피기노스코"(epiginosko)는 모두 안다(to know), 이해하다(to understand), 인지하다(to perceive)의 일상적 뜻이다. 현상계에 대한 앎, 보고듣고 경험하는 것, 눈으로 검증되는 것, 객관적 관찰에 의한 지식을 포괄하는 앎이다. 플라톤에 있어서는 이데아에 대한 지식이고, 아리스토텔레스에 있어서는 우주의 궁극적 법칙에 대한 이성적 이해이다. 희랍철학에서는 경험적인 차원으로부터 시작하여 경험을 넘어서는 불변의 실재(reality)에 관한 앎을 총칭하는 포괄적인 말이었다. 현재 우리가 "과학"이라는 말로 쓰고 있는 "사이언스"(라틴어, 스키엔티아, scientia)도 "그노시스"를 번역한 것이다. 킹 제임스 바이

불은 그노시스를 어떤 곳에서는 사이언스(science)로 번역하고 있다 (Ⅰ Timothy 6:20).

바울의 서한문에 나오는 "그노시스"는 결코 부정적 의미를 지니고 있지 않다. 로마서, 고린도전서, 고린도후서 등에 나오고 있는 담론은 맥락에 따라 해석을 요하는 진지한 용법들이다. 하나님의 구원의 계획에 대한 특별한 앎이며, 성령에 의해 행함이 요구되는 앎이다. 이러한 앎은 이론적인 것이 아니다. 단순히 하나님과의 신비적 관계를 의미하는 것도 아니다. 그것은 명명백백하게 다른 사람들에 대한 사랑과 결합됨으로써 성립하는 앎이다. 하나님에 대한 우리의 앎은 궁극적으로 하나님의 우리에 대한 앎에 그 근거를 두고 있는 것이다 (갈 4:9).

바울의 문제의식

바울이 명백하게 영지주의 이단론자들을 책망하고 있는 것으로 해석되고 있는 디모데전서의 마지막 구절도 성급한 해석을 내리면 안 된다.

디모데야 네게 부탁한 것을 지키고, 거짓되게 일컫는 지식의 망령되고 허한 말과 변론을 피하라 (딤전 6:20, 한글개역판).

여기서 바울이 말하고 있는 "거짓되게 일컬어지고 있는 그노시스"

(falsely called knowledge)는 "제대로 된 그노시스" "거짓된 앎이 아닌 참된 앎"이 있다는 것을 암시하는 말이며, 이것이 곧 영지주의에 대한 비판을 의미하는 것으로 해석될 수는 없다. 더구나 디모데전서는 현재 신학계에서 사도 바울의 편지로 간주되지 않는다. 첫세기말이나 2세기초 바울 정통학파가 바울의 교설을 너무 과격하게 해석하는 좌파적 움직임에 제동을 걸기 위하여, 바울의 이름을 빌려서 쓴 목회서신(Pastoral Letters) 중의 하나로 보고 있다. 따라서 이 서한들은 매우 권위적이고 근엄하며 도덕적으로 순응을 요구하며 창발적이지 않다. 그러나 사도 바울의 문제의식은 영지주의와의 투쟁에 있지 않았다. 바울에게 있어서 영지주의라는 어떤 운동이 교회내에 있었다 해도 그것은 그의 의식 속에서 전혀 대적적인 실체로 나타날 수 있는 그런 것이 아니었다. 이방인을 위한 사도로서의 그의 관심은 오로지 기독교와 유대교와의 관계설정에 관한 시각들이었다. 그의 가장 정통적인 서한으로 꼽히고 있는 갈라디아서, 고린도전·후서, 로마서가 모두 이러한 문제를 다루고 있는 명문장들이다. 특히 갈라디아서는 유대교에 대한 신흥 기독교의 "독립선언문 헌장"이라고 불러도 좋을 만큼 강렬하고 명료한 논문이다. 여기서 말하는 갈라디아는 소아시아반도의 북부지역을 말하는 것이 아니라 남부지역을 말하는 것으로, 비시디아 안티옥(Pisidian Antioch), 이고니온(Iconium), 루스드라(Lystra), 더베(Derbe) 등 바울이 제1차 전도여행을 다녔던 곳으로 그의 고향 길리기아 다소(Tarsus)에서 멀지 않은 곳이며 따라서 그에게 과히 낯선 지방이 아니었을 것이다. 갈라디아서는 1차 전

도여행을 마친 직후에 그 지역선교에서 생긴 문제점을 듣고 시리아의 안티옥에서 썼을 가능성이 높다. 그렇다면 갈라디아서는 연대가 AD 48년까지 올라갈 수 있으며 바울의 서한 중에서 가장 빠른 서한이 된다.

바울 전도여행의 실상

지금 우리나라 가수들이 미국순회공연을 하고 돌아온다고 하지만, 실제로는 대부분이 미국에 살고 있는 한국인 교포사회를 순회하고 돌아오는 것이다. 한국가수를 미국사람들이 쌩으로 알아보고 공연장에 올리는 만무한 것이다. 바울이 이방인을 위한 선교를 자임했다고 하지만, 그냥 쌩으로 이방인들에게 다가갈 수는 없었을 것이다. 우선 효율적일 수 없었다. 바울의 3차 전도여행은 모두가 소아시아와 마케도니아, 그리스 본토의 헬레니즘 문명권에 흩어져 살고 있었던 유대인 교포사회(이것을 다이애스포라라고 부른다)를 중심으로 기독교 교회를 세운 여행인 것이다. 그러나 유대인 교포들과 더불어 헬레니즘 문명권의 이방인들이 기독교 교회로 묻어 들어오기 시작했으며 그 숫자는 2차, 3차 전도여행으로 점점 불어났다.

미국에 가서 가장 애국적인 정열을 가지고 있고 모임에 열심인 교포들을 만나보면 대개 한국문명의 환상적 과거에 대한 열렬한 집착이 있으며, 조선민족의 순수혈통에 대한 자부감이 있으며, 정치적 문제에 오면 남·북문제 등, 여러 가지 현안문제에 관하여 구체적인 상황변화에 대한 인식이 없이 매우 보수적이고 이념적인 주장을 강압적인 어조로 내뱉는 사람들이 적지 않다. 이들은 말이 많고, 구라가 쎄며, 우격다짐으로 남의 의견을 윽박지르며, 또 고등한 문명 속에 살고 있다는 우월감이 지배적이다. 바울의 이방선교는 이러한 보수적 해외유대인 동포들의 도움을 받아 시작되었지만 그들의 지배권에서 바울의 선교활동을 해방시키지 않으면 기독교의 미래는 보장될 길이 없었다.

초대교회의 유대화파 문제

우선 해외동포 유대인들은 당연히 바울이 선포하는 십자가 예수의 복음 그 자체를 보수적 유대교의 틀 속에서 이해하려고 했다. 즉 예수는 유대교가 대망하던 메시아니즘의 한 성취일 뿐이므로 기독교는 유대교내의 새로운 운동일 뿐이라는 것이다. 즉 그들은 기독교인임을 자처하면서도 끊임없이 기독교를 유대교화하려고 했다. 이들을 교회사에서는 유대화파(Judaizers, Judaizing Christians)라고 편의상 부른다. 이 유대화파의 주장이 추상적 논변에 머물면 그 나름대로 참아줄 수도 있겠지만, 유대교 자체가 율법종교이기 때문에 이들은 구약의 토라나 미쉬나가 요구하는 모든 율법을 누구나 일상적 삶 속에서 엄숙하게 지킬 것을 강력하게 요구한다. 그리고 이러한 요구가 유대인 커뮤니티에 한정된다면 모르겠지만 새로운 기독교의 복음을 듣고 교회로 찾아오는 이방인들에게 강요된다는 것은 참으로 못할 짓이다. 한국교회에 찾아오는 미국의 서양인들에게 한번도 안 먹어

본 김치를 퍼멕이는 것보다도 훨씬 더 악랄한 인권침해였다. 이방인들에게 유대인들의 율법이란 전혀 낯선 것이었다.

그리고 이들 보수적인 유대인들은 교회를 그리스도의 몸인 엑클레시아(골 1:18, 24, 엡 1:23, 5:23)로서 생각하는 것이 아니라 그것을 자기네의 전통적인 시나고그(회당) 정도로 생각했다. 따라서 자기네 시나고그에 이방인이 신자랍시고 끼웃거리거나 설치는 꼴을 눈꼴 사납게 바라보거나 경멸하였을 것이다. 따라서 그들에게 강력하게 요구한 것이 할례였다. 그 외로도 안식일의 고수와 그에 따르는 유대교 제식의 엄수, 요즈음에도 까탈스럽기 그지없는 코셔음식(kosher foods)의 선별적 식음방법, 그리고 유대인 명절의 지킴 등등이 요구되었지만 가장 상징적인 것은 "할례"(Circumcision)였다. 할례란 남성의 성기의 표피를 돌칼로 으깨거나 칼로 도려내어 귀두를 노출시키는 수술인데 이방인들에게는 아프기 그지없고 수치스럽기도 하고, 또 항생제가 없었고 위생시설이 형편없었던 과거시절에는 감염의 위험이 뒤따르기 때문에 죽거나 한참을 고생하는 사례도 적지 않았다.

할례와 크리스챤

그러나 유대인들은 누구든지 아브라함이 신과의 약속으로 실행한 것이며 모세의 율법인 이 할례를 받지 않으면 그들의 커뮤니티의 멤버십을 획득할 자격이 없다고 보았다.(행 15:1, "어떤 사람들이 유대로부터 내려와서 형제들을 가르치되 너희가 모세의 법대로 할례를 받지 아니하면 능히 구원을 얻지 못하리라 하니"). 무엇보다도 그들은 이 할례라는 "이니시에이션 세리모니"(initiation ceremony, 통과의례)를 거치지 않으면 "크리스챤 아이덴티티"(Christian identity)가 성립할 수 없다고 보았다. 그러나 바울입장에서 보면 크리스챤 아이덴티티의 필요충분조건으로서 할례를 내세울 수는 없었다. 더구나 할례를 이방인에게 필수 통과의례로서 강요한다면 기독교의 선교는 불가능했다. 바울의 서신에서 그토록 "할례"문제가 집요하게 주요논제로서 등장하는 것은 바로 이러한 구체적 시대상황을 반영하는 것이다. 바울에게는 이러한 문제는 매우 곤혹스러운 문제였다. 유대화파 사람들과 정면으로 충돌하여 그들을 비난한다는 것은 바로 이방선교가 유지되고 있는 그 토대를 근원적으로 붕괴시키는 것이 되고 만다. 바울은 현실적으로는 이럴 수도 없었고 저럴 수도 없는 난처한 입장이었다.

메시아의 정치사적 맥락

한편 유대화파 사람들이 크리스챤 아이덴티티에 관하여 강하게 유대교 율법주의 고수를 주장한 배면에는 당대의 시대적 분위기 즉 이스라엘민족의 사활이 걸린 정치상황이 개재되어 있었다. 때는 AD 70년 예루살렘멸망으로 치닫고 있었다. 유대교 정통주의를 고수하는 사람들일수록, 또 메시아의 내림(來臨)을 갈망하는 사람일수록 로마통치로부터 벗어나는 유대인의 독립이나 혁명을 꿈꾸는 정치운동을 외면할 수 없었다. 그들에게 있어서 메시아의 오심은 세속적 정치해방이었고 외세의 지배로부터의 벗어남이었다. 그들이 생각한 메시아는 영적인 지도자가 아니라, 그들을 외세의 지배로부터 해방시켜줄, 조약돌 하나로 골리앗을 쓰러뜨리는 기적을 일으키는 다윗과 같은 정치적 리더였다. 그래서 다윗의 출생지인 베들레헴에까지 요셉과 마리아가 내려가서 비로소 예수는 탄생될 수 있었던 것이다(누가 2장, 마태 1장에만 기술됨. 마가, 요한에는 없다. 눅 2:1~2에서 말하는 로마 황제 아우구스티누스의 호구조사령은 역사적 사실이 아니다). 예수가 십자가에 못박혀 죽을 때 십자가 위에 붙이는 팻말에 유대인의 대제사장들이 빌라도 총독에게 "자칭 유대인의 왕"(요 19:21)이라 써달라고 요구한 것도 다윗과 같은 유대인의 왕으로서의 예수에 대한 기대가 좌절된 것을 조롱하는 언사인 것이다. 예수의 십자가형 죄목은 "유대인의 왕"이었다.

따라서 당시의 열성당원들(Zealots) 즉 혁명당원들은 기독교인들에게도, 특히 헬라화된 유대인들에게도 강력한 정치행동의 유대감을 강요했고, 그 유대감의 증명으로서 할례라는 통과의례를 요구했던 것이다. 아마 우리나라 7·80년대 반독재투쟁의 의식화운동에 가담하는 사람들 사이에서 반드시 모종의 통과의례가 요구되었던 정황을 생각하면 쉽게 이해가 될 것이다. 열성당원들의 압력은 결코 추상적인 것이 아니었다. 그들은 칼로 위협했으며, 어디서나 폭동을 일으켰고, 조직을 전복시켰고, 배신을 허용하지 않았다. 특히 예수재림만을 넋빠지게 기다리는 맹숭맹숭한 신생기독교집단들은 열성당원의 입장에서 보면 풍전등화의 이스라엘민족의 위기를 관망하는 민족배반자들로 보일 수도 있었다. 기독교운동을 이끌어가던 유대인 교포 리더들의 입장에서는 기독교집단이 결코 민족배신집단이 아니라는 것을 과시하기 위해서라도 유대교 율법고수라는 간판이 필요했던 것이다.

바울의 앰비밸런스

바울의 입장에서 보면, 기독교의 복음을 유대교화할 수도 없는 것이고, 유대교 그 자체를 기독교화시킬 수도 없는 것이다. 이러한 양자선택의 기로를 벗어나는 근원적으로 새로운 복음이어야 했다. 그러나 그 "새로움"을 적나라하게 어떠한 이론적 유연성의 뒷받침이 없이 노출시킨다는 것은 매우 위험한 일이었다. 바울의 서한을 읽어보면 항상 이러한 이율배반의 긴장감이 서려있다. 바울은 율법의 부정을 논구하면서도 율법의 준수와 율법의 완성을 동시에 논한다. 바울은 이방인들에게 마음이 열려있으면서도 항상 유대인들의 정통성과 기독교에 대하여 유대교라는 뿌리의 본원성과 우월성을 강조한다. 로마인서 11장에서는 기독교가 유대교라는 올리브나무 원목에 접붙여진 야생올리브 나뭇가지에 불과하다고 구질구질한 논변을 편다. 야생올리브 나뭇가지가 뿌리를 지탱하는 것이 아니라, 원 올리브 나무의 뿌리가 야생올리브 나뭇가지를 지탱해준다는 것이다(롬 11:17~24).

또 자기 스스로는 항상 베냐민지파(the tribe of Benjamin)의 후손이라는 것을 자랑하면서 암암리 사울왕의 정통계보의 혈손임을 과시한다. 마치 이승만이 양녕대군의 후손이라는 것을 과시하듯이.

> 나는 팔일만에 할례를 받고 이스라엘의 족속이요 베냐민지파요 히브리인 중의 히브리인이요 율법으로는 바리새인이요 열심으로는 교회를 핍박하고 율법의 의로는 흠이 없는 자로다 (빌 3:5~6).

이렇게 구질구질한 변명 속에서 오히려 우리는 그가 겪고 감내해야만 했던 이방선교의 고뇌의 심오한 측면들을 엿볼 수 있다. 그러나 이러한 심적 앰비밸런스(ambivalence) 속에서도 바울의 위대성은 기독교를 유대교와는 근원적으로 다른 새로운 궤적 위에 올려놓았다는 데 있다.

유대교여! 안녕: 하나님의 의(義)

바울에게 있어서 최소한 기독교복음이라는 것이 인간을 구속하는 것이면 안된다. 그것은 "기쁜소식"이 될 수 없다. 복음은 사람에게 "자유"(freedom)를 가져다 주는 것이어야 한다. 복음이란 구태의연한 율법체계에 인간을 복속시키는 것이 아니라 인간을 새롭게 태어나게 만드는 것이어야 한다. 이 "새롭게 태어남"이라는 인간의 실존적 명제가 바울에게는 부활(Resurrection)의 궁극적 의미였다.

사람이 의롭게 되는 것은 율법의 행위에서 난 것이 아니요 오직 예수 그리스도를 믿음으로 말미암는 줄 아는고로 우리도 그리스도 예수를 믿나니 이는 우리가 율법의 행위에서 아니고 그리스도를 믿음으로써 의롭다 함을 얻으려 함이라. 율법의 행위로써는 의롭다 함을 얻을 육체가 없느니라 (갈 2:16).

여기 "의롭다"(righteous)함은 원래 유대교 전통에서, 물론 유대교 전통에서 자라난 바울의 의식 속에서, 정확하게 법정용어로 쓰인 말이었다. 법정에서 판결을 받을 때 피고인이 "무죄다"(innocent) "결백하다" "도덕적으로 정당하다" "거짓이 아닌 참으로 판명되었다"라는 소리를 들을 수 있는 상태에 있는 것을 "의롭다"(ṣādîq)라고 표현하는 것이다. 로마인서에도 "하나님의 의(義)"(the righteousness of God)라는 말이 계속 나오는데(롬 1:17), 이 명사적 구문 때문에 우리는 의(義)가 마치 하나님 개체의 속성을 드러내는, 하나님 자신의 의로운 덕성인 것처럼 생각하기 쉽다. 그러나 이것은 하나님 자신의 개인적 의로움을 나타내는 것이 아니고, 하나님이 인간을 자기자신과 올바른 관계에 놓는 과정을 말한다. 즉 하나님의 법정에 설 때에 인간이 무죄판결이 날 수 있는 상태로 만들어 주는 관계설정을 의미하는 것이다. 즉 "하나님의 의"는 "하나님께서 우리를 정의롭게 하심"을 뜻하는 것이다.

그런데 법정에서 무죄판결이 나는 가장 좋은 방법은 "법을 어긴

적이 없다"는 사실의 확인이다. 다시 말해서 율법을 잘 지키면 법정에서 "의롭다"는 판결이 쉽게 날 수 있다고 생각하는 것이 보통 유대인들의 생각이었다. 그런데 바울은 "율법의 행위"(works of the law)로써는 어떠한 경우에도 무죄판결이 날 수 없다고 일갈한다. "율법의 행위"라는 말의 "행위" 속에는 "축적된 공로"라는 뜻이 들어가 있다. 할례를 받고, 안식일을 지키고, 단식을 하고, 유월절 등의 명절을 잘 지키는 그러한 율법지킴의 공로를 축적하는 행위로써, 그러한 덕성으로써 인간은 결코 의롭게 될 수 없다는 것이다. 인간의 의로움은 오로지 예수 안에서의 믿음, 예수 그리스도를 믿음으로써만 가능해진다. 법조문을 쌓아놓고 그것을 피해 사는 것으로써만, 그러한 부정적 과정을 통해서 인간이 의롭게 될 수는 없다는 것이다. 인간의 의로움은 그러한 법조문적 부정적 맥락을 뛰어넘는 긍정적 삶의 선택이며 발랄한 생명의 가능성의 발현이다.

> 율법으로 말미암아 율법을 향하여 죽었나니 이는 하나님을 향하여 살려 함이니라 (갈 2:19).

율법에 의하여 죽임을 당함으로써 오히려 역설적으로 인간은 율법의 지배에서 벗어나 하나님을 위하여 살 수 있게 되는 것이다. "나는 그리스도와 함께 십자가에 못박혀 죽는다. 그렇게 되면 이제는 내가 사는 것이 아니라 그리스도가 내 안에서 사는 것이다"(갈 2:20). 이것이 바울이 말하는 부활이요, 예수 그리스도에 대한 신앙이요, 인간의 의로움이요 자유다! 바울은 이로써 *기독교를 율법의 종교인 유대교로부터 해방시켜 영적 자유의 종교로 만들었다.*

> 그러므로 사람이 의롭다 하심을 얻는 것은 율법의 행위에 있지 않고 믿음으로 되는 줄 우리가 인정하노라. 하나님은 홀로 유대인의 하나님뿐이시뇨? 또 이방인의 하나님은 아니시뇨? 진실로 이방인의 하나님도 되시느니라. 할례자도 믿음으로 말미암아, 또는 무할례자도 믿음으로 말미암아 의롭다 하실 하나님은 한 분이시니라! (롬 3:28~30).

이제 기독교는 유대교와는 구분되는 새로운 종교로서 점차 인식되기에 이르렀다. 유대화파들은 점점 힘을 잃어갔다. 그리고 애석한 일이지만 예루살렘의 멸망으로 그들은 정치적 세력기반을 완전히 상실하였고 기독교 초대교회역사에서 자취를 감추게 된다. 바울이 유대화파의 논리에 무릎을 끓었더라면 기독교는 아마도 예루살렘의 멸망과 더불어 역사의 뒤안길로 스러져 갔을지도 모른다. 쿰란과도 같은 몇몇 유적만을 남긴 채.

렘브란트가 그린 최후의 만찬 1633년경 작.   뉴욕 로버트 레만 컬렉션. 476×365mm

제7장 마르시온의 등장

유대인 성경의 부정

   그러나 바울의 생애기간 동안에는 이 유대화파들과 이방인 사이의 알력은 강력히 유지되었다. 그의 모든 추상적 논변들이 구체적으로 의미하는 것은 한 편에 치우친 이해 관계를 피해가기 위한 이론적 장치들이라는 것이다. 이러한 이론적 장치 때문에 바울의 서한은 오히려 구체적 역사정황을 초월하는 보편성, 영원성을 획득하게 된 것이다. 그리고 바울의 사후에도 유대인기독교도들과 이방인기독교도들 사이의 알력은 첫세기 내내 지속되었다. 그러나 기독교는 2세기 초반부터는 이미 유대인들의 압력으로부터 떠나기 시작했다. 그리고 2세기 중엽에는 완전히 유대교로부터 독립되었고 더 이상 유대인들의 종교가 아니었다. AD 144년에 정통교회조직으로부터 이단으로 간주되어 파문당한 마르시온(Marcion, ?~160)이 기독교는 구약전통으로부터 완전히 분리되어야 한다고 설파하면서 구약의 폐기를 강력히 주장했던 것도 이러한 시대적 분위기를 반영하는 것이다.

그에 의하면 기독교도들이 믿는 하나님은 근원적으로 구약의 하나님, 그러니까 유대인들이 믿는 하나님과는 전혀 다른 하나님이라는 것이다. 구약의 하나님은 율법의 하나님이며, 질투와 저주와 보복의 하나님이며, 잔인하고 허황되고 화 잘내고 믿기 어려운 하나님이다. 이런 폭군적인 하나님을 사랑과 자비와 용서와 믿음을 그의 아들 예수 그리스도를 통하여 드러내는 새 언약의 하나님을 믿는 크리스챤들이 믿어서는 절대로 안된다는 것이다. 따라서 당대 로마교회에서 사용하고 있었던 구약성경을 파기할 것을 요구했다. 마르시온은 원래 소아시아의 시노페(Sinope, 흑해 남쪽의 뾰족하게 튀어나온 곳의 해안도시, 파플리고니아 지방)에서 태어난 사람이며 당대 크게 선박업을 운영하는 부상(富商)이었다. 그는 기독교에 심취했고 특히 사도 바울의 서한들을 깊게 탐독했다. 그리고 당대 세계기독교의 센터노릇을 했던 로마교회에 나타나 20만 세스터스(은화)라는 거금의 연보를 했다. 그리고 그의 주장은 많은 신도들의 공감을 얻었다. 그런데 왜 마르시온을 파문시켰을까?

구약과 신약

우리가 기성의 교회사에 대한 편견이 없이 사태를 관망해보면, 마르시온이 구약을 파기해야 한다고 주장한 것은 매우 정당한 일이다. 그것은 기나긴 유대화파와의 투쟁의 역사의 결말로서는 너무도 명료한 결론이다. 생각해보라! 구약의 약(約)이란 계약을 말하는 것이다. 구약이란 "헌 계약"(Old Testament)이다. 우리가 일상생활습관에서 확실히 알 수 있듯이 계약이란 새계약을 맺으면 반드시 헌계약을 파기해야 한다. 새계약을 맺을 때 헌계약증서는 찢어 버리거나 법적 효력을 발생치 못하게 만드는 장치를 반드시 한다. 헌계약이 계속 유효하다면 새계약을 맺을 이유가 하나도 없는 것이다. 기독교인들은 자기들이 신봉하는 복음을 하나님과의 새계약이라고 믿었다. 그래서 "신약"(新約, New Testament)이라고 하는 것이다. 그렇다면 분명히 구약은 폐기되어야 한다. 구약이 폐기되지 않으면 신약은 신약이 아니다.

더구나 구약은 야훼하나님과 이스라엘민족 사이에서만 맺은 유대인의 계약이다. 그것은 오직 이스라엘 선민과 야훼 사이에서만 성립한 배타적 계약이다. 이스라엘민족 이외의 사람들에게는 해당이 되지않는 지역적 계약이다. 그러나 신약은 유대인을 포함하여 전세계 이방인 누구든지, 더구나 남녀노소 귀족 노예 가릴 것 없이 누구에게나 해당되는 아주 새로운 보편적 계약이다. 한 작은 고을의 지방자치법령을 보편적인 만민법이나 자연법과 혼동할 수는 없다. 이제 기독교는 유대인의 종교가 아닌 이방인의 종교요 세계인의 가톨릭(보편적) 종교다. 그렇다면 왜 이토록 정당한 주장을 그토록 이단시했을까? 사도시대를 승계한 인물로서 당대의 가장 권위있었던 스뮈르나(Smyrna, 현재의 터키 이즈미르)의 희랍인 주교 폴리캅(Polycarp)은 로마교회에까지 와서 마르시온을 만나보고 뒤돌아 서면서 이와 같이 말했다: "사탄이 제일 먼저 낳은 놈일 게다." 왜 그토록 혹평했어야만 했을까?

비록 유대화파들의 압력은 사라졌고 더 이상 구약이 기독교인에게 강요되는 율법이 될 수는 없었지만 그럴수록, 즉, 더 이상 유대인의 목소리가 교회내에서 권위를 가질 수 없는 자유로운 상황이 도래될수록 역설적으로 초기 기독교를 이끌어가는 정통 보수파들의 입장에선 구약이 필요했다. 왜냐하면 신약이라는 것이 신약이라는 막연한 개념만 있었지 실제로 오늘 우리가 말하는 "신약성경"이라는 보편적 공약문서가 존재하지 않았다. 다시 말해서 구두계약만 있었지 문서계약이 없었던 것이다.

성경없는 초기 기독교

당시 기독교는 형성기였으며 구전(口傳)과 예배제식만 있었지 경전이라는 것이 존재하지 않았던 것이다. "성경이 없었던 기독교!" 이것이 당시 초대교회의 모습이었다. 1세기에만 해도 교회에서 가장 권위를 갖는 전통은 사도성(Apostolicity)의 기준이었다. 다시 말해서 예수의 직전제자의 말이 최고의 권위를 갖는 경전적 기준이었다. 좀 너그럽게 봐준다면 직전제자로부터 직접 들었다는 사람의 말까지는 봐줄 수 있을지 모르겠다. 바울의 당대에도 바울이 예수의 직전제자가 아니기 때문에 진짜 사도로 간주될 수 없다는 비방이 많았다. 바울에게 사도의 권위를 부여할 수 없다고 그를 까댔던 것이다. 그러한 비방은 인간적으로 바울을 몹시 괴롭혔다.

> 내가 자유인이 아니란 말입니까? 내가 사도가 아니란 말입니까? 내가 우리 주 예수를 뵙지 못했단 말입니까?(고전 9:1).

> 나는 그 특출하다는 사도들보다 조금도 못할 것이 없다고 자부합니다 (고후 11:5).

> 나는 … 기적을 행하여 내가 진정 사도라는 증거를 보여 주었습니다 (고후 12:12).

> 예수 그리스도께서 직접 나에게 계시해 주신 것입니다 (갈 1:12).

그러나 2세기초에 이르면 사도성을 주장할 수 있는 사람은 모두 죽었으며 교회내의 구술 전통(oral tradition)도 심각하게 변형·왜곡·타락되기 시작한다. 원래 구술전통이라는 것은 인도의 바라문이나 유대의 제사장과 같이 암송을 전담하는 전문적 권위계급이 특수하게 존속될 때만이 가능한 것인데 초대교회는 그 개방적 성격상 그러한 특수계층이 존재할 수 없는 도떼기시장과도 같은 곳이었다. 그리고 성경(카논, kanōn)이라는 권위있는 기준이 없었고, 또 그러한 기준을 강요할 수 있는 권위가 없었기 때문에 누구든지 사도성을 가장하여 경전을 저작하는 것이 당연시되었고 오히려 자랑스럽게 여겨졌다. 많은 사람들이 그러한 경전저작을 격려하였던 것이다.

신약성경의 문학적 형식

현존하는 성경의 문학적 형식을 보아도 크게 두세 가지 밖에는 없다. 하나는 드라마형식의 전기문학이고, 하나는 여러 목적을 위하여 쓰여진 편지들, 또 하나가 있다면 생각을 체계적으로 기술하는 논문이다. 그런데 이런 것들은 생활하는 과정에서 누구든지 쓸 수 있는 것이다. 더구나 깊이있는 신앙생활을 하는 지식인들, 그리고 은거하면서 수도생활을 하는 승려들은, 저작이 생활화되어 있고 구라가 쎄기로 정평나 있는 헬레니즘 문화권에서는 누구나 집필을 시도했다. "로마인은 말보다는 실행, 헬라인은 실행보다는 말"이라는 유명한 말이 있듯이 희랍어를 쓰는 당대의 지식인들은 그칠 줄 모르고 논쟁과 글쓰기를 좋아했다. 이렇게 기독교문화권의 사방에서 경전에 해당되는 문헌이 쏟아져 나오고 있는 판에, 구약을 폐기한다는 것은 자살행위나 마찬가지였다. 구약은 이미 알렉산드리아에서 권위있는 셉츄아진트번역을 통하여 정경화(正經化)되어 있었고 기독교 교회내에 널리 유포되어 있었다. 그리고 그것은 도전받기 어려운 하나님의 말씀으로서 권위가 확보되어 있었다. 뿐만 아니라 구약을 둘러싼 유대인들의 경전해석학적 스칼라십의 수준은 당대 지식세계의 최고급 문화였다. 더구나 구약내에는 율법(토라)외로도 예언서(네비임)와 성문서(케투빔)가 들어있다. 예언서에는 예언자들의 외침뿐 아니라 이스라엘역사의 재미난 영웅이야기들이 많고, 성문서 속에는 시편이나 지혜문학, 묵시문학, 그리고 로맨틱한 스토리들이 들어있다. 이 경서 속에는 메시아의 대망, 그리스도안에서의 예언의 성취가 들어 있었고, 그리고 초대교회의 교부들이 설교와 전례(liturgy) 자료로 쓸 수 있는 훌륭한 건덕지가 너무도 많았던 것이다.

홀로서기의 어려움

따라서 기독교인들의 신약 즉 복음이야말로 구약의 성취라는 맥락에서 바라보는 시각이 지배적이었고, 율법적 구속력이 없어진 판에 구약이라는 문헌은 기독교의 권위를 입증하는 배경문학으로서 막강한 힘을 발휘할 수 있었던 것이다. 그만큼 신생기독교는 홀로서기에는 힘이 부쳤다. 구약이라는 장쾌한 역사드라마를 배경으로 깔고 성장하는 것이 훨씬 더 유리하다고 초기교부들은 생각했던 것이다.(물론 이때 구약이란 바리새인 전통에서 고수된 히브리 성경을 말하는 것이 아니고 기독교도들에 의하여 편집된 기독교화된 구약이다. 유대인들은 구약이라는 말을 쓰지 않는다.) 따라서 마르시온의 정당한 생각은 이단으로 몰릴 수밖에 없었다. 바울도 이와 같이 말했다.

> 그런즉 우리가 믿음으로 말미암아 율법을 폐하느뇨? 그럴 수 없느니라! 도리어 율법을 굳게 세우느니라 (롬 3:31).

사실 이 말은 바울이 율법을 강하게 부정한 후에 유대화파 교인들의 반발을 의식하여 어조를 좀 부드럽게 만들기 위하여 고안한 정치적 발언일 수도 있다. 마태복음의 "내가 율법이나 선지자나 폐하러 온 줄로 생각지 말라. 폐하러 온 것이 아니요, 완전케 하려 함이로다"(마 5:17)라는 유명한 예수의 말도, 마태복음의 성립이 명백하게 바울의 서한보다 더 뒤늦게 이루어졌다는 역사적 사실을 감안할 때, 유대화파나 초기기독교 유대인 주류세력의 강렬한 반발을 의식하면서 가미된 발언일 수도 있다. 뒤에서 상세히 부연하겠지만 예수의 근본사상은 율법의 성취가 아니라 율법의 부정이다. 율법의 부정 그 자체가 율법의 성취라고 근사한 논리를 구사할 수는 있겠지만 그것은 역시 근사(近似)한 논리로 그치고 만다.

영지주의라는 빨갱이 논리

하여튼 이러한 맥락에서 마르시온의 정당한 신약의 논리는 안타깝게도 이단으로 몰림으로써 그 새 약속의 철저한 성격이 좌절되고 만다. 구약을 인정한다는 것은 신약을 구약의 재래적 권위주의적 틀 속에서 어느 정도 타협하는 것을 의미한다. 신약이라는 새로움의 후레쉬한 성격이 좀 맹숭맹숭해지는 것을 의미하는 것이다. 그런데 더 큰 문제는 마르시온을 이단으로 몰아가는 방식에 관한 것이다

우리나라에서도 최근까지도 우리사회의 주류적 흐름을 지탱하고 있는 사람들의 구미에 반하는 사상은 무조건 "빨갱이사상"이라는 딱지를 붙인다. 누가 진짜 주류인지 알 수도 없고 "주류"라는 것 자체가 역사 속에서 항상 전변(轉變)케 마련이지만, 하여튼 한 시대 속

에서 자기들이 주류라고 인식하고 있는 보수세력은 항상 있게 마련이다. 그런데 "빨갱이사상"이 정말 구체적으로 무엇을 의미하는지는 아무도 모른다. 그것은 때로 맑시즘이나 콤뮤니즘이라는 어떤 치열한 사상체계나 정밀한 논리와는 전혀 무관할 때도 많다. 초기기독교사에 있어서 소위 "영지주의"(Gnosticism)라는 것은 이 "빨갱이사상"의 논리를 넘어서는 것이 결코 아니었다.

교회사에서 마르시온은 영지주의 이단의 대표적인 사상가처럼 기술되고 있지만 마르시온이 정말 영지주의자였는지 아니었는지는 아무도 모른다. 마르시온은 『반론들 Antitheses』이라는 책을 썼지만 현재 단편만 남아있고 그를 저주하는 모든 초기교부들의 저작 속에서만 언급되고 있기 때문에 그 정확한 실체를 알 길이 없다. 영지주의의 핵심에는 비전적인 영지, 그노시스(gnōsis)가 있어야 되는데 마르시온은 비전적 영지를 말하지 않는다. 그의 모든 주장은 공개적이며 예수가 전파한 복음 속의 하나님의 무한한 선하심(Goodness)에 관한 것이다. 마르시온이 로마에 와서 그노시스 사상가였던 케르도(Cerdo)라는 사람과 친하게 지내면서 그의 영향을 받았다고 전하여지는데 그를 이단자로 휘모는 사람들은 케르도의 사상을 마르시온에게 덮어씌워 논박했을지도 모른다. 마르시온은 그노시스를 구원의 핵심으로 파악하지 않았다. 구원은 오로지 **예수 그리스도에 대한 믿음**으로써만 온다. 그가 그의 신념을 표현한 말로서 가장 즐겨 인용한 것은 갈라디아서에 있는 바울의 말이었다: "그리스도께서 우리를 위하여 저주를 받은 바 되사 율법의 저주에서 우리를 속량하셨다."
(갈 3:13).

구약과의 단절성

변덕스럽고 폭군적이고 보복적인 구약의 하나님은 바울의 말대로 "율법의 저주"일 뿐이다. 그의 궁극적 관심은 이런 저주로부터 우리가 속량되는 것이다. 그의 해답은 매우 명료하다. 율법의 하나님이 아닌 복음의 하나님, 구약의 하나님이 아닌 신약의 하나님은 무한히 은혜로우며 자비로우며 사랑하시는 하나님이다. 이 하나님은 구약의 시대에는 사람들이 전혀 몰랐던 하나님이다. 이 신약의 하나님은 오로지 예수 그리스도를 통해서 처음 우리에게 드러난 하나님이다. 이 하나님에게는 악의 요소가 없으며 오로지 무한한 선의 가능성만 있다. 예수 그리스도를 통하여 계시된 하나님의 무한한 선의지에 의하여 우리는 속량될 뿐이다. 바로 여기에 마르시온을 영지주의자로 휘몰 수 있는 선신과 악신의 이원론적 분열의 가능성을 엿볼 수 있지만, 내가 생각키에는 마르시온의 주장의 핵심은 그러한 이원론적 분열에 있는 것이 아니라 구약과 신약의 단절성(discontinuity)에 있다. 예수 그리스도는 결코 유대인 선지자들이 말하는 예언의 성취로서 볼 수 없으며, 예수는 그러한 낡아빠진 세계관과는 무관한 완전히 새로운, 전적으로 유니크한 가치며 복음이라고 하는 것을 강조하고자 하는 것이다.

폴리캅을 비롯하여 리옹의 이레나에우스(Irenaeus, 120/140~200/203) 카르타고의 테르툴리아누스(Tertullianus, 155/160~220), 알렉산드리아의 오리겐(Origen, 185~254), 예루살렘의 시릴(Cyril, 315~386), 키프러스의 에피파니우스(Epiphanius, 315~403), 등등의 초기 교부 거장들이 그를 한결같이 영지주의로 모는 논점의 핵심은 마르시온신학이 깔고있는 우주론의 이원성이다. 그들이 말하는 마르시온 신학에는 두개의 우주적 하나님이 존재한다. 허황되고 화 잘내는 저질적인 구약의 하나님은 창조의 하나님(the Creator God)이다. 그는 우리가 경험하고 있는 이 물리적 시공의 세계를 창조하였다. 피조물인 인간은 전적으로 이 세계의 일부이다. 그러니까 인간의 육체와 영혼, 그 모든 것은 창조의 하나님께 속해있다. 이러한 마르시온의 생각은 이미 영지주의 틀에도 잘 들어맞지 않는다.

우리가 보통 이해하는 영지주의적 세계관에는 영·육의 분열이 있다. 즉 육(肉)은 사탄이 지배하는 이 세계(Cosmos)에 속하며, 어둠(Darkness)이다. 그런데 그 육에 갇혀있는 영은 빛(Light)이며, 어둠에 가려있지만, 본래의 고향인 빛의 세계, 즉 하나님의 세계로 돌아가기를 갈구한다. 인간의 영혼은 악마적 육체의 감옥 속에 갇혀있는 빛의 파편이다. 그 파편은 본시 하나님께 속해있던 것인데, 악마들이 하나님의 빛의 세계를 질투하여 이 세계를 어둠의 혼돈으로부터 창조할 때 훔쳐다가 그 원동력으로 사용했던 것이다.

하나님은 이 감옥에 갇힌 빛의 파편들을 가련히 여겨서 그의 아들 로고스(Logos), 말씀이며 빛인 자기 아들을 암흑 속으로 파견한다. 그러나 악마들이 그를 알아보지 못하도록 아들을 지상의 육체에 감추어진 모습으로 파견한다. 빛의 원조인 이 아들은 사탄이 고향을 잊어버리도록 항상 취하거나 잠자는 상태로 있게 만들어놓은 빛의 파편들을 흔들어 깨우고 하늘의 고향을 상기시켜준다. 그리고 그들이 악마들이 지배하는 세계를 떠나 고향에로의 귀로에 오르게 만든다. 그 때 악마들이 지배하고 있는 겹겹이 쌓여있는 구중천의 관문들을 통과할 때 반드시 필요한 암호들이 있다. 그 암호들이 그노시스다. 구속자인 아들은 빛의 파편들에게 그 그노시스를 가르쳐준다. 불길들이 타올라 하나로 뭉치는 것처럼 이 빛의 파편들이 다 하늘에 모여 다시 하나로 재조립될 때, 이 세계는 종말을 맞이한다. 원래의 암흑의 혼돈으로 가라앉는다. 그것이 마지막 심판이다. 구속자인 아들은 곧 그 빛의 파편들이 고향으로 돌아가는 길이며, 그 암호의 진리며, 이 세계에 속하지 않는 영원한 생명이다. 예수는 말한다: "내가 곧 길이요 진리요 생명이니, 나로 말미암지 않고는 아버지께로 올 자가 없느니라."(요 14:6, 『요한복음강해』 385).

마르시온의 세계관

　마르시온의 세계관에 있어서는 인간은 영·육이 모두 전적으로 창조의 하나님, 구약의 하나님의 피조세계에 속해 있다. 그러므로 영혼만이 육체를 떠나 하나님의 빛의 세계로 귀향하는 드라마는 성립하지 않는다. 그러나 창조의 하나님과는 전혀 다른 고차원 하나님(the high God)이 있다. 이 고차원의 하나님은 인간의 언어가 격절되는, 전혀 규정될 수 없는 그 무엇이며 물론 창조된 이 세계와도 아무런 관련이 없다. 그런데 이 고차원의 하나님은 완벽한 선의에 의하여 자기의 아들인 예수 그리스도를 이 세계로 파견하여 인간을 전적으로 구원하여 새로운 고향으로 데리고 간다. 예수의 수난과 부활은 인간의 원죄에 대한 대속의 희생이 아니라, 구약의 하나님이 자기의 피조물인 인간에 대해 가지고 있는 모든 클레임의 권리를 무효화시키는 법적 선포이다. 인간은 비밀스러운 그노시스에 의하여 이 세계를 탈출하는 것이 아니라 그리스도의 행위에 대한 믿음으로써 이 세계를 탈출하는 것이다. 우리 인간은 예수 그리스도에 대한 믿음으로써 창조의 하나님인 구약의 하나님과의 모든 관계를 단절시킬 수 있게 되는 것이다.

도세티즘

그런데 이때 예수는 원래 이 세계의 창조와 관련없는 무규정적인 사랑과 자비의 하나님에 의하여 이 세계로 파견되었기 때문에 이 세계에 속한 육신의 옷을 입을 수가 없다. 그가 육신의 옷을 입게되면 인간과 똑같은 피조물이 되며 따라서 인간을 구원할 수가 없다. 그는 그냥 갈릴리에 현현하였을 뿐이며 역사 속에서의 그의 행적은 사람의 몸의 행적이 아니다. 따라서 이런 이론적 결구 속에서는 필연적으로 예수의 존재는 도세티즘(Docetism), 즉 가현론(假現論)의 소산이

되어버리고 만다. 바로 이 점이 마르시온이 영지주의로 몰리게 되는 이유가 된다. 그러나 과연 가현론과 영지주의는 등식이 성립하는 사유체계들일까? 마르시온은 과연 가현론을 부르짖었을까?

철학사에서는 어떤 사상가가 이단으로 몰렸다고 해서 그 사상마저 폄하되거나 왜곡되지는 않는다. 소크라테스도 아테네의 청년들을 타락시켰다는 죄목으로 사약을 받았지만 그의 사상은 플라톤의 대화편들을 통하여 만고에 빛난다. 스피노자는 유대교에 의하여 저주스러운 파문의 고통을 당했지만 그의 저작들은 근세철학의 위대한 고전으로 평가받고 있다. 정암(靜庵) 조광조(趙光祖)가 사문난적으로 몰렸다해서 그의 사문(斯文)에 대한 혁혁한 공로가 감소되지는 않는다. 그러나 종교사에서는 한번 이단으로 찍히면 영원히 이단이다. 한번 사문난적이 되면 그의 모든 것이 말살되고 복원의 길은 요원해진다. 선죽교에 피를 흘린 역적 정몽주(鄭夢周, 1337~1392)가 다시 충신으로 문묘(文廟)에 배향되는 그런 일은 없다.

인간에게 구원과 자유와 사랑을 가져다주는 복음을 선포하는 것이 신약이었지만, 그 신약의 하나님의 역사 또한 이단자들에 대해 너무 가혹했다. 콘스탄티누스 황제의 기독교공인 이전부터 이미 정통과 이단의 싸움은 극렬했다. 그러나 마르시온 시대만 해도 아직 가톨릭 교회와 정치권력의 밀착은 이루어지지 않았다. 따라서 2~4세기에 걸친 정통·이단의 싸움은 혼란스러웠고 창조적이었다. 그러나 가톨릭 정통파들은 착실하게 그 세력기반을 구축해가고 있었다.

144년 로마교회가 마르시온을 파문했을 때 로마교회당국은 마르시온이 기부한 20만 세스터스를 돌려주었다. 요즈음 같으면 파문을 해도 무슨 핑계를 대더라도 돈은 돌려줄 것 같지 않은데 그래도 그 시절은 순수의 시대였던 것 같다. 돈을 돌려받고 파문당한 마르시온은 과연 어떤 행동을 취했을까?

파문의 결과

물론 당시의 파문이라는 것이 후대의 교황의 파문과도 같은 그러한 권위나 권세를 갖지 못했다. 황제의 정치권력의 백업이 없었기 때문이다. 그리고 마르시온 자신도 파문에 승복해야할 이유가 전혀 없었다. 마르시온의 교설이 조금도 기독교의 정통교설에 위배된다고 생각할 이유가 없었기 때문이다. 그리고 마르시온을 파문한 것은 **교부**들이었지 **신도**들이 아니었다. 로마교회내에서 그의 인기는 열렬한 것이었다. 그리고 그는 요즈음의 분파주의자나, 사교(邪敎) 교단을 만들어 자기가 재림 예수라는 둥 자기가 하나님이라는 둥 그따위 허탄한 말을 둘러대는 사기꾼과는 질이 달랐다. 마르시온은 자신을 "교양있는 평신도"로서만 생각했으며, 사람들로 하여금 예수와 바울의 참된 가르침에 가깝게 다가갈 수 있도록 만드는 "교사"(a teacher)로서만 자신을 규정했다. 자신은 "예언자"(a prophet)도 아니며 "성자"(聖者, a holy man)도 아니라고 말했으며, 자신을 숭배하려는 모든 경향을 철저히 차단시켰다. 그리고 그는 교회내의 조직에 있어서 신분의 격차나 남녀의 불평등을 철저히 인정하지 않았다. 그리고 무엇보다도 마르시온은 돈이 있었다.

마르시온 공동체

자연히 마르시온을 따르는 사람들(Marcionites)은 새로운 교회공동체를 조직했다. 마르시온은 교회본부를 로마에 두었으며 "누구나 와도 좋다"는 매우 개방적인 간판을 내걸었다. 그리고 여성을 남성과 똑같이 대접하여 주교나 목사로 임명하는 데 주저하지 않았다. 오늘날까지도 가톨릭교회내에서는 여성이 주교는커녕 일반사제로도 서품될 자격이 없는 것과는 너무도 대조적이다. 그리고 그는 구약의 하나님과의 단절을 선포했기 때문에 자연히 구약의 하나님이 만든 이 세상과의 단절을 요구하게 된다. 이 물질세계에서는 구원의 희망은 없다. 오직 예수 그리스도를 통해 바라볼 수 있는 새로운 사랑과 광명의 하나님세상에서만 구원은 가능하다. 그래서 그는 이 물질세계로부터 철저한 금욕을 요구했다. 마르시온교도들은 매우 경건한 금욕생활을 했으며 예수에게 육신이 부재하다는 생각이 있었으므로 결혼도 하지 않았다. 그리고 육식을 하지 않았다. 물질세계에 있어서의 탐욕의 극치라고 보았기 때문이다. 그러나 재미있게도 단백질 부족 때문인지, 예수께서 군중들을 먹이셨기 때문인지 생선은 허락하였다. 사실 마르시온교회는 당시 외부인들에게는 전혀 이단교회로 간주될 수 없었다. 외견상 가톨릭교회와 아무런 차이가 없었기 때문이다. 그리고 신선했고 개방적이었고 평등주의적이었다. 그것은 당대교회가 점차 세속화되어가는 것에 대한 강력한 제동이었다. 따라서 마르시온의 새물결은 로마에서 로마제국 전역으로 급속히 번져나갔다. 그의 교회는 소아시아반도 전역, 크레테, 동·서방 시리아, 팔레스타인, 알렉산드리아, 카르타고에 수백 개의 교회가 설립되었다. 그 세력은 가톨릭교회와 병립되는 또 하나의 세력을 이루었던 것이다.

시리아의 마르시온교회

2세기 중엽부터 5세기 중엽까지 마르시온교회는 300년간 막강한 세력을 형성하였다. 특히 시리아에서는 마르시온파가 강력한 세력을 구축하고 끝까지 버티었다. 바울은 시리아의 다메섹(다마스커스)으로 가는 도중에 홀연히 하늘에서 빛이 둘러 비추어 개종케 되었다(행 9:3). 기독교 교회건물로서 현존하는, 가장 오래된 명문이 새겨져 있는 건물은 다마스커스 남부에 있는 작은 마을에 있는 한 교회다. 그 교회에 희랍어로 명백히 새겨져 있는 명문은 다음과 같다: "레바논의 마을에서 마르시온을 사랑하는 사람들의 모임처. 장로 바울의 리더십 아래 있는, 우리의 주님이시며 구세주이신 예수 그리스도의 교회." 이 명문은 318~319년의 것으로 비정된다. "마르시온을 사랑하는 사람들"이라는 표현을 당당히 내건 것은, 당대 마르시온파가 이단으로서 저주의 대상이 되었던 것을 생각한다면, 마르시온파들이 그들의 정신적 지주인 마르시온에게 얼마나 애틋한 존경의 념을 표했는가를 미루어 알 수 있다. 그리고 4세기초까지만 해도 마르시온교회가 가톨릭교회와 당당히 병립할 수 있었던 여백이 있었다는 것이 증명된다. 이 명문은 물론 니케아종교회의 이전의 상황이다. 그토록 여러 지역의 교부들이 몇 세기에 걸쳐 마르시온을 맹렬히 공격하는 것만 보아도 그것은 사실 마르시온이 영지주의자이기 때문이라기 보다는, 그 맹공의 이면에 조직의 이해관계가 얽혀있었다고 보아야 정당하다. 그때는 이단과 정통의 구분 그 자체가 모호했다. 누가 이단인지 누가 정통인지를 가릴 수 있는 권위가 부재했던 것이다. 4세기에 발표된 시리아지역의 라오디케아 신경(Laodicea Creed)이 "하나의 하나님, 이 세계의 지배자, 율법과 복음의 하나님"(One God, ruler, God of the law and the gospel)을 선포하고 있는 것도 정확히 마르시온교회를 겨냥하고 있는 것이 명백해진다.

그런데 마르시오니즘(Marcionism)이 오늘날 우리에게 중요한 것은 이러한 교회조직의 성쇠판도에 관한 것이 아니다. 마르시온의 주장의 핵심은 신약과 구약과의 단절이다. 구약과 단절되지 않으면 신약은 복음이 될 수 없다는 것이 그의 주장의 핵심이다. 오늘날 한국교회에서 목사님들이 설교하시면서 구약의 율법을 강요하거나 구약을 신앙하라고 가르치지는 않는다. 신약의 배경으로서만 구약을 인용할 뿐이다. 이것이 알고보면 다 마르시온의 영향이다. 마르시온의 교파가 기독교의 형성기에 300년 동안이나 강력한 교세와 조직을 유지했다는 이 사실 자체가, 아무리 그것이 이단으로 몰려 역사의 배면으로 종내 자취없이 사라지고 말았다 해도, 그 자취는 분명히 기독교 자체내에 남아있다는 사실을 강력히 입증하는 것이다. 구약에 대한 마르시온의 강력한 제동은 초기 교부들의 구약에 대한 생각을 오히려 자유롭게 만들어준 측면이 있다는 사실도 우리가 함께 생각하지 않으면 안된다. 교회사의 한 페이지를 가볍게 장식하는 듯 애써 축소되어 기술되고 있는 이단자들의 실체와 실상을 우리가 명료하게 인식하지 않으면 기독교의 긍정적인 실체와 실상 그 자체도 유실되어 버리고 만다.

구약 대 신약: 아포스톨리콘

마르시온의 "구약과의 단절"이라는 테제와 관련하여 오늘 우리가 알고있는 기독교의 모습을 결정케 만든 교회사의 가장 중요한 사실은 구약에 대립되는 신약의 실체에 관한 것이다. 마르시온은 자기의 주장을 확고히 신도들에게 보여주기 위해서는 유대인들의 성경에 비견할 수 있는 크리스챤들의 성경을 문헌적으로 확정지을 필요를 느꼈다. 사방에서 쏟아져 나오는 문헌들을 제한하여 교회성경(ecclesiastical scriptures)으로 그 권위를 확립해야만 그의 신약사상을 확고히 만들 수 있었던 것이다. 그가 가장 관심을 가진 것은 우선 바울의 서한이었다. 그가 바울에게 경도된 것은 바울의 반율법사상(antinomianism)이었다. 그는 사도 바울이야말로 기독교를 유대교전통에서 분리해낸 인물이라고 보았기 때문이다. 그가 선택한 바울의 편지는 10개였다. 이것을 아포스톨리콘(the *Apostolikon*)이라고 부른

다: 1) 갈라디아서 2) 고린도전서 3) 고린도후서 4) 로마서 5) 데살로니카전서 6) 데살로니카후서 7) 라오디케아서(=에베소서) 8) 골로새서 9) 빌립보서 10) 빌레몬서.

재미있게도 아포스톨리콘 속에는 3개의 목회서신, 즉 디모데전서, 디모데후서, 디도서는 들어가 있지 않다. 그의 시대에 이 목회서신은 존재하지 않았거나, 그에게 인식되지 않았거나, 있었는데 일부러 빼버렸거나, 이 셋 중에 하나의 가능성이 있다. 그러나 아마도 의식적으로 제거시켰을 것이다. 이 목회서신은 그의 비판자였던 폴리캅이 마르시온을 의식하여 작성한 문헌이라는 설도 있다. 하여튼 마르시온에게 바울 본인저작성이 확실한 문헌으로 이 10개의 편지가 선택되었던 것이다. 바울의 편지가 오늘 우리에게 전달되게 된 데는 마르시온의 공로가 크다. 마르시온은 문헌학적으로도 견식이 탁월한 학자였다.

누가복음의 선택: 국제적 성격

그리고 그는 아포스톨리콘 앞에 복음서로서 누가복음 하나를 붙였다. 타복음서가 그의 시대에 존재하지 않았던 것은 아니지만, 누가복음이 선택된 것은 그의 바울선호사상과 관련이 있다. 바울의 서신 속에서 바울이 "복음"이라는 말을 쓸 때 대체적으로 구원의 복된 소식에 관한 구두적 선포(oral proclamation)를 의미했다. 바울의 시대에는 문헌화된 복음서가 없었다. 그런데 마르시온은 바울이 어떤 복음서를 암암리 지칭하고 있다고 생각했다. 전통적으로 누가는 바울의 전도여행을 동반한 의사였고 그에게 끝까지 인간적으로 충실했던 신앙의 동역자였으며 누가복음의 집필자로 지목되어왔다. 따라서 마르시온은 바울이 지칭하는 복음이 누가복음이라고 생각했던 것이다. (바울 시대에 누가복음이 존재했다는 마르시온의 생각은 성립하기 어렵다. 누가복음의 저자가 바울을 동반한 의사 누가였다는 설은 그동안 신학계에서 받아들여지지 않았다. 그러나 최근에는 그 설의 타당성을 다시 주장하는 학자들도 많다.) 그리고 누가복음의 세계적인 성격, 이방인을 위한 성격이 강하다는 측면도 마르시온에게는 매력적이었을 것이다.

마르시온 정경: 정경화작업의 최초 계기

누가복음과 아포스톨리콘(바울의 10개 서한)! 이것이 마르시온 교회의 최초의 정경이자 **기독교역사에서 출현한 최초의 신약성경의 모습**이었다. 그런데 마르시온은 이 정경작업에 오늘날 문헌비평(벨하우젠, 홀츠만)이나 양식사학(궁켈, 디벨리우스로부터 불트만까지)의 선구적 작업이라고 평가될 수 있는 비판적 자세를 견지했다. 그는 상기의 문헌에서 전반적으로 구약과 관계되는 부분을 삭제시켰다. 하나님을 심판자로 묘사하거나, 유대교의 예언의 성취에 관한 부분, 또는 하나님의 징벌에 관한 문구들을 삭제시켰다. 그리고 예수가 구약의 하나님을 "아버지"라고 부르는 구절이나 예수의 행위를 정당화하는 구약의 인용은 모두 빼버렸다. 누가복음에서도 예수의 유아시절에 관한 잡다한 내러티브들, 그리고 예수의 족보, 그리고 어색하게 삽입된 세례 받는 장면, 그리고 광야에서의 유혹을 아예 빼버렸다. 그리고 바울의 열 개의 서한의 앞머리마다 자신의 서문을 다 첨가하였다. 마르시온의 맹렬한 비판자 테르툴리아누스는 마르시온의 정경화 프로젝트를 가리켜 다음과 같이 말했다: "마르시온은 도살장의 칼잡이 같은 놈이다. 지 마음대로 편의에 따라 성서를 칼질해댄다."

성서는 누구나 편집 가능했다

그러나 우리는 이 최초의 마르시온 정경화작업을 통해 매우 중요한 사실들을 깨달을 수 있다. 우선, 당시 성서라는 문헌은 절대적인 권위를 가진 문헌이 아니었다는 것이다. 누구든지 편집이 가능했고 자신의 편찬목적에 따라 첨삭이 가능했던 것이다. 그때는 그것이 그냥 문학으로 인식되었으며 경(經, kanōn)이라는 권위가 부여되기 이전의 돌아 다니는 참고문서들이었다. 그리고 2세기 초엽부터 교회내에서 **사도 바울의 위치가 매우 공고해져간 역사적 정황**을 파악할 수 있다. 즉 많은 예수의 직전 사도들이 있었다고는 하지만 그들의 구전전통이 쇠퇴해버리고 모든 것이 문헌화되어가는 상황에서는 상대적으로 바울의 서한만큼 확실한 권위를 갖는 문헌전통이 없었다는 것이다. 기독교가 유대인을 떠나 헬라화되어갈수록 유대인이면서 가장 헬라적이었던 바울의 역량에 필적할 자가 없었던 것이다. 따라서 편지를 위조해도 딴 사도보다는 바울의 이름을 이용했다. 그러한 일반적인 분위기가 반영된 것이 마르시온의 정경이다. 오늘날 우리가 사용하는 신약성경도 대부분을 바울의 편지가 차지하고 있으며 사도행전 조차도 그의 전기문학이라고 할 정도로 독보적인 위치를 차지하고 있는 기현상이 설명될 수 있을 것이다.

초대교회에는 성경이 없었다

초대교회에는 성경이 없었다. 18세기의 발굴자이며 출판인이었던 무라토리(Lodovica Antonio Muratori, 1672~1750)가 AD 170~180년경에 로마에서 희랍어로 작성되었다고 하는 성경목록을 번역한 7·8세기 라틴어 단편원고를 발견했다(1740). 이것을 우리가 무라토리 단편이라고 부르고 이 무라토리 단편에 쓰여진 성경목록을 무라토리 정경(Muratorian Canon)이라고 부른다. 이 무라토리 정경이야말로 정통파 신약의 최초의 모습을 알게 해주는 결정적 증거라고 생각해왔다. 2세기까지 거슬러 올라가기 때문이다. 그런데 이 목록에는 "4복음서"가 들어가 있는데 누가복음이 "복음서의 세 번째"로 지목되고 있어 마태, 마가, 누가, 요한의 순서였음을 알 수 있다. 그리고 사도행전, 그리고 7교회에 보낸 바울의 편지들이 있다. 7교회는 차례로 고린도(2개), 에베소, 빌립보, 골로새, 갈라디아, 데살로니카(2개), 로마로 되어있다. 다음에 빌레몬서, 디모데전서, 디모데후서, 디도서, 요한1서, 요한2서, 솔로몬의 지혜(the Wisdom of Solomon), 요한계시록, 베드로묵시록(the Apocalypse of Peter)이 나열되어 있다. 그러나 히브리서, 야고보서, 베드로전서·후서, 요한3서는 빠져있다.

무라토리 정경

그러나 최근의 연구성과는 무라토리 단편의 목록이 2세기 서방교회의 텍스트 목록이 아니라, 4세기 동방교회의 텍스트 목록임이 밝혀져, 무라토리 정경이 가톨릭교회의 최초의 성경의 모습이라는 말은 할 수가 없게 되었다. 하여튼 무라토리 정경도 마르시온의 정경화작업에 대한 하나의 반동으로 형성된 동방교회의 정경화작업의 한 형태임이 분명하다. 여기서 우리가 확실히 알아야 할 사실은 가톨릭교회내의 정경화(canonization) 작업이 이단적 운동에 대한 반동으로 형성되었다는 사실이다.

가톨릭교회의 정경화작업의 시작

마르시온이 정경화작업을 이미 AD 150년경에는 완성하였고, 그를 이단으로 몰아친 바에야, 그리고 그의 교세가 날로 융성하여 마르시온 정경이 점점 보편화되고 있는 판에 그것을 비판하고 가톨릭교회 자체내에서 정경을 따로 정립하려는 노력이 여기저기서 산발적으로 일어나게 되는 것은 너무도 당연한 일이다. 지금 우리가 사도저작성(Apostolicity)을 기준으로 성경문헌의 범위에 포함시키고 있는 책들은 모두 AD 50년~150년 사이의 1세기에 쓰여진 것이다. 이 1세기 동안 쓰여진 책만 하더라도 우리가 알고있는 것보다는 어중이떠중이가 쓴 책이 너무도 많다. 27서 정도의 범위가 아닌 것이다. 그리고 AD 150년 이후에는 계속해서 어중이떠중이가 쓴 책들이 엄청나게 쏟아져나왔다. 그것은 정경의 기준이 없는 상태에서는 모두가 정경의 자격을 지니게 되며 따라서 많은 사람들이 저작을 시도하게 되는 것은 너무도 당연한 일이다. 따라서 정경화작업(canonization process)이라는 것은 이 많은 책들 중에서 어떤 것을 진정 하나님의 말씀으로서 우리가 선택할 것이냐? 즉 경전을 제한시키고(to limit scriptures) 국한시키는 문제였다. 많은 것들 중에서 몇 개를 선택한다고 할 때 가장 중요한 것은 그 선택의 기준에 관한 문제였다.

예수의 저작

한번 편안하게 생각해보자! 제일 좋은 기준이 무엇일까? 우리가 예수를 믿는다고 하는 것은 예수님의 말씀을 믿는 것이다. 따라서 당연히 예수님의 말씀의 기록이 정경의 기준이 되어야 할 것은 두말할 나위가 없다. 제일 확실한 것은 예수님께서 직접 당신의 말씀을 기록으로 써서 남겼고 그 수고(手稿)가 지금까지 남아있다면 제일 좋을 것이다. 그러나 불행하게도 예수님은 기록을 남기지 않으셨다. 그는 말씀만 당대 사람들의 마음에 남겨놓으셨고, 그의 삶의 행위를 통해 하나님을 계시하셨을 뿐이다. *예수는 저술가가 아니요 행위자였다.* 예수가 무엇을 썼다는 기록은 요한복음에 딱 한 번 나온다. 그것은 간음하다가 잡힌 여자를 예루살렘 성전 앞으로 데려와 돌맹이로 쳐죽이려는 그 유명한 장면에서였다.

"선생님, 이 여자가 간음하다가 현장에서 잡혔습니다. 우리의 모세법에는 이런 죄를 범한 여자는 돌로 쳐죽이라고 하였는데 선생님 생각은 어떻습니까?" 하고 물었다. 그들은 예수께 올가미를 씌워 고발할 구실을 찾으려고 이런 말을 하였던 것이다. 그러나 예수께서는 몸을 굽혀 손가락으로 땅바닥에 무엇인가 쓰고 계셨다. 그들이 하도 대답을 재촉하므로 예수께서는 고개를 드시고 "너희 중에 누구든지 죄없는 사람이 먼저 저 여자를 돌로 쳐라." 하시고 다시 몸을 굽혀 계속해서 땅바닥에 무엇인가 쓰셨다. 그들은 이 말씀을 듣자 나이 많은 사람부터 하나하나 가 버리고 마침내 예수 앞에는 그 한가운데 서있던 여자만이 남아 있었다 (요 8:4~9, 『요한복음강해』 288~9).

예수는 이때 무엇을 썼을까? 예수께서 성경을 쓰셨을까? 당신의 말씀을 쓰셨을까? 아무도 모른다. 어떤 문자로 쓰셨을까? 예수는 희랍어를 몰랐다. 헬레니즘과는 근본적으로 관계가 없는 인물이었다. 그는 매우 토속적인 갈릴리 사람이었다. 갈릴리에도 도처에 알렉산더 정벌 이후에 세워진 희랍형 도시들이 있었고 헬레니즘 문화가 침투해있었다. 극장도 있었고 목욕탕도 있었고 운동경기장도 있었다. 예수에게는 일체 이러한 헬라문화와 관련된 냄새조차도 없다.

예수의 말

예수는 당대 아람어(Aramaic)라는 히브리어와 비슷하면서 다른, 속화된 토속말(vernacular)을 사용한 사람이었다. 이 아람어는 히브리어와는 달리 페니키아 알파벳(the Phoenician alphabet)으로 표기되었다. 요번에 발견된 쿰란문서에도 아람어 텍스트가 많이 나왔다.

아람어는 원래 히브리어와 계보를 달리하는 시리아, 메소포타미아 지방의 언어였는데(아브라함도 아람어를 쓴 사람이었을 가능성이 높다, 신 26:5), 기원전 6세기경부터는 팔레스타인 지역에서 보편적으로 통용되는 속어로서 자리잡았다. 그것은 특히 갈릴리지방의 흔한 일상 구어였다. 그러나 유대지방에서는 일상구어로서 히브리말이 통용되었다. 예수는 히브리말을 몰랐을까? 예수를 따르는 사람들, 일반군중들은 물론(막 10:51) 베드로(막 9:5, 11:21)나 유다(막 14:45) 같은 제자까지도 그를 "랍비"(rabbi)라고 부르는 것을 보아도 그는 무식한 사람이 아니었다. 최소한 서기관계급(the class of scribes)에 맞먹는 교육과정을 거친 사람이며 랍비문학의 소양을 구비한 사람이었다. 그가 구약성서를 자유롭게 인용하는 것을 보아도 그는 당대의 유대인으로서는 고등한 학문을 소유한 인물이었다는 것이 입증된다. 그가 율법에 관하여 그토록 강력한 발언을 할 수 있었다는 것 자체가 그가 율법에 정통한 인물이라는 것을 말해주는 것이다. 물론 예수는 히브리말을 할 줄 알았을 것이고, 히브리말로 된 유대교성경에도 정통했을 수 있다고 상정하는 것이 자연스러울 것이다. 그러나 예수는 십자가에 못박혀 죽는 마지막 순간에도 시편 22:1을 히브리어가 아닌 아람어로 인용하며 운명하였다: "엘리 엘리 라마 사박다니"(막 15:34). 그에게는 역시 갈릴리 토속어인 아람어가 가장 몸에 배어있는 자기말이었던 것이다. 그런데 우리가 알고있는 모든 예수님 말씀에 대한 기록은 모두 희랍어로 쓰여진 것이다. 이것은 곧 *"번역"이라는 문제와 "시차"라는 문제가 당초부터 개입되어 있었다*는 것을 의미하는 것이다.

아마도 상기의 요한복음 장면에서 예수가 무엇인가 땅에 썼다면 그것은 주변에 모든 바리새인이나 서기관에게 이 간음한 여자를(아마도 결혼한 여자였을 것이다) 쳐죽이는 것을 정당화할 수 있는 토라의 구절(레 20:10, 신 22:21)이나 혹은 그들의 양심의 가책을 불러일으킬 수 있는 어떤 히브리성경의 명구를 썼을지도 모른다. 나이 많이 먹은 원로들부터 하나씩 자리를 떴다는 것은 예수라는 사람의 말씀이나 판단이 자기들의 섣부른 율법적용의 상식적 범주를 뛰어넘는 어떤 권위를 그들에게 느끼게 했다는 것을 의미할 수도 있다. 그런데 미안하지만 이 이야기는 원래 요한복음에 속하지 않는 것이다. 코우덱스 시나이티쿠스(Codex Sinaiticus), 코우덱스 바티카누스(Codex Vaticanus)와 같은 권위있는 희랍어 고판본을 비롯하여 대부분의 번역 고판본에는 이 부분(요 7:53~8:11)이 없다. 그냥 요한복음과는 독립된 전승의 이야기였을 것이다.

불타와 예수

불타는 깨달음(大覺) 자체가 매우 지적인 내용이 있었다. 그래서 그의 설법은 매우 지적이었다. 그리고 아난(阿難陀, Ānanda)과 같은 다문(多聞)의 지적인 제자가 있어 그의 설법의 기록을 전담했다. 물론 아난의 기록은 암송의 형태였다. 그리고 불타가 입적한 직후에 이미 500명의 장로·비구가 왕사성(王舍城, Rājagṛha)에 모여 불타의 말씀을 결집하여 아함과 율장의 일정한 형태로 만들었다.(물론 이것도 구송의 결집이었는데 제3차 결집 때에 문서화시켰다.) 그러니까 불교는 출발부터 경전불교였던 셈이다. 그러나 기독교의 경우는 상황이 매우 달랐다.

예수는 유대교전통 전체를 뒤엎을 만큼 대단한 지력의 소유자였지만 그의 강론의 내용은 전혀 지적인 것이 아니었다. 불타의 깨달음 속에는 요즈음 말로 심리학이라고 말할 수 있을 정도로 학적인 내용이 있지만, 예수의 말씀에는 그러한 학적이고 이성적이고 사변적인 내용이 없다. 전혀 헬레니즘의 지적 분위기와는 다른 것이다. 그것은 선포며 믿음의 대상일 뿐이며 구원의 외침이다. 어느 여인이 나에게 큰마음을 먹고 눈물을 흘리면서 안타깝게 "사랑해요"하고 사랑을 고백하는 메시지를 발하고 있는데, 그 앞에서 플라톤의 에로스론을 분석하는 강론을 펼친다면 나는 미친놈이다. 그 여인을 웅켜 안고 키스를 해주든가 그렇지 많으면 애석하지만 등돌리고 뒤돌아서야 한다. 그것은 실존의 결단을 요구하는 문제다. 하물며 예수의 천국의 선포이랴!

예수를 따르는 사람들

따라서 예수를 따르는 사람들은 지적인 사람들이 아니었다. 소수 엘리트가 아니었다. 헐벗고 굶주리고 애통하고 억압받는, 심령이 가난한 대중들이었다. 물론 그의 직전제자라 하는 사람들도 전혀 지적인 사람들이 아니었다. 베드로를 비롯하여 12제자가 모두 지적인 능력을 가진 사람들이 아니었다(아마도 가룟 유다가 가장 지적인 인간이었을 것이다). 베드로는 갈릴리 북단의 작은 마을의 한 어부였을 뿐이다. 어부가 무슨 논문을 쓸 리는 없다. 물론 예수는 갈릴리 어부에게 지적 작업을 요구할 만큼 그렇게 어리석은 사람이 아니다.

기독교는 경전종교가 아니었다

사도행전에 보면 "저희가 베드로와 요한이 기탄없이 말함을 보고 그 본래 학문없는 범인으로 알았다가 이상히 여기며"(행 4:13)라는 구절이 나오는데, 여기서 "학문없는"이라고 번역한 원문은 "아그람마토이"(agrammatoi)인데 그것은 "글 쓸 줄 모르는"(illiterate)이라는 뜻이다. 한마디로 베드로와 요한은 외견상 무식한 촌무지랭이처럼 보였고, 실제로도 문맹이었다. 그의 제자들이 거개 글 쓸 줄 모르는 무식한 사람들이었다. 예수는 제자들에게 그가 말한 것을 전하고 가르치고(to teach, 마 28:20) 설파하라(to preach, 막 3:14)고 명령했지, 그의 말씀을 써놓으라고 권고한 적이 없다. 다시 말해서 기독교는 출발부터 말씀(구두)의 종교요 행위의 종교다. 경전의 종교가 아니었던 것이다.

더구나 예수가 가르친 최초의 선포가 이 한마디였다: "때가 찼다. 하나님의 나라가 가까왔다. 회개하라! 기쁜 소식을 믿으라!"(막 1:15) 예수의 복음(기쁜 소식)은 묵시적이었고 종말론적이었다. 그것은 천국의 도래였고 이 세계의 종말이었다. 이 세계가 종말로 다가가고 있는 판에 이 세계에 좋은 글을 써서 쌓아놓을 하등의 이유가 없었다. 예수님의 말씀이 좋다고 해서 그것을 글로 남겨 후세사람들이 읽도록 만들어야 할 하등의 이유가 없었다. 예수와 그를 따르는 사람들의 관심은 이 인간세 문명의 고상한 축적이 아니었던 것이다. 그들의 관심은 이 고통스러운 인간세의 종말이었다. 예수는 죽고 부활하셨다. 그리고 재림을 약속하셨다. 예수의 재림도 물론 종말론적 기대를 불러일으키는 사건이었다. 예수가 죽은 후에 초대교회의 모든 사람들은 긴박한 재림(Parousia)을 꿈꾸고 그 기대로 가득차 있었다. 바울도 재림이 곧 이루어지리라고 생각했다.

> 명령이 떨어지고, 대천사의 부르는 소리가 들리고 하나님의 나팔소리가 울리면 주님께서 친히 하늘로부터 내려오실 것입니다. 그러면 그리스도를 믿다가 죽은 사람들이 먼저 살아날 것이고, 다음으로는 그때에 살아남아 있는 우리가 그들과 함께 구름을 타고 공중으로 들리어 올라가서 주님을 영접하게 될 것입니다. 이렇게 해서 우리는 항상 주님과 함께 있게 될 것입니다. 그러므로 여러분은 이런 말들로 서로를 위로하십시오 (살전 4:16~18).

이런 사람들이 성경을 만드는 데 관심이 있었을 까닭이 없다. 기독교의 원래 모습은 성경의 종교가 아니었던 것이다. 지상에서의 문학적·문헌적 성취는 하찮은 일이었고 불필요한 일이었다.

바울의 예수관

  예수의 사도로서 글을 쓸 줄 아는, 당대 최고의 지식인의 반열에 낄 수 있는 최초의 인물이 아마도 바울이었을 것이다. 바울은 유대민족의 말인 히브리말에도 정통했으며 당대 세계공용어(lingua franca)인 희랍어(당대의 영어)에 통달했으며 로마시민권 소유자였으며 그레코·로망 수사학과 문학의 달인이었다. 그런데 이러한 바울이 예수의 사도임을 자처하면서도 예수라는 역사적 인물에 관하여 관심을 표명한 적이 없다. 예수의 생전의 행적이나 말씀에 관하여 일체의 구체적 언급이 없는 것이다. 바울은 예수의 직전제자들을 만나 예수라는 역사적 인물에 관한 전기자료를 수집할 꿈도 꾸지 않았다. 바울에게 있어서의 예수는, 역사적 색신(色身)으로서의 예수가 아니다. 오로지 부활하신 예수일 뿐이다. 그는 부활하신 예수를 성령의 계시를 통해 직접 해후했을 뿐이다(고전 15:8). 그의 관심은 지상에 살았던 예수가 아니라 죽음과 부활을 통해 인류에게 새로운 의미를 던져준 은혜(grace)와 믿음(faith)과 사랑(love)과 정의(justification)의 예수였다. 따라서 그의 예수는 어떤 의미에서는 매우 추상적인 예수였다. 물론 바울은 예수의 지상선교의 핵심적 의미를 정확히 파악하고 있었다. 바울의 관심은 예수의 가르침의 이방전파였다. 그 역시 행위자였지 논술자가 아니었다. 바울은 예수의 말씀을 기록하거나 교리를 문헌화하거나 경전을 논술하는 데 관심이 없었다. 개종이후 죽을 때까지 줄곧 전도만 했을 뿐이다. 따라서 바울시대에도 교회에 고정된 경전이라는 것이 있을 수 없었다.

바울이 남긴 것

바울이 남긴 것은 경전이 아니라 전도과정에서 불가피하게 쓸 수밖에 없었던 아주 구체적이고도 일상적인 편지였다. 그의 편지는 주로 그가 설립한 교회들에서 분파적 내분이 생기거나 교리상의 혼란이 생기거나 기금을 모집해야 할 필요가 생기거나 인적사항이나 기타사항에 관해 부탁할 일이 있거나 조직운영에 문제가 있거나 할 때 틈틈이 쓴 것이다. 바울의 편지는 예수의 말씀이 아니다. 그것은 예수의 말씀의 이론적 해설이요, 그 말씀의 전파과정에서 파생된 역사적 상황에 대한 포폄적 해명이었다. 사실 그러한 개인편지들이 성경이 되리라고는 아무도 생각치 못했을 것이다. 바울의 전도과정을 소상히 기록한 사도행전 속에서도 바울이 편지를 썼다는 것을 밝히는 대목이 없다. 그만큼 그의 편지쓰는 행위가 중요하게 인식되지 않았던 것이다. 그가 편지를 쓴 사실은 오직 그의 편지 속에서만 언급되고 있을 뿐이다 (고전 5:9~10, 고후 2:4, 7:8~12 등).

마르시온의 11서 체제

마르시온이 바울의 편지 10개와 누가복음 1서, 즉 11서의 체제로써 최초의 크리스챤운동의 정경을 창출한 행위는 매우 과감하고 혁신적이며 효율적인 발상의 소치였다. 결국 그후의 모든 정경화작업이 이 체제의 심층구조를 벗어나지 않기 때문이다. 마르시온의 일차적 해후는 바울의 편지였다. 바울의 편지는 그에게 있어서는 유대율법과의 단절을 선포하는 하나님의 의로우심에 관한 위대한 논술이었다. 그러나 이 논술만으로는 부족하다. 신도들이 예수를 믿게 만들기 위해서는 논술이 아닌, 역사 속에서 살아움직인 구체적인 예수를 보여주어야만 한다. 바울의 추상적인 예수에 대하여 구체적인 예수가 곧 복음서 속에 그려지고 있는 예수였던 것이다.

불교에 비유하자면 바울의 편지들은 아비달마(阿毘達磨, abhidharma), 즉 논서(論書)에 해당된다. 물론 복음서는 경(經, sūtra)에 해당된다.

누가복음	경(經, sūtra)	경장(經藏)
바울의 7교회서한 (+ 빌레몬 개인서한)	아비달마 (阿毘達磨, abhidharma)	논장(論藏)

그런데 당연히 역사적으로 경장이 논장의 성립보다 앞서야 한다. 부처님 말씀의 기록이 있어야 그 수트라에 관한 논술이 가능해지기 때문이다. 부처님 말씀의 기록인 수트라는 여시아문(如是我聞, 나는 이와 같이 들었다)으로 시작하여 환희봉행(歡喜奉行, 말씀을 들은 모든 사람들이 기쁨에 충만하여 받들어 행하였다)으로 끝난다.

논장의 성립이 경장보다 빠르다

그런데 재미있는 것은 기독교역사에서는 논장의 성립이 경장보다

태어난지 8일째 되던 날 할례를 받는 예수, 예수라는 이름도 그때 받았다(눅 2:21).   렘브란트 1654, 143×96mm

빠르다는 것이다. 이미 살펴보았듯이 초대교회는 경장의 기록에 관심이 없었다. 따라서 바울의 서한이 예수에 관한 기록으로서도 가장 빠른 기록이다(대강 48년부터 67년 사이). 당대의 사가인 요세푸스 (Flavius Josephus, AD 37~c.100)의 기록보다도, 바울의 예수에 관한 기록이야말로 훨씬 더 정확하고 신빙성 있는 기록이다. 예수는 할례를 받은(눅 2:21) 유대인이었으며(갈 3:16), 할례를 받은 이스라엘민족을 위하여 선교를 하였으며(롬 15:8), 최후의 만찬을 베풀던 그날 밤 배반당하고 체포되었으며(고전 11:23~26), 십자가에 못박혀 죽었다

(갈 2:20)는 등의 아주 간략한 역사적 사실을 바울서한은 전해주고 있기 때문이다.

그냥 인상적으로, 상투적으로 현재의 27서 신약성경을 접하는 많은 사람들이, 현재의 편제(編制)에 의거하여 그것의 저작연대도 그냥 그 순서대로인 것처럼 생각하기가 일쑤다. 그런 문제에 별로 신경을 안 쓰기 때문이다. 그러나 앞에 있는 4복음서의 성립연대가 뒤에 있는 바울의 서한보다 뒤늦다는 명백한 역사적 사실쯤은 항상 머리에 넣고 있어야 한다. 쓰여진 저작연대로만 말하면 27서 중에서 갈라디아서나 데살로니카전서가 제일 첫머리에 나와야 할 문헌이다. (많은 학자들이 데살로니카전서야말로 신약성서 중에서 최고의 문헌이라고 간주하고 있다. 그것은 AD 50년 겨울 고린도에서 쓴 것으로 추정되고 있는데 물론 AD 50년의 상한선을 소급할 수는 없다. 그리고 바울의 저작성에 관해서도 이론이 제기되고 있다. 그러나 갈라디아서의 경우는 바울의 저작성에 관하여 일체의 의문이 제기되지 않는다. 갈라디아를 어디로 보냐에 따라서 그 저작연대가 달라지곤 하는데 소아시아 남부로 보면 저작연대가 AD 48년까지 소급될 수 있다. 갈라디아서야말로 바울의 생생한 자서전적 고백과 함께 불을 토하는 듯한 열정으로 율법주의를 거부하면서 은혜와 정의와 자유와 신앙의 복음을 설파하고 있는 바울 최초의 서한으로 보아야 한다. 초대교회의 문제의식을 생생하게 드러내는 "전투적 서한"으로서 가장 신빙성이 높은 신약의 첫번째 문헌이다.) 독자들의 편의를 위해 기독교의 첫 세기와 우리의 논의의 대상이 되고 있는 시대를 대강 도표화하면 다음과 같다.

제1단계 Stage I	예수의 탄생 — 죽음(30년 전후)	예수시대
제2단계 Stage II	40년대 — 예루살렘 멸망(70)	사도시대
제3단계 Stage III	70년 전후 — 100년 전후	복음서시대
제4단계 Stage IV	100년 전후 — 150년	이방교회확립시기 교부위작시기
마르시온 정경 성립 Marcion Canon	가톨릭 교회 ↔ 마르시온 교회 Catholic Church Marcionite Church	정경화작업 시작 Canonization starts

제1단계와 제3단계

사실 우리들의 궁극적 관심은 항상 제1단계이지만, 불행하게도 제1단계는 제2단계와 제3단계의 장벽에 의하여 굳게 닫혀있다. 더구나 제1단계를 알 수 있는 일차적 정보자료는 제3단계의 정보밖에는 없다. 그밖의 자료는 거의 전적으로 무의미하다. 그런데 제3단계는 제2단계의 장벽을 또 건너 서있다.

사도시대의 저작은 바울이 전도여행과정에서 쓴 편지들이다. 바울 같이 정력적이고 저돌적이고 또 말이 많은 사람은 무수한 편지를 썼을 것이다. 그런데 돈이 많고 선박회사를 운영했던 마르시온이 여기 저기 수소문해서 얻어낸 바울의 서한문은 10개였다. 그밖의 것은 그의 신학적 관심의 밖에 있는 문헌이었을지도 모른다. 그리고 당대에 이미 위작이 너무 많았다. 하여튼 바울의 편지는 누구에게든지 인기가 높았다. 그가 바울의 7교회편지를 수집한 것은 요한계시록이 7교회를 말하고 있듯이, 어떤 상징성이 있었을지도 모른다. 그런데 제2단계를 거의 전적으로 지배하는 바울의 편지는 너무 추상적이었다. 제1단계에서 점점 멀어져만 가고 있는 신도들은 제3단계의 시대에 오면 보다 구체적인, 역사적으로 살아움직이는 예수를 원했다. 바울의 예수가 법신(法身, dharma-kāya)적 예수였다면 그들이 원하는 것은 색신(色身, rūpa-kāya)적 예수였던 것이다.

바울서한 속의 예수	법신(法身, dharma-kāya)
복음서 속의 예수	색신(色身, rūpa-kāya)

예수의 법신과 색신

초기불교시대에 있어서는 입적한 싯달타에 관하여 일체의 형상을 구체화할 수 없었다. 싯달타(예수에 비교) 즉 붓다(그리스도에 비교)는 윤회의 고리를 끊고 완벽하게 열반의 세계로 들어가버린, 다시 말해서 일체의 색신의 가능성이 없어져버린 해탈자(물질적 세계를 완전히 벗어난 자)였기 때문에 그를 다시 육신의 모습으로 구현한다는 것은 금기였고 불경(不敬)이었다. 불타의 생애를 말해주는 초기불전도(佛傳圖)에도 발자국 같은 것만 표현되어 있을 뿐 일체의 형상이 없다. 그런데 아주 우연한 기회를 통해 불상이 나타나기 시작했는데 그것도 바로 알렉산더가 뿌린 헬레니즘문화와 관련이 있다. 알렉산더는 인도북부지역 중앙아시아까지 정복의 발길을 뻗치면서 그곳에 박트리아왕조(Bactria, 중국역사에서는 대하大夏국)를 세웠고, 박트리아는 쿠샨왕조(Kushān Dynasty)에 의하여 대치되었는데, 이 쿠샨왕조의 사람들은 헬레니즘문명의 영향권 속에 있었기 때문에 신상조각에 아무런 거부감이 없었다. 따라서 불타신앙을 받아들이면서도 그를 자연스럽게 희랍신화 중의 한 인물처럼 생각하였고 그를 제우스나 아폴로 같이 생긴 한 미남의 모습으로 형상화하여 집안 정원의 조각 장식품으로 만들었던 것이다.

대승불교 시작의 계기

현 파키스탄내의 페샤와르(Peshāwar)지역에서 이러한 불상이 대거 출토되는데 이 지역의 미술을 통칭하여 간다라미술(Gandhāra Art)이라고 부르는 것이다. 이 간다라 미술과 더불어 인도의 웃따르 쁘라데쉬(Uttar Pradesh)지방의 마투라(Mathura) 불상들이 홍기하였고 이로 인하여 이전의 초기불교의 금기를 깨고 인도전역으로 "불상 조각붐"이 열병처럼 번져나갔다. 한편 전륜성왕 아쇼카왕 이후 인도에는 스투파신앙이 보편화되어 많은 사람들이 거대한 붓다의 돌무덤인 스투파(stūpa: 원래 분묘였는데 점점 우리가 알고있는 탑양식으로 발전해갔다) 주변을 빙빙 돌면서 붓다를 흠모하는 "탑돌이" 문화가 생겨났다. 이 탑돌이를 하는 사람들은 몇날 몇 달을 죽치고 계속하는 습속이 있었는데 자연히 이들을 대상으로 생전의 싯달타에 관하여 이야기를 해주는 이야기꾼들이 생겨났다. 이 이야기꾼들이 말해주는 싯달타이야기를 "본생담"(本生譚)이라 한다. 그리고 이 이야기꾼들이야말로 최초의 대승보살(Bodhisattva)들이었던 것이다. 이 보살들을 중심으로 스투파 주변으로 자연히 승가(saṃgha, 불교공동체)가 형성되었다.

이러한 스투파신앙과 때마침 발전한 "불상조각붐"이 결합되자, 신도들은 적멸해버린 고요하고 추상적이며 일상생활로부터 멀리 격절되어 있던 싯달타로부터 갑자기 재미있고 다이내믹하고 구체적이며 일상적 느낌으로 스며들어오는 풍부한 새로운 싯달타의 이미지를 획득하게 된다. 이 불상운동과 더불어 시작한 새로운 불교의 물결을 이전의 부파불교와 구분하여 우리가 대승불교(Mahayana Buddhism)라고 부르는 것이다.

콘스탄티누스는 313년 기독교를 공인하고, 324년 자기의 라이벌 리키니우스를 보스포러스 해협을 건너 크리소폴리스(위스퀴다르)에서 무릎꿇게 한 후, 단독황제가 되었다. 그리고 새로운 제국의 수도를 자기이름을 따서 비잔티움에 건설한다. 콘스탄티노플은 새로마(New Rome)였다. 그때 그는 소피아성당(Aya Sofya)을 지었다. 그러나 그 성당은 532년 3만 명의 사상자를 낸 폭동에 의해 재가 되었다. 비잔틴제국의 최고의 전성기를 구가한 유스티니아누스 황제(527~565)는 소피아 대성당을 새로 지었다. 높이 56미터의 성당이 완성되었을 때 그는 그 아름다움에 도취되어, "솔로몬왕이여, 나는 당신을 이겼소이다."라고 탄성을 질렀다. 이 예수 모자이크는 2층 갤러리에 만들어진 것이다. 예수의 얼굴에는 자비의 슬픔이 배어있고 오른 손은 들어 중생을 축복하고 있고, 왼 손은 성경을 들고 있다. 그러나 이 성당은 1453년 오스만 투르크에 의해 함락되면서 이슬람의 모스크로 바뀌었다. 위대한 정복자 이슬람 술탄 메흐메드 2세는 콘스탄티노플을 함락하고 소피아 성당으로 맨 먼저 달  려갔는데 그 웅장한 아름다움에 그만 할 말을 잃고 말았다. 그래서 그 성당 벽을 헐어내지 않고 회칠을 하여 덮고, 이슬람 글씨장식으로 분위기만 바꾸었다. 1935년 근대 터키국가의 아버지 아타튀르크가 이것을 박물관으로 만들면서 비로소 회칠을 벗겨내어 예수상이 드러나게 되었다. 이 회칠의 역사야말로 서양 기독교역사의 다양한 굴곡을 말해주고 있다.

지은이 촬영

최근에 발견된
유다복음서의
파피루스
코우덱스 원형.
이렇게 부스러진
문헌으로부터
텍스트를 복원해낸다.
탄소동위원소
측정법에 의하여
확인된 연도는
AD 280년이다.
현존하는
최고(最古)의
문헌 중의 하나.

제8장 복음서의 출현

복음서와 대승기독교

역사적 상황은 다르지만 기독교 복음서의 출현은 동일한 헬레니즘 문명권내에서 대승불교가 출현하는 것과 비슷한 시기에 비슷한 의미맥락에서 일어난 사건이었다. (복음서 출현이 약간 빠르다.) 그러니까 복음서라는 새로운 문학양식의 출현은 기독교를 대승화시키는데 결정적 공헌을 하였다. 바울이 말하는 부활의 그리스도가 아닌 팔레스타인의 풍진 속에서 역사하는 나사렛 예수를 말할 수 있게 된 것이다. 무엇보다도 재미있고 생동감이 넘쳐흘렀다.

기독교의 대승화작업에 최초의 전기를 마련한 사람이 바로 마가 (Mark)라는 인물이다. 그리고 그 대승화작업의 정점에 요한복음이 자리잡고 있다. 요한복음의 로고스기독론과 『금강경』(金剛般若波羅蜜多經, Vajracchedikā-prajñāpāramitā-sūtra)의 반야사상과는 물론 지향하는 바도 다르고, 문화적 감각도 다르고, 사상적 결구도 다르지만 인간의 종교체험의 본원으로 깊게 쑤시고 들어가면 결국 동일한 시대의 동일한 시대정신을 표방하고 있다고 하는 나의 주장은, 세계문명사를 총체적으로 고민해보지 않은 사람들에게는 물론 생소하게 들릴 수도 있다.

마가라는 인간

전통적으로, 최초의 복음서 장르를 만드는 획기적 에포크를 마련한 마가는 예수가 예루살렘에서 최후의 만찬을 행한 그 집 주인의 아들이며, 또 예수 사후 오순절 전에 제자들이 모여서 기도한 곳도(행 1:13) 마가의 집이었으며 그 뒤로도 그 집은 제자들의 아지트로 활용되었다고 전한다(행 12:12). 마가는 사도 바울의 전도여행의 동역자였으며, 또 베드로가 "나의 아들"(my son)이라고 부를 정도로(벧전 5:13) 베드로와 가까운 사이였으며 히에라폴리스의 주교 파피아스(Papias, Bishop of Hierapolis)의 역사적 증언(AD 130년경)에 의하면 마가는 베드로의 통역사(the interpreter of Peter)로서 활약하였다고 한다. 마가는 바울이 로마 옥중에 있을 때에도 같이 있었다(몬 24, 골 4:10). 파피아스의 단편에 의하면, 마가는 베드로의 통역자로서 베드로와 함께 전도여행을 하였는데, 베드로가 말년에 마가에게 명하여 자기가 전한 주님의 말씀을 잘 기억하였다가 자기가 죽은 후에 기록하라고 하였다는 것이다. 유세비우스의 『교회사』도 파피아스를 인용하여 마가복음의 저작장소를 로마로 비정한다. 이런 말을 종합한다면 마가는 베드로와 바울이 모두 순교당한 후에 그들의 구술전승이나 회고록단편(파피아스는 마가가 베드로의 회고록자료를 가지고 있었다고 주장) 등의 자료에 기초하여 최초의 복음서를 로마에서 저술하였다고 볼 수 있다. 물론 나는 이러한 전통학설을 받아들이지 않는다.

복음서라는 문학장르와 희랍비극

그러나 물론 이러한 당대의 통설도 불가능한 이야기는 아니다. 하여튼 그레코·로망 문명의 한복판에서 태어난 복음서라는 장르는 당대 유행하였던 플루타크(Plutarch, AD 46~119)의 『영웅전』류의 전기문학이나, 후대 셰익스피어에게도 엄청난 영향을 끼쳤던 세네카(Lucius Annaeus Seneca, AD 4~65)의 비극이나 꾸준히 공연되었던 희랍비극 작품들에 비해, 그러한 양식적 요소들을 다 흡수하면서도 훨씬 더 의미있고 생동하며 장엄하면서도 강렬한 재미를 당시의 사람들에게 던져주었던 공전의 히트였다. 그것은 희랍비극의 요소를 모두 갖춘 대수난극(Passion Drama)이었다. 모든 대승운동은 재미 없이는 흥기하지 않는다. 오늘날 범동아시아문명권을 휩쓸고 있는 한류도 한국 테레비드라마의 독특한 양식과 재미의 산물이다. 무엇보다도 재미있기 때문에 만사 제치고 월남사람들이, 홍콩사람들이, 대륙사람들이 열심히 보는 것이다.

로기온과 논어(論語)

복음서가 태어나기 이전에는 예수라는 역사적 인물에 관한 단편적 이야기들이나 그의 말씀, 그러니까 로기온(logion)이라고 부르는 설법토막들이 전승되어 오고 있었다. 아마도 교회내에서 암송이나 독송의 형태로 내려오는 구전자료들, 그리고 신도들 앞에서 크게 공적으로 낭독하는 어떤 예수어록집 같은 문서기록이 있었을 것이라고 생각된다. 그런데 이러한 어록의 말씀은 역사적·상황적·감정적 맥락이 단절된 단편적인 것이었다. 그런 것은 아무리 들어도 포괄적이고 전체적인, 한 인간에 대한 심상이 떠오르지 않는다. 어록에는 그 인간의 라이프 스토리라든가 그 말을 의미있게 만드는 전후 내러티브(narrative, 서술적 담론)가 없는 것이다.

일례를 들면 우리가 아무리 『논어』를 열심히 읽어도 공자(孔子)라는 인간 자체에 대한 정보를 얻기는 힘들다. 그의 생애에 관한 정보로부터는 우리는 차단될 수밖에 없는 것이다. 『논어』를 펼치면 다음과 같은 공자의 말(saying)이 나온다.

子曰: "學而時習之, 不亦說乎? 有朋自遠方來, 不亦樂乎? 人不知而不慍, 不亦君子乎?"

공자께서 말씀하시었다: "배워 때에 맞추어 익히니 또한 기쁘지 아니한가? 뜻을 같이 하는 자 먼 곳으로부터 찾아오니 또한 즐겁지 아니한가? 사람들이 알아주지 않아도 부끄럽지 않으니 또한

군자가 아니겠는가?"(『도올논어』 1-155)

이 "자왈"(子曰)로 시작된 인용구 한 단락을 하나의 로기온(logion)이라고 하는데 문제는 이 로기온이 공자의 생애에서 언제, 어디서, 어떤 상황에서, 어떤 의미맥락에서, 무엇을 전달하기 위하여, 누구에게 발설한 것인가를 도무지 알기가 어렵다는 데 있다. "배워서 기쁘다"는 말이 뭐 그리 대단한가? 그 말은 무엇인가를 숨기고 있는 것은 아닐까? "친구가 멀리서부터 찾아왔다"는 것은 무엇을 뜻하는 것일까? 정치적 음모를 꾀하기 위한 혁명동지들을 규합했다는 뜻일까? "사람들이 알아주지 않는다"는 것은 결국 혁명에 실패했다는 것을 암시하는 것일까? "그래도 부끄럽지 않다"는 것은 정치혁명이 아닌 새로운 정신혁명을 꾀하겠다는 의지를 표명한 것일까? "자왈"(子曰)로 시작되든, "예수께서 가라사대"(Jesus said)로 시작되든 이 한 로기온에 대한 우리의 해석은 무궁무진할 수 있다. 그러나 그 해석의 전후맥락을 규정하는 내러티브가 필요한 것이다. 그 내러티브에 따라 로기온을 배열한 문학양식을 우리는 지금 가스펠(gospel), 즉 복음서라고 부르고 있는 것이다.("기쁜 소식"을 뜻하는 희랍어 표현은 "유앙겔리온, $\varepsilon\dot{v}\alpha\gamma\gamma\dot{\varepsilon}\lambda\iota o\nu$"이다. 가스펠은 유앙겔리온과 같은 의미를 지니는 고대영어와 불어계열의 어원에서 왔다.)

공자의 어록이 아닌 공자의 복음서양식을 찾아보면 무엇이 있을까? 공자에 관한 복음서양식, 그의 생애에 관한 전기적 정보

(biographical information)를 우리가 알아내기 위해서는 어떤 서물을 뒤적거려야 할까? 과연 그런 문헌이 있는가? 물론 있다!

사기의 공자세가

우리는 인류문명의 7대 불가사의(Seven Wonders)니 뭐니 운운하지만 이것보다 훨씬 더 거대한 스케일의 위대한 불가사의가 하나 있다. 『사기 史記』라는 서물이 그것이다. 이 『사기』 속에는 "의(義)를 돕고 결연히 나서 기회를 놓치지 않고 천하에 공명을 세운 사람," 암혈지사(巖穴之士), 유협지사(遊俠之士), 덕행으로 명성을 날린 시정의 장사치 등등, 후세의 이름을 남긴 영웅호걸이나 위인들의 바이오그라피(傳記)가 열전(列傳)이라는 장르 속에 수록되어 있다. 그런데 열전을 아무리 뒤척여도 공자의 전기는 보이지 않는다. 노자나 한비자의 이름은 나와도 공자의 이름은 나오지 않는다. 공자의 전기는 세가(世家)라는 장르 속에 들어있는 것이다. "세가"는 천자(天子)들의 역사를 기록한 "본기"(本紀)에 버금가는 것으로 천자들을 보필(輔弼)한 고굉(股肱, 수족의 뜻), 즉 제후(諸侯)들의 세계(世系)에 관한 전기문학이다. 공자는 제후의 위(位)가 없으므로 세가에 들어갈 수는 없다. 그러나 공자의 전기가 세가에 들어가 있다는 것 자체가 『사기』의 저자인 사마천(司馬遷, BC 145~86?)의 시대에 이미 유교가 국교화되면서 공자의 위치가 독보적인 것으로 존숭되었다는 특수한 시대상을 반영하고 있는 것이다. 따라서 사마천이 세가에서 놀린 붓은 열전에서 자유롭게 신유(神遊)한 붓길의 발랄한 생명력을 결(缺)하고 있다.

하여튼 우리가 공자복음서에 비교될 수 있는 것을 찾아보면 사마천의 「공자세가 孔子世家」밖에는 없다. 물론 「공자세가」는 공자의 생애에 관한 기술로서는 최초의 문헌이며, 유일한 문헌이다. 그것은 마가의 복음서보다 약 165년을 앞선다(『사기』의 집필시기: BC 104~91년경).

어록의 성립과정

공자의 제자집단은 예수의 제자들과는 달리 복음을 전파한 사람들이 아니라, 공자 문하(門下)에 모여서 시서예악(詩書禮樂)이나 육예(六藝)를 공부한 사람들이었다. 다시 말해서 모두 학문이 출중한 사람들이었다. 따라서 각기 유파에 따라 공자의 말씀을 기록하였던 것이다. 최초의 파편은 공자가 가장 사랑했던 애제자 안회(顏回)로부터 시작되었을 것이다. 그리고 공자의 사후 6년 수묘(守墓)를 했던 자공(子貢)도 크게 일조를 했을 것이다. 그리고 비교적 어린 말년의 제자였지만, 공문(孔門)을 굳게 지켰던 증삼(曾參)이라는 제자의 문인들이 공자의 사후 한 50년경 상당한 양의 어록을 정리했다. 그러나 우리가 보는 『논어』라는 서물의 최종적 모습은 400여 년에 걸쳐 누적되어 간 것이다. 그리고 공자의 손자인 자사(子思)의 시대로부터, 맹자(孟子), 순자(荀子), 장자(莊子), 묵자(墨子) 등등의 제자백가의 시대에는 이미 공자에 관한 이야기나 고사, 그리고 그의 말씀으로 전해내려오는 파편들이 수없이 만들어지고 기록되었다. 그리고 공자가 산 시대를 알 수 있는 역사서로서는 『춘추』가 있었다. 사마천은 이러한 잡다한 정보를 종합하여 공자라는 위인의 출생으로부터 죽음까지를 체계적으로 서술하는 장대한 드라마를 제작하였던 것이다.

마가복음과 공자세가

독자들은 마가복음과 「공자세가」를 병렬하여 논구하는 나 도올의 견식을 여러 가지 측면에서 못마땅하게 생각할지도 모른다. 그러나 깊게 양자를 모두 문헌학적 측면에서 검토해보면 그 성립과정이나 집필방식에 놀라운 유사성이 있는 것을 발견하게 된다. 20세기 신학자들이 발전시킨 편집비평(redaction criticism)이나 양식비평(form criticism)의 모든 문제점이 「공자세가」 속에서도 드러나는 것을 엿볼 수 있는 것이다. 정의로운 주장 때문에 요참(腰斬)의 사형언도를 받고 또 그것을 당대 사대부로서는 최대의 치욕이었던 궁형(宮刑, 거세)으로밖에는 모면할 길이 없었던, 너무나 처절하고도 끔찍했던 실존적 고뇌를 감내해야만 했던 사마천! 그 사마천은 「공자세가」의 집필을 위해 섬서(陝西) 장안(長安)에서 산동(山東)의 곡부(曲阜)까지 수천 리의 여행을 감행했어야 했다. 물론 이러한 사마천이 「공자세가」를 집필해야만 했던 자기나름대로의 깊은 이유가 있었을 것이다.

주나라 왕실이 이미 쇠퇴하자 제후들이 제멋대로 날뛰었다. 이에 중니(공자의 이름)는 예(禮)가 폐하고 악(樂)이 무너지는 것을 안타깝게 여기어, 경술(經術)을 정비하여 왕도(王道)에 이를 것을 밝히고, 어지러운 세상을 바로잡아 정도(正道)로 되돌리려고 하였다. 그의 글과 말에 나타나는 바대로, 그는 천하를 위해 의례와

법도를 수립하고, 육예(六藝)의 통기(統紀)를 후세에 드리웠다. 그래서 나는 「공자세가」를 짓게 된 것이다.

周室旣衰, 諸侯恣行。仲尼悼禮廢樂崩, 追修經術, 以達王道, 匡亂世反之於正。見其文辭, 爲天下制儀法, 垂六藝之統紀於後世。作孔子世家第十七。(自序)

그러나 이러한 동기를 우리는 "복음"이라고 말하기는 어렵다. 과연 이 공자의 전기가 이 세상을 구원할 수 있는 "기쁜 소식"이었을까?

마가복음의 첫머리는 이와 같이 시작된다.

하나님의 아들 예수 그리스도 복음의 시작이라.
The beginning of the gospel of Jesus Christ, the Son of God.

「공자세가」는 이와 같이 시작된다.

공자는 노나라 창평향 추읍에서 태어났다. 그의 선조는 송나라 사람인데 공방숙이라 한다.

孔子生魯昌平鄕陬邑, 其先宋人也, 曰孔防叔。(孔子世家)

마가복음의 저술동기는 매우 확실하다. 예수라는 역사적 인물은 그리스도이며 우리의 구세주이며, 그는 신의 아들이다. 그 신의 아들인 예수 그리스도는 우리에게 구원의 기쁜 소식을 가져왔다는 것이다. 그 기쁜 소식의 시작부터 쓰겠다는 것이다. 따라서 그의 시작은 예수의 동정녀마리아탄생이나 그의 족보나 그의 유년기시절의 설화나 청년기의 방황 같은 것을 일체 말하지 않는다. 막바로 예수가 세례 요한에게 세례를 받는 장면부터 시작한다. 즉 그의 공생애, 그의 미니스트리(ministry, 聖役, 事役)로부터 막바로 시작하는 것이다. 역사적으로 예수가 이 땅 위에 존재했다고 한다면 그 예수는 최소한 자신이 후대에 동정녀에게서 탄생된 사람으로 묘사되리라는 것은 새카맣게 몰랐을 것이다.

마가가 그리는 예수의 색신

사마천이 그린 공자의 모습이 과연 역사적인 실상에 가까운 공자의 모습인가에 관하여서는 많은 논란이 있다. 「공자세가」를 구성하는 단편자료들 사이의 중복, 모순, 불일치, 시대적 배열의 문제점들이 수없이 발견되기 때문이다. 그러나 사마천이 그리려고 하는 공자는 역사적으로 실존했던 한 인간의 충실한 전기적 구성이다. 그러나 마가는 애초부터 그런 식으로 예수를 바라보지 않는다. 앞서 내가 복음서의 예수를 바울의 법신적 예수에 비하여 색신(色身)적 예수라고 말했지만, 이 색신이라는 것도 사마천이 공자를 바라보는 것과도 같은 역사적 인물로서의 색신을 말하는 것은 아니다.

예수의 색신은 그 자체가 하나의 복음이며, 그 색신을 통해 드러나는 하나님의 구원의 행위이다. 마가의 복음서는 바로 그 행위를 선포하려는 것이다. 이 선포를 바로 케리그마(kerygma, κήρυγμα)라고 하는 것이다. 이 케리그마는 마가가 복음서를 쓰기 이전부터 초대교회 내에 구전전통으로 내려오던 것이다.

케리그마

케리그마(kerygma, κήρυγμα)란 케리세인(keryssein)이라는 동사에서 파생된 명사이다. 케리세인이라는 동사는 신약성서 중에서 61회나 사용되었다(마 9, 막 14, 눅 9, 행 8, 바울서한 17, 목회서신 2, 벧전 1, 계 1). 그것은 케릭스(keryx), 즉 전령관으로서의 임무를 행하는 것이며, 권위를 가지고 자기에게 위탁된 메시지를 선포한다는 뜻이다. 어떤 공적인 사자(使者)가 일정한 소식을 공중 앞에서 외쳐 선포하는 것이다. 그 선포의 행위나 내용을 우리가 케리그마라고 부르는 것이다. 즉 복음서는 그 자체가 한 역사적 인간의 전기가 아니라 인간구원의 케리그마인 것이다.

그렇다면 케리그마는 역사적 사실과 무관해도 좋은 것일까? 즉 케리그마의 소기의 목적만 달성할 수 있다면 어떠한 드라마를 써도 상관 없는가? 바로 이러한 문제가 우리가 기독교라는 종교를 이해하려고 맞부닥뜨릴 때에 가장 곤혹스럽게 느껴지는 핵심적 과제상황이다. 그러나 우리가 분명히 알아야 할 것은 케리그마의 핵심은 예수의 드라마가 아니라 예수의 말씀이다. 예수를 통하여 드러나는 하나님의 말씀이다. 그 말씀이 케리그마의 어떠한 양식을 통하여, 어떠한 드라마적 배열을 통하여 우리에게 전달되든지간에, 그 말씀의 진실성은 확보되는 것이다. 그것은 인간과 하나님의 최종적 소통이다. 그 말씀을 효과적으로 드러나게 만드는 여러가지 내러티브나 드라마적 장치에 절대적인 권위를 부여하게 되면 우리는 케리그마의 핵심적 본질을 상실하게 될 수도 있는 것이다. 마가는 예수라는 케리그마를 갈릴리의 잔잔한 호수가에, 요단강의 격류 속에, 두로·시돈·데가볼리의 먼지 핀 마차길 여로 위에, 예루살렘의 훤화(喧譁) 속에 마치 정확한 역사적 사실의 시간적 흐름인 것처럼 지평선 위에 펼쳐놓았다. 그것은 분명 날조는 아니다. 역사적 근거가 없는 것도 아니다. 그러나 애초부터 역사적 사실의 기록은 아닌 것이다. 그는 **복음의 역사를 말하려는 것이지 인간의 역사를 말하려는 것이 아니다.** 세부적인 텍스트비평에 들어가면 우리는 많은 황당함에 당혹하게 되지만, 그러한 현학적인 문헌비평이 복음서를 바로 이해하는 첩경은 아닌 것이다. 마가복음은 예수의 부활조차도 사실로서 확인하지 않는다. 예수의 죽음을 애달파하는 세 여인, 막달라 마리아, 야고보의 어머니 마리아, 살로메가 무덤에 들어갔다가 충격 속에 나오는 장면으로 갑자기 그 대단원의 막을 내린다.

여자들이 심히 놀라 떨며 나와 무덤에서 도망하고 무서워하며 아무에게 아무 말도 하지 못하더라 (막 16:8).

의도된 결말

그 얼마나 강렬한 드라마인가! 이렇게 위대한 드라마의 엔딩장면을 놓고 밑 안 닦은 것 같다는 식의 투정들, 예수의 부활현현의 장면이 있었을 것이라는 둥, 계속된 부분이 여기서 뜯겨져서 없어졌을 것이라는 둥, 복음서 저자가 잡혀가는 바람에 완성을 못했을 것이라는 등등의 하찮은 췌언을 신학자라는 사람들이 일삼고 있으니 얼마나 한심한 일인가! 분명히 말하건대 마가는 16장 8절, 연약한 여인들의 떨림으로 그의 유앙겔리온의 대미를 완벽하게 장식한 것이다. 그것은 의도된 결말이었다.

마가의 복음의 핵심

마가가 전파하고자 한 유앙겔리온의 핵심은 십자가였다. 예수라는 한 인간, 우리의 구세주의 몸으로 겪은 수난이요 희생이었다. 오로지 그 십자가가 그의 관심이었다. 화려한 부활이나 눈부신 승천이 그 주제가 아니었다. 따라서 그가 그의 복음의 마지막 장면을 좀 음산하고 어두운 느낌 속에서 연약한 여인들의 떨림으로 끝낸 것은 너무도 당연한 일이다. 놀람과 두려움은 마가복음서의 계속되는 주제였다(마 1:22, 27, 6:2, 9:15, 10:24, 26, 10:32 등). 그것은 밤의 어두움이 아니라 새벽의 어두움이었다. 그것은 새로운 시대의 시작을 알리는 효종(曉鍾)이었던 것이다. 우리는 복음서를 생각할 때, 항상 마가복음이라는 원형, 그 최초의 전기를 주의깊게 살피고 기억해야 한다.

수난복음서

마가는 수난복음서이다. 수난에 관한 이야기전승을 마가는 집중적으로 수집했다. 수난 한 주간의 역사만 해도 복음서 전체의 3분의 1을 차지한다. 마가복음은 크게 3부로 대별된다.

제1부는 수난사의 서막이다(시작~1:13). 자세히 살펴보면 희랍비극의 서막과 매우 유사한 양식을 취하고 있다. 세례 요한의 출현, 예수의 세례, 광야에서의 시험이 매우 간략하게 서술되면서 예수라는 인물의 진정한 아이덴티티는 베일에 가려진 채로 등장하고 있는 것이다. 6장에는 살로메의 쟁반 위에 칼로 토막난 세례 요한의 머리가 올려지는 장면이 연출되고 있다. 이러한 세례 요한의 생애 자체가 이미 예수의 수난과 십자가의 암시를 하고 있는 것이다.

제2부는 예루살렘 상경 직전까지의 갈릴리호수를 중심으로 한 예수의 선교활동이다(1:14~10:52). 제3부는 예루살렘 입성으로부터의 수난이야기이다(11:1~16:8). 제2부에서도 수난에 대한 예고는 계속되며, 수난의 테마는 상실되지 않는다. 재미있는 것은 예수가 자기의 정체성을 암시하면서도 그것을 목도한 자들에게 자기를 알리지 말고 선전하지 말라고 당부한다(Messianic Secret). 그러나 그럴수록 사람들은 더욱 더 널리 소문을 퍼뜨렸다(막 7:36). 대중의 몰이해와 대중의 예수에 대한 열렬한 사랑의 이중성이 팽팽한 긴장감을 지니고 유지된다. 마귀에게도 침묵하게 하며(1:34), 그의 신비로운 변형

(Transformation, 9:2~13) 이후에도 제자들에게 그들이 목도한 것을 아무에게도 말하지 말라고 단단히 당부한다. 단지 거기에는 "사람의 아들이 죽었다 다시 살아날 때까지"라는 단서가 붙어있다. 물론 부활 이후에는 얼마든지 얘기해도 좋다는 뜻이 내포된다. 그의 부활을 생전의 변형을 통해 이미 확실하게 암시한 것이다. 물론 예수에게는 예수의 비밀스러운 사적 공간이 남아있다.

이 모든 것이 수난과 부활을 향하여 달려가는 복음드라마의 긴장감을 고조시키는 문학적 장치이다. 사실 예수가 주변의 사람들에게 말하지 말라고 한 것은 메시아의 비밀이 아니라 기적의 비밀이다. 기적의 행함을 경박하게 선전하는 것을 예수는 원치 않았다. 기적은 단지 징표적 수단이며 그러한 지상에서의 사건이 곧 케리그마의 본질은 아니었기 때문이다. 여기에 마가라는 복음서 저자의 위대성이 있다. 마가가 예수의 기적을 수집하고 기록하는 배면의 심오한 사상은 이러하다. 그 기적이 단순히 하느님의 아들됨에 대한 과시가 아니라, 일차적으로 지상에서의 아픈 인간의 치유라고 하는 매우 구체적인 삶의 사실이라는 것이다. 그것은 초시간적 사건이 아니라 시간적 삶의 사실이었다. 병든 사람들, 고난에 처한 사람들에 대하여 예수가 어떻게 대처했던가 하는 것에 관한 생생한 기록이었다.

바울이 예수의 십자가와 부활을 무시간적으로 표백시켜 그 속죄론적 의의만을 강조했던 것과는 달리, 마가는 오히려 생동치는 한 역사적 인간으로서 갈릴리의 평원에서 활동한 예수를 그리고 있는 것이다. 바울이 *하나님의 아들의 죽음*을 논술했다고 한다면 마가는 *나사렛 예수의 삶*을 기록했다. 여기에 최초의 복음서라는 문학장르의 탄생의 역사적 의의가 있다. 초대교회에서 많은 사람들이 예수를 기적과 영광과 권세의 수퍼 히어로(a super-hero), 신인(神人, a divine man)으로 생각하고 있었다고 한다면, 마가는 그러한 교인들에게 완전히 다른 복음의 드라마를 들려주고 싶었던 것이다. 마가의 예수는 힘이 없었고 연약했으며, 사람들을 치유하고 권면했으며, 수난 속에 죽어갔다. 이러한 십자가를 통해 그는 역설적으로 그의 케리그마를 드러내려고 했던 것이다. 그것은 위대한 수난극이었다.

공전의 히트

역사성과 초역사성, 신화와 사실, 전승과 창작, 말씀과 서술, 추상과 구체, 삶과 죽음, 좌절과 희망, 이 모든 양면성을 구비한 복음서라고 하는 문학장르의 출현은 초대교회에 있어서는 공전의 히트였다. 뿐만 아니라 헬레니즘 세계에서 그것은 유례가 없는 새로운 문학양식의 출현이었다. 이 이후의 모든 복음서 집필은 마가가 제시한 최초의 복음서양식의 기본틀을 벗어나지 않는다. 마가양식에 대한 가감일 뿐이다. 공관복음서와는 전혀 다른 형태의 복음서라고 하는 요한복음서조차도 마가의 복음서양식의 딥 스트럭춰를 전혀 일탈하지 않는다. 그리고 그것은 바울이 가르친 기독교와는 계보를 달리하는 새로운 운동이었다.

바울과 예수

바울은 예수를 직접 만난 적이 없다. 뿐만 아니라 예수를 핍박하는 데 앞장섰던 인물이었다. 그런데 돌연한 계시적 체험에 의하여 그는 유대교에서 기독교로 개종한다. 이 개종체험(conversion experience)의 드라마는 사도행전에 꽤 자세히 생생하게 3번이나 기술되어 있다(행 9:3~19, 22:6~16, 26:12~18). 그러나 이 3번의 상황도 자세하게 뜯어보면 설명방식이 각기 다르다. 3개의 다른 전승일지도 모른다. 그런데 더욱 결정적인 사실은, 오늘날의 성서연구자들이 확정짓고 있는 일치된 결론은 사도행전의 기록이 결코 사도 바울의 직접적 증언과는 아무런 관련이 없다는 것이다. 사도행전의 저자가 사도 바울과 직접 안면이 있었던 사람이라고 보기 어렵다는 것이다.

사도행전 속의 바울과 바울서신 속의 바울은 너무도 이질적이라는 것이다. 문체나 사상과 인격적 분위기가 너무 판이하다는 것이다. 그리고 사도행전의 성립시기도 AD 80년에서 2세기 중반을 오락가락 한다. 역사적으로 사도행전은 AD 177년 이전에는 인용된 적이 없다. 그 이전에 존재했다는 것을 확정지을 수 있는 아무런 문헌적 근거가 없는 것이다. 2세기말의 강렬한 반영지주의 교부들, 이레나에우스와 테르툴리아누스가 비로소 사도행전이라는 문헌을 경서로서 인정했을 뿐이다. 하여튼 사도행전은 바울의 사후 한참을 지나서야 그에 관한 전승들이 모아져서 기록된 것임은 확실하다. 물론「사도계시행전」(The Apocryphal Acts of the Apostles), 「요한행전」(The Acts of

John), 「베드로행전」(The Acts of Peter), 「바울행전」(The Acts of Paul), 「안드레행전」(The Acts of Andrew), 「도마행전」(The Acts of Thomas), 「베드로와 12사도행전」(The Acts of Peter and the Twelve Apostles) 등등의 다른 행전도 공존해 있었다.

사울의 개종체험

이렇게 본다면 바울이 다메섹(다마스커스) 가까이에 이르렀을 때 갑자기 하늘에서 빛이 번쩍이며 둘러 비추어 음성이 들리면서 눈이 멀었고, 사흘 후에나 아나니아라는 제자의 안수로 눈에서 비늘 같은 것이 벗겨지고 다시 볼 수 있게 되었다는 에피파니(epiphany, 하나님 현현)의 체험, 그리고 제자 아나니아로부터 세례를 받았다는 이야기가 매우 신빙성이 없는 이야기일 수도 있다. 사도 바울에 관한 환상적 이야기들이 후대에 다양하게 전승된 결과일 수도 있다. 그렇다면 이런 생생한 이야기의 진실, 기독교사의 최대의 역전적 계기라고도 말할 수 있는 이 역사적 사건의 진실을 알기 위해서는 우리는 어떻게 해야 하는가? 아주 확실하고도 안전한 방법이 있다.

사도 바울 자신의 이야기를 듣는 것이다. 사도 바울의 서한으로서 가장 그 저작성이 확실시되는 생생한 글이 우리 손에 있기 때문이다. 그것이 바로 갈라디아서이다. 갈라디아서는 갈라디아 이방교회의 율법주의자들, 그러니까 유대화파의 사람들이 율법준수를 고집하면서 바울의 개종이전의 생애를 문제삼아 그에게 사도의 권위를 박탈하고, 그의 선포의 권위를 근원적으로 붕괴시키는 음모에 대하여 매우 저돌적으로 돌진한 "전투서한"이다. 따라서 이러한 문제에 대해 바울은 아주 정직하게 자기의 생의 체험을 쓸 수밖에 없었다. 그래서 갈라디아서를 그의 "자서전적 서한"이라고도 부른다. 그의 자서전적 고백을 한번 들어보자!

> 형제들아! 내가 너희에게 알게 하노니, 내가 전한 복음이 사람의 뜻을 따라 된 것이 아니라. 이는 내가 사람에게서 받은 것도 아니요, 배운 것도 아니요, 오직 예수 그리스도의 계시로 말미암은 것이다.
> 내가 이전에 유대교에 있을 때에 행한 일을 너희가 들었거니와, 하나님의 교회를 심히 핍박하여 잔해(殘害)하고, 내가 내 동족 중 여러 연갑자보다 유대교를 지나치게 믿어, 내 조상의 유전에 대하여 더욱 열심이 있었다. 그러나 내 어머니의 태로부터 나를 택정하시고 은혜로 나를 부르신 이가 그 아들을 이방에 전하기 위하여 그를 내 속에 나타내시기를 기뻐할 때에, 내가 곧 혈육과 의논하지 아니하고, 또 나보다 먼저 사도된 자들을 만나려고 예루살렘으로 가지 아니하고 오직 아라비아로 갔다가 다시 다메섹으로 돌아갔노라.
> 그 후 삼 년만에 내가 게바를 심방하려고 예루살렘에 올라가서 저와 함께 십오일을 유할 새, 주의 형제 야고보 외에 다른 사도들은 보지 못하였노라.
> 보라! 내가 너희에게 쓰는 것은 하나님 앞에서 거짓말이 아니로라 (갈 1:11~20).

누가 언제 사도 바울에게 거짓말을 둘러댄다고 욕해댔는가? 하여튼 하나님 앞에 맹세코 거짓말이 아니라고 강변하는 그의 어세는 이 사건이 그의 삶에서 얼마나 중요한 사건인가를 말해준다. 바울은 여기서 그의 개종체험을 고백하고 있는 것이다. 그렇다면 그의 사도성을 강변하는 이 결정적 순간에 왜 그는 예수의 음성을 직접 들은 그의 생생한 직접체험을 말하지 않는가?

> "사울아 사울아 네가 어찌하여 나를 핍박하느냐?"
> "주여, 뉘시오니이까?"
> "나는 네가 핍박하는 예수라. 네가 일어나 성으로 들어가라. 행할 것을 네게 이를 자가 있느니라."
> 같이 가던 사람들은 소리만 듣고 아무도 보지 못하여 말을 못하고 섰더라. 사울이 땅에서 일어나 눈은 떴으나 아무 것도 보지 못하고 사람의 손에 끌려 다메섹으로 들어가서, 사흘 동안을 보지 못하고 식음을 전폐하니라 (행 9:4~9).

이토록 극적인 체험이 있었다면 과연 본인이 이러한 개종체험을 드라마틱하게 얘기 아니 할 수 있을까? 이렇게 드라마틱한 전변(轉變)을 고작 "내 어머니의 태로부터 나를 택정하시고 은혜를 통해 나를 부르셨다" "그 아들을 이방에 전하기 위하여 그를 내 속에 나타내시기를 기뻐하셨다"는 밋밋한 이야기로 얼버무릴 수가 있을까? 그리고 바울은 말한다: "난 거짓말을 하고 있는 것이 아니다." 이것이 진실이라면 사도행전의 기사는 전적으로, 신뢰할 수 있는 이야기가 아니다. 생의 한 시점에서의 역전의 순간에 대한 고백이 없이, 나는 엄마 태 속에서부터 선택되었다고 말할 수는 없다. 그리고 그냥 하나님께서 그의 아들을 이방에 전도하기 위하여 "내 속에 나타내셨다"라는 추상적 표현을 쓸 수는 없다. 눈까지 멀었다가 뜨게 된 지울 수 없는 몸의 체험이라든가, 예수께서 보냈다는 아나니아라는 제자를 만난 이야기도 전혀 언급되지 않고 있는 것이다. 이러한 문제점에 관하여 성서주석가들은 매우 무딘 변명만을 늘어놓을 뿐이다. 성서는 반드시 있는 그대로 정직하게 읽어야 한다. 회심과 개종의 구체적인 장소와 시간과 사건형태에 대하여 일체의 언급이 없는 것이다. "다시 다메섹으로 돌아갔다"는 한 구절은 실제로 아무 것도 말해주지 않는다.

사도 바울과 아라비아 사막

그러나 문제는 그 다음부터이다. 바울은 아주 명료하게 "유대교"(Judaism)라는 표현을 썼다. 즉 유대전통이 그의 의식 속에서 이미 하나의 개념으로서 소외되어 있고 객화되어 있는 것이다. 유대교에 대한 열렬한 충성심 때문에 하나님의 교회를 그토록 열심히 핍박했던 그가 그의 아들 예수를 "내 속에서" 계시된 형태로 만난 사건을 계기로 어떤 심정의 변화가 일어났다고 한다면 그것은 "개종체험"의 대사건이었음에 분명하다. 그러나 그는 그 체험의 사건에 관하여 일체 가까운 사람, 혈육 그 누구와도 상의하지 않았다. 그리고 아라비아로 갔다. 그리고 다메섹으로 돌아갔다.

개종체험이 있은 후 당연히 그는 그 개종에 관하여 기독교단을 리드하는 사람들로부터 인가를 얻어야 했다. 그러나 그는 3년 동안 일체 아무하고도 자기의 내면적 심정의 변화에 관하여 상의하지 않았다. 길게 잡는다면 그는 아라비아사막에서 3년 동안을 자기 홀로만의 명상과 사색을 했을 수도 있다. 이것은 정말 미스터리에 속하는 일이다. *사도 바울의 새로운 삶의 시작은 아라비아사막의 고적으로부터 출발한 것이다.* 바울이 말한 "아라비아"가 다마스커스 남쪽에 있었던 헬레니즘문명권의 나바태아왕국(the kingdom of Nabataea)을 지칭한 것이며, 그 왕국의 왕인 아레다왕(King Aretas IV, BC 9~AD 40 재위)이 거론되고 있는 고후 11:32~33의 사건을 이 개종체험과 관련지어 주석가들이 주석을 달고 있지만 그것은 전혀 부질없는 억측일 뿐이다. 바울은 자신의 체험을 자신만의 것으로 만들어야 하는 고독의 시간을 위해 아라비아의 사막이 필요했고 3년의 세월이 필요했다. 자신의 삶을 지배해온 시간과 공간과의 단절이었다. 바울이 다메섹에서 개종체험을 한 후 며칠 있다가 즉시로 그 지역의 각 회당에서 예수가 하나님의 아들이라는 것을 전파했다고 적고있는 사도행전의 기사(행 9:19~20)는 신빙성을 완전히 상실해버린다.

20세기 서양철학을 대변하는 대철인 화이트헤드(A. N. Whitehead, 1861~1947)는 이 오묘한 대목에 관하여 다음과 같이 쓰고 있다.

기독교는 초기 히브리 예언자나 역사가들로부터 아우구스티누스에 의한 서양신학의 확립에 이르는 1200년 동안, 불규칙적으로 산재해 있는 역사적 사건들의 의미에 관한 강렬한 탐구를 그 기초로 삼고 있다. 기독교의 이야기는 예언자들이 우글거리는 팔레스타인으로부터 플라톤이 살았던 아테네에 이르는 동부지중해연안을 따라 어슬렁거린다. 그리고 그것은 갈릴리와 예루살렘을 오간 예수의 생애에서 정점을 이루고 있다. …… 사실 그 이후의 교회사를 장식한 사람들도 기독교역사에 동일한 공헌을 하였다. 그 공헌은 위대한 사람들과 위대한 계기를 작동시켰던 행동과 사유와 감정과 제도에 관한 것이다.

이러한 기독교역사에 공헌한 사건들을 고찰하는 데 있어서, 우리는 현존하는 복음서들간의 시간배열과 사건들의 불일치, 설명방식의 불협(不協), 한 언어에서 다른 언어로 옮아갈 때 발생하는 전승의 번역의 오류, 의구심을 일으키는 구절들, 그리고 직접적 역사적 증거에 위배되는 기술, 등등을 기억해야 한다. 특히 사도 바울이 그를 개종시킨 주님을 알고 있는 제자들을 곧바로 찾아가야 할 그 결정적인 시점에 아라비아 사막으로 은퇴했다는 대목은 정말 괴이하다 (Adventures of Ideas 164~165).

바울의 사도권능은 예수제자들과 무관

3년 후 그는 예루살렘으로 올라갔지만 그는 자신의 개종체험을 인가받기 위해서 예루살렘으로 간 것이 아니다. 바울은 예루살렘교회의 정통성이나 권위를 전혀 인정하고 있지 않다. 예루살렘에서 만나서 15일을 같이 유숙했다고 하는 "게바"(Cephas)도 주석가들의 통념처럼 꼭 베드로이어야만 하는 보장도 없다. 게바(베드로의 아람말)와 베드로는 어원의 문제를 떠나 전혀 다른 사람일 수도 있다. 예수의 동생 야고보 이외에는 다른 사도들, 즉 예수의 직전제자들이라고 하는 사람들을 만나지도 않았고 만날 생각도 없었다. 그리고 자랑스럽게 말한다: "나는 하나님 앞에서 거짓말하지 않는다." 다시 말해서 사도 바울은 그의 이방선교에 대한 사도 권능의 원천이 전혀 예수의 제자들과는 무관한 것임을 자랑스럽게 선포하고 있는 것이다: "내가 전한 복음이 사람의 뜻을 따라 된 것이 아니라. 이는 내가 사람에게서 받은 것도 아니요, 배운 것도 아니요, 오직 예수 그리스도의 계시로 말미암은 것이라."(갈 1:12).

바울의 비전의 독자성

다시 말해서 바울의 이방전도는 그 기획과 권능의 원천이 오직 바울이라는 역사적 실존체 내의 내재적 사건이었으며, 부활한 예수 그리스도의 계시(고전 15:8)로 인한 바울의 실존적 해후로써 시작된 것이다. 그것은 역사적 예수라는 색신이나 그 색신을 접한 모든 1세대와의 철저한 단절 속에서 출발한 것이다. 여기에 바울의 과감성과 독자성과 보편성이 있다. 이러한 단절이 없었더라면 바울의 이방선교는 결코 성공하지 못했을 것이다. 예수의 동생 야고보나 베드로와 같은 협애한 견식의 보수세력의 지령이나 인가를 받고 움직였다면 바울은 오늘의 바울일 수가 없다. 바울이라는 존재 그 자체가 아라비아 사막의 고독 속에서 피어난 하나의 혁명이었다. 이방선교의 센터는 시리아의 안티옥이었고, 안티옥교회는 바로 바울혁명의 주축이었다. 인류사에서 "크리스챤"이라는 호칭이 최초로 발생한 곳도 안티옥교회였다(행 11:26). 바울의 전도활동을 통해 기독교의 중심축은 서서히 예루살렘교회에서 안티옥교회로 옮아갔던 것이다.

예루살렘교회 전통과 복음양식

바로 마가의 복음서양식의 출현은 이러한 바울의 추상적 이방선교에 대한 예루살렘교회 전통의 회복을 의미하는 사건이기도 했던 것이다. 예루살렘교회와 팔레스타인 곳곳의 토착교회에는 바울의 추상적 논술과는 달리 보다 구체적인 예수의 이야기, 즉 1세대·2세대의 직전 담론들이 짤막한 케리그마의 형태로 지속되어 내려오고 있었다. 마가는 이러한 단편적 케리그마의 유형들을 하나의 일관된 수난극의 플롯 속에서 묶어내어 예수라는 사건의 전모를 드러내는 포괄적인 새로운 케리그마를 구상하였던 것이다. 그것이 복음이었다.

그런데 복음서의 출현은 AD 70년 예루살렘멸망을 전후로 한 정치상황과 긴밀한 관계가 있다. 이때만 해도 기독교는 아직 유대교로부터 분리되지 않았으며 크리스챤이라고 부를 수 있는 대다수의 사람들이 유대인이었다. 바리새적인 유대인이든, 헬라화된 유대인이든 유대인들은 조국의 정치적 운명에 관해 무관심할 수가 없었다.

마사다 요새

AD 70년 유월절 기간 동안에 티투스의 4개 군단과 강력한 지원군에 의하여 예루살렘 성전의 처참한 파괴가 이루어진 이 사건으로 60만 명 이상의 사망자가 났다.(사망자가 100만 명에 이른다는 보고도 있다.) 자그마치 팔레스타인 유대주민의 4분의 1이 죽은 것이다. AD 73년, 아마도 74년초까지 사해의 서쪽해안 난공불락의 산 정상에 있는 마사다 요새에서 항쟁을 계속했던 유대의 독립투사들은, 금남로 도청에 포위되었던 광주시민처럼 상황이 도저히 가망이 없다는 것을 알았을 때 자결을 결정하였다. 지하의 수도관에 숨어있던 두 명의 아낙과 다섯 어린이들만이 새파랗게 질린 얼굴로 유대인 독립투사들의 비참한 항쟁의 종말을 지켜보았다. 마사다요새를 로마군이 함락시켰을 때는 시체만 즐비하게 널려있었던 것이다.

우리는 지금 너무 한가하게 복음서를 읽고 있다. 복음서는 바로 이렇게 절박한 시대상황 속에서 "기쁜 소식"을 유대인들에게 가져다 주기 위해서 쓴 것이다.

> 너희가 예루살렘이 군대들에게 에워싸이는 것을 보거든 그 멸망이 가까운 줄을 알라. … 저희가 칼날에 죽임을 당하여 모든 이방에 사로잡혀 가겠고 예루살렘은 이방인의 때가 끝날 때까지 이방인들에게 짓밟히리라 (눅 21:20~24).

후에 로마황제가 된 티투스(Titus, AD 39~81, 최초의 유대 출정대장인 베스파시안의 아들. 베스파시안도 70년에 황제 즉위, 티투스는 AD 79~81

재위)가 예루살렘 성전을 파괴하면서 대제사장 외에는 아무도 절대 범접할 수 없는 지성소(the Holy of Holies, 대제사장도 일 년에 단 한 번 속죄의 날[Day of Atonement, 욤 키푸르, Yom Kippur]에만 들어갈 수 있었다.)에 들어갔을 때, 온 이스라엘 사람들은 하나님께서 당신의 성소를 더럽히지 않게 하기 위하여 천지가 진동하며 어둠이 깔리고 하늘에서 벼락이 때려 로마군단을 싹 쓸어버리실 것이라고 굳게 믿었다. 그러나 티투스는 끝까지 저항하는 혁명당원들을 밀어붙이며 유유히 지성소로 들어갔다. 70년 제5달 제10일 대낮이었다. 그러나 아무 일도 일어나지 않았다. 솔로몬성전이 바빌론에 의하여 파괴된 날과 같은 날이었다. 그리고 지성소 안에 있었던, 야훼께서 임하시고 계시다고 믿는 그 성스러운 젯상(the table of the Presense)과 메노라(Menorah)라고 하는 일곱 금촛대를 승리의 기념물로 약탈해가버렸다(로마로 이송). 유대인들이 아브라함으로부터 믿어왔던 야훼가 눈을 딱 감아버린 것이다. 유대인의 야훼신앙은 하나의 신화적 환상으로 증발해버릴 수도 있는 상황이었다. 야훼신앙을 토대로 한 선민의 민족적 프라이드가 여지없이 짓밟히고만 것이다. 지성소파괴의 이 비극적 장면은 오늘날 로마의 로만 포럼(Roman Forum) 폐허의 입구에 자랑스럽게 서있는 티투스황제 개선문(The Arch of Titus, AD 81) 상단의 모상들에 자세히 묘사되고 있다.

만군의 여호와여
주님의 성막이 어찌 그리 아름다우니이까!

여호와의 궁전을 사모하여
내 영혼이 애타다가 지치옵나이다. ……
주의 궁전에서의 한 날이
다른 곳 천 날보다 낫사오니
악인의 장막에 거함보다
내 하나님 전의 문지기가 되오리이다 (시 84:1~10).

이토록 시인들에 의하여 아름다웁게 찬양되었던 궁전이 이제는 잿더미의 폐허로 변해버린 것이다.

날이 이를지라. 네 원수들이 토성을 쌓고 너를 둘러 사면으로 가두고, 또 너와 및 그 가운데 있는 네 자식들을 땅에 메어치며 돌 하나도 돌 위에 남기지 아니 하리니…… (눅 19:43~44).

돌 하나도 돌 위에 놓여 있을 수가 없었다. 성전과 도성이 파괴됨으로써 유대교는 그 가시적인 중심점을 완전히 상실해버린 것이다. 유대민족의 최대의 좌절이었다.

마가복음서 집필상황과 이스라엘민족의 애환

이런 상황에서 마가는 복음서를 썼다. 복음서는 단순히 하나님의 영광을 찬양하기 위하여 쓴 책이 아니다. 당대의 크리스챤들은 이스라엘 민족의 독립전쟁에 매우 소극적이었다. 복음서의 저자들도 이 민족적 비극을 객화시켜서 담담하게 묘사할 뿐 자기내면의 상처와 아픔으로 그리고 있질 않다. 그들이 믿는 예수 그리스도는 지상에서의 유대민족의 정치적 해방에 관심이 없었으며, 결국 자기민족인 유대인들의 몰이해와 박해 속에서 죽어갔던 것이다.

그러나 복음서의 출현은 완전히 민족적 프라이드와 아이덴티티를 상실하고 좌절 속에 해체되어만 가고 있었던 유대인 커뮤니티 속에 새로운 민족적 구심점을 창출하려는 한 노력으로도 볼 수가 있다. 그들은 예수를 진정한 이스라엘 민족의 메시아로 그리려고 했다. 70년대에만 해도 기독교는 유대교와 다른 무엇이 아니라, 유대교의 성취로서의 한 유대교적 신운동으로 이해되었던 것이다. 그것은 율법의 부정이 아닌 율법의 성취요 완성이었다.

예수에게는 메시아라는 자기인식이 없었다

일반 유대 민중에게 있어서 "메시아"의 일차적 의미는 그들에게 정치적 독립, 즉 이민족지배로부터의 해방을 가져다주는 다윗왕과 같은 역사적 인물이었다. 역사적 예수는 이러한 맥락에서의 "메시아"로서 자기인식을 한 것 같지는 않다. 그리고 더욱 중요한 문제는 메시아는 신의 영광을 드러내는 최후의 승리자이다. 그런데 "힘없이 십자가에 못박혀 죽는 메시아"라는 것은 일반 대중에게는 용납될 수 없는 메시아의 모습이었다. "죽는 메시아"(dying Messiah), "죽임을 당하는 메시아"(killed Messiah)는 상상키 어려운 것이었다. 따라서 복음서저자들에게는 이 "부활(Resurrection)과 재림(Parousia)"이라고 하는 문제가 흩어져가는 민족에게 새로운 희망과 구원의 약속을 보장하는 새로운 가치로서 부상할 수밖에 없었다. 예루살렘 성전의 파멸은 곧 예수의 십자가를 상징하는 사건이기도 했다. 그러나 이스라엘민족의 역사는 여기서 끝나지 않는다. 오히려 이러한 파멸이 있기에 부활하신 예수는 이 지상에 새로운 하나님의 왕국을 건설하러 오신다. 재림하실 예수를 영접할 준비를 하라! 깨어있으라! 이것은 케리그마적 선포인 동시에 이스라엘 민족의 재건이기도 했던 것이다.

> 그때에 그 환난 후 해가 어두워지며 달이 빛을 내지 아니 하며, 별들이 하늘에서 떨어지며 하늘에 있는 권능들이 흔들리리라.
> 그때에 인자(人子)가 구름을 타고 큰 권능과 영광으로 오는 것을 사람들이 보리라.
> 또 그때에 저가 천사들을 보내어 자기 택하신 자들을 땅 끝으로부터 하늘 끝까지 사방에서 모으리라.
> 무화과나무의 비유를 배우라. 그 가지가 연하여지고 잎사귀를 내면 여름이 가까운 줄을 아나니, 이와 같이 너희가 이런 일이 일어나는 것을 보거든 인자가 가까이 곧 문 앞에 이른 줄을 알라.
> 내가 진실로 너희에게 말하노니 이 세대가 지나가기 전에 이 일이 다 이루어지리라. 천지는 없어지겠으나 내 말은 없어지지 아니 하리라… 주의하라! 깨어있으라! 그때가 언제인지 알지 못함이니라 (막 13:24~33).

요한복음 속의 예수

나사렛의 예수는 물론 유대인이었다. 예수는 안식일을 지켰고, 유대의 율법과 관습을 잘 알았다. 그의 제자도 모두 유대인이었고, 그를 따르던 군중도 모두 유대인이었다. 그의 선교활동 전체가 팔레스타인 내에서만 이루어진 것이다. 그러나 결국 예수는 유대인의 민족적 메시아는 될 수 없었다. 요한복음 속의 예수는 그를 심문하는 빌라도 총독에게 이와 같이 반문한다.

빌라도 총독: "네가 유대인의 왕이냐?"

죄인 예수: "나를 '왕'이라니, 그건 네 자신의 말이냐? 그렇지 않으면 딴 사람들이 들려준 말을 네 입으로 옮기고 있는 것이냐?"

빌라도 총독: "네가 날 유대인으로 알고 그따위 질문을 하는 거냐? 너를 왕이라고 고소한 놈들은 바로 네 동족들이다. 넌 도대체 그들에게 뭔 짓을 했느냐?"

죄인 예수: "네가 왕이라는 말을 쓰고 있는 그러한 맥락대로 내가 왕이라고 한다면, 내 부하들이 싸워서 나를 유대인들 손에 넘어가지 않게 했을 것이다. 도대체 싸워보지도 않고 포로가 되는 왕이 어디 있단 말이냐? 나의 왕국은 그 따위 것이 아니다. 나의 왕국은 결코 이 세상에 속하지 않는다."

빌라도 총독: "으흠~ 결국 넌 왕이라는 것을 암암리 과시하고 있군."

죄인 예수: "'왕'이라는 것은 네 말이지 내 말이 아니다! 나는 오로지 진리를 증언하기 위해서 이 세상에 왔다. 진리의 편에 선 사람들은 내 소리를 알아들을 귀가 있다. 그들이야말로 나의 백성들이다."

빌라도 총독: (비웃으며) "진리라니! 진리가 도대체 뭐냐?"(요 18:33~38; 다드의 의역 참고. C. H. Dodd, *About the Gospels* 33; 『요한복음강해』 436~7).

복음서 저자들의 기대와는 달리 기독교는 매우 급속히 성장하였고, 빠른 속도로 유대교로부터 이탈하여갔다. 사실 많은 사람들이 기독교를 탈유대교의 트랙 위에 올려놓은 것은 사도 바울이라고 서슴지 않고 말하지만, 기독교를 유대교로부터 분리시킨 것은 예수 자신이었다. 유대인들이 생각하는 메시아는 어디까지나 율법적 전통 속에서의 메시아였다. 그러나 예수는 유대교의 율법전통과 결코 타협할 수 없는 인물이었다. 조금이라도 타협한다면 예수의 모든 메시지는 힘을 잃는다. 그리고 그의 새로운 천국론은 설 자리가 없어진다 (Stegemann, *Library* 231).

기독교가 유대교로부터 분리되어 독자적으로 성장하면서 박해 속에서 성공의 길을 걸으면 걸을수록 그것은 역설적으로 유대교의 쇠락과 쇠망을 의미하는 것이었다. 더구나 기독교가 그토록 처참하게 유대인을 박멸하던 로마제국의 국교로서 자리잡게 되면 유대교의 운명은 풍전등화와도 같은 위태로운 상황에 직면하게 된다. 유대교는 기독교를 저주한 종교로서 저주와 경멸의 대상이 되어버리고 마는 것이다. 기독교는 유대교의 전통을 구약으로서 활용했지만, 유대민족의 신앙체계로서의 유대교에 관해서는 무관심했다. 아니, 이방인화 되어버린 기독교는 유대인과 유대교에 관하여 경멸감을 표시했다. 기독교는 이미 유대교의 성취로서 인식되었기 때문에, 성취의 전단계에 머물러 있는 유대교는 전혀 경배의 대상이 아니었다. 좋은 비유는 아니지만 양반 밑에 있던 쌍놈이 더 쎈 양반이 되고나면 원래 양반은 맥을 출 수가 없다. 그리고 로마세계에서 예수를 박해한 사람들로서, 기독교의 탄압자로서 억울한 누명을 쓰고 탄압의 대상이 되면 될 수록 유대인의 심정 속에 기독교에 대한 원망은 깊어만 갔다. 셰익스피어의 『베니스의 상인』속에 그려지고 있는 유대인들의 모습은 위대한 문학가의 저속한 편견(Anti-Semitism)이라기보다는 당대 유대인에 대한 통념을 반영하고 있는 것이다. 유대인이라는 이유 하나만으로 누항에서 침 뱉고 따귀를 때려도 그들은 항변할 수가 없었다. 이러한 반유대인감정은 히틀러의 유대인학살에서 극치에 달했다. 『쉰들러 리스트』에 나오는 반인륜적 야만행동을 연상하면 쉽게 이해가 갈 것이다.

예루살렘 성전 파괴 이후의 바리새인

AD 70년의 예루살렘 성전 파괴 이후에도 로칼한 시나고그들은 유대교의 구심체로서 기능했고, 기독교 교회들도 특히 갈릴리지역에서는 번창해나갔다. 로마인들은 정치적 저항에는 가혹했지만 원칙적으로 유대인들이 유대교에 귀속되는 권리까지 침해하려고 하지는 않았다. AD 66~73년 사이의 제1차 독립전쟁시기에서 사두개인들은 많이 죽임을 당하였지만 바리새인들은 내면적으로 결속하여 유대인

공동체의 정신적 토대를 오히려 공고히 다져나갔다. 미쉬나(Mishnah)와 탈무드(Talmud)를 중심으로 한 랍비 유대교(Rabbinic Judaism)형성의 주축세력이 되었던 것이다.

바르 코크바

AD 132년 하드리안 황제(Hadrian, AD 76~138, 재위 117~138)는 유대인의 할례와 일체의 거세를 금지시키고, 예루살렘 성전의 폐허 위에 쥬피터신전을 세우도록 명하였다. 그가 특별히 유대인을 자극시키려고 내린 명령은 아니었다. 그는 신체의 부위에 대한 손상이 죄악이라고 생각했고 신전건립도 도시재건의 한 프로젝트였을 뿐이다. 그러나 이스라엘 사람들은 격분했고 그 격분의 열기를 휘몰아 바르 코크바(Simon Bar Kokhba, 또는 Bar Koziba)라는 지도자는 독립전쟁을 일으켰다. 바르 코크바는 메시아로 자처했고 당대의 가장 존경받던 율법학자 랍비 아키바(Aqiba)도 그의 메시아됨을 인정했다. 민수기 24:17에 약속된 "별의 아들"이라고 환영했다. 기독교도들은 그가 메시아라는 것을 인정할 수 없었기 때문에 바르 코크바의 추종자들로부터 잔학한 박해를 받았다. 이 바르 코크바의 반란도 무시무시한 투쟁이었다. 결국 만 2년을 지속한 전쟁 동안 50개의 요새가 파괴되었고, 985개나 되는 마을이 잿더미가 되었고 50만이나 되는 유대인이 목숨을 잃었다.

랍비 아키바

바르 코크바는 전사하였고 랍비 아키바는 끔찍한 고문 속에 죽어갔다. 그의 육신은 쇠빗으로 빗질을 당했다. 그는 죽음의 고통 속에서도 태연하게 신명기에 쓰인 모세의 말씀을 기도하듯 암송했다. "너 이스라엘아 들어라! 우리의 하나님은 야훼이시다. 야훼 한 분뿐이시다. 마음을 다 기울이고 정성을 다 바치고 힘을 다 쏟아 너희 하나님 야훼를 사랑하여라"(신 6:4~5). 마지막 순간에 "오직 한 분"이라는 말을 길게 내뿜으며 숨을 거두었다고 한다. 고통당하며 죽어가는 사람들이 율법에 대하여 취했던 이러한 확고한 태도는 사람들의 마음을 벅차게 만들었으며 율법을 중심으로 다시 모이게 만드는 내면적 계기가 되었다. 그러나 하드리안 황제는 예루살렘에서 유대교도를 모조리 추방하라는 명령을 내렸다. 원로원 의결을 거쳐 135년부터 공식발효되었다. 예루살렘은 그 이름조차 사라지고 콜로니아 아엘리아 카피톨리나(Colonia Aelia Capitolina)라는 식민도시로 바뀌게 된다.

다이애스포라 신세

유대인은 또다시 자기 고향을 잃고 이역의 다이애스포라(Diaspora)에 살아야만 되는 떠돌이 신세가 되었다. 이 "떠돌이 신세"는 자그마치 1948년 5월 14일 이스라엘 국가(the State of Israel)가 공표되기까지 1800여년 동안 계속되었던 것이다.

한번 생각해보자! 김춘추가 당(唐)이라는 대국의 힘을 빌어 백제를 멸망시키고 고구려를 멸망시켰으되, 통일의 주체라는 신라까지 말아먹혔다면 어찌 되었을까? 지금도 예산에 가면 임존성(任存城)의 잔해가 남아있어 백제인들의 마지막 항쟁의 치열했던 함성이 메아리친다. 당장(唐將) 소정방(蘇定方)은 의자왕을 비롯 수없는 왕족·대신·장사(將士)들을 포로로 하여 당으로 돌아갔고, 이세적(李世勣)은 보장왕을 비롯 다수의 귀족과 20여만 명의 고구려인을 포로로 잡아갔다. 무열왕 김춘추마저 같은 신세가 되었더라면? 우리 한민족은 일본으로 만주로, 대륙 각지로 흩어져 다이애스포라의 생활을 계속했을 것이지만 과연 1,300년 후에 이 조선반도에 다시 한민족의 국가를 수립한다는 것이 가능한 일이었을까? 만주의 여진이나 북방의 흉노만큼도 역사의 풍진에 이름 올리기가 어려웠을 것이다.

예수가 독사의 자식들이라 혹평한(마 3:7, 12:34, 23:33) 바리새인들이야말로, 성전 중심의 유대교를 커뮤니티 센터인 시나고그 중심의 유대교로 민주화시키고, 율법의 보편주의와 신축성 있는 해석을 용인하고, 천국의 도래에 대한 확고한 종말론적 믿음을 가지고 있었으며, 무엇보다도 성문법적 율법이 아닌 구전의 토라 전통을 인정하여, 구전에 기초한 새로운 미쉬나를 성립시키고 그 해석으로서의 탈무드를 형성시켰다. 이 미쉬나와 탈무드 전통이 랍비유대교와 모든 정통유대교(Orthodox Judaism)운동의 기초가 되었으며 예루살렘 성전 파괴 후에도 유대민족이 시나고그와 랍비체제 중심으로 민족적 아이덴티티를 유지해갈 수 있는 경건하고도 강력한 힘이 되었던 것이다. 인류역사에서 미국이라는 뉴 월드(New World)의 출현이야말로 유대인들이 다이애스포라를 벗어나서 일반시민으로서 동화되어 모든 의무와 권익을 누릴 수 있는 최초의 장이었다.

현금의 세계질서를 지배하고 있는 가장 강력한 힘은 미국이다. 미국의 군사력은 미국을 제외한 모든 국가의 군사력을 합친 것보다 더 막강하다. 이 지구의 역사에서 한 나라가 그토록 강성한 유례는 없었다. 팍스 로마나의 시기에도 중국에는 한제국, 인도에는 쿠샨왕조가 있었고, 그리고 로마의 동점을 막고 있었던 파르티아제국(Parthian Empire)도 있었다.

이 세계를 지배하고 있는 것이 미국이라고 한다면, 미국을 지배하고 있는 것은 유대인이다. 이 세계는 실제로 유대인들에 의하여 지배당하고 있는 것이다. 유대인들은 미국의 금융, 언론, 학술, 엔터테인먼트산업에 있어서 거의 독점적인 위치를 누리고 있는 것이다. 칼 맑스, 프로이드, 아인슈타인, 노암 촘스키, 스필버그, 소로스 …… 이 몇 이름만 들어도 우리는 최근세 유대인들의 성세를 짐작할 수 있다. 1800여 년의 다이애스포라의 통고(痛苦)가 역설적으로 오늘 그들의 천재성과 위세를 만들었는지는 모르겠으나 야훼의 선민으로서 그들의 민족적 독선과 율법주의적 배타성이 오늘날 중동의 위기를 조장하고 끊임없이 인류에게 불안과 고통을 안겨주고 있다면, 그리고 그들의 세계전략이 우파적 보수성의 온상이 되고 있다고 한다면, 참으로 유대인의 역사를 어떻게 관망해야 할지 난감한 일이다. 나 도올은 여기 힐구(詰究)치 아니 하겠으나 독자들은 기독교와 유대교의 기나긴 역사를 같이 생각해보면서 그 배우고 버릴 점을 분별해야 할 것이다

다음 페이지 그림설명 →

나는 미켈란젤로의 미완성작품들에 대하여 특별한 매혹을 느낀다. 슈베르트의 B마이너 미완성교향곡이 그 나름대로 완성적 아름다움을 지닌 것처럼 미켈란젤로 미완성작품 또한 우리에게 너무도 많은 느낌을 던져준다. 통돌을 외면에서 내면으로 파들어가는 그의 놀라운 공간감각도 충격적이지만 그 모습이 던져주는 심리적 표현은 그것이 차가운 돌이 아니라 마치 세포 하나하나가 살아움직이고 있는 듯한 느낌을 준다. "피에타"(Pieta)는 원래 연민(pity)을 뜻하는 이태리말이다. 피에타상은 십자가에서 끌어내린 아들 예수의 시체를 끌어안고 연민과 애통의 정으로 바라보고 있는 엄마 마리아의 모습이다. 현재 로마의 베드로 대성당 안에 안치되어 있는 미켈란젤로의 피에타상을 보라! 예수의 시체를 무릎 위에 올려놓고 내려다보고 있는 마리아는 청순하기 그지없는 너울에 가린 소녀의 얼굴을 하고 있다. 그녀의 주름진 치마 위로 덧 놓인 예수의 시체를 풀어헤친 수의의 주름, 그 위로 못 구멍난 손발과 머리를 축늘어뜨리고 있는 청년 예수의 모습의 처절함은 보는 이에게 숙연한 감동을 아니 던질 수가 없다. 그런데 그것이 바로 미켈란젤로의 24세의 작품(1499)이라는 사실을 상기하면 그 천재성에 우리의 충격은 더 깊어진다. 그만큼 작가의 정신세계가 순결했던 것이다.

여기 이 미완성작품은 베드로성당의 작품과는 달리 십자가에서 끌어내린 시체를 세운 채 끌어안고 연민하고 있는 마리아의 모습이다. 예수의 성기까지 노출된 이 작품의 리얼리티는 사각으로 머리를 늘어뜨린 마리아의 고요한 슬픔의 표정에서 극치에 달하고 있다.

그런데 피에타상은 성서의 근거가 전혀 없다. 그것은 로마 농경사회의 토속신앙인 여신숭배와 결탁된 마리아컬트를 배경으로 프랑크왕국에서 발전되어 14세기 독일에서 최초로 등장한 예술창작양식이다. 그러나 그 피에타 이미지는 인간의 고뇌와 장엄미, 운명적 체념미를 드라마틱하게 전하면서 기독교적인 테마를 우리 삶의 리얼한 느낌으로 전위시키는 데 획기적인 기여를 하였다. 이와 같이 기독교는 사실의 체계만이 아니라 위대한 예술가들의 삶의 느낌의 축적태로서 오늘까지 우리에게 전해져 내려오고 있는 것이다.

제9장 낭송문화와 복음서

기초적 사실들

 복음서에 관하여 우리가 얘기를 할 때, 우리가 잊지 말아야 할 매우 중요한 기초적 사실들, 우리가 오늘날 우리 자신의 일상체험의 구조 때문에 매우 안일하게 무시해버릴 수 있는 사실들, 복음서가 쓰여진 당대의 초대교회의 일상적 삶의 문화적 쇄사(瑣事)와 관련된 사실들에 관하여 응당한 관심을 기울여야 한다. 당시에는 인쇄라는 것이 없었다. 따라서 오늘날 우리가 생각하는 개념의 "책"이라는 것이 존재하지 않았다. 따라서 우리가 현재 일상적으로 생각하는 개념의 "독서"라는 현상이 존재하지 않았다. 누구든지 책방에 가서 책을 사서 본다든가, 교회에 가면 의자 앞에 신도들 누구든지 볼 수 있도록 성경이 꽂혀있다든가 이런 진풍경은 존재할 수가 없었다. 당대 초대교회에 모인 사람들의 대다수는 당연히 문맹이었다. 마가라는 어떤 사람이 복음서를 썼다고 하는 사실은 구체적으로 무엇을 의미하는가?

복음서 저작의 물리적 사실들: 종이

우선 당시에는 종이(paper)라는 것이 없었다. 닥나무를 원료로 하는 종이의 발명은 오직 중국역사의 사건이었다. 후한 명제(明帝) 때의 환관 채륜(蔡倫, ?~AD 107)이 채후지(蔡侯紙)라는 종이를 만든 것은 AD 105년이다. 그것이 세계종이역사의 기원이다. 채륜은 매우 천재적인 인물이었는데 그렇게 위대한 발명을 해놓고도 2년 후에 자살하고 만다. 종이가 중앙아시아에 온 것이 751년, 바그다드에 온 것이 793년, 유럽에 페이퍼밀(종이공장)이 세워진 것은 14세기였다. 그리고 그 생산공정이 최초로 기계화된 것은 1798년이었다.

양피지와 파피루스

마가시대에는 종이에 해당되는 것이 두 가지 밖에 없었다. 하나는 양피지(parchment)라는 것인데 양가죽을 무두질하여 늘려서, 쎄무가죽처럼 야들야들하게 얇게 만든 것이다. 양가죽만 쓰는 것은 아니고 염소나 소가죽도 쓸 수 있다. 소가죽은 길게 만들 수 있는 장점이 있다. 그리고 새끼가죽일수록 고급품이 나오는데 그것을 벨룸(vellum)이라고 한다. 이 양피지는 우리나라 족자처럼 양쪽에 나무를 껴서 두루루 만다. 따라서 한 면에만 쓴다. 앞뒤 양면을 다 쓰지 않는다. 그

양피지 책을 들고 소리내어 읽고 있는 여인. 폼페이 프레스코 벽화. 1세기. 나폴리박물관.

제9장 낭송문화와 복음서 221

사해문서 양피지 두루마리 중의 하나. 구약 하박국 주석.

러기 때문에 양사로써 한 두루마리 즉 권(卷)의 의미를 지니는 볼륨(volume)이라는 말을 쓴다. 한 볼륨은 한 롤(roll)이라는 뜻이다.

그리고 양피지 이외로는 파피루스(papyrus)라는 소재가 있다. 이것은 나일강 델타지역에서 잘 자라는 키페루스 파피루스(Cyperus papyrus)라는, 4.6m 가량의 높이까지 자라는 풀의 줄기를 스트립으로 쪼개서 합하여 눌러 말려서 얇고 부드러운 표면을 형성시키는데, 이것은 양피지처럼 두루루 말 수가 없다. 그래서 오늘날 우리가 알고 있는 책모양으로 바인딩하는데 그것을 코우덱스(codex)라고 한다. 이 코우덱스는 양피지와는 달리 앞뒤 면을 다 쓸 수 있고 꼭 요즈음 성경책처럼 껍데기는 가죽으로 포장해서 싼다. 오늘날 성경의 모습이 아주 옛모습의 심층구조를 보존하고 있다.

지금 우리가 성경에 해당되는 말로서 "바이블"(Bible)이라는 말을 쓰고있는데 그것의 고어는 "비블로스"(byblos)이다. 그런데 이 "비블로스"는 단순히 "파피루스"의 순화된 발음(p→b)일 뿐이다. 비블로스(Byblos)는 파피루스를 수출한 페니키아의 도시 이름이기도 하다(현재 레바논의 주바일 Jubayl, 수도 베이루트의 북쪽). 이 도시 이름에서 성경 즉 "바이블"이라는 말이 생겨난 것이다. (우리말의 경經은 "벼리"라는 뜻이다).

그런데 이 양피지가 되었든 파피루스가 되었든 이 재료는 구하기가 힘들고 비싼 물건이라서 아무나 쉽게 만질 수 있는 것이 아니다. 이 자료 위에다 동·식물, 광물에서 추출한 염료와 수액을 섞어 만든 잉크를 갈대펜으로 찍어 쓴다. 영화에서 보는 깃털펜(quill pen)은 7세기에나 등장한 것이다. 강철펜은 19세기 중엽에나 발명되었으니 그 전에 무엇을 쓴다고 하는 것은 매우 주의를 요하는 고통스러운 작업이었다.

파피루스 문서를 제본하여 가죽으로 싼 코우덱스. 나그 함마디 라이브러리.

유대인들은 파피루스보다는 양피지를 더 즐겨 썼다. 양피지가 원래 그들의 율법서들의 전통이었다. 양피지의 원어인 파치먼트(parchment)라는 말은 에베소 위에 있는 페르가뭄(Pergamum, 현재 터키 베르가마, Bergama)이라는 희랍 도시에서 양피지가 많이 생산되었기 때문에 생긴 말이다. 아마도 마가는 복음서를 양피지 위에 썼을 것이다. 양피지가 고급재료이기 때문에 당연히 공간을 아껴야 한다. 그래서 매우 깨알만한 글씨로 작게 쓰는데 물론 당시에는 장·절의 구분이나 일체 띄어쓰기 같은 것이 없었다. 매우 시각적으로 불편한 것이었다. 즉 기록을 위한 것이지 일반인의 독서를 위한 것이 아니었던 것이다. 우리나라 북의 달인, 흑우(黑雨) 김대환이 좁쌀 하나에 『반야심경』을 다 새겨넣어 기네스북에 올랐다고 하는데, 유대인들도 양피지에 깨알같이 많은 글씨를 써서 그것을 말아 부적으로 사용하곤 했다.

사실에 무지한 성령은 인간의 편견만 조장

내가 왜 이런 시시콜콜한 이야기를 하는가? 우리는 너무도 "사실"에 무지하다는 것이다. 성경을 운운한다면 우리는 우선 성경이라는 아주 객관적인 문헌에 관한 사실들을 알아야만 한다. 그러한 사실을 토대로 초대교회의 역사적 정황을 정확하게 재구성해야 하는 것이다. 그래야 비로소 복음이 들리고 하나님의 말씀이 들리게 되는 것이다. 그런데 서구의 매우 위대한 신학자라고 하는 사람들조차도 이러한 사실들을 무시하고 하나님의 말씀만을 이야기하려고 한다. 그것은 때때로 오늘날의 우리의 체험 속에서 왜곡된 주관적 인간의 언사에 불과할 수가 있다. 성령을 주장하는 정통파들일수록 인간의 말을 하나님의 말씀으로 착각하는 오류의 폐해를 주책없이 전파하는 경향이 심하다.

시각적 문헌과 청각적 문헌

내가 말하려는 복음서에 관한 중요한 사실은, 복음서는 시각적 문헌이 아니라 청각적 문헌이라는 것이다. 요즈음처럼 사람들의 독서를 위하여 기록된 책, 즉 비블로스가 아닌 것이다. 그것은 양피지 위에 특수한 목적을 위해 쓰여진 수고(手稿: 신학계에서는 "MSS"라는 약자를 쓴다)일 뿐이다. 내 말을 이해하기 위하여서는 초대교회의 정황을 말해주는 한 성서의 구절을 살펴볼 필요가 있다. 데살로니카전서 5장에:

> 내가 주를 힘입어 너희를 명하노니 모든 형제에게 이 편지를 읽어 들리라. 우리 주 예수 그리스도의 은혜가 너희에게 있을지어다 (살전 5:27~28).

편지의 실제정황

바울이 데살로니카의 교우들에게 편지를 보냈다는 것은 그냥 편지 하나를 보냈다는 사건을 의미하는 것이 아니다. 그 편지는 보통의 교우들은 읽을 능력이 없다. 그 편지를 가지고 가는 사람이 반드시 교회의 회중들이 모여있는 공적 자리에서 모든 사람들이 들을 수 있도록 크게 읽은 것이다. 이 낭독(Public Reading)은 초대교회의 가장 보편적 문화였다. 이 편지의 경우에는 이 편지를 가지고 가는 사람이 읽을 능력이 없었기 때문에 특별히 읽는 사람을 구해서 읽어 들리게 하라는 부탁을 첨가한 것이다. "이 편지를 낭송하여 모든 사람들에게 들리게 하라"라는 부탁을 자기의 말로 하는 것이 아니라 "주 예수 그리스도를 힘입어 너희들에게 명한다"고 강한 어조로 말하고 있다. 그리하면 "주 예수 그리스도의 은혜가 너희에게 있을지어다"라는 것이다.

케릭스

편지의 낭송자를 전령이라고 하는데 이 전령은 희랍의 헤르메스(Hermes)로부터 내려오는 전통이며, 성서시대에는 그 전령을 케릭스(keryx) 또는 히에로케릭스(hierokeryx)라고 불렀다. 케릭스는 고대헬라로부터 고상한 지위가 있었으며, 홀을 가지고 다녔으며, 현명과 지혜의 상징이었다. 즉 글을 읽을 줄 아는 사람들이었다는 것이다. 보통 사람들이 보아서 알 수 없는 문자를 해독할 수 있는 특이한 지혜의 소유자로 인식되었다. 케릭스의 제1의 요건이 바로 멀리 퍼져나가고 낭랑한 목소리의 소유자이어야 한다는 것이다. 올림픽경기 때도 그 한 편에서는 이 전령들의 목소리의 발성의 정확성과 강도를 측정하는 콘테스트가 열리곤 했던 것이다. 이 케릭스들이 선포하는 내용이 바로 케리그마가 되는 것이다. 바울의 편지들은 바로 초대교회에서 이러한 케리그마의 잔치라는 기능을 지닌 특수한 문서였다.

낭송문화 속의 교회

교회라는 곳이 도대체 무엇이었을까? 초대교회에 가장 중요했던 것은 이러한 낭송문화였다. 예수의 말씀이라고 전승되어온 파편이나 다양한 목격담, 그리고 사도들의 편지가 케릭스에 의하여 낭송되는 것이 그들의 예배였다. 낭송문화는 반드시 운이 들어가고 인토네이션의 리듬이 들어가고 때로는 노래가 삽입되기도 한다. 그것은 거의 우리나라의 "판소리"라는 장르와 매우 유사한 것이다. 케릭스는 우리나라 "소리꾼"에 해당된다고 보면 된다. 단지 조선조말기의 소리꾼은 신분적으로 광대신분이었기에 천시된 반면에, 초대교회의 전령은 신의 말씀을 전하는 전령으로서 숭상되었다는 것만 다르다. 전령들의 낭송이 끝나면 성찬이 베풀어진다. 즉 빵을 먹고 술을 마시는 것이다. 성찬이라는 것도 요즈음처럼 쬐끔쬐끔 상징적으로 먹고 마시는 것이 아니라 실제로 먹고 마시는 것이다. 끼니를 때우는 것이다. 예수에게는 금욕주의라는 것이 없었다. 예수는 잘 먹고 잘 마신 사람이었다. 안식일에도 쉬지 않고 병든자를 고치고 일을 하고 자유롭게 행동하여 회당장의 분노를 사는 그런 사람이었다(눅 13:10~17: 나의『요한복음강해』233~7).

디모데도 소리꾼

　바로 이러한 음악성 있는 메시지와 음식문화의 풍요로움과 자유로움 때문에 초기교회에는 사람이 몰려들었던 것이다. 그것은 매우 새로운 문화였다. 디모데라는 사람도 일차적으로 사도 바울에게 있어서 이러한 전령, 즉 "소리꾼"의 역할을 했던 인물이었다. 디모데전서에는 그러한 디모데의 역할이 명시되어 있다. "내가 이를 때까지 읽는 것과 권하는 것과 가르치는 것에 착념하라."(딤전 4:13). 여기서 "읽는 것"은 영어로 "the public reading of scripture"이다. 즉 "경서를 대중 앞에서 읽음"을 뜻한다. "착념하라"라는 뜻은 그 일에 전념하여 종사한다는 뜻이다. 거의 그 낭송역할이 전문직이었던 것이다. 여기서 경서(scripture)도 구약의 경전인지 복음서의 원형이 되는 그 무엇인지는 알 길이 없다.

판소리와 복음서

　판소리사설은 그냥 사설로만 읽으면 매우 현학적이고 어렵고 지루하다. 그러나 그것을 발림이나 아니리, 그리고 북 반주를 수반하는 소리꾼의 창(唱) 이야기로 들을 때는 무슨 이야기인지 세부적인 것까지는 다 모른다 해도 대충 재미있게 알아듣는다. 『춘향전』이나 『심청전』의 사설을 뜯어보면 매우 현학적인 한문투가 많다. 즉 그것을 쓴 사람은 조선조 문화의 아주 고도의 문헌적 지식의 소유자임이 분명하다. 그러나 그것을 듣고 그 재미를 향유한 사람들은 식자층이 아닌 조선왕조의 일반서민들이었다. 소리꾼의 판이 벌어진 곳은 양반

집 사랑채의 대청이었지만 그 앞마당을 가득 메운 것은 농촌의 뭇백성이었다. 시각적 문헌과 청각적 문헌은 그 성격이 매우 다르다. 시각적 문헌은 그 자체로 그것을 읽는 지식인들을 대상으로 하기 때문에 논리적인 분석의 대상이 되고, 지식과 정보의 교환을 주목적으로 하게 된다. 그러나 청각적 문헌은 시각보다는 청각을 우선으로 하기 때문에 의식의 흐름의 시간성을 중시하는 많은 장치가 생겨나게 되고, 또 논리적인 것보다는 느낌이나 상상력 그리고 재미, 그리고 의미의 청각적 유발을 보다 주안점으로 삼게 된다. 그것을 듣는 사람들은 "감동"을 최우선시하게 된다. 그 감동이란 나의 삶에 "의미"를 주는 것이다. 이 감동을 전하기 위한 장치로써 어떠한 논리적 혹은 비논리적, 감각적 혹은 초감각적 이야기가 동원되어도 듣는 사람들은 그 세부적 문제에 신경을 쓰지 않는다. 문제는 나의 삶에 의미를 던져주는 감동일 뿐이다. 감동(感動)이란 케릭스(창자)의 발설에 감(感)하여 동(動)하는 청자의 감성(感性)의 체계이다.『별주부전』에서 자라가 토끼를 꾀어서 용궁으로 데리고 내려갈 때, 뭍의 생물이 어떻게 물 속으로 들어갈까? 숨이 차서 금방 죽지 않을까? 이런 고민을 하는 사람은 거의 없다.『심청전』에서도 심청이는 분명히 임당수에 빠져 죽었는데 어떻게 용궁에 가서 엄마를 만났으며 또 연꽃을 타고 부활했을까? 그리고 아름다운 대궐에서 살게 되었을까? 이런 고민을 하지 않는다.

심청의 십자가

　우리가 기독교문명을 접하기 이전에도 이미 "죽음과 부활"이라는 메시지는 우리 주변에 무수히 깔려있었던 이야기 패턴이었다. 그러나 이러한 이야기들을 우리의 서민들은 하나의 문학적 상상이나 날조로서 접하는 것이 아니다. 그것은 리얼한 사실이다. 심청이는 정말 아버지의 눈을 뜨게 하기 위하여 남들이 하기 어려운 희생의 결정을 내렸고 몸을 팔았다. 죽음으로써 아버지에 대한 효(孝)를 나타낸다고 하는 그 여린 여인 심청의 결단처럼 심각한 문제상황은 없다. 분명 그것은 심청의 십자가였다. 그리고 임당수로 몸이 팔려 뱃전에서 떠나가는 가냘픈 심청이의 모습, 뒤늦게 달려와 임당수 해변에서 대성통곡하는 아버지 심봉사의 원성!

　　심청이 거동봐라 샛별같은 눈을감고 초마자락 무릅쓰고 뱃전으
　　로 우루루루 만경창파 갈마기 격으로 떳다 물에가 풍~.

　그 빠지는 순간, 어찌 그것이 드라마라, 허구의 가상이라 생각하겠는가? 실제로 우리는 그 순간 심청이와 같이 빠져죽은 사실적 체험을 하게 된다.

　　빠져놓니 향화는 풍랑을 쫓고 명월은 해문에 잠겼도다. 영좌도
　　울고 사공도 울고 격군 화장이 모두 운다. … 닷감어라 어기야 어
　　야어야 우후청강 좋은흥을 묻노라 저백구야 홍요월색이 어느곳
　　고 일강세우네 평생에 너는 어이 한가허느냐 범피창파 높이떠서
　　도용도용 떠나간다.

김소희 선생의 청아한 진양의 소리가 너무도 구슬프게 울려퍼질 때 나 어린 도올은 매번 울고 또 울었던 기억이 난다. 물론 뻔히 아는 이야기일지라도 심청의 죽음은 나 어린 도올의 통곡을 자아내는 "역사적 사실"이었다. 그렇게 "믿는" 자에게 그만큼 감동은 크다. 그리고 그녀가 연꽃에서 부활했을 때, 그리고 가까스로 아버지를 만나는 순간, 그 얼마나 기뻤던가? 이것이 기쁜 소식이 아니고 무엇인가? 이것이 유앙겔리온이 아니고 무엇이란 말인가? 전통적으로 헬라세계에서 유앙겔리온(*euangelion*)이란 단어가 가장 극적으로 보편적으로 쓰인 곳은 전승(戰勝)의 소식장면이었다. 마라톤 전투(Battle of Marathon, BC 490년 9월)의 승전보를 가지고 26마일을 달려온 아테네의 용사 페이디피데스(Pheidippides)의 마지막 외침이 곧 유앙겔리온이었다. 예루살렘 도성이 다 파괴되고 모든 신념과 자존이 파괴된 참담한 심령들에게 전하는, 하나님의 승리를 알리는 승전보가 곧 가스펠이었다.

마가복음은 낭송된 것이다

마가복음은 그것이 독서용의 문헌이 아니라 초대교회에 던진 판소리의 사설과도 같은 것이다. 마가복음은 케릭스에 의하여 대중들에게 낭송되었던 것이다. "하나님의 아들 예수 그리스도 복음의 시작이라"로 시작되어 "선지자 이사야의 글에 '보라 내가 내 사자를 네 앞에 보내노니 저가 네 길을 예비하리라. 광야에 외치는 자의 소리가 있어 가로되 너희는 주의 길을 예비하라 그의 첩경을 평탄케 하라'

기록된 것과 같이"로 이어지는데 아마도 구약(70인역 이사야 40:3)의 인용구는 노래 챈팅으로 낭독되었을 것이다. 그리고 마지막에 "여자들이 심히놀라 떨며나와 무덤에서 도망하고 무서워하여 아무에게 아무말도 하지못하더라"로 끝났을 때, 아마도 이 복음판소리가 준 감동은 상상을 초월했을 것이다. 그 이전의 어떠한 단편적 케리그마도 노릴 수 없었던 장대한 케리그마의 감동이 초대교회 장막 안에 울려퍼졌을 것이다. 요한 세바스티안 바하의 장엄한 『마태 수난곡』(St. Mattew Passion, 1729년 초연)보다 몇 천 배 더 짙은 감동으로 초대교회 사람들의 심령을 울렸을 것이다. 마가복음이 낭독된 것이라는 사실은 마가복음 자체의 기록으로도 입증된다. 마가복음 13장 14절에 보면 괄호 속에 재미있는 구문이 하나 삽입되어 있다.

멸망의 가증한 것이 서지 못할 곳에 선 것을 보거든(읽는 자는 깨달을진저) 그 때에 유대에 있는 자들은 산으로 도망할지어다.

마가복음 낭송에 대한 마가복음 자체의 증거

어리석은 대부분의 주석가들이 여기 "읽는 자"(the reader)의 뜻을 깨닫지 못하고 현재 복음서를 읽고 있는 우리들을 향한 말인 것처럼 해석하고 있다. 여기서 "읽는 자"는 이 복음서를 대중에게 낭송하고 있는 낭독자이다. 이것은 마치 악보에 연주자들에게 템포나 분위기를 지시하기 위하여 라르고(느리고 폭넓게), 알레그로(빠르고 유쾌하게)니, 아모로소(사랑스럽게), 델리카토(섬세하게), 에로이코(영웅적으로), 돌체(부드럽고 아름답게)니 하고 써놓는 것과 비슷한 싸인이며 낭독되는 부분이 아니다. 아마도 이런 삽입구가 많이 있었을 것인데 이 부분에만 우연히 그 잔재가 남아있는 것이다.

낭송문학 요한계시록 판타지아

복음서를 이야기하지 않아도, 현 성서의 제일 끝머리의 요한계시록이라는 문헌이 붙어있는데, 이 문헌이야말로 낭송문학의 극단적 형태를 과시하고 있다. 계시문학(Apocalyptic Literature)은 초기기독교인들의 발명이 아니고, 그것은 유대인들에게 배어있는 대중문학 장르였다. 이 묵시문학은 기원전 2세기초에서 기원후 2세기초까지 유대인 사회에서 매우 유행하던 문학장르였다. 그것은 하나님의 비밀을 드러내는 것이며, 인간이 범접할 수 없는 초시간적·초월적 세계의 체험을 인간의 언어로 드러내는 것이다. 따라서 꿈이나 천사나 환상을 통하여 드러난다. 그 주제는 메시아적 대망이며 이 세계의 종말이며 새로운 세계의 시작이다. 종래적 예언자의 예언은 하나님의 의지를 이 현실역사의 지평 위에서 펼치지만, 계시자의 묵시는 역사를 초월한 초자연적 지평 위에 펼친다. 그런데 이런 묵시문학은 매우 판타스틱하고 황홀하며, 듣는 이들을 도취시키고, 공포나 협박이나 환희를 매우 극적으로 표출시키기 때문에 대중에게 인기가 있을 수밖에 없었다. 다니엘서, 에녹1서, 에녹2서, 에스드라2서(에스라4서), 바룩2서, 바룩3서 등등, 수없는 묵시문학작품이 간약시대에 등장했다. 복음서의 출현도 이 묵시문학의 영향을 간과할 수는 없다.

변절과 순교의 기로

요한계시록은 소아시아지역에 있는 크리스찬들이 로마관리들에 의해 박해를 받던 2세기초에 쓰여진 작품으로 황제예배냐 하나님예배냐, 제국에의 충성이냐 기독교에의 충성이냐, 그 변절과 순교의 기로에 놓여있는 절박한 크리스찬들을 향해 발한 묵시문학의 한 전형이다. 이 문헌의 저자의 의도는 매우 명백한 것이다. 순교는 영원한 보상을 받고, 황제예배 즉 배교는 영원한 징벌을 받는다는 것을 강조함으로써, 순교에 대한 매혹감을 느끼게 하고 배교에 대한 공포감을 조장시키는 것이다. 이 낭송을 듣는 사람들로 하여금 황제예배를 하여 그리스도와 전능하신 하나님께 불충한 반역자가 되기보다는 차라리 순교의 죽음을 달게 받겠다고 결단하도록 종용케하는 도취의 목적이 있는 것이다. 그것은 공포의 판타지아다. 그런데 요한계시록 첫머리를 보라!

> 이 예언의 말씀을 크게 낭송하는 사람과 그 낭송을 듣는 사람들, 그리고 이 가운데 기록한 것들을 지키는 사람들은 복이 있나니, 때가 가까움이라 (계 1:3).

매우 명백하게 초대교회의 낭송문화를 암시하고 있는 구절이다.

산조의 전승양식과 복음의 전승양식

 가야금산조는 한말에 전라도 영암 사람 김창조(金昌祖, 1856~1919)라는 무속의 달인이 판소리에 내재하는 가락을 압축시켜 절대음악의 장르인 순수기악곡으로 재창조해낸 우리민족예술의 걸작 중의 걸작이다. 그 장르가 하도 새롭고 하도 충격적이라서 듣는 사람들이 귀에 잘 들어오지 않는 "흐트러진 가락"이라 하여 산조(散調)라 속칭(俗稱)하였던 것이다. 그러나 사람들의 사랑을 받아 순식간에 구한말 음악계에 열병처럼 번져가서 오늘의 장관을 이루게 되었다. 그러나 옛날에는 악보라는 것이 없었다. 그리고 연주라는 개념이 꼭 "악보대로" "선생에게 배운 대로"를 의미하는 것이 아니었다. 자기의 해석이나 장끼나 자기가 좋아하는 가락을 첨가하기도 하고 또 자기 분위기에 맞지 않는 것은 생략하기도 한다.

 김창조는 다스름가락, 진양, 중머리, 중중머리, 자진머리의 기본틀을 만들었으나, 후대의 산조 계승자들은 엇중중머리, 휘중중머리, 엇머리, 굿거리, 휘머리, 단머리, 늦은중머리, 그리고 다양한 형태의 중머리 등 여러 가지 장단들을 첨가하였다. 그래서 김창조를 계승하는 유파들을 살펴보면 제각기 맛이 다 다르다. 김죽파의 정갈한 맛, 함동정월의 그윽한 맛, 성금연의 화려한 맛, 강태홍의 가냘픈 맛, 심상건의 단조로운 맛, 정남희의 구성진 맛이 모두 제각기 다르다. 그리고 그 구성을 잘 살펴보면 그 다양한 전승의 가닥을 잡을 수가 있다.

같은 판소리라도 송만갑의 소리 다르고, 이동백의 소리 다르고, 장판개의 소리 다르고, 임방울의 소리 다르다. 동편제·서편제·중고제의 전승이 다른 것이다.

빅 히트 마가복음

마가복음은 빅 히트였다. 그 감동은 여기저기 교회마다 소문으로 퍼져나갔고, 낭송자는 유랑극단처럼 여기저기로 순회공연을 다녔다. 반주자도 없는 1인공연이니 간편하게 다녔을 것이고, 가는 곳마다 한번에 다 읽었을 것 같지는 않고, 아마도 연속극처럼 몇 회에 나누어 낭송되었을 가능성이 높다. 하여튼 인기가 높아지면 높아질수록 그 대본을 카피하는 사람들이 생겨나고, 사본을 가지고 또 새 팀들이 유랑의 길, 전도의 길을 떠났다. 그런데 그러한 복음을 듣는 사람마다 감동 끝에 자기가 이전에 들어왔던 이야기를 첨가해서 전하는 사람도 생겨나게 되고, 또 관련된 설화들을 창작하여 덧붙이는 사람도 생겨난다. 옛날에 할머니들이 들려주던 이야기들은 누대를 거쳐 전승이 달라지기 때문에 해주는 사람마다 스토리의 길이와 구성과 분위기, 그리고 등장인물들의 다양한 변화가 있는 것과 비슷한 현상이다. 그러나 원형의 딥 스트럭쳐는 항상 살아있다.

유앙겔리온의 전성시대

70년에서 100년 사이는 유앙겔리온의 전성시대였다. 그리고 복음과 동시에 기독교가 놀랍게 팽창했다. 그래서 복음에도 서편제와 동편제가 생겨나게 된다. 이 시기에 쓰여진 복음서는 우리가 생각하는 것보다는 매우 많다. 다양한 복음서의 전승이 있었지만 초대교회의 정통주의는 마가복음이라는 최초의 복음서를 원자료로서 승계하지 않는 새로운 스타일의 복음서는 받아들이지를 않았다. 그만큼 마가는 역사적 예수의 사역에 충실했다. 마가는 예수의 사역의 중심을 예루살렘이 아닌 갈릴리에 두었다. 그리고 예수를 항상 갈릴리의 민중 속에서 그렸다. 그가 그린 민중은 라오스(laos)가 아닌 옥클로스(ochlos)였다. "라오스"는 국가주의적 함의가 있는 말이며 "국민"으로 번역될 수 있는 말이다. 그러나 "옥클로스"는 이스라엘민족을 하나의 통일체로서 표현하는 일체의 맥락과 무관한 그냥 군중이다. 예수는 항상 우호적인 민중에게 둘러싸여 있으며, 예수는 민중을 불쌍히 여기고 친절히 가르치며 그들 속에서 자신의 아이덴티티를 발견한다. 누가 과연 내 모친이며 동생들이란 말인가?

> 둘러앉은 자들을 둘러 보시며 가라사대 바로 여기 앉아있는 이들이 내 모친이요 내 동생들이로다. 누구든지 하나님의 뜻대로 행하는 자는 내 형제요 자매요 모친이니라 (막 3:34~35).

적의감 없이 그를 이해하고 따라주는 무명의 군중이야말로 그의 혈육이요 동포(同胞, 같은 탯줄에서 태어난 사람들)였던 것이다.

공관복음서

　이러한 생생한 역사적 지평 위에서 복음서는 전개되어야만 했다. 따라서 마가복음서의 기본적 관점(觀點)을 공유(共有)하는 복음서를 공관복음서(共觀福音書, the synoptic gospels)라고 부르는데 마태와 누가가 바로 이 공관복음서의 대표적 작품이다. 그러니까 마태와 누가는 마가를 책상 앞에 놓아두고 쓴 작품이다. 책으로 말한다면 마태와 누가는 마가의 "개정증보판"인 것이다(신약학의 거장 다드의 표현, Dodd, *About the Gospels* 24). 그러니까 마태와 누가 속에는 마가가 거의 다 들어있다. 마가의 661개의 문장(verses) 중에 600개가 마태 속에 들어있고, 350개가 누가에 들어있다. 그러니까 마태복음은 마가복음을 매우 충실히 계승했다고 볼 수 있다. 그리고 마가에 들어있지 않은 것으로서 마태와 누가에 공통된 것이 200개 정도 있다. 이 200개의 문장을 보통 독일어의 "자료"(Quelle)라는 단어의 첫 자를 따서 "Q자료"(Q material)라고 부른다. Q자료는 82개 정도의 단편(로기온)으로 구성된 예수의 어록(sayings collection)이며, 예수의 말씀의 구전을 최초로 성문화시킨 것이다. 그것은 AD 50년경의 사건이었다. 그러니까 마태와 누가는 마가와 Q자료를 보고서 개정증보판을 낸 것이다. 분량으로 말하자면 누가가 마태보다 좀 더 많다. 그리고 마가와 Q자료를 빼고난, 마태에게만 특유한 자료를 M, 누가에게만 특유한 자료를 L이라고 부른다. 이 이상의 더 복잡한 이야기들은 하지 않는 것이 좋겠다. 하여튼 상기의 이유로 마가, 마태, 누가 3복음을 공관복음서라고 부르는 것이다.

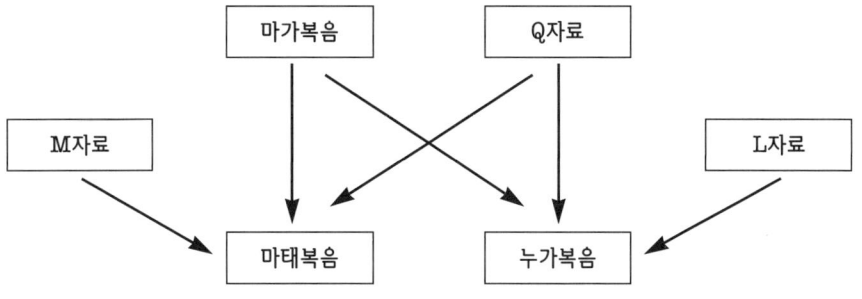

〈공관복음서의 자료연관구조〉

나는 오리지날 복음판소리인 마가복음을 제일 좋아한다. 마가복음이야말로 복음서의 원형이며 예수의 모습을 가장 진실하게 전하는 자료라고 나는 생각한다. 그런데 일반대중에게는 상대적으로 마가복음은 별 인기가 없었다. 아마 한국에서도 성경을 읽는 사람들은 마가복음보다는 마태나 누가에서 기억하는 이야기들이 더 많을 것이다. 그 유명한 산상수훈(Sermon on the Mount)도 마태에 나오는 것이다. 그 유명한 탕자의 이야기(The Prodigal Son), 그리고 착한 사마리아인 이야기(The Good Samaritan)는 누가복음에만 나온다. 그리고 우리가 알고있는 주기도문(The Lord's Prayer)도 마태에서 온 것이다.

마태·누가가 마가보다 더 인기

마태나 누가가 마가보다 인기가 더 많은 것은 매우 당연한 이유 때문이다. 마태·누가가 마가보다 더 자상하고 더 뿌듯하고 더 섬세하고 더 완결된 느낌을 주기 때문이다. 그리고 문체를 보더라도 훨씬 더 세련되어 있다. 희랍어의 문체로 말한다면 누가의 문장이 가장 세련되었고 유려하다. 역시 개정판을 사람들이 선호하는 것이다. 그러나 초판·원판의 묘미는 개정판이 따라갈 수 없는 그 나름대로의 숭고한 가치가 있다.

마가의 정직성

마가는 복음서를 곧바로 복음의 선포로써 시작한다. 기쁜 소식의 선포는 곧 예수라는 역사적 실존의 공생애로부터 출발한다. 우리에게 중요한 것은 예수의 말씀이다. 예수의 말씀이야말로 복음의 시작이기 때문이다. 따라서 예수가 언제 어디서 어떻게 태어났는지, 어떤 가문의 사람인지, 어떤 성장과정을 거쳤는지 그러한 문제에 관하여 마가는 관심을 보이지 않는다. 마가의 일차적 관심은 예수의 수난이었기 때문이다. 그리고 예수가 죽은지 40년이나 지난 후 마가에게 예수의 출생이나 가문에 관한 정보는 수집불가능한 것이었는지도 모른다. 마가는 상상력이 풍부한 사람이었지만 정직한 정보의 울타리 안에 머물려고 노력했다.

전승의 형성

그러나 일단 복음서라는 문학적 장르가 엄청난 성공을 거두게 되자, 그것을 듣는 사람들은 아쉬움을 느끼게 되고 한두 마디 훈수 두는 이야기를 첨가하게 마련이다. "예수는 아무개 아들이었어. 거 있잖아. 거 목수집……"

"그 집 애들이 7남매가 있었는데 예수가 맏이었대나 봐."

"아니야! 5형제 중 야곱이 맏이었어!"

"그 집안 족보는 내가 잘 아는데…… 우리 집안하고는 할아버지 때 갈라졌어."

"우리 할아버지가 그러는데 예수 어릴 때 예루살렘의 어느 회당에서 봤다나 봐…… 아주 영악했다지."

불과 40년 전에 죽은 사람이라면 아직도 그에 관한 이야기는 무수히 살아움직이고 있을 수 있다. 그러나 복음서 저자들의 관심은 그러한 항간의 사실에 관한 보도가 아니었다. 이왕 복음서라는 것이 한 인간의 바이오그라피적인 일대기형식이라고 한다면 반드시 출생으로부터 출발해야 제대로 갖추어진 느낌이 든다고 생각했을 것이다. 그래서 그의 출생이나 유년기에 관한 이야기가 수집되거나 만들어지거나 했을 것이다. 그러나 예수는 "하나님의 아들"로서 인간세에 하나님의 복음을 전한 사람이다. 그리고 그는 이미 마가복음서에서부터, 아니 그 이전의 바울의 비전으로부터 이미 수난과 부활의 신적인 권세를 과시했던 사람으로서 각인되어 있었다. 그렇다면 출생부터 범용한 인간과 똑같이 태어났다고 한다면 좀 문제가 있다. 그는 출생부터 범용한 인간과는 달라야했다. 뭔가 그의 신적인 계보를 과시해야만 했던 것이다. 항간의 객관적 사실은 이런 것이었다:

"예수는 나사렛이라는 갈릴리 시골마을에서 성장한 목수였거나(막 6:3) 목수의 아들(마 13:55)이었거나이다."

공적인 사실과 전승담론의 조화

이것은 움직일 수 없는, 예수의 공생애의 사역과 관련하여 드러난, 공적인 사실이었을 것이다. 그런데 이러한 공적인 사실을 하느님적 경지와 조화시키는 것은 결코 쉬운 일이 아니었다. 우리나라 전통사회는 사(士)·농(農)·공(工)·상(商)이라는 계급적 분별이 있었다. 크게는 양반과 상놈의 구분이 있었다. 어느 사회든 전통사회에서는 이러한 구분은 매우 보편적·심층적 문명의 경향성이었다. 모든 문명(=인간세)은 선을 긋기를 좋아한다. 이스라엘 사회는 당시 사·농·공·상 대신에 다른 계층적 구조가 있었다.

이스라엘 사회 계층구조

최상층에는 극소수의 정치적 지배자들이 있었다. 왕과 총독, 그리고 그 주변의 고급행정관료들이 있었다. 이들은 인구의 1%도 채 되지 않지만 당시 이스라엘 땅의 과반을 소유하고 있었다. 다음이 제사장들(the Priests)이다. 이들도 국토의 15% 이상을 소유하는 부유한 지주들이었다. 다음이 특권향당들(the Retainers)인데 고위군인들과 실무관료들이다. 그 다음 상인들(the Merchants)이다. 상인들은 하층에서 상향한 사람들이 많았지만, 당대에 상당한 부와 권력을 향유하고 있었다. 이들까지는 이스라엘 사회의 지배계층에 속한다. 그 아래로 인구의 2/3이상을 차지하는 농민(the Peasants)이 있었다. 이들이야말로 종교나 정치에 관련없이 하루하루 땅을 갈고 생산하여 상층민들을 먹여살려야 하는 피착취계급이었다. 한발·수해·질병·빚에 쉽게 노출되며 이러한 재난에 희생당하면 그냥 공동경작민이나 소작인이나 부랑민으로 전락해버린다. 예수의 비유에 많이 등장하는 사람들이다. 그 다음이 인구의 5% 정도를 차지하는 공인들(the Artisans)이다. 이들은 농민보다도 하층의 사람들이었다. 왜냐하면 이들은 재산이 없는 최하층에서 차출되었기 때문이다. 그리고 이 공인들 밑으로 인도의 불가촉천민(the Untouchables)과도 같은 천민들(the Degraded and Expendable classes)이 있었다. 이들은 일정한 거처가 없는 부랑민들, 거지들, 법외자들, 불량민, 매춘부, 하루 품삯 노동자들, 노예들이었는데 인구의 10% 이상을 차지했다. 이 방치된 천민들이야말로 이스라엘과 같은 농경사회가 굴러가기 위해서는 절대적으로 필요한 방외인(方外人)들이었다. 예수를 둘러싼 대부분의 군중들이란 바로 이 천민들이었다. 이들은 일정한 거처가 없었기 때문에 우루루 몰려다닐 수 있다. 예수의 갈릴리 사역에 우루루 같이 몰려다니는 이 군중이야말로 홈레스(homeless) 천민들이었다. 예수가 작은 생선 두어 마리와 떡 일곱 조각으로라도 먹일 수밖에 없었던 군중, 그들은 사흘씩이나 굶으면서도 예수를 따라왔고 이제 기진하여 길거리에서 쓰러질 수밖에 없었던(마 15:32, 막 8:2~3) 그런 사·오천 명의 군중이었다.

이스라엘 사회 계층구조		인구비례	토지소유비례
왕(王)	the Ruler and the Governors	15%	75%
제(祭)	the Priests		
사(士)	the Retainers		
상(商)	the Merchants		
농(農)	the Peasants	70%	25%
공(工)	the Artisans	5%	
노(奴)	the Degraded and Expendable classes	10%	

역사적 예수가 만약 목수였다고 한다면, 그는 농민과 천민의 중간에 끼어있는 공인(工人)계급에 속하는 사람이었다. 당시 목수는 결코 사회적 지위가 높은 기술자가 아니었다. 요즈음처럼 월급을 많이 수령하는 대접받는 공장기술자가 아니라, 농촌의 읍락 한구석에서 농민들을 대상으로 하는 조선왕조시대의 장인(匠人)과도 같은 사람이었다. 이 하층의 예수를 고귀한 하나님의 아들로 선포하기 위해서는 좀 특수한 드라마적 장치가 필요했던 것이다.

동정녀 마리아 탄생설화와 난생설화

재미난 것은 동정녀 마리아 탄생설화에 관하여 사도 바울의 서한문에는 일체의 언급이 없다. 그리고 복음서 안에 있는 최고층대의 자료인 Q자료 속에도 일체 언급이 없다. 다시 말해서 AD 60년대까지만 해도 예수가 순결한 동정녀로부터 잉태되었다는 담론은 전혀 초대교회내에서 존재하지 않았다는 것이다.

우리나라의 시조설화들을 보면 대부분 알에서 태어난다. 신라시조 박혁거세(朴赫居世)도 양산(楊山) 밑 나정(蘿井) 곁 큰 알에서 깨어 나왔다. 박이란 박 같이 큰 알에서 나왔다는 뜻이다. 석탈해(昔脫解)도 큰 알에서 나왔고, 김씨시조 김알지(金閼智)는 계림 금궤짝(金櫃)에서 나왔다. 고구려시조 주몽(朱蒙)도 하나님(天帝)의 아들(子) 해모수(解慕漱)의 아들이지만 닷되들이 만한 큰 알 속에서 나왔다. 재미있는 것은 백제의 시조 온조(溫祚)는 주몽의 셋째 아들로 입적되어 졸본부여로부터 갈라져 나왔기 때문에 난생설화가 없다.

유대사회나 한민족사회나 남성중심적인 가부장제 권력구조사회(patriarchal society)에서 누구를 시조로 만든다는 것은 반드시 부계를 단절시킬 필요가 있다. 난생도 한 방법일 것이고 처녀임신도 한 방법일 것이다. 주(周)나라의 시조 후직(后稷) 기(棄)도 그 어미 강원(姜嫄)이 하나님(上帝)의 엄지발가락 자국을 밟고서 잉태한 아이다. 동정녀탄생의 한 예다(『시경 詩經』 대아大雅, 생민生民).

그릇된 인용: 이사야의 예언과 무관

마태복음의 기자는 이 동정녀마리아의 잉태를 구약의 예언의 성취라 하여 매우 자랑스럽게 이사야서 7장 14절을 인용하고 있다.

> 보라! 처녀가 잉태하여 아들을 낳을 것이요. 그 이름은 임마누엘이라 하리라(마 1:23).

그런데 이것은 완벽하게 단장취의(斷章取義)의 그릇된 인용이다. 우선 이것은 예수의 동정녀탄생설화와는 일말의 관련도 짓기 어려운, 남북왕조의 곤궁한 역사적 정황에서 태어난 예언이다. 아하즈(Ahaz, BC 736~716 재위)는 유다왕국의 12대 왕인데 북조인 이스라엘왕국이 앗시리아(앗수르)에게 정복당하자 매우 비굴하게 앗시리아와 타협하면서 생존을 모색했던 인물이다. 그는 이방인컬트에 탐닉하여 자기 아들을 태워 죽이는 끔찍한 제사를 지내기도 했고 온 마을 곳곳의 이교도적 서낭당에 분향을 하기도 했고 앗시리아의 상왕에게 참배하러 다메섹에 가있는 동안 자기가 본 앗시리아의 이교 제단에 너무 반해서 솔로몬이 만든 성전의 청동 제단을 그것의 복제품으로 대치시킨 그런 비굴한 인물이었다. 아하즈는 이렇게 제단까지 앗시리아식으로 바꾸어 과잉충성을 표현하려 했던 것이다.

처녀는 젊은 부인

이사야는 유다왕국의 네 임금, 웃시야, 요담, 아하즈, 히스기야를

섬긴 유대민족의 가장 위대한 선지자였다. 상기의 예언은 이사야가 아하즈왕의 이러한 앗시리아 충성주의를 비판하면서 아하즈왕에게 하나님의 징표가 나타날 것이라고 경고하는 장면이다. 이때 "처녀"는 성교를 경험하지 않은 처녀가 아니고, 바로 아하즈왕이 새로 맞이한 젊은 부인을 가리킨다. 아하즈왕의 새 부인이 곧 아들을 낳게 될 것이라고 예언하고 있는 것이다. 그 아들의 이름을 "임마누엘"(하나님께서 함께 하신다는 뜻)이라 하리라고 한 것은 딴 뜻이 아니라 네 아들은 너와 같이 앗시리아 이교숭배를 하는 그런 못된 짓을 하는 인간이 아니라, 하나님께서 우리와 함께 계시다고 확신할 수 있을 만큼 항상 하나님을 공경하는 절대신앙의 인물이 될 것이라는 예언을 하고 있는 것이다. 그런데 왜 이런 오류가 발생했을까? 그것은 마태복음의 저자가 이 구절을 히브리성경을 읽고 인용한 것이 아니라 셉츄아진트(구약의 알렉산드리아 희랍어역)를 읽고 인용했기 때문이다. 셉츄아진트가 그것을 "처녀"로 오역했던 것이다.

알마아와 파르테노스

그 히브리원어는 "알마아"(almâ)인데 그것은 젊은 여자(a young woman)를 뜻한다. 히브리말로 처녀는 "베툴라아"이다. 희랍어에 있어서도 "알마아"는 "네아니스"에, "베툴라아"는 "파르테노스"(parthenos)에 해당되므로 양자는 혼동될 수가 없다. 그런데 무슨 이유에서인지 셉츄아진트가 "알마아"(젊은 여자)를 "파르테노스"(처녀)로 번역해버린 것이다. 이 단순한 오역이 마태복음 기자의 엉뚱한 오판을 자아냈으나 그것은 오늘까지 신약성서에서 동정녀마리아 탄생설화를 입증하는, 700여 년 앞을 내다 본 구약의 예언으로서 크리스마스 때가 되면 모든 교회에서 뇌까리는 주술이 되고 있는 것이다. 나도 어릴 때 이러한 구약의 예언을 암송하면서 매우 신비롭게 느꼈던 기억이 새롭다. 그러나 신약의 구약인용은 그 대부분이 맥락을 떠난 단장취의(斷章取義)이다. 그래서 신약이라는 문헌을 유대교사람들은 지금까지도 경멸스럽게 바라보고 있는 것이다.

콘텍스트에서 텍스트로

내가 이런 말을 하면, 비록 신학계의 상식적 담론을 반복함에 불과할지라도, 거룩한 독자들은 마치 내가 성서의 권위를 깎아내리려는 듯한 포즈를 취하고 있는 것처럼 오인할 수가 있다. 그러나 반복해서 말하지만 우리가 예수를 믿는다고 하는 것은 예수님의 말씀을 믿는 것이다. 예수님의 말씀을 전하는 복음서 저자의 전달방식을 믿는 것이 아니다. 복음이라는 케리그마는 예수님의 말씀 그 자체 속에 있는 것이지 그 말씀을 드러내기 위한 드라마적 장치나 내러티브적 콘텍스트 속에 있는 것이 아니다. 우리는 콘텍스트가 아닌 텍스트 그 자체로 진입해야 하는 것이다. 만약 예수의 자기이해에 있어서, 예수님 스스로 "나는 순결한 처녀의 몸에서 태어났다"라는 말씀으로 당신의 하나님의 아들됨을 선포하고 있다고 한다면 우리에게 동정녀탄생은 의미있는 케리그마가 된다. 그러나 예수는 단 한마디도 그러한 자기이해를 내비친 적이 없다. 기독교인들이 동정녀 탄생설화와 같은 하찮은 복음서 기사의 진실성에 매달리게 되면 진정한 복음의 내용을 망각하게 될 수 있다는 것이다.

여자여! 가정과의 거리

4복음서에 나타난 예수는 모두 자신을 그의 가정으로부터 분리시킨다. 그의 가까운 친속들은 모두 예수를 "미친놈"이라고 생각했다 (막 3:21). 예수는 모친 마리아를 "엄마"라고 부르기를 꺼려한다. 엄마와 아주 가까이 있을 수밖에 없는 잔치집 같은 이무러운 자리에서도, "여자여! 당신이 나와 도대체 무슨 상관이 있나이까?"(요 2:4)라고 아주 가혹하게 잘라 말한다. 십자가 위에서 죽어가면서도 애처롭게 쳐다보는 엄마에게 "엄마"라는 다정한 말을 건네지 않는다. "여자여! 보소서. 아들이니이다."(요 19:26). 단지 "여자여"라는 거리 있는 호칭을 썼을 뿐이다.

마리아는 어차피 처녀가 아니다

사실 순결한 처녀로서의 마리아의 이미지는 근본적으로 넌센스다. 마가복음 6장에는 예수가 자기 고향 나사렛으로 갔을 때, 안식일에 회당에서 지혜로운 언사와 막강한 권능을 그의 손으로 베푸는 장면이 그려지고 있다. 그때 그 놀라운 장면을 목격한 동네사람들이 이와 같이 말한다.

"이 사람이 마리아의 아들 목수가 아니냐? 야고보와 요세(마태는 요셉으로 표기)와 유다와 시몬의 형제가 아니냐? 그 누이들이 우리와 함께 여기서 살고있지 아니 하냐?"하고 예수를 배척한지라……(막 6:3, 마 13:55~56).

분명 예수에게는 4형제가 있었다: 야고보(James), 요세(Joses), 유다(Judas), 시몬(Simon). 그리고 "누이들"이라는 복수로 보아 최소한 두 명의 자매가 있었다. 그렇다면 마리아는 최소한 예수를 포함하여 7명의 자식을 낳았다. 예수를 성령으로 잉태하여 낳은 것처럼, 남은 6명의 자식도 다 성령으로 잉태하여 낳지는 않았을 것이다. 6명의 자식은 분명 남편 요셉과 동침하여 낳았을 것이다. 마리아가 영원한 동정녀가 될 수는 없다는 것은 성서의 기사 그 자체에 의하여 너무도 명백한 것이다.

야고보와 예수

그리고 야고보는 예수의 사후 예루살렘교회의 리더가 되었던 사람이다. 얼굴이나 인상착의가 예수와 매우 흡사했고 인격적으로도 매우 원만하고 통솔력이 있었던 사람이었던 것 같다. 역사적 예수(Historical Jesus)를 말하는 어떤 학자들은 예수가 죽은 후 제자들에게 다시 모습을 보인 그 부활한 예수는, 예수와 똑같이 생긴 야고보가 예수의 사후 교단을 수습하기 위하여 위로방문하러 다닌 스토리들이 와전된 것이라고 말한다. 예루살렘교단은 그렇게 해서 야고보에 의해서 성립했던 것이다. 헤롯왕도 예수의 소문을 듣고 자기가 목을 벤 요한이 다시 살아났다고 믿고 호들갑을 떨었다(막 6:16, 눅 9:7~9, 마 14:1~2). 예수를 사모하던 사람들이, 그에 대한 애정이 사무치던 사람들이, 야고보를 보았을 때 예수가 살아돌아온 느낌을 가졌으리라는 것은 쉽게 상정할 수 있다. 초기 교부들의 증언에 의하면 예수의 동생 야고보는 금욕주의자였으며 주색을 철저히 금하였으며, 자기 몸에 일체 작위적 행위를 가하지 않았기에 면도도 하지 않았다고 한다. 그러나 신비적이지 않고 매우 합리적인, 그러면서 내공이 강했던 사람으로 알려졌다.

그런데 성서는 이런 방식으로 접근하면 사실에 접근하기는커녕 점점 그 본질로부터 멀어져만 간다는 것이다. 예수의 동정녀탄생을 정당화하기 위해서는, 누가 그리고 있는 것처럼, 물론 예수는 마리아가 낳은 첫 아기가 되어야 한다(눅 2:7). 그러나 야고보의 의젓한 리더십을 상고해보면, 야고보가 예수의 동생이 아니라 형이었을 수도 있다. 예수라는 동생의 사역과 수난의 삶을 이해하고 소리없이 후원한 인물이었을 수도 있다. 그렇게 되면, 동정녀탄생을 고집하는 한에 있어서는 예수는 필경 사생아(bastard)가 되어버리고 만다. 『사기』의 저자 사마천은 공자를 세가(世家) 속에 존엄하게 그리면서도 그가 숙량흘(叔梁紇)의 사생아임을 명백하게 밝히고 있다. 안씨녀(顏氏女)와 야합(野合)해서 낳았다고 했으니(紇與顏氏女野合而生孔子), 정식 결혼절차를 밟지 않고 들판에서 그냥 교합하여 낳은 자식이라는 뜻이다.

성서의 왜곡

 물론 복음서의 기자들에게 그런 사실의 기록은 전혀 고려의 대상이 아니다. 그러나 복음서가 헬라세계에 퍼지자 이미 2세기 중엽이면 동정녀마리아탄생설에 관한 신랄한 공격이 들어온다. 이방인 철학자 켈수스(Celsus)는 동정녀탄생설은 단지 예수가 사생아라는 사실을 은폐하기 위해 만든 조작기사라고 주장하면서, 그 당시 갈릴리에 와있던 로마 병정 판테라(Panthera)라는 사람에게 마리아가 강간당하여 낳은 아기라는 역사적 사실을 설득력있게 논파하고 있는 것이다. 초기 교부들은 마리아의 순결한 처녀 이미지를 계속 고집하기 위하여 예수의 다른 형제·자매들은 요셉의 전처소생이라고 둘러댔고, 4세기의 위대한 성서학자 제롬(Jerome)도 이 형제·자매들은 예수의 사촌(cousins)일 것이라고 둘러댔다. 참으로 구차스러운 변명이다. 성서신학자들이 성서를 있는 그대로 읽지를 아니 하고 왜곡하고 있는 것이다.

마리아 컬트

 마리아는 성서에 즉해서 말한다면 가톨릭성당 입구에 서있는 성모마리아상이나 중세기 성화에 그려져 있는 순결한 처녀의 모습이 될 수는 없다. 최근 KBS 드라마 『서울 1945』 속에 나오는 고두심분(扮)의 "엄마상" 정도의 모습이야말로 마리아의 참모습이었을 것이다. 여러 남매들을 거느리고 참혹한 고난의 세월을 견디어 가면서도 소리없이 끈질기게, 그리고 한없는 사랑과 인자한 가슴으로 살아가는 평범하고 주름진 노경의 여자였을 것이다. AD 2·3세기에만 해도 초대교회에 마리아 컬트(Maria Cult)는 존재하지 않았다. 신의 모습의 담지자(테오토코스, Theotokos)로서의 처녀 마리아의 숭배는 기실 콘스탄티누스대제의 기독교공인 이후에 생겨난 것이다. 기독교도가 되면 갑자기 많은 이권과 특혜를 누릴 수 있었기 때문에 엄청나게 많은 이교도들이 갑자기 기독교로 개종하여 입교하였고, 이들은 소아시아와 근동의 토착적 이교문화를 기독교로 가지고 들어왔다.

이들은 엄격하게 위계질서적인 가부장제의 수장격인 남성유일신 사상에 적응하기 어려운 사람들이 많았다. 서낭당에서 여자 무당들과 뒹굴면서 서왕모(西王母)와 같은 대지의 여신(Mother Goddess)을 숭배하던 사람들은 순결한 처녀 예수 어머니 마리아의 모습이 신의 어머니(Mother of God)처럼 비쳐졌고, 이것이 토착적인 미스테리 컬트와 결합하면서 점점 독자적인 마리아 컬트로 발전해간 것이다. 그것은 우리나라 절간에 칠성각이 자리잡는 것과 완전히 동일한 현상이다. 마리아 컬트가 소피아(지혜의 여성 의인화)사상과 결합하면서 동방교회중심으로 발전하였고 그 극치를 선보이고 있는 것이 그 유명한 콘스탄티노플의 하기아 소피아(Hagia Sophia), 즉 현 이스탄불의 소피아 성당이다. 그것은 천상의 지혜를 과시하는 소피아니즘(Sophianism)의 대표적 걸작품이다. 즉 찬란한 칠성각이라 해야할 것이다.

요한복음의 탄생설화 제거

　요한복음의 저자는 예수는 태초로부터 존재했던 말씀이라고 했다. 그렇게 되면 예수는 처녀 마리아의 자궁에서 비로소 태어나는 그런 존재가 아니다. 그렇게 되면 예수는 시간의 생성과 더불어 이 세계로 진입하는 존재이기 때문에 시간의 어느 시점에서 탄생될 수 있는 그런 존재일 수 없는 것이다. 따라서 요한복음서에는 처녀마리아 탄생설화나 유년설화와 같은 일체 자질구레한 이야기가 다 빠져버린다. 세례 요한에게 세례를 받을 필요도 없고, 또 받아서는 아니된다. 왜냐하면 예수의 신적 권위는 세례 요한의 세례로써 확인되는 것이 아니라, 이미 그 이전부터 로고스라는 존재성의 권위로써 확보된 것이기 때문이다. 누가복음의 저자는 처녀 마리아의 성령잉태를 보다 사실적으로 보이게 만들기 위해 세례 요한의 잉태과정을 병렬시켰고, 그러기 위해서 세례 요한의 엄마 엘리사벳(Elizabeth)과 예수의 엄마 마리아를 사촌간으로 만들었다. 그러니까 예수는 세례 요한과 6촌간이 되는 셈이다. 과연 이런 식의 복음서의 팽창과정이 우리에게 무슨 의미가 있을까? 이런 구질구질한 이야기들을 늘어놓는 누가와 마태의 방식과 "말씀이 육신이 되어 우리 가운데 거하시매"(요 1:14)라는 단 한마디의 말로 예수의 출생과 성장, 그 모든 것을 한 큐에 이야기해버리는 요한복음의 두 방식 중에서 과연 어떠한 이해방식의 진실성을 선택해야 할른지는 성서축자무오류설을 말씀하시는 거룩하신 독자님들 스스로 선택해야 할 문제이다. 나 도올이 확실히 말할 수 있는 것은 나는 오직 성서 속에서 성서의 입장만을 가지고 이야기하였다는 것이다.

예수의 부계족보와 부계가 부정된 동정녀탄생

재미있는 것은 동정녀 마리아 탄생설화를 얘기하면서도 마태와 누가는 다같이 예수의 족보를 진술하고 있다는 것이다. 마태복음을 열면 이와 같이 시작된다.

> 아브라함과 다윗의 자손 예수 그리스도의 세계(世系)라. 아브라함이 이삭을 낳고, 이삭은 야곱을 낳고, …… (마 1:1~2).

그런데 누가복음의 족보는 마태와 달리 예수로부터 거꾸로 올라간다.

> 예수께서 가르치심을 시작할 때에 삼십 세쯤 되시니라. 사람들의 아는 대로는 요셉의 아들이니, 요셉의 이상(以上)은 헬리요, 그 이상은 맛닷이요, 그 이상은 레위요, 그 이상은 멜기요, …… (눅 3:23~24).

족보학에 밝은 한국인들 왜 성서족보학의 문제점은?

우리 한국인들이 이 지구상에서 가장 족보학에 관심이 많은 민족이다. 민간 레벨에서 우리나라처럼 모든 집안마다 장구한 족보를 간직하고 있는 문명은 이 지구상에서 유례가 별로 없다. 그런데 족보는 본시 부계혈통의 정통성을 과시하기 위한 것이다. 그런데 마리아 처녀잉태 사실은 바로 부계의 혈통을 단절시키기 위한 장치이다. 예수는 하나님의 아들이지 요셉의 아들이 아니다. 그런데 족보는 요셉의 족보다. 참으로 이런 넌센스가 어디 있는가? 한국인들처럼 족보에 민감한 사람들이 성서를 읽을 때는 이러한 명백한 불일치에 관하여 의문을 제기하지 않는다. 여기에 바로 마태·누가의 고민이 있다. 예수의 출생을 범용한 인간의 출생과는 다른 것으로 그려야 했음에도 불구하고 또다시 예수를 그렇게 황당무계하게 성령의 잉태로서만 제시하기에는 너무도 설득력이 부족했던 것이다. 예수에게 유대민족의 구체적 역사지평을 부여해야만 했다. 그 역사지평이란 메시아대망사상이었고, 메시아는 반드시 다윗의 혈통에서 태어나야만 했던 것이다.

할아버지부터 모조리 다른 두 개의 족보

그래도 족보를 읊어대려면 한국인들처럼 비슷하게는 읊어야 한다. 그런데 재미있는 것은 두 개의 족보를 비교해보면 달라도 이건 너무 황당무계하게 다르다. 아버지인 요셉까지는 일치하지만 요셉의 아버지인 할아버지부터 그 이름이 일치하지 않는다. 마태는 요셉의 아버지가 야곱이라 했고 누가는 헬리라 했다. 그 이상부터도 서로 들어 맞는 이름이 단 한 번도 없다. 그리고 마태의 기록에 의하면 다윗까지 28대인데, 누가의 기록에 의하면 다윗까지 43대이다. 누가의 족보에 의하면 29대 할아버지의 이름이 또 다시 예수라는 이름으로 되어있다. 이것은 각기 다른 전승에 의거했다기보다는 각기 다른 상상력이 발동했다고 보아야 할 것이다. 마태는 그래도 족보가 아브라함에서 끝나지만, 누가의 경우는 족보가 아브라함(57대)에서 다시 노아, 므두셀라를 거쳐 아담에 이르기까지 20대를 더 거슬러올라가 결국 하나님에 이르게 된다. 결국 예수의 78대조 할아버지가 하나님이 되는 것이다. 이것은 아무래도 좀 이상하지 아니한가? 예수와 하나님을 인간의 혈통족보로 연결시키다니! 하여튼 누가는 예수는 요셉의 아들이 아니라는 것을 입증하기 위하여 동정녀 탄생설화를 만들었고, 또다시 요셉의 혈통을 하나님에게까지 연결시켰다.

* 내가 우리말 개역한글판을 읽으면서 발견한 탈문이 누가복음 3:33에 있다: "그 이상은 아미나답이요, 그 이상은 아니요." 이 두 대 사이에 한 대가 누락되어 있다. "이 이상은 아미나답[Amminadab]이요, 그 이상은 아드민[Admin]이요, 그 이상은 아니[Arni]요,"가 되어야 한다. 우리말성경의 국제적 공신력과 관계되는 중대사안이다. 대한성서공회에 이 부분의 개정을 요청한다. 뿐만 아니라 관주성경전서본 우리말 성서에 오식이나 오자가 적지않게 발견된다. 막 6:3의 예수 형제 중의 하나인 "요셉"은 "요세"(Joses)로 표기되어야 한다. 역대상 3:1의 "압논"은 "암논"이 되어야 한다. 그것은 명백한 오식일 뿐이다(cf. 사무엘하 3:2). 로마서 5:4의 "鍊鍛"(연하)는 "鍊鍛"(연단)으로 바로잡아야 한다. 요한복음 10:33, 36의 "借濫"(철람)은 "僭濫"(참람)으로 바로잡아야 한다. 생각보다 많은 오류가 있을 것으로 사료된다.

천하의 호적조사

누가복음 제2장 첫머리는 다음과 같이 시작된다.

이때에 가이사 아구스도가 영을 내려 천하로 다 호적하라 하였으니 이 호적은 구레뇨가 수리아 총독 되었을 때에 첫 번 한 것이라. 모든 사람이 호적하러 각각 고향으로 돌아가매 요셉도 다윗의 집 족속인 고로 갈릴리 나사렛 동네에서 유대를 향하여 베들레헴이라 하는 다윗의 동네로 그 정혼한 마리아와 함께 호적하러 올라가니……

이러한 언급은 매우 역사적인 사실에 근거하여 예수 집안의 불가피했던 행보를 얘기하고 있는 것처럼 보인다. 여기서 말하는 "가이사 아우구스도"(Caesar Augustus, BC 63~AD 14)는 바로 줄리어스 시이저(가이사)가 죽은 후 안토니우스와 로마를 양분해가졌던 옥타비아누스를 말한다. 안토니우스는 세기의 여인, 28세의 만개한 미모의 클레오파트라를 바로 바울의 고향 다소(Tarsus)에서 만났고 그 순간부터 클레오파트라의 매력에 사로잡혀 결국 옥타비아누스에게 무릎을 꿇게되는 끊임없는 실책을 저지르게 된다. 안토니우스와 클레오파트라를 무덤으로 보낸 옥타비아누스는 로마 전체를 장악했고 그의 치세는 팍스 로마나(Pax Romana)의 시작을 의미하는 것이었다. 로마는 옥타비아누스의 젊고(클레오파트라보다도 6살 연하) 강력하고도 유능한 리더십 아래서 점점 공화정체제에서 황제의 제국으로 변모해간다. BC 27년 1월 16일 원로원은 옥타비아누스에게 만인을 초월한 존자라는 뜻의 아우구스투스(Augustus)라는 존칭을 부여했다. BC 23년 호민관 특권을 장악하면서 그는 명실공히 로마 최초의 황제가 되었던 것이다.

예수가 태어난 시대가 가이사 아구스도 즉 황제 옥타비아누스의 전성시대였던 것은 확실한 사실이다. 그러나 이 당시의 로마 역사기록은 매우 자세하게 남아있다. 그런데 황제 옥타비아누스가 로마제국 전체에 호구조사(worldwide census)를 명한 사례가 존재하지 않을 뿐 아니라, 로마는 공화정의 전통을 가진 나라였기 때문에 그러한 발상이나 유례가 있을 수가 없었다. 단지 과세(taxation)를 목적으로 지방총독 명으로 해당 관할구에서 호구조사를 할 수는 있었다. 그러나 예수가 탄생한 BC 4년경에는 팔레스타인에서 그러한 호구조사가 행하여진 사례가 없다. 뿐만 아니라, BC 4년경에는 시리아(수리아)의 총독으로 구레뇨(퀴리니우스, Quirinius)라는 인물은 있지도 않았다. 사가 요세푸스는 『유대고대사 *Jewish Antiquities*』 속에서 팔레스타인에서 최초의 로마식 호구조사가 이루어진 사례를 언급하고 있는데 그것은 AD 6년의 사건이다. 헤롯대왕의 아들 아켈라우스(Archelaus)를 골(Gaul) 지방으로 축출해버리면서 그가 지배하고 있던 영역인 유대(Judea), 사마리아(Samaria), 이두매(Idumea)를 시리아로 병합시켰을 때 과세를 목적으로 호구조사를 행하였던 것이다. 이때는 시리아의 총독으로 퀴리니우스(Publius Sulpicius Quirinius)가 재임하고 있었다. 그러니까 누가의 머리에선 이런 사건들을 "혼동했다" 하기보다는 상상력 속에서 적당히 짜맞춘 것이다. 누가는 호구조사를 아주 평화스럽게 진행된 당연한 역사적 사건처럼 서술하고 있지만 실제로 호구조사는 유대인들에게는 엄청 불편하고 불만스러운 사건이었으며 이 호구조사로 인해서 대규모의 반란이 일어났다. 사도행전 5:37에 언급되고 있는 유다가 그 리더였는데 갈릴리 사람이 아니라 가말라(Judas of Gamala) 사람이었다. 그의 반란은 아주 강력한 대규모의 반란이었는데 로마 당국은 아주 가혹하게 철저히 진압했다.

원적지 호구조사는 있을 수 없다

그리고 누가의 기록이 아주 비상식적이라는 것은 모든 호구조사는 원적(原籍)을 중심으로 이루어지는 것이 아니라, 어디까지나 조사대상의 사람이 실제로 거주하고 생활하고 있는 현주소를 중심으로 이루어지는 것이라는 원칙에 비추어서도 알 수 있다. 호구조사의 목적이 과세인 이상, 원적으로 사람을 다 이동시켜서 그 원적에서 모든 식구가 조사를 받는다는 것은 관료제도적으로도 불가능한 사태일 뿐 아니라 의미없는 짓이다. 현주소의 삶의 터전에서 호구조사를 해야 과세가 가능하기 때문이다.

예수와 그의 아버지 요셉은 분명히 나사렛에서 태어나고 성장한 사람들이다. 그런데 예수에게 다윗혈통의 정통적 후계라는 메시아적 이미지를 부여하기 위해서는 예수는 다윗의 출생지인 베들레헴에서 출생해야만 했다. "아닌 밤에 홍두깨" 식으로 예수를 갑자기 베들레헴에서 탄생시키기 위해서는 복음서의 저자는 "원적 호구조사"라는 기발한 명분의 픽션을 만들어냈던 것이다. 나사렛에서 베들레헴까지는 중간에 사마리아의 험난한 지역을 거쳐서 예루살렘에서 더 남부로 가야하는 700리길이다. 옛날에 자동차가 있지도 않았고, 목수 신분의 요셉은 만삭에 가깝도록 배부른 마리아를 데리고 터덜터덜 700리길을 걸어갔을 텐데, 그것도 단지 원적 호구조사에 응하기 위하여…… 좀 상상하기가 어렵다. 만약 AD 6년의 호구조사를 기준으로 예수의 탄생연대를 잡는다면 예수의 공생애 사역의 시작은 누가 자신의 진술로 볼 때 티베리우스 황제 15년이므로(눅 3:1), 예수의 나이는 불과 22세밖에 되지 않는다. 22세의 청년이 제자를 거느리고 천국의 복음을 선포하였다는 것은 좀 문제가 있다. 그런데 더욱 재미있는 것은 성서 자체내에 있는 명백한 증거들이다. 요한복음 7장 41절을 한번 펴보자!

> 혹은, "이가 그리스도라." 하며, 어떤 이들은, "그리스도가 어찌 갈릴리에서 나오겠느냐? 성경에 이르기를, 그리스도는 다윗의 씨로 또 다윗의 살던 촌, 베들레헴에서 나오리라 하지 아니하였느냐?" 하며, 예수를 인하여 무리 중에서 쟁론이 되니,(요 7:41~43; 『요한복음강해』 277~80)……

이것은 예수의 말씀을 들은 무리들 중에서 예수가 메시아냐 아니냐 하고 쟁론이 벌어지고 있는 장면을 묘사하고 있는데, 최소한 이 군중의 쟁론 속에서든지 이 쟁론을 기록하고 있는 저자 요한의 의식 속에서 예수가 베들레헴에서 태어났다는 사실은 완전히 배제되어 있다. 전혀 그러한 사실을 군중도 저자 요한도 모르고 있는 것이다.

헤롯의 유아살해의 허구성과 마태의 문제의식

또 마태복음에는 예수가 베들레헴에서 태어난 후 헤롯이 그것을 알아차리고 베들레헴과 그 모든 지경(地境) 안에 있는 사내아이를 박사들에게 자세히 알아본 그 때를 표준하여 두 살부터 그 아래로 다 죽이라 명하였고(마 2:16), 그래서 요셉은 아기와 모친을 데리고 애굽으로 피신해 있다가 헤롯이 죽은 후에야, 그것도 베들레헴으로 돌아가지 않고 곧바로 갈릴리 지방의 나사렛으로 가서 살게되었다고 적고 있다. 그러니까 마태는 예수의 부모가 원래 나사렛 사람이 아니라 베들레헴에서 살던 사람으로 그렸던 것이다. 왜냐하면 마태는 "원적 호구조사"라는 기발한 아이디어가 없었기 때문에 처음부터 다윗의 고장 베들레헴 사람으로 그렸고 그것을 정당화하기 위해서 복음서 앞머리를 족보로써 시작하였던 것이다. 그러나 이 식구를 나사렛에 가서 살게 하기 위하여 동방박사와 헤롯의 유아살해의 드라마를 삽입했다. 그러나 헤롯왕이 아무리 무지막지한 인간이라 할지라도 근거없이 떠돌아 다니는 현자("박사"라는 표현은 박사학위의 소지자처럼 일정한 제도를 거쳐 자격을 얻은 존자라는 뜻이 생겨나는데 이러한 번역은 오해의 소지가 크게 있다. 원어는 마고이 *magoi* 인데 원래 마술사라는 뜻이다. 바빌론 지역의 점성술에 달통한 현자wise man 정도의 의미가 된다)의 말 몇마디를 듣고 자국의 국민을 그렇게 무자비하게 살해한다는 것은 있을 수 없는 이야기이고 실제로 그러한 역사적 사실은 존재하지 않았다. 여기서 마태가 노리고 있는 것은 예수의 탄생을 모세의 이미지와 오버랩시키는 것이다. 헤롯의 유아살해는 바로 파라오의 유아살해를 전이시킨 것이다. 구사일생으로 강물에서 건져진 모세와 구사일생으로 현몽 덕에 피신한 예수의 이미지가 또다시 애굽땅을 배경으로 전개되고 있는 것이다. 여기에 마태복음의 저자의 독특한 인식구조가 있다. 그는 신약의 케리그마를 철저히 구약의 맥락 속에서 규정지으려 하고 있는 것이다.

케리그마의 본질적 성격

성서를 이렇게 한 줄 한 줄 분석해들어가면 사실(史實)과 부합하는 것으로서 살아남을 수 있는 기사가 별로 없을 것이다. 다시 말해서 우리의 분석방법이 근원적으로 잘못된 것이다. 복음서의 저자는 역사적 사실을 보도하려고 이 복음서를 쓰고 있는 것이 아니다. 기쁜 소식을 어떻게 하면 효과적으로 전달할 수 있을까? 어떻게 하면 예수가 단순한 인간이 아니라 하나님의 아들이라는 것을 설득력 있게 선포할 수 있을까? 이런 문제를 고민하고 있는 것이다.

우리는 그들 정보의 역사적 근거(historical security)를 말하기 전에 구성적 창조성(compositional creativity)을 말해야 한다. 그것은 기억된 역사(history remembered)가 아니라 역사화된 예언(prophecy historicized)이다. 여기서 예언이란 사전(事前)의 예언이 아니라, 사후(事後)에 그 예언적 전거를 모색해낸 것이다. 역사적 사실로서의 수난(the historical passion)이 예언적 수난(the prophetic passion)으로 발전하고, 그 예언적 수난이 또 다시 내러티브적 수난(the narrative passion)으로 구체화 되어 복음서에 등장한 것이다(Crossan, Jesus 21, 145).

물론 『춘향전』도 "숙종대왕 즉위초년 서울 삼청동 사시는 이씨양반 한분이 계시는데 세대 잠영지족(簪纓之族)이요……"하고 시작하고, 『심청전』도 "송나라 원풍팔년 황주 동화동에 봉사 한사람 사는디 성은 심이요 이름은 학규라……"하고 시작한다. 모두 이 사건이 정확한 역사적 정황을 배경으로 하고 있는 것처럼 서술되고 있는 것이다. 숙종 초년은 1674년이고, 원풍 팔 년은 1085년이다. 그렇다면 우리는 춘향과 심청의 이야기를 정확한 연대기 속에서 뒤져야 할까?

케리그마의 양식

물론 내가 이렇게 이야기를 하면 진지한 독자들은 금방 대꾸를 할 것이다: "그렇다면 성서의 기록을 우리는 춘향전과 같은 노래가사의 수준으로 이해해야 한단 말인가? 이 이상의 픽션도 아무것도 아니란 말인가?" 물론 그렇지는 않다! 복음서의 저자가 모든 것을 완벽하게 픽션으로서 날조했다는 것을 말하려는 것은 아니다. 복음서는 분명히 역사의 지평을 깔고 있다. 그리고 복음서의 저자들도 예수라는 역사적 지평에서 발생한 많은 구술이나 성문화된 전승들을 충실하게 수집하고 종합하려고 노력했다. 그러나 복음서는 어디까지나 복음서의 양식이 있다는 것이다. 우리는 그러한 양식에 대하여 진위판단을 내리기 전에, 그것을 하나의 양식으로서 이해하여야 한다는 것이다. "2006년 12월 10일 대통령 아무개는 중앙청 앞에서 돌연히 사망하였다"라는 기사가 분명히 신문에 났다고 하자! 물론 그 기사가 사회면 기사로 났다고 하면 우리는 사실적 변화에 대한 충격을 느끼면서 그것의 진위를 가리려 할 것이다: "그게 정말 사실인가?"

그러나 그것이 신문 속의 소설의 한 줄로 났다고 하면, 아무도 그것의 진위를 가리려는 노력을 하지는 않을 것이다. 왜냐하면 같은 언어, 동일한 정보라 하더라도 그것이 표현된 양식의 자리가 다르기 때문이다.

사회면의 기사는 사회부기자의 육하(六何)원칙에 따른 정확한 기술양식이 있다. 그러나 소설면의 기사는 살아있는 인물을 패러디한 어떤 문학적 양식에 따라 기술되었을 것이다. 같은 내용이라도 양자의 표현양식은 매우 다르다. 복음서는 일차적으로 케리그마라는 양식의 소산이라는 것이다.

성서의 디컨스트럭션

가톨릭신학계만 하더라도, 확고한 전통교설이었던 교황의 무오류성(Infallibility)을 인정하지 않는 한스 큉(Hans Küng, 1928~)이나 그보다는 보다 온건한 칼 라너(Karl Rahner, 1904~84)와 같은 신학자를 무조건 이단자로 휘몰지는 않는다. 교황의 무오류성이 인정되지 않는다면 당연히 복음에 대한 복음서 저자의 무오류성도 인정되지 않는다. 교회의 전승과 하나님의 말씀을 혼동하면 안된다는 것이다. 큉은 복음의 우선권이 인간문화의 소산인 성서의 우선권을 의미하는 것은 아니라고 주장한다. 복음과 성서는 구별되어야 한다. 복음의 절대적 규범은 성서 안에 있는 예수 그리스도일뿐이며, 성서 자체와 복음이 동일시될 수 없다는 것이다. 다시 말해서 **복음을 위하여 성서는 항상 해체될 수 있고 또 해체되어야만 하는 것이다. 복음을 컨스트럭트하기 위해서는 성서를 디컨스트럭트해야 하는 것이다.** 복음의 핵심과 성서를 구별하는 방법은 무엇인가?

나 도올은 말한다. 그것은 곧 예수님의 말씀 그 자체로 우리의 실존 그 알몸으로 뛰어들어가는 것이다. 예수님의 말씀을 직접 해후하기 위해서는, 그 말씀을 드러내기 위하여 동원한 모든 언어적 표현에 우리는 기만당하지 말아야 한다. 복음서의 핵심은 예수님의 말씀에 있다. 그 말씀을 맥락지운 내러티브적 콘텍스트나 드라마적 구성에 있지 아니 한 것이다. 예수님의 말씀과 만나기 위해서는 우리는 언어를 계속 초월해야 한다. 그러나 우리가 만나는 성서는 인간의 언어로 구성되어 있다. 따라서 우리는 언어를 통하여 끊임없이 언어를 벗어나야 한다. 그래야만 우리는 성령과 해후할 수 있게 되는 것이다. 복음서의 언어의 대강은 케리그마라는 양식으로 구성된 것이다. 그 양식을 우리는 양식으로서 이해하는 동시에 그 양식을 초월해야 하는 것이다. 그 양식을 버리지 않는 한 우리는 그 양식을 초월할 수가 없다. 버리기 위해서는 이해해야 한다. 성서는 모든 건전한 텍스트비평의 지평 위에서 합리적으로 토론되어야 하며, 그러한 토론 속에서만 복음의 핵심은 드러날 수가 있는 것이다. 그리스도는 역사적으로 축적된 교회의 도그마 속에서는 발견될 수가 없다. 오로지 인간의 경험과 그 경험의 심연에서 나오는 질문 속에서 직접 해후될 수밖에 없는 것이다.

4 복음서의 저작연대

많은 사람들이 복음서의 발전단계를 "마가→누가→마태→요한"의 순서로 비정(比定)하지만 나는 "마가→마태→누가→요한"의 순서로 비정한다. 누가복음과 사도행전은 1·2부작으로 한 사람에 의하여 세트로 저술되었다는 것이 통설이지만, 요즈음의 연구성과는 양자가 꼭 동일한 저자의 작품이라고만 볼 수 없다는 견해도 만만치 않다. 그리고 사도행전은 생각보다는 후대의 작품으로 비정되는 경향이 강하기 때문에 누가복음 또한 시대가 그렇게 많이 거슬러 올라가지는 않는다. 다드의 말대로 어차피 누가와 마태의 저술연대는 거칠게 잡아도 AD 75년부터 AD 95년 사이의 사건이 확실하며, 그 사이에서의 선후관계라든가 정확한 저술시기의 확정은 거의 불가능하다. 고대사의 기술은 정확할수록 부정확할 때가 많다. 따라서 마태와 누가의 저술연대는 보는 이의 관점에 따라 상대적 비교연대(relative chronology)가 가능할 뿐이다.

마가의 자료수집 태도

나는 마가복음이 로마에서 성립되었다는 설을 받아들이지 않는다. 마가복음의 저자는 갈릴리 사람이 분명하다고 나는 생각한다. 갈릴리 지역의 초대교회전승을 충실히 수집하여 예수를 철저히 갈릴리의 지평 위에서 선포하고 있다. 아마 성립시기는 70년 예루살렘 멸망 직후였을 것이다. 로마저작설을 주장하는 사람들은 마가가 팔레스타인 지리를 정확히 모르고 있다고 비판한다. 예를 들면, 마가복음 제5장에 예수가 거라사인의 지방(the country of the Gerasenes)에서 귀신들린 사람을 만나 악령을 추방하는데, 그 악령이 돼지 속으로 들어가 이천 마리나 되는 돼지떼가 바다를 향하여 비탈로 내리달아 바다에서 몰사하는 장면(막 5:13)이 나온다. 그런데 말하기를 거라사와 갈릴리 바다와의 거리는 60km나 떨어져 있어서 그렇게 돼지떼가 우루루 내려가 죽을 수 있는 곳은 아니라는 것이다. 그러나 이러한 묘사 때문에 마가가 갈릴리 지역 지리를 모른다고 말할 수는 없다. 마가는 타지역에서 거라사인의 이야기를 듣고 추정했을 것이다. 따라서 "거라사인의 지방"이라는 표현을 썼어도, 그것은 실제로 데가볼리 지역에 속하는 갈릴리 호수의 남동쪽 연안의 작은 촌락을 무대로 한 것이다. 무덤 사이에서 예수와 신들린 사람이 만나는 음산한 장면, 돼지 속으로 신들린 사람의 악령을 집어넣는 장면, 그리고 돼지축산을 망친 시골사람들이 손해배상을 청구할 수는 없고 그저 빨리 떠나만 달라고 간구하는 장면, 그 모두가 갈릴리 지역의 토착적 풍속과 분위기를 모르는 사람이면 묘사하기 어려운 장면들이다.

 마가가 신앙이 없는 유대인을 지독하게 비판하고 있다고 이야기하지만 마가는 유대 일반, 특히 유대 민중을 비판한 적이 없다. 그가 비판한 것은 그 중의 특정집단인 율법학자, 바리새파 사람들일 뿐이다. 하여튼 마가가 갈릴리 사람이며 갈릴리의 토착적 분위기에 젖어있는 사람이며 갈릴리를 맨발로 걸어다니며 갈릴리에서 자료수집을 행하였으며, 팔레스타인 교회의 정통적 전승과 함께 팔레스타인 북방의 민간설화로서 전해지고 있던 예수에 관한 담론들을 채집하여 결합시켰다고 하는 사실에 관하여서는 타가와 켄조오(田川建三)씨의 논증이 매우 깊이있고 치밀하고 설득력이 있다. (田川建三 著, 서남동 監修, 김명식 譯, 『原始그리스도교硏究』: 제목과는 달리 마가복음서의 성격규정에 모든 지면을 할애하고 있다. 동양인이 성서에 관해 쓴 보기드문 명저이다.)

이것이 바로 바알 (Baal)신이다. 라스 샴라(Ras-Shamra)에 있는 바알신전의 BC 14세기 스텔레 부조이다. 왼손에 잡고있는 나무는 비옥한 초생달지대의 주목인 삼나무인데 성서에는 백향목으로 나온다. 예루살렘 성전도 이 나무로 지었다. 그 끝은 창모양으로 되어 있어 전투적 성격도 있다. 오른 손에 치켜든 것은 인도의 인드라신이 들고있는 금강저와 같은 벼락방망이이다. 바알이나 제우스나 인드라나 모두 벼락의 신이며, 구름을 타고 다니며 풍우기상을 지배하기 때문에 다산성(fertility)의 상징이며, 사랑과 풍요의 신이다. 바알은 가나안의 토착신이며 셈족어로 "주인" "남편" "주님"의 뜻이다. 이스라엘 사람들은 젖과 꿀이 흐르는 가나안에 정착한 이후로는  야훼보다는 이 바알을 섬기기를 좋아했다. 바알은 이집트의 오시리스와 동일시되기도 했다. 바알은 농경문화와 더 밀접히 관련있고 인간적이었고 질투심이 없었으며 너그러운 사랑의 신이었기 때문에 거부감이 없었다. 구약의 집요한 테마는 이 바알신앙의 어필을 차단시키는 것이다. 그러나 바알이 있었기에 야훼가 의미있었을지도 모른다. 결국 이스라엘 농민들에게 야훼신앙을 관철시키기 위해서는 바알의 기상콘트롤 능력을 야훼 자신이 소유하지 않으면 안되었다. 바알은 자연의 신이었고 야훼는 초자연의 신이었다. 그러나 야훼신앙 속에도 바알신앙적 요소가 깊게 침투해들어갔다는 사실을 우리는 염두에 두지 않으면 안된다. 야훼 유일신앙은 이러한 다이내믹한 신들과의 투쟁구조 속에만 의미를 갖는 매우 복합적인 것이었다.

제10장 마태복음과 누가복음

구약의 성취로서의 마태복음

　마가복음서가 공전의 히트를 치면서, 참담한 패배와 굴욕감 속에서 의욕을 상실하고 민족적 프라이드가 손상되고 다이애스포라에로의 해체분위기가 짙어가던 유대인 사회에 무엇인가 새로운 활력을 집어넣고 정신적 위기감을 극복할 수 있는 구심점으로서 복음의 중요성이 부상하기 시작한다. 따라서 마가복음서보다 보다 완정한 복음서 증보개정판을 내려는 노력이 이루어진다. 마가복음서는 예수의 수난과 부활(passion and resurrection)이라는 패러다임을 제시했지만, 누가와 마태는 예수의 수난과 재림(passion and parousia)이라는 패러다임을 제시했다. "수난—부활"과 "수난—재림"은 다르다. "수난—재림"의 패러다임이 성립하려면 부활 후 이야기(post-resurrection naratives)들이 첨가되어야 하고 또 승천이 있어야 하며 재림에 대한 약속이 제시되어야 한다. 누가와 마태에서는 처녀탄생과 유년설화, 부활 후 이야기들이 앞뒤로 증보된 것이다.

마태복음의 제일의 특징은 우리가 탄생·유년설화를 고찰하면서 논파했듯이 예수의 복음을 철저히 구약의 성취로 보려고 한다는 점이다. 다시 말해서 유대교와의 단절이 아닌 연속 속에서 복음을 규정하려고 한다는 것이다. 마태복음은 일차적으로 "유대인의, 유대인을 위한 복음"이다. 당시 초대교회에서는 아직까지 유대화파의 입김은 강렬했고, 유대인들의 이탈은 공포스러운 것이었다. 초대교회의 기둥들은 어디까지나 유대인이었다. 그리고 물론 예수와 그의 제자들도 유대인이었다. 예수는 민족개념을 초월한 인물이었지만 그렇다고 예수는 이방인을 위한 선교를 따로 구상한 사람은 아니었다. 따라서 유대인들을 교회에 붙잡아두기 위해서는 그들에게 하나님이 같이 하고 계시다고 하는 확신을 던져줄 필요가 있었다. 이스라엘의 시대, 율법의 시대, 예언의 시대가 이제 예수의 시대, 복음의 시대, 성취의 시대로 전환했다고 하는 믿음을 던져줄 필요가 있었다. 마태복음의 시작은 "임마누엘"(Emmanuel)이라고 하는 구약의 예언이다. 임마누엘은 "하나님께서 우리와 함께 계시다."(마 1:23)라는 뜻이다. 그런데 마태복음의 마지막도 이렇게 끝난다.

내가 세상 끝날 때까지 너희와 항상 함께 있으리라 하시니라 (마 28:20).

마태복음의 그 유명한 산상수훈(the Sermon on the Mount)도 하나님께서 우리와 항상 함께 하고 계시다는 것을 입증할 수 있는 우리의 삶의 태도에 관한 권면이다. 의를 위하여 핍박을 받는 자들이여! 복이 있도다! 천국이 너희 것이다. 너희는 이 세상의 소금이다. 너희는 이 세상의 빛이다. 나는 항상 너희들과 함께 살면서 너희로 하여금 하나님의 계명을 지키도록 도와주고 너희들이 실족할 때는 용서하면서 권면한다. 마태의 저자는 낭독을 듣는 이로 하여금 하나님이 항상 예수 속에 거한다는 것을 깨닫게 하고, 따라서 예수의 제자가 될 것을 각오케한다: "아무든지 나를 따라 오려거든 자기를 부인하고 자기 십자가를 지고 나를 좇을 것이니라. 누구든지 제 목숨을 구원코자 하면 잃을 것이요, 누구든지 나를 위하여 제 목숨을 잃으면 찾으리라."(마 16:24~25).

누가의 세계사적 지평

마태의 궁극적 관심은 유대인중심의 교회공동체였으며, 율법의 성취로서의 사랑의 윤리를 강조함으로써 새 이스라엘의 구속사를 제시하는 것이었다. 이에 비하면 누가는 매우 국제적이고 관심의 폭이 넓다. 따라서 나는 시대적으로 마태가 유대인으로서 복음을 유대교적 지평 위에서 편집한 노력이 누가의 세계사적 지평보다는 앞서는 것이라고 생각한다.

현재 진행되고 있는 나의 논의를 명료하게 이해하기 위해서는 다음의 도표를 독자들이 머릿속에 집어넣고 따라오는 것이 좋을 것 같다.

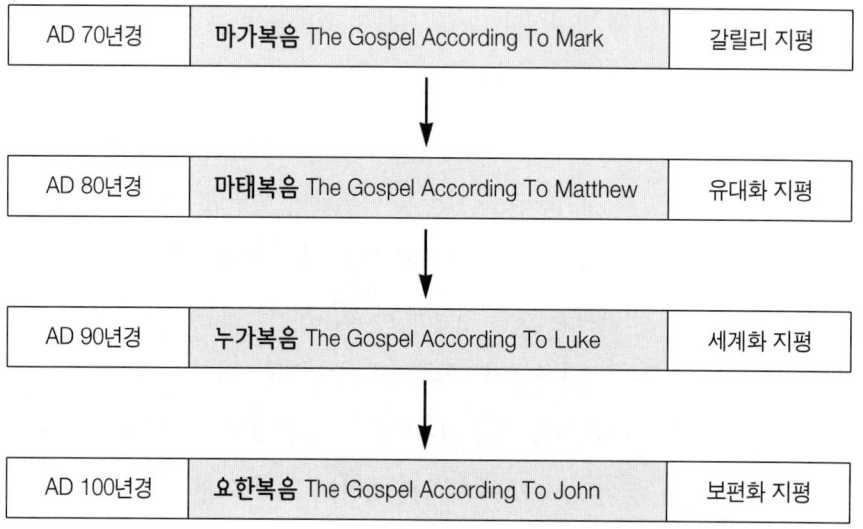

〈4복음서의 저작연대와 성격〉

누가복음은 이와 같이 시작된다.

> 우리 중에 이루어진 사실에 대하여 처음부터 말씀의 목격자 되고 일꾼 된 자들의 전하여 준 그대로 내력을 저술하려고 붓을 든 사람이 많은지라. 그 모든 일을 근원부터 자세히 미루어 살핀 나도 데오빌로 각하에게 차례대로 써 보내는 것이 좋은 줄 알았노니, 이는 각하로 그 배운 바의 확실함을 알게 하려 함이로라 (눅 1:1~4).

구전전통과 성문전통

"우리 중에 이루어진 사실"이라는 말은 예수라는 사건이 역사적 지평 위에서 이루어졌다는 것을 확인하는 말이다. "평범한 우리와 같은 인간들 사이에서 일어났던 역사적 사실," 그 예수의 사건에 관하여, "처음부터" 즉 예수의 당대로부터 "말씀의 목격자"가 되고 "일꾼"(ministers, 사역자, 전도자, 선교자) 된 사람들이 전하여 준 "내력"이 많았다는 것을 언급하고 있다. 이 내력이라고 하는 것은 누가 이전에 매우 다양한 구전전통(oral tradition)이 많았다는 것을 확언하고 있는 것이다. 그런데 그 구전전통은 얼마 전에 성문전통(written tradition)으로 바뀌었다. 다시 말해서 복음서라는 문학양식의 출현을 누가는 정확히 제시하고 있다.

"그 내력을 저술하려고 붓을 든 사람이 많은지라." 다시 말해서 다양한 복음서가 출현하였다는 것을 분명하게 예시하고 있다. 구전전통시대가 성문전통시대로 바뀌었고, 붓을 든 사람도 한두 사람이 아니라, "많았다."

그런데 나는 그 많은 성문자료들을 있는 그대로 다 수용할 수는 없었다. 그래서 나는 새롭게 모든 것을 나 나름대로 근원부터 자세히 미루어 살필 수밖에 없었다. "미루어 살핀다"는 "엄밀히 조사 연구한다"는 뜻을 내포한다.

여기 "근원부터 자세히"란 말 속에는, 구전이 문서화되는 과정에서 전승자료의 수집과 선택과 편집, 불가피한 수식과 신앙적인 강조, 또는 교회의 입장의 반영 등 해석학적으로 매우 부정확한 사태가 기존해있었다는 것을 암시하고 있다. 여기 "자세히"(closely)란 말의 원어에는 "정확하게"(accurately)라는 뜻이 강하게 내포되어 있다. 부정확한 기존의 정보들을 근원부터 정확하게 재구성해야 할 필요성을 느꼈다는 누가의 고백이다. 그러니까 기존의 구전자료, 성문자료를 제1차 자료로 하고, 그 1차 자료에다가 자신이 근원부터 정확하게 미루어 살핀 새로운 2차 자료를 합성하여 체계적으로 다시 만든 복음서가 바로 자신의 누가복음서라는 것을 밝히고 있는 것이다. 이러한 머리말의 양식은 당시 헬라세계에 있어서 역사가로서 어떠한 역사서술(historiography)을 하려할 때 매우 전형적으로 사용하던 양식이다. 마태복음이 모세5경이나 기타 구약의 전통적 구성양식을 모델로 하고 있는 것과는 매우 대조적이다. 문제는 그 다음의 헌사(dedication)이다.

데오빌로는 누구일까?

누가는 이렇게 새롭고도 체계적으로 집필한 예수의 복음서를 데오빌로(Theopilus, 테오필로스) 각하에게 보낸다고 밝히고 있는 것이다. 그렇게 해서 데오빌로 각하께서 읽고 여태까지 예수에 관하여 얻어들은 바가 허황된 것이 아니라 확실한 사실이라는 것을 깨닫게 하려 한다는 것이다.

여기 과연 테오필로스가 누구인가 하는 문제에 관하여 여러 논란이 있어왔다. 분명 "각하"(크라티스토스)라는 존칭이 붙어있는 것을 보아 그는 분명 로마의 고위직의 어떤 인물이었을 것이다. "각하"라는 존칭은 사도행전에서 헤롯 아그립파 1세의 딸 드루실라와 결혼한 유대지방의 로마 총독 벨릭스(Felix, 펠릭스, AD 53~60 재직)와 그의 후임자인 베스도(Festus)에게 붙여지고 있다(행 23:26, 24:3, 26:25).

혹자는 누가가 안티옥 교회를 중심으로 활동한 사람이기 때문에 데오빌로는 안티옥 교회의 부자였으며 누가의 복음서집필을 재정적으로 후원한 로마 사람이라고 말한다. 혹자는 데오빌로는 도미티안 황제(AD 81~96 재위)의 조카며 상속자인 플라비우스 클레멘스일 것이라고 추정한다. 그의 아내 도미틸라는 황제의 친척이었으나 그리스도교신앙 때문에 순교당하였다. 그러나 이러한 이야기들은 추측일 뿐 아무런 근거가 없다.

한 사람의 열독을 위한 서한양식이 아니다

만약 이 복음서가 로마의 고관에게 기독교의 기원과 발전을 상세히 기술하여 이해시키려는 목적에서 집필되었다면 로마관리들에게 불리한 기술들, 예수의 재판이나 반로마적 감정을 자아내는 상황들이 빠졌을 것이다. 그러나 누가는 강력하게 기독교옹호론적이다. 누가는 과연 나사렛의 예수가 누구인가라는 질문을 끊임없이 던지면서 동시에 예수의 제자가 된다고 하는 문제가 과연 우리의 삶에서 무엇을 의미하는가 하는 테마를 집요하게 추적해나가고 있는 것이다.

우리가 상식적으로 생각해야 하는 것은 누가복음이나 사도행전과도 같은 방대한 저술이 로마 고관 1인의 열독을 위하여 집필되었다고 하는 가설 그 자체가 너무도 터무니없다는 것이다. 누가복음은 1차적으로 초대교회에서 낭송되기 위한 목적으로 집필된 원고라는 것은 너무도 명백한 것이다. 대중을 위한 케리그마 문학양식이지 한 사람의 열독을 위한 설득용의 서한양식이 아니라는 것이다. 이러한 명백한 사실과 저자인 누가 자신의 언급을 어떻게 조화시켜야 할까?

근대철학의 아버지, 르네 데카르트(René Descartes, 1596~1650)는 근대를 열었다고도 할 수 있는 『방법서설 Discourse on the Method』을 처음 출판할 때(1637) 익명으로 했다. 지금 보면 두려울 것이 아무 것도 없지만, 당대의 분위기로서는 떳떳하게 이름을 거는 것이 매우 공포스러웠던 것이다. 그리고 그 뒤로 4년 후에(1641) 『제1철학에 관한 명상 Meditations on First Philosophy』을 출판했을 때 그 서문을 보면 매우 장황스러운 헌사가 붙어있다: "파리대학의 성스러운 신학패컬티의 박사님들과 학장 각하님께." 그리고 그의 과학과 형이상학에 관한 견해를 압축시킨 『철학의 원리 The Principles of Philosophy』를 출판했을 때도 매우 장황한 헌사가 붙어있다: "신성로마제국의 선거권 제후이시며 팰러타인 백작이신 보헤미아의 왕, 프레데릭의 큰 따님,

가장 고요하신 엘리자베스 공주 각하님께." 임마누엘 칸트도 그의 유명한 종교철학 저술, 『이성만의 한계 속에 머물러야 할 종교 Religion Within the Limits of Reason Alone』(1793)를 출판하고 나서 프러시아의 왕 프레데릭 윌리암 2세에게 엄청나게 혹독한 야단을 맞았다. 그리고 더 이상 종교에 관한 언급을 하지 말라는 경고를 받았다. 근세에도 이랬는데 기독교를 탄압하던 로마세계를 향해서 붓을 든 누가는 어떠했을까? 데카르트가 헌사를 당대의 유력한 사람들에게 바침으로써 자신을 보호하려고 한 것과 같은 작전이 누가에게도 있었을 것이다.

테오필로스, 하나님을 사랑하는 자

우선 "테오필로스"라는 이름을 분석해보면 이것 자체가 이미 누가의 국제적 안목에 의하여 만들어진 조어임이 명백히 드러난다. "테오필로스"의 "테오"(Theos)는 하나님이라는 뜻이다. "필로스"는 지혜의 사랑을 뜻하는 필로소피아의 필로와 같은 어원이다. 다시 말해서 "테오필로스"는 "하나님을 사랑하는 자"라는 뜻이다. 이 "테오필로스"(데오빌로)에다가 고대 로마의 기사단 이상의 계급에게만 붙일 수 있는 "각하"(크라티스토스)라는 존칭을 붙임으로써 이미 이 복음서의 낭송을 듣는 사람들로 하여금 로마의 고위층 관료 내에도 예수가 선포하는 하나님을 사랑하고 경외하는 사람들이 많으며 그들이 누가를 지원하고 있다고 하는 느낌을 갖게 만든다. 그리고 복음서와 같은 특정인을 대상으로 하지 않는 문학장르에 있어서, 특히 누가와 같이 인류 전체의 메시아로서의 그리스도를 만방에 선포하려는 의도를 가지고 있는 상황에서는, 헌사라는 것은 자유로운 것이다. 예를 들면 내가 남·북한문제의 평화적 해결을 모색하는 기쁜 소식을 전 인류를 대상으로 전하는 논문을 발표할 때 그 앞에 가장 말썽을 많이 피울 수 있는 미국의 대통령에게 헌사를 증정했다고 해서 그게 크게 문제될 일이 있겠는가? 미 대통령 부시의 허락을 따로 받아야 할 일도 없을 것이다.

> 남북평화를 기원하여 그 모든 일을 근원부터 자세히 미루어 살핀 내가 부시 각하에게도 바치는 것이 좋은 줄 알았노니, 이는 부시 각하로 하여금 그 들은 바에서 무엇이 진실한 것인지를 확실히 깨닫게 하려 함이로라.

더구나 사도행전의 서문에는 보다 추상적인 톤으로 그려져있다.

> 오~ 데오빌로여! 내가 먼저 쓴 글에는 무릇 예수의 행하시며 가르치기를 시작하심부터 그의 택하신 사도들에게 성령으로 명하시고 승천하신 날까지의 일을 기록하였노라 (행 1:1~2).

헌사 작전

여기서 문맥상으로 보면 데오빌로는 전혀 중요한 데디케이션의 대상이 아니다. 단지 데오빌로를 저자의 뒷 빽으로 깔고 있다는 것을 독자들에게 상기시키는 정도의 언급에 불과하다. 누가는 청중에게

"내가 먼저 쓴 글," 즉 복음서의 성격을 규정하고 있을 뿐이다. 그것은 예수라는 인간이 이 땅에서 행하고 가르치고 사도들에게 성령으로 명하시고 승천하신, 완벽한 일대기(an individual biography)였다고 선언하고 있는 것이다. 그리고 더 결정적인 것은 "각하"라는 존칭이 빠져있다는 것이다. 이 글이 어느 개인에게 바쳐진 것은 아니라는 것을 암시하고 있는 것이다.

데디케이션까지도 "데오빌로 각하"라는 애매한 이름으로 누가가 날조했다고 비판하기에 앞서, 우리는 누가의 놀라운 드라마적 감각, 그리고 "데오빌로 각하"라는 이름 속에 들어있는 그의 국제적 감각에 박수갈채를 보내야 한다. 그는 복음서를, 마태가 유대인의 지평 위에 놓았던 것과는 달리, 세계인의 지평 위에 놓으려고 하고 있는 것이다. 누가는 분명 유대인이 아닌 이방인이었을 것이다. 그리고 헬라·로마세계의 역사나 문화에 관하여 모든 소양을 지닌 걸출한 지식인이었을 것이다. 그를 바울을 수반한 의사 누가와 동일시하기에는 너무도 문제가 많다. 당시 의사는 사회적 신분이 노예출신이 대부분이었다. 오늘 같은 고위계층의 의사로 생각하면 곤란하다.

누가의 국제적 감각의 언어

앞서 살폈듯이 누가는 예수의 출생 시점을 이야기할 때에도 지역의 총독 이름을 거론한 것이 아니라, 당대 전체 로마세계의 신적 지배자인 가이우스 율리우스 카이사르 아우구스투스 옥타비아누스를 들먹였다(눅 2:1). 예수의 공생애의 시작을 알릴 때도, 로칼한 팔레스타인의 연대를 대는 것이 아니라, "때는 카이사르 티베리우스(Tiberius Caesar)의 통치 열다섯 해째 되는 해였다."라는 식으로 곧 죽어도 로마 황제를 들먹인다.

> 티베료 가이사가 위에 있은지 열다섯 해, 곧 본디오 빌라도가 유대의 총독으로, 헤롯이 갈릴리의 분봉왕으로, 그 동생 빌립이 이두래와 드라고닛 지방의 분봉왕으로, 루사니아가 아빌레네의 분봉왕으로, 안나스와 가야바가 대제사장으로 있을 때에… (눅 3:1~2).

예수의 공생애가 시작된 AD 28년(티베리우스는 재위기간이 AD 14~37이다. 그러니 열다섯 해째는 AD 28년이다) 한해를 이토록 장황하게 설명하는 누가의 감각은 예수라는 사건을 세계사의 지평 위로 올려놓으려는 명백한 의도가 있음을 나타내준다.

예수를 재판하는 장면에서도, 마가와 마태의 일차적 관심은 유대식 재판이며 종교적인 이슈에 있었지만 누가에게 있어서는 로마 법정의 재판양식이 중요하며 예수에게 덮어씌워진 정치적·사회적 이슈가 중요하게 부상하고 있는 것이다. 그는 세계사의 지도 위에 예수의 삶을 펼쳐놓고 있는 것이다.

여기에는 헬라인과 유대인이나, 할례당과 무할례당이나, 야만인이나 스구디아인(Scythian)이나, 노예나 자유민이나 분별이 있을 수 없나니, 오직 그리스도는 만유시오, 만유 안에 계시니라 (골 3:11).

바울과 누가의 보편주의

이러한 바울의 정신을 계승하여 인종이나 계급, 신분, 남녀의 차별을 초월하여 누가는 당대 로마세계의 다양한 청중으로 하여금 예수의 이야기로 이끌리어 들어오게끔 붓을 놀리고 있는 것이다. 누가복음의 마지막에도 "예수의 이름으로 죄사함을 얻게 하는 회개가 예루살렘으로부터 시작하여 모든 민족에게(to all nations) 전파될 것"(눅 24:47)을 기록하고 있다. 또 누가는 예수를 세리와 죄인, 가난한 자의 친구로서 묘사하며, 가냘픈 여인들에게도 특별한 배려를 아끼지 않는다. 세례 요한의 어머니 엘리사벳, 예수의 어머니 마리아, 여자 선지자 안나, 나인성(城)의 아들 잃은 과부, 예수의 발을 눈물로 적시는 막달라 마리아, 예수를 재정적으로 지원하는 많은 여인들, 헤롯의 청지기 구사의 아내 요안나, 그리고 수산나, 그리고 다른 여러 여자들(8:3), 마르다와 마리아, 은전 두 닢을 헌금하는 가난한 과부(21:1~4), 십자가를 진 예수를 따라가며 가슴 치며 통곡하는 많은 여자들(23:27)……. 이러한 모습에서 우리는 누가의 보편주의를 엿볼 수 있다.

우리나라 최초의 한국말 성경

여기에 재미있는 한 에피소드를 첨가하자면 우리나라에 최초로 소개된 우리말 성경이 바로 누가복음서였다는 것이다. 중국 만주에 주재하고 있었던 소격난 장로교회 선교사 존 로스(John Ross)의 발원에 의하여 이루어진 기념비적 사건이었다. 소격난(蘇格蘭)이란 스코틀랜드를 의미한다. 그는 만주 봉천에서 한국상인들을 만나보고 한국에 대한 인상이 좋아 한국으로 선교하러 들어오려고 했는데 도저히 노란머리 푸른눈을 가진 양코배기로서는 대원군의 양이(攘夷)정책이 극성을 부리던 시대에 밀입국하기란 불가능한 일이었다. 하는 수 없이 그는 입한(入韓)은 단념했지만 현명하게도 성경 반입에 대한 뜻을 세웠다. 하나님의 말씀을 번역하기 위해서는 자기 자신이 먼저 한국말을 배워야했다. 그런데 당시 한국말을 가르칠 수 있는 한국인 어학선생을 얻기란 하늘의 별따기처럼 어려웠을 뿐 아니라 죽음을 각오해야 하는 일이었다. 그런데 이러한 로스 목사의 입지를 이해하고 죽음을 무릅쓰고 로스 목사에게 협조하는 한국인들이 있었다. 이들에게 영어를 가르치면서 동시에 한국말을 배웠고 한국어 문법책도 만들고 전도지도 번역하였다.

얼마 후에 로스 목사는 자기와 같은 소격난 장로회 선교사이며 매부인 존 맥킨타이어(John McIntyre) 목사의 후원을 얻고, 한국인 어학선생인 이응현(李應賢), 백홍준(白鴻俊), 서상륜(徐相崙) 제씨의 도움을 얻어, 중국어성경에서 우리말로 옮기는 일을 시작하였다. 그 작업은 1882년말에 끝났다. 그런데 인쇄를 하자니 조선글씨활자가 없었다. 그는 조선말 글자본을 일본으로 보내어 활자를 제조해왔다. 그런데 또 조판할 수 있는 사람이 없었다. 그런데 마침 약행상(藥行商)을 하다가 망한 어떤 떠돌이가 활판기술자였는데 로스 목사의 수소문을 듣고 찾아왔다. 한국어판 누가복음 1천 권이 최초로 인쇄되기에 이르렀다. 1883년이었다. 참으로 눈물겨운 이야기다. 최초의 출판비용은 소격난 성서공회가 담당하였고 그 뒤의 복음서 출판비용은 영국 성서공회가 담당하였다. 한국상인들이 봉천에 와서 휴지를 사서 지게에 지고 가곤했는데 그 휴지뭉텅이에 섞어 누가복음 1천 권을 밀반입시켰던 것이다. 이러한 우리민족의 고난과 환난과 시련과 희망의 역사쯤은 오늘날 기독교인들이 새삼 가슴에 새겨야 할 소명과 감격의 이야기가 아닐까 생각한다.

도회지 중심, 디너 테이블

누가는 문체에 있어서도 유대인들만이 알아들을 수 있는 표현은 피하고, 독자가 이해하지 못할 성 싶은 용어와 지명은 해설조로 다 바꾼다. 그리고 마가가 동사의 시제를 어색하게 구사한 것도 단순과거로 교정해버린다. 그리고 자료수집량이 매우 많고 자료배열도 치밀하다. 마가의 갈릴리 묘사는 시골의 마차길의 흙냄새가 펄펄 난다. 그러나 누가의 갈릴리는 도회지 중심의 인상이 강하게 풍긴다. 마태는 예수를 산 위에 올려놓기 좋아하는데 누가는 예수를 디너테이블에 앉히기를 좋아한다. 마가는 예수를 민중의 영웅적 리더(the heroic Leader)로 그렸고, 마태는 위대한 선생으로 율법의 수여자(the great Teacher and Law-giver)로 그렸고, 누가는 예수를 인류의 친구(the

Friend of Humanity)로 그렸다(Dodd, *Gospels* 29). 마태복음을 교과서적 텍스트라고 한다면 누가복음은 선교용 텍스트라 해야할 것이다. 나는 이렇게 말하겠다. 마태복음을 우직한 정통성을 고집하는 곡성·구례 사람들의 동편제라고 한다면 누가복음은 섬세한 감성과 다양한 가락을 펼치는 보성 사람들의 서편제라 해야할 것이다.

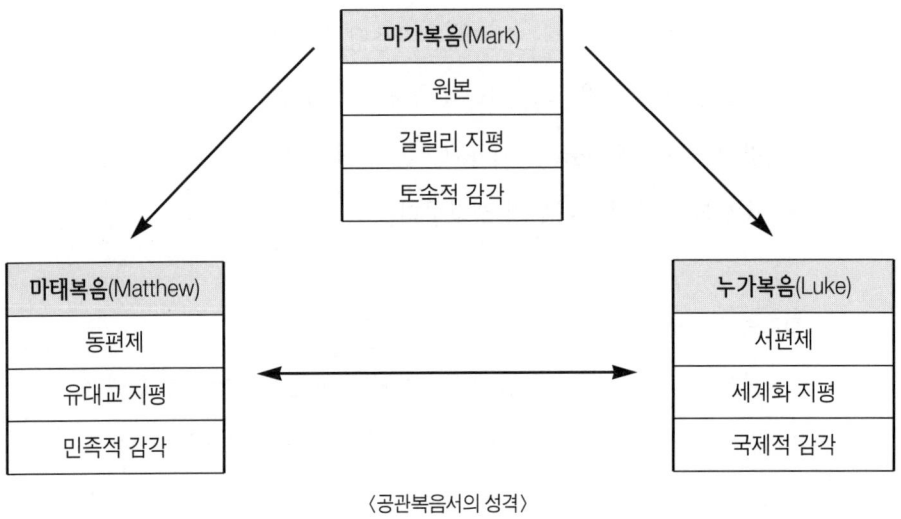

〈공관복음서의 성격〉

공관복음서의 내러티브가 지중해연안의 각 교회에서 판소리(낭송)로 울려퍼지고 있을 때 요한이라고 이름하는 어떤 심오한 사상가에 의하여 공관복음서와는 아주 성격을 달리하는 새로운 복음서가 제작되기에 이른다. 그것은 복음의 새로운 여명이었다.

영국박물관(The British Museum)에 보관되어 있는 코우덱스 시나이티쿠스(Codex Sinaiticus) 요한복음. 요한복음 5:38~6:24 부분이 보인다. 1859년에 시내산 기슭에 있는 성 캐더린 수도원(the Monastery of St. Catherine)에서 티쉔도르프(Tischendorf)가 발견한 4세기의 완정한 사본. 1844년에 그 일부를 먼저 발견했다. 신약성서의 완정한 최고(最古)의 사본이며 언셜체(uncial script)로 쓰여졌다. 이 사본은 러시아의 차르 알렉산더 2세에게 수도원과 희랍정교회의 보호명분으로 증정되었다. 결국 1933년 소련 당국은 이 사본을 10만 파운드에 영국박물관에게 팔았다. 이 코우덱스 시나이티쿠스 사본이 현재 우리가 말하는 희랍어 성경의 주요기준이다.

제11장 요한복음과 로고스기독론

유대교로부터 이탈된 기독교: AD 100년

　예루살렘 멸망이후 한 30년 동안 기독교는 복음서와 함께 놀라운 교인들의 팽창을 기록했고 특히 동방세계에서는 확고한 교회조직을 형성했다. 요한복음서내에서는 유대인(the Jews)이 저주의 대상으로 기독교인과 확연히 구분되어 객화된다: "자기 땅에 오매 자기 백성이 영접치 아니하였도다."(요 1:11). 요한복음서 전체를 통해 "유대인"이라는 표현은 예수의 적대세력으로서 예수의 삶이나 그것을 읽는 우리의 삶으로부터 소외되어 나타난다. 이것은 곧 기독교가 완전히 유대교로부터 이탈되었다는 것을 의미한다. 다시 말해서 요한복음서는 초대교회내에 유대인의 흔적도 찾아보기 어려운 시대에 쓰여졌다는 것을 의미한다. 공관복음서내에서는 예수가 청중들의 일상생활적 삶의 가까운 역사적 지평 속에서 살아 꿈틀거린다. 우리와 같이 생활하고 호흡하는 것이다. 그러나 요한복음 속에서는 예수가 초역사적 지평 위에 있다. 너무도 멀리 있는 것이다. 이미 예수의 이야기는 기억되고 있는 역사 속의 담론이 아니라, 기억 속에는 담기 어려운 추상적 존재의 담론이 되어버린 것이다. 따라서 요한복음은 당대의 한 시점의 사람들에게 이야기된 것이 아니라, 영원한 당대의 사람들, 다시 말해서 인간의 기억이 초월된 영원한 현재로서 이야기되고 있는 것이다. 요한복음 속의 예수는 과거사 속의 한 인물이 아니라 영원한 현재의 인물(the eternal Contemporary)인 것이다. 따라서 요한복음서의 저술연대는 AD 100년 이전으로는 거슬러 올라가기 어렵다.

에베소의 지혜로운 노인

전통적 교설에 따르면 요한복음의 저자는 에베소에 살았던 어떤 지혜로운 노인이라고 한다. 그러나 초대교회의 전설처럼 그 노인이 곧바로 예수의 12제자 중의 한 사람인, 벳새다 사람 세베대의 아들 요한(John the son of Zebedee, 마 4:21, 막 1:16, 눅 5:10, 요한의 형은 야고보)의 늙은 모습이라고 보기는 힘들 것 같다. (혹설에는 요한이 예수의 이종사촌이라고도 한다. 즉 세베대의 부인 살로메가 예수의 엄마 마리아의 여동생이다.) 그러나 최소한 이러한 전설들로부터 우리가 요한복음을 이해하기 위하여 의미있는 것으로 취할 수 있는 측면은, 달관한 사상가의 모습과 예수에 관한 아주 초기전승과 맥이 닿아있는 사람이라는 사실일 것이다. 이 두 사실, 그러니까 달관한 사상가, 독자적으로 초기전승을 꿰뚫고 있는 사람이라는 두 사실은 요한복음을 이해하는 데 지극히 중요하다.

요한복음은 에베소에서 쓰여졌을 수도 있고, 시리아에서, 혹은 알렉산드리아에서 쓰여졌을 수도 있다. 이런 것은 추정일 뿐 아무도 모른다. 단지 확실한 것은 기독교가 이미 완전히 낯선 땅으로 나앉아버렸다는 것이다. 그리고 이방에서 뿌리를 내렸다는 것이다. 동방지중해연안의 대도시에는 거의 다 기독교교회가 성립했고 어떤 교회는 이미 반세기의 전통을 지니게 되었다. 그러니까 이제 팔레스타인이라는 역사적 지평은 추상화되어 버린 것이다. 대부분의 이방신도들에게는 그것은 무지의 대상이었다. 그리고 자연히 기독교내로 모든 이방전통이 역류되기 시작했다. 그러나 대세는 헬레니즘의 언어와 빛깔과 내음새라는 필터를 통해 들어왔다.

영지주의의 혼합요소들

유대교 자체에 내재하고 있었던 모든 다양한 에소테릭(esoteric, 秘傳이라는 말로만은 해석되기 어렵다. 우리의 일상적 인식을 넘어서는 신비롭고 은밀한 사유를 지칭한다)한 전통, 일례를 들면 지혜문학, 묵시문학, 그리고 쿰란공동체에서 나타나는 명백한 이원론적 세계관: 진리의 영과 불의의 영, 악한 영과 선한 영, 의인과 악인, 빛과 어둠, 자유의지와 예정론, 빛의 자녀들과 어둠의 자녀들의 전쟁, 최후의 심판, 메시아사상, 부활사상, 그리고 앗시리아, 바빌로니아, 페르시아 조로아스터교의 이원론적 종교사상, 그리고 이집트의 죽음과 부활의 신

오시리스(Osiris)컬트와 그의 핍박자 세트(Seth), 그리고 희랍의 헤르메스(Hermes)와 동일시된 토트(Thoth)숭배, 그리고 희랍의 토속신앙인 디오니소스축제, 그리고 오르페우스종교, 그리고 그 영향권에서 성립한 플라토니즘의 이원론, 그리고 그것이 다시 개화한 네오플라토니즘의 유출론적 세계관, 그리고 견유학파(Cynics)의 초세간주의, 스토아철학의 금욕주의, 에피큐리아니즘의 쾌락주의, 회의주의학파의 반지성주의적 경향성, 그리고 근동·중동에 배어있던 인도문명적 사유의 실마리들, 이 모든 것이 구분없이 쏟아져 들어왔다.

2세기초의 이러한 자유로운 지적분위기를 우리는 총괄하여 그노스티시즘(Gnosticism) 즉 영지주의라고 부르고 있는 것이다. 그것은 결코 초기기독교내의 이단적 소그룹의 종파가 아닌 것이다. 좀 과격하게 말하면 2세기초부터 이미 기독교는 영지주의 기독교로서 전개되었다고도 말할 수 있는 것이다. 이러한 나의 언급을 독자들이 오해하지 않기를 갈망한다. 나는 기독교를 이단화하고 영지주의화하고 있는 것이 아니다. 초기 기독교는 영지주의 기독교라고 해도 될 만큼 헬라세계의 종교였으며, 그러한 일반분위기에서 어떻게 정통기독교적인 교리가 성립하여 갔는가를 개방적으로 탐색하지 않으면 도저히 기독교의 실상에 접근할 길이 없다는 것이다. 이것은 기독교신앙과는 무관한 역사적 사실의 탐색이며, 오히려 역사적 사실의 개방적 탐색이야말로 오히려 궁극적으로 우리의 신앙을 강화시켜준다는 것을 잊으면 아니 된다. 바로 그 열쇠가 요한복음이다.

심포지움

초기교회에 모여든 헬라세계의 다양한 지식인들은 그들이 알고있는 종교의 개념과는 다른 색다른 종교의 개념과 색깔과 진지함을 원했다. 희랍인들의 언어는 사실 그 언어 자체가 신화적이었다. 그들은 신화의 요람에서 컸다. 그들의 유모가 요람에서 들려주는 다양한 신들의 이야기(=신화 神話)가 그들의 말의 어휘가 된 것이다. 자라나면서 학교교육에서 배운 시인들의 시나 극작가들의 희곡이 모두 신들의 이야기였다. 어슴프레 땅거미가 깔리고 동네 마실을 가면 약속된 아무개집에 모여 술을 마시는 것을 보통 심포지움(symposium)이라고 부르는데, 심포지움 장면에는 반드시 삐딱하게 드러누워 술을 마실 수 있는 소파들이 삥 둘러 놓여있고 그 가운데 안팎으로 신들의 그림이 그려진 희랍 항아리가 놓여있다. 이 항아리에는 포도주가 담겨져 있는데, 당시의 포도주는 요새 같이 정제된 고급 술이 아니라 막걸리 같은 걸쭉하고도 색깔이 짙은 술(퀴케온, 『요한복음강해』 87)

BC 5세기초 파에스툼에 있는 다이버의 무덤 속 한 벽면의 그림. 심포지움의 장면. 가운데 술이 취한 두 남자(호모)가 이글이글 타오르고 있다. 자유로운 대화 분위기. 파에스툼 박물관.

이었기에 항아리나 잔에 술이 담기면 일체 그 속이 비쳐보이질 않았다. 따라서 술을 퍼마실수록 신들의 그림이 드러나게 된다. 그러면서 신에 대한 이야기들은 점점 고조에 달하는 것이다. 이 심포지움은 술 마시기, 시 짓기, 음악연주, 신들에 관한 담론, 위트나 논쟁, 이 모든 것이 반드시 경쟁게임의 형태로 밤을 지새우며 진행되었는데 희랍의 관례로는 남성만이 참여할 수 있었다. 따라서 분위기가 고조에 달하면 동성연애적 장면이 연출되었고, 호모적 섹스행위조차 경쟁적으로 진행되는 것이 보통이었다(현존하는 벽화그림으로 이런 장면들은 정확히 재구성된다).

희랍신들의 퇴폐성

그러나 그들이 말하는 희랍의 신들은 술이나 처먹고, 근친상간이나 강간, 질투와 음모와 살상을 일삼는 아주 퇴폐적 존재들이었으며 인간의 비극적 운명이나 상기시킬까, 전혀 인간의 구원과는 무관한 존재들이었다. 계시라든가 예언자전통이라든가 메시아대망과 같은 그런 사상은 냄새도 없었다. 그것은 근원적으로 희랍인들의 고등한 문화적 향수에 배어있는 말이고 춤이고 그림이며 향락일 뿐이었으며 어떠한 도그마적 강요가 아니었다. 따라서 일관된 교리도 없었으며 특정한 성직계급이나 특권이 없었으며 따라서 교회도 없었고 성경도 없었다. 끊임없이 지어지는 이야기들만 있었을 뿐이다. 그리고 끊임없이 이어지는 심포지움만 있었다. 그들의 삶의 고뇌를 넘어서는 어떤 일관된 믿음의 체계를 제공하는 신경(信經, creed)이 아니었던 것이다. 이러한 퇴폐적, 좋게 말하면 인간적이고도 민주적인 신의 이야기(=신화)전통에 젖어있는 희랍인들에게 인간의 구원을 말하는 유일신 신앙은 참으로 신선하고 충격적인 것이었다. 그들이 만나온 신들은 전혀 도덕적이 아니었다. 그러나 예수가 선포하는 복음 속의 하나님은 강렬하게 도덕적이었고 매우 체계적인 구원(salvation)의 논리를 설파하고 있었던 것이다. 그리고 그것은 절대적인 명령이고 선포였다.

대승기독교의 정점을 향하여

　희랍신화에 젖은 헬라인들은 그들 신화 속의 신들의 아류밖에 안 되는 로마신들에게 그리 큰 매력을 느꼈을 까닭이 없다. 옥타비아누스로부터 황제가 신격화된 후로부터 신의 권위는 날로 세속화되어 갔고 추락해갔다. 글라디에이터의 경기를 아무리 숨죽이고 관람한들 내면의 공허감은 더욱 깊어만 갔다. 그렇다고 근동·중동의 모든 이원론적 신앙은 악의 문제를 너무 쉽게 처리해버렸다. 선신과 악신이 갈라진 이원론적 우주의 드라마 속에서는 인간의 고뇌의 심연을 찾을 길이 없었다. 그것은 글라디에이터의 경기를 관람하는 것 이상의 감동을 주기가 어려웠다. 기독교는 최소한 인간의 악을 인간의 타락으로 설명할지언정 이원적 신의 근원을 설정하지는 않는다. 예수는 근원적으로 인성론(theory on human nature)을 설파한 적이 없다. 왜냐하면 그는 인간의 행위의 당위성을 인성 자체내에서 구하지 않았기 때문이다. 그것은 하나님의 명령일 뿐이며, 우리는 그 하나님의

이 에베소의 거리들의 모습은 장엄했던 국제도시의 풍모를 지금도 어김없이 전해주고 있다. 요한은 바로 이곳의 사람이었다. 그의 지적 풍토의 개방성을 느끼게 해준다. 대리석으로 포장되었고 정교하게 하수도처리가 된 성대로(聖大路, Sacred Way), 110m 평방의 아고라, 켈수스의 도서관, 김나지움, 스타디움, 초대교회유적, 번화가 쿠레테스로(Curetes Way), 고린도스타일의 하드리안 성전, 오데온 등으로 꽉차있는 이 도시는 꼭 한번 방문해볼 만 하다.

명령을 들을 수 있는 마음을 가지고 있을 뿐이다.

 그리고 초대이방교회에 모여든 지식인들은 희랍의 합리적, 로고스적 지적 전통에 젖어있는 사람들이었다. 이들은 기독교라는 인간구원의 종교에 관하여 매우 진지한 해설을 듣기를 원했다. 바로 이러한 헬라·로마세계의 지적대중의 요구에 부합하여 등장한 제4복음서, 즉 완결판적인 새롭고도 최종적인 복음서가 바로 요한복음서라는 희대의 걸작품이다. 그것은 대승기독교의 정점이며 새로운 기독교 역사의 시작이었다.

제4단계의 지평

우리의 논의를 다시 한 번 총체적으로 점검해본다면, 제1단계인 예수의 생애의 시대는 말씀 그 자체의 지평이다. 제2단계인 바울의 서한문시대에는 신의(神義)적 지평이 깔려있다. 제3단계인 공관복음 시대에는 역사적 지평을 새롭게 발견해내었다. 제4단계의 시작인 제4복음서 요한복음은 복음이라는 형식을 이탈하지 않으면서도 공관복음서와는 다른, 복음서에 대한 해석의 지평을 제공했던 것이다. 요한복음은 복음인 동시에 복음의 해석(Interpretation of Gospels)이다.

제1단계 Stage I	BC 4 ~ AD 30년경	예수의 생애	말씀의 지평
제2단계 Stage II	AD 48 ~ AD 68년경	바울의 서한문	신의적 지평
제3단계 Stage III	AD 70 ~ AD 90년대	공관복음서	역사의 지평
제4단계의 시작 Stage IV	AD 100년경	요한복음	해석의 지평

상기의 도표에서 제2단계와 제4단계는 기실 상통하는 측면이 있다. 내가 바울에 대하여 "신의적"(神義的)이라는 말을 쓴 것은, 그는 구체적인 역사적 예수를 말한 것이 아니라 하나님과 인간의 의로운 관계설정의 결정적 계기로서 예수를 발견하고, 신의 아들로서 추상적으로 예수를 이해하고 그 실존적 의미만을 철저히 추구해 들어갔

에베소의 이 대극장은 지금도 연극장으로 활용되고 있는데 음향이 완벽하다. 2만5천명을 수용할 수 있다. 항구로 (Harbour St.)의 동편끝에 있는 이 극장은 사도 바울의 시대와 요한의 시대에도 있었던 것이다. AD 41~117년 사이에 기존의 헬라건축을 로마인이 재건축 한 것이다. 사도 바울도 바로 이곳에서 설교를 하였을 것으로 사료된다. 에베소의 수호신 아르테미스 여신을 지키려는 사람들과 바울과 그를 따르는 크리스챤들이 출동하여 극장에서 대소동을 벌린 사건이 사도행전 19장에 기록되어 있는데, 바로 그 현장이 이 대극장이다. 요한복음의 저자 요한도 바로 이런 극장에서 군중을 움직일 수 있는 지력의 소유자였을 것이다.

다는 맥락에서 내가 쓰고있는 어휘이다. 요한복음도 어떤 의미에서는 철저히 철학적이며 사변적인 우주론을 깔고 예수를 접근해 들어갔다. 다시 말해서 예수의 삶보다 요한의 해석의 틀이 선행하고 있는 것이다. 이것은 공관복음서와 아주 대조적인 것이다. 마가로부터 누가에 이르기까지 공관복음서는 어디까지나 예수의 삶이 선행하며 그에 대한 해석은 듣는 이, 읽은 이로 하여금 저절로 우러나오게 만든다. 그렇다면 요한의 연역적 방법은 매우 위험할 수도 있다. 예수의 실상(實相)이 요한의 해석의 틀에 갇혀버릴 수 있기 때문이다. 그러나 그러한 위험성에도 불구하고 새로운 시대의 헬라세계의 지성인들은 요한과 같은 걸출한 사상가의 해석적 틀을 갈구하고 있었던 것이다. "예수의 족보는 이러하니라" 하고 출발하는 마태복음과 "태초에 말씀이 계시니라" 하고 출발하는 요한복음은 달라도 너무 다르다. 요한시대의 교양인들은 이미 마태복음적 이야기전승으로는 그들의 지적·종교적·예술적·문화적 취향을 만족시킬 수 없었던 것이다. 요한복음은 짙은 철학적 사색을 도배질하면서도 기실 공관복음서가 노리고 있는 모든 케리그마적 성격을 더 드라마틱하고 더 선명하고 더 실존적으로 듣는 이의 가슴에 와닿게 만들었다. 이것이 바로 요한복음의 위대성이다. 사실 오늘 우리가 알고있는 기독교는 요한복음기독교라 해도 과히 어긋나는 말이 아니다. 우리나라 교회 정문에 걸려있는 대부분의 성구들, "나는 길이요 진리요 생명이로다. 나로 말미암지 않고는 아버지께로 올 자가 없느니라"(요 14:6), "진리가 너희를 자유케 하리라"(요 8:32), "진리" "빛" "생명"의 모든 어구가 요한복음으로부터 인용되고 있는 것이다.

요한복음의 해석의 지평에는 영지주의라는 우주론이 깔려있다. 이런 말을 하면 또다시 "영지주의 = 이단사상"이라는 편견 때문에, 요한복음의 이해를 근원적으로 그르치게 만들 수 있다는 우려를 표명한다. 우리나라에서 나오는 요한복음 해설서를 보면 모두 그 모두(冒頭)에 꼭 한마디를 한다: "요한복음은 반영지주의적 복음서이다." (이영헌 역주, 『요한복음서』, 29~31. 참고. 물론 이 책은 훌륭한 요한복음의 연구·주석서이다). 이 말은 "칼 맑스는 헤겔의 유심론체계에 반대하여 유물론체계를 수립하였다"라는 말과 대동소이하다. 칼 맑스의 유물론과 헤겔의 유심론은 물론 상반될지 모르지만 그 양자에는 공통된 변증법구조와 공통된 발전사관구조가 들어있다. 공부를 진지하게 많이 하신 신학자분들의 소신을 내가 비판하려는 것이 아니라, 요한복음이 반영지주의적이라는 것을 100% 수용한다 하더라도, 오늘의 발전적 연구성과에 의하면 영지주의라는 개념이 그들이 반영지주의적이라고 규정하는 모든 속성조차도 흡수하는 사상체계라고 할 때는 "반영지주의적"이라는 규정 자체가 무의미하게 된다는 말이다. 영지주의라는 개념이 기껏해야 가현설(Docetism)과 일치되는, 빛과 어둠, 하나님과 세계, 영과 육의 타협할 수 없는 이원론적 세계관이라고 하는 단순한 도식에 머물러 있기에는 영지주의 문헌의 범위는 너무도 광범위하고 다양하다. "말씀의 성육신"이라는 그리스도론 하나의 논리로 "반영지주의"를 운운키는 어렵다. 발전된 21세기 신학의 성과에 비추어 볼 때 너무 나이브한 언급일 뿐이다. 요한복음의 저자가 철저히 영지주의적 세계관을 이해하고 그러한 어휘로써 새로운 복음의 해석의 지평을 제시하였기 때문에 역설적으로 기독교는 험난한 2·3세기를 살아남을 수 있었다. 사실 기독교를 이 방세계에 전파한 사람이 바울이요, 바울이야말로 기독교를 헬라화시킨 장본인이라고 말하지만, 실제로 헬라세계에서 기독교의 지속성을 보장한 것은 요한의 해석의 틀이었다. 세기가 전환하는 AD 100년경 요한이 출현하지 않았더라면 기독교는 로칼한 동방종교로 사그러질 수도 있었다. 요한의 복음서 하나가 바울의 전도여행의 몇천 몇만 배의 사유의 여로를 열었던 것이다. 자아! 그렇다면 과연 요한 해석의 지평이란 무엇인가?

로고스 그리스도론

그 유명한 로고스 그리스도론(Logos-Christology)이야말로 요한문학의 해석적 지평의 핵심이라는 것은 누구나 아는 사실이지만, 일반 독자들에게는 "로고스"(Logos) 즉 "말씀"(Word)이라고 하는 개념이 매우 생소한 영지주의적 우주론(Gnostic Cosmology)과의 관련 속에서 논의되고 있기 때문에 쉽게 파악되지 않을 뿐 아니라, 그것을 논하는 신학자들도 우리 한국인들에 낯설 수밖에 없는 개념들을 과연 그것이 우리의 일상적 삶에 있어서 무엇을 의미하는지 풀어내지를 않고 우리에게 외래어로서 던져진 개념 그대로 논의를 축적해가기 때문에, 로고스 그리스도론은 막연한 형이상학으로서 타자화되어 있을 뿐이다. 더구나 서양의 신학자들조차도 로고스가 일차적으로 일상적 희랍어의 개념인 만큼, 그것의 희랍철학적 배경으로부터 연속적으로 파악할 수밖에 없는 것임에도 불구하고 그러한 노력을 애초로부터 근절시키고, 그것이 마치 요한복음만의 매우 독특한 세계관인 것처럼 신비화시키고 특수화시키는 경향성이 농후하다. 한국에서 신학을 운운하는 사람들이 신학을 탄생시킨 철학적 사색을 무시하거나, 서양철학사에 대한 기초적 지식조차 가지고 있지 않다는 사실을 발견할 때는 섬짓 놀라움을 금할 길이 없다.

로고스의 신화적 모습이 그의 본 자리를 아주 특정한 세계이해, 즉 영지주의의 세계이해에 두고 있음을 인식하는 것으로 충분하다. 로고스는 우주적-신적 잠재력으로서 처음으로 헤라클레이토스에게서 나오고, 다음에는 스토아철학에서 역사적으로 매우 중요한 역할을 한다. 그러나 이러한 희랍철학적 전통은 여기서 언급될 필요조차 없다. 그 전통 속에서는 로고스가 신화적 모습을 지니고 있지 않기 때문이다(Rudolf Bultmann, *The Gospel of John*, 24).

영지주의는 실체화될 수 없다

불트만의 이러한 언급은 매우 부당하다. 물론 그의 논지의 핵심을 내가 이해 못하는 것은 아니지만 그는 지나치게 요한복음을 영지주의적 세계관이라는 틀 속에서 자리매김 하고 있으며, 더욱이 영지주의라는 것을 지나치게 하나의 특수한 신화적 세계관으로 고정시켜 이해하려는 경향이 있다. 이것은 매우 낡은 사고방식이다. 희랍철학이란 몇몇 철학자의 단편 속에 담긴 특수한 사유체계가 아니다. 희랍어를 사용하던 당대의 사람들의 삶과 언어에 배어있는 일반적 윤리관이나 사고의 경향성을 대변하는 문화적 가치이다. 요한복음의 저자는 희랍어를 사용하는 지식대중을 향하여 복음을 설파하기 위해서 "로고스"라는 개념을 사용하였다면, 그 로고스는 이미 헤라클레이토스(Heracleitus, BC 540~480)로부터 스토아철학에 걸쳐 6세기 동안 전개되어온 바로 그 일반적 상식을 대상으로 설파된 것이다. 그러한 전통과 무관한 특수한 로고스는 이해될 길이 없다. 거의 모든 신학자들이 요한복음 주석을 달면서 요한복음 1장의 로고스는 희랍철학의 로고스와는 무관한 것이라는 말을 입버릇처럼 내뱉는 경향성이 있는데 이것은 참으로 무지막지한 비성찰의 졸언이다. 때로 그것은 철학에 대한 단순한 무지에서 비롯된 것일 수도 있다. 철학과 신학을 그렇게 단절시키면 철학은 점점 드라이해져 어렵게만 느껴지고 신학은 점점 우리의 상식적 삶의 이해구조로부터 소외되기만 한다. 나는 헤라클레이토스의 단편을 펼치면 그 모두(冒頭)에 나오는 말부터 이미 요한복음의 저자가 말하고자 하는 로고스의 성격과 결코 무관한 것일 수 없다는 확신을 갖는다. 그 논리적 심층결구와 그것이 노리는 메시지의 내용이 상이한 것이라 해도. 그러나 지금 내가 헤라클레이토스의 로고스 단편을 펼쳐서 유창하게 해설하기 시작하면 독자들이 또다시 나의 현란한 논술에 놀라 도망갈 것이다(기실 그 대강의 철학적 맥락을 나는 나의 『요한복음강해』 67~110에서 강술하였다). 그러한 전거에 대한 지식의 전제가 없이 도대체 "태초에 말씀이 계시었다"는 말이 과연 무엇을 의미하는지, 우리의 일상언어에 비추어 소박하게 논의해 들어가는 것이 정도일 것이다.

로고스의 일반용법

"로고스"는 아주 평범한 일상적 희랍어로서, "말한다"라는 동사 "레고"(lego: to say, to tell, to utter in words)의 명사형이다. 그러니까 "말" "말함"의 뜻이며 "말씀"(Word)이라는 번역은 매우 좋은 정확한 번역이다. 그런데 과연 "말씀"이라는 게 무엇인가? 한번 이렇게 생각해보자! 우리가 말을 못한다면 어떠할까? 우리에게 "말씀"이라는 것이 없다면 도대체 어떤 일이 있어날까? 이것은 내가 벙어리라서 말을 못한다는 뜻이 아니고, 나의 머릿속에 언어라는 장치가 전혀 없다고 생각해보자! 과연 이 세계는 무슨 의미를 지니고 있을까? 이 세계는 저기 저 바위에게는 과연 무슨 의미를 지니고 있을까? 말씀은 반드시 사고를 전제로 하고, 사고는 사고작용 그러니까 흔히 우리가 정신(mind) 혹은 영혼(spirit)이라 부르는 것과 관련되어 있다. 우리가 말을 할 수 있다는 것은 참으로 행복한 것이다. 우리가 저기 저 바위나 개와 다를 수 있는 것은 말을 할 수 있기 때문이다. 나에게 "말씀"이 있기 때문이다.

말씀과 세계

우리는 저 나무를 어떻게 쳐다보고 있는가? 나무는 저기 우뚝 서있는 물리적 나무이기 이전에 나무라는 말씀이다. 나무라는 말씀으로 인하여 저 나무가 보이고 있는 것이다. 저 나무가 인식되고 있는 것이다. 생물학에서 말하는 세포구조의 매우 자세한 말씀을 소유하고 있는 사람은 저 나무를 우리가 평상적으로 바라보는 것과는 매우 다르게 바라보고 있을 것이다. 물리학의 심오한 말씀을 소유하고 있는 사람은 분명히 우리가 일상적으로 바라보고 있는 것과는 다른 세계를 바라보고 살게 된다. 그것은 분명 우리의 일상적 체험과는 다른 또 하나의 우주다. 다시 말해서 말씀은 우주를 창조하는 신비한 능력을 가지고 있는 것이다. "철자한다" "말을 구성한다"라는 것을 영어로는 "to spell"이라고 하는데 그것은 동시에 "주술을 건다"는 의미가 된다. 말씀은 예로부터 "창조의 주술"로 인식되어왔던 것이다. 요한복음의 첫 장 첫 말은 구약성서의 창세기의 첫 장 첫 말과 상통하는 분위기를 연출하고 있다.

하나님이 가라사대 빛이 있으라 하시매 빛이 있었고… (창 1:3).

하나님은 "빛이 있으라"하는 말씀으로 빛을 창조하셨으니, 결국 이 세계를, 이 우주의 모든 것을 창조한 것은 하나님의 말씀이다.

만물이 그로 말미암아 지은 바 되었으니, 지어진 것이 아무것도
그가 없이는 지어진 것이 없느니라 (요 1:3).

그리고 요한복음보다 600년이나 앞서 쓰여진 헤라클레이토스의 단편은 다음과 같은 말로 시작된다.

내가 아무리 말씀(Logos)에 관하여 기술을 하여도 사람들은 항상 말씀을 이해하지 못한다. 말씀을 듣기 전이나, 말씀을 들을 때조차도 똑같이 말씀이 무엇인지를 모른다. **만물이 이 말씀에 따라 일어나지 않는 것이 없음에도 불구하고** 사람들은 말씀에 관한 체험이 없다. 내가 설명하는 대로 말과 행위를 체험하고 있을 때에도, 내가 만물을 그 구성에 따라 어떻게 작용하고 있는지를 분별시켜

주어도 사람들은 말씀에 무지한 듯하다. 이 세상 사람들은 자고 있는 동안에 무엇을 했는지를 망각하는 것처럼 눈뜨고 있을 동안에도 무엇을 하고 있는지를 알아차리지 못한다(Diels-Kranz, *Die Fragmente der Vorsokratiker*의 번호. Fr. 1).

다시 한번 반복해서 논구한다. 우리가 그리스도인이라 하는 것은 예수를 믿는 것이요, 예수를 믿는다 하는 것은 예수의 말씀을 믿는 것이다. 예수의 말씀을 믿는다는 것은 예수의 말씀을 이해하고 나의 삶 속에서 실천하는 것을 말한다. 그런데 어떻게 예수의 말씀을 이해할 수 있는가? 바로 예수의 말씀을 알아차릴 수 있는 나의 말씀이 내 마음속에 있기 때문이다. 그런데 예수님의 말씀은 곧 하나님의 말씀이다. 그렇다면 결국 하나님의 말씀과 예수님의 말씀과 나의 말씀은 하나로 통한다.

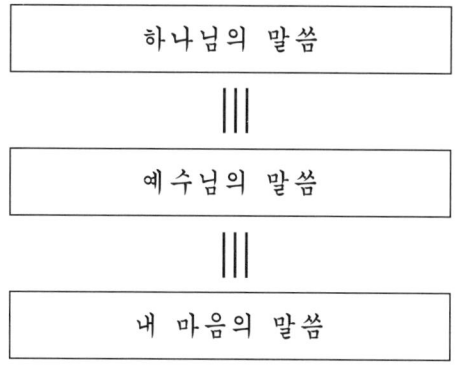

그런데 요한복음이 쓰여질 당시 상황을 생각해보자! 이미 예수라

는 역사적 지평은 사라지고 없었다. 갈릴리 마차길의 풍진 속에, 이글이글 타오르는 태양 아래, 골고다의 언덕 위에 십자가에 못박혀 목말라 하던 예수의 모습은 온데간데 없이 사라지고 없었다. 그렇다면 무엇이 남았는가? 요한시대의 사람들에게 남은 것은 예수님의 말씀뿐이었다. 한번 이렇게 생각을 해보자.

로고스의 화신으로서의 아인슈타인

우리가 잘 아는 물리학의 천재로서 아인슈타인(Albert Einstein, 1879~1955)이라는 사람이 있다. 그가 발견한 상대성이론(theory of relativity)은 우리가 알고 있는 우주의 모든 물리적 법칙의 기초가 되는 새로운 시공론이며 소립자물리학의 새역사를 알리는 혁명적 사건이었다. 그리고 완성은 못했다고 하지만 전자기장과 중력장을 통합하는 그의 통일장론 구상은 하나의 제일적이고 결정론적인 새로운 우주에 관한 통찰로서 지금도 계속 많은 과학자들에게 영감의 원천이 되고 있다. 그런데 그는 이러한 우주의 원리를 범인이 도저히 범접하기 어려운 영감과 수리적 사유로 구성해내었다. 그의 수리적 사유도 물론 그의 말씀 즉 그의 로고스다. 우리에게 이미 프린스턴대학 교정을 걷고있던 역사적 인물로서의 아인슈타인은 별 의미가 없다. 역사적으로 한 인간이 태어나서 공부를 열심히 하고 수리적 사유를 깊게 해서 상대성이론을 발견했다고 생각할 수도 있겠지만, 우리는 그의 천재성을 극단적으로 추상화시켜 이렇게도 표현할 수도 있을 것이다. 그의 수리적 사유의 세계는 본시 하나님의 말씀이었다.

하나님이 말씀으로 창조하신 우주의 법칙을 꿰뚫을 수 있는 특별한 암호와도 같은 로고스였다. 그러니까 그 로고스가 아인슈타인이라는 역사적 인물로서 육화(肉化)되어 나타났다. 그의 정신세계는 이 하나님의 우주에 관한 수리적 비밀로 가득찬 로고스였다. 그래서 그는 어려서부터 청·장년기를 거치면서 오로지 그 로고스만을 말했다. 그리고 그 상대성이론이라는 말씀을 인간세상에 남겨놓고 다시 하나님에게로 돌아가버렸다.

로고스의 성육신

요한은 복음서운동이 진행됨에 따라 유행화된 "예수님 말씀 = 하나님 말씀"의 도식에서 "말씀"만을 추상화시켜서 마치 그것이 독자적인 생명력을 갖는 하나의 존재인 것처럼 표현했다. 따라서 예수라는 역사적 지평은 평범한 인간의 족적이 아니라, 그 말씀, 그 로고스가 인간의 육신의 옷을 입고(Incarnation) 나타난 존재라는 것이다.

> 말씀이 육신이 되어 우리 가운데 거하시매(요 1:14)…

그런데 그 말씀은 "태초에 있었다." "태초"라는 것은 물론 "시간에로의 진입"을 의미한다고 나는 생각한다. "태초에 있었다"는 "시간과 더불어 있었다"는 뜻이다. 그러나 유대교적인 창조론의 발상을 전제로 할 때는 말씀은 시간과 더불어 있었지만 동시에 시간 너머, 시간이 있기 이전에, 우리의 시간인식이 미치지 않는 곳에 있었어야 한다. 왜냐하면 말씀은 인간의 말씀이 아니라 하나님의 말씀이기 때문이다. 요한문학(Johannine Literature)의 한 작품이라고 불리는 요한1서를 잠깐 보자.

> 어느 때나 하나님을 본 사람이 없으되, 만일 우리가 서로 사랑하면 하나님이 우리 안에 거하시고 그의 사랑이 우리 안에 온전히 이루느니라(요 I 4:12).

요한은 말한다. "여태까지 이 지구상의 그 어느 누구도 하나님을 본 사람은 없다."(No man has ever seen God. RSV). 요즈음 우리나라에는 자기가 하나님이라고 하면서 신도들을 등쳐먹는 대규모의 사교종단만 해도 37개나 된다고 한다. 어떻게 이름 석자를 가진 인간이 하나님일 수가 있는가? 하물며 하나님을 본 사람도 있을 수 없거늘. 하나님을 본다고 하는 것, 하나님을 만난다고 하는 것은 시간·공간 내에서, 그러니까 우리가 살고 있는 세계내의 사물을 만지고 보듯이 감각한다는 뜻이다. 하나님은 그러한 존재가 아니다. 하나님은 시간·공간을 초월해 있다. 시공을 초월한 존재에 대하여 우리는 일상적 인식을 가질 수 없다. 우리의 일상적 인식은 시공내에만 머물러 있기 때문이다.

시공이 단절되는 절대적 타자

그런데 전통적으로 구약의 하나님은 인간의 역사(歷史) 속에 역사

(役事)하시는 하나님이다. 만약 하나님이 시공을 초월한 존재로서만 머문다면 그런 하나님이 과연 우리 삶에 무슨 의미를 지니겠는가? 아론의 지팡이를 보내어 애굽의 압박자들을 정죄하시고, 홍해를 가르시고, 만나 항아리로써 먹이시고, 젖과 꿀이 흐르는 가나안땅으로 인도해주시고, 계명을 주시어 살게 해주시었기 때문에, 다시 말해서 이스라엘민족의 역사적 지평 위에 당신의 모습을 드러내셨기 때문에만 하나님은 하나님이 될 수 있는 것이 아닌가? 하나님은 인간의 역사적 지평 위에서 역사하는 동시에, 역사·세계라는 시공을 초월하는 존재라는데 그 아이러니칼한 성격이 있는 것이다. 하나님은 시공이 단절되는 절대적 타자(the Absolute Other)이다. 그러나 하나님은 시공 속에서만 자신을 드러낸다. 어떻게 드러내는가? "말씀"을 통해서만 드러난다. 우리는 하나님의 존재 그 자체에 관하여 아무 말도 할 수 없다. 그러나 하나님의 말씀은 우리에게 전달될 수 있다. 그렇다면 하나님의 말씀을 도올 김용옥의 말씀을 듣듯이 이비에스(EBS), 케이비에스(KBS), 엠비씨(MBC) 방송국 녹화장에서처럼 들을 수 있는가? 그것은 불가하다. 그렇다면 하나님의 말씀은 어떻게 듣는가? 하나님의 말씀은 인간이 임의적으로 듣고 싶다고 해서 들을 수 있는 라디오웨이브가 아니다. 그것은 하나님으로부터 우리에게 일방적인 말씀으로 나타난다. 이 나타남을 계시(Revelation)라고 부르는 것이다. 이 계시는 아무에게나 나타나는 것이 아니라 특별한 권능을 지닌 선택된 자에게만 나타난다. 아브라함에게, 모세에게, 여호수아에게, 다윗에게, 사무엘에게, 이사야에게…… 하나님의 사상은

애초로부터 계시의 사상에 의해 규정되었던 것이다. 하나님을 말하는 것은 곧 계시를 말하는 것이고, 계시를 말하는 것은 곧 하나님을 말하는 것이다. 그런데 요한복음이 묘사하는 예수는 그러한 이전의 선지자나 예언자나 메시아적 왕과는 전혀 다르다. 하나님의 말씀 그 자체가 인간의 모습을 지니고 나타난 것이다. 지상의 인간 속에 한 빛줄기가 계시된 것이 아니라, 하나님의 말씀 그 자체가 인간으로 육화(肉化)된 것이다. 그것은 하나님 그 자체의 화신(化身)일 수도 있다. 아니 그 로고스가 바로 하나님일 수도 있다. 나의 말씀이 곧바로 나인 것처럼.

> 태초에 말씀이 계시니라. 이 말씀이 하나님과 함께 계셨으니, 이 말씀이 곧 하나님이시니라 (요 1:1, 『요한복음강해』 68).

존재론과 구속론의 갈등이 노출되고 있는 이러한 문장의 상세한 해설은 나의 책 『요한복음강해』 제1장 해설에서 다시 전개될 것이다. 그런데 이러한 로고스 그리스도론의 위험성은 예수라는 존재가 시공 밖에 그 존재의 실재적(實在的) 근거를 두고 있기 때문에 역사적 지평 위에서 육화(肉化)된 예수 그리스도는 가현적(假顯的) 허상이 될 수가 있다는 것이다. 그러나 요한복음은 이러한 가현론의 가능성을 철저히 배제한다. 요한은 예수에게 완전한 인성(full humanity)과 완전한 신성(full divinity)을 동시에 부여하고 있는 것이다. 예수는 인간의 말씀과 하나님의 말씀이 해후할 수 있는 유일한 통로로써 모든 절대적 권위를 지니고 나타난다. 그러나 인간의 편에 서있는 예수는 한없이 인간적이다. 따라서 요한복음이 공관복음서에 비해서 매우 신비적이고 추상적이고 영적일 것만 같지만, 오히려 역설적으로 가장 인간적인 섬세함이 가장 극적으로 노출되어 있다. 그 신성과 인성의 콘트라스트, 그 긴장감이 요한복음서를 듣거나 읽는 자에게 가없는 감동을 자아낸다.

나사로를 살리는 장면의 디테일

예를 들면 예수가 죽은 나사로를 살리는 그 유명한 이적의 장면을 한번 보자! 그 기술방식이 너무도 사실적이고 인간적이다: "예수께서는 본래 마르다와 그 여동생과 나사로를 사랑하고 계셨다."(요 11:5). 이것은 평소부터 너무도 마르다, 마리아 두 자매와 그의 오빠 나사로를 잘 알고 있었고 인간적으로 사랑하고 있었다는 애정의 표시이다. 그 두 자매가 애통해하고 있는 장면에까지 예수가 가는 과정도 매우 디테일하게 묘사되고 있다. 많은 유대인들이 오빠의 죽음을 슬퍼하고 있는 마르다와 마리아를 위로하러 와있었다. 예수께서 오신다는 소식을 듣고 마르다는 마중을 나간다. 그동안 마리아는 집안에 있었다. 마르다는 예수께 이렇게 말한다: "주님, 주님께서 여기에 계셨더라면 제 오빠는 죽지 않았을 것입니다……"

마르다는 얼른 집으로 돌아가 자기 동생 마리아를 불러 귓속말로 말한다: "선생님께서 오셔서 너를 부르신다." 마리아는 이 말을 듣고 벌떡 일어나 예수께 달려간다. 마리아는 동네어귀에 서계신 예수님께 달려간다. 그 앞에 엎드려 엉엉 통곡한다: "주님! 주님께서 여기에 계셨더라면 제 오빠가 죽지 않았을 것입니다." 예수께서 마리아뿐만 아니라 같이 따라온 유대인들까지도 우는 것을 보시고 비통한 마음이 북받쳐 올랐다. "그를 어디에 묻었느냐?" "주님! 오셔서 보십시오." 예수께서는 눈물을 흘리셨다. 그래서 유대인들은 말한다: "저것 좀 보시오. 나사로를 무척 사랑했던가 봅니다."

예수께서는 다시 비통한 심정에 잠겨 무덤으로 가셨다. 그 무덤은 동굴로 되어 있었고 입구는 돌로 막혀 있었다. 예수께서 말씀하시었다: "돌을 치워라." 누이 마르다가 "주님, 그가 죽은 뒤 나흘이나 되어 벌써 냄새가 납니다"하고 말씀드렸다. …… 죽었던 사람이 밖으로 나왔는데 손발은 베로 묶여 있었고 얼굴은 수건으로 감겨 있었다. 예수께서 사람들에게 말씀하셨다: "그를 풀어주어 가게 하여라." (11:44).

가현체의 감정일 수 없다

이상은 내가 공동번역을 간추려 요한의 표현대로 그대로 옮긴 것이다. 이 세상의 어떤 드라마보다도 더 리얼하게 더 드라마틱하게 묘사되어 있는 것이다. 이것은 결코 하나님의 로고스로서의 가현체가 이적을 행하고 있는 장면이 아니다. 예수는 한 인간으로서 정말 슬픈 것이다. "비통한 마음이 북바쳐 오르며" 애통해하는 자들과 더불어

"눈물을 죽죽 흘린다." 그리고 "비통한 심정에 잠겨 무덤으로 간다." 그리고 타 복음서 같으면 그냥 "일어나라" "나오너라" 했을 것이다. 그러나 여기에서는 매우 리얼한 상황묘사가 있다. 돌무덤 속에 갇혀 있는 시체는 이미 나흘이나 되었다. 썩은 내음새가 펄펄 나는 것이다. 아니 정말 요한의 문장 그 자체로부터 썩은 내음새가 펄펄 나고 있는 것이다. 그리고 죽은 사람이 밖으로 나왔는데도 그 모습은 염을 해서 삼베와 수건으로 감겨있는 채로 걷고 있었다.

사실인가 픽션인가

많은 사람들이 이러한 예수의 이적을 과연 어떻게 해석해야 할 것인가 하고 당혹한 심사를 금치 못할 것이다. 그것이 사실인가? 과연 가능할까? 그러나 이러한 질문은 무의미하다.

요한복음서는 이미 예수를 로고스로 규정하였다. 그는 시공을 초월하는 절대적 타자로서의 하나님의 말씀의 구현체인 것이다. 따라서 예수의 이적 앞에서는 우리 인간의 일상적 언어나 사유의 범주가 적용되지 않는다. 바로 인간의 일상적 사유의 범주를 초월하는 하나님의 권능의 표징(Sign)이나 상징(Symbol)으로서 요한은 이적을 제시하고 있기 때문이다. 최소한 요한복음에 있어서의 이적은 이론적으로도 아귀가 들어맞는다. 예수는 하나님의 말씀으로서, 로고스로서 규정되었기 때문에 그의 행위는 그 말씀이 인간에게 드러내고자 하는 깊은 의미를 전할 뿐이기 때문이다. 그것은 물리적으로 죽은 자가, 썩은 내음새가 펄펄 나는 송장이 벌떡 일어나 걸어가는 이적일 수도 있지만, *우리의 죽어 썩어문드러져 냄새가 펄펄 나는 영혼의 깨어남을 의미할 수도 있기 때문이다. 우리 주변에 죽은 송장과 같은 인간들이 얼마나 많은가?*

시베리아의 한인 나사로들

1937년 9월 10일 연해주지역에서 평화스럽게 살던 한인들에게 스탈린의 명령이 떨어졌다. 블라디보스톡 역전으로 나와라! 멋도 모르고 얼떨결에 옷가지도 변변히 챙기지 못하고 가방 하나 들고 애기 업고 솥단지 하나 이고 나타난 한인들! 외양간 같은 3단 화물칸에 닭장에 닭을 구겨쳐넣듯, 꼬깃꼬깃 시루떡 앉히듯 사람을 쳐넣었다. 덜커덩 기적 소리가 울리고 열차는 그 추운 시베리아벌판을 몇날 며칠이 아닌 몇달을 갔다. 어린아이들은 추위와 굶주림으로 죽어갔고 아기가 죽었다고 말하지도 못하는 엄마들은 송장 썩은내가 풀풀 나는 아기들을 껴안은 채 같이 죽어갔다. 얌전한 조선의 여인들이 소변을 참다참다 요독이 올라 죽기도 했다 하고…… 그들의 참상을 직접 현지에서 수집해보니, 나오는 것은 눈물과 한숨이요 느껴지는 것은 우리민족의 수난의 애통한 마음뿐이었다. 이렇게 우즈베키스탄, 카자흐스탄, 키르기즈스탄지역으로 20만의 한인이 소개(疏開)되었던 것이다. 어린 자식의 썩은 송장이라도 다시 벌떡 일어나기를 원하는 가냘픈 여인의 심정이 우리 인간의 마음에 남아있는 한 요한이 기록하고 있는 나사로의 이적은 우리에게 의미를 지닌다고 말할 수밖에 없다.

기적을 사실로 강요하는 목사에게 송사도 가능한 현대

한번 생각해보자! 내가 이 글을 쓰고 있는 지금 이 순간에도 이 조선땅에는 일요일이면 교회에 가는 천여 만의 그리스도교 신도들이 있다. 그 중에는 성서의 축자무오류(逐字無誤謬)를 신봉하는 매우 보수적인 목사님도 계실 것이고 그 교설을 따르는 매우 우직한 신도들도 적지 않을 것이다. 목사님은 설교하실 것이다. 예수가 나사로를 무덤에서 살린 것은 사실이며 우리 삶의 역사의 지평에서 일어난 사건이라고. 그리고 그것을 그대로 사실로 믿고 따르는 신도들! 그래서 감명을 받고 교회에 재산을 반이나 바쳤다. 그런데 그 신도의 사랑하던 외아들이 교통사고로 죽었다. 그런데 과연 그 아들의 시체를 교회로 가져와서 이렇게 외치는 자가 있을까?

> 목사님이시여! 당신은 하느님의 권능을 부여받은 주님의 사도라 말했고, 당신은 당신 입으로 분명 송장이 일어나는 것은 거짓말 아닌 사실이라 말했소. 하나님을 믿는 자에게는 그 믿음으로 인하여 썩은 냄새가 풀풀 나는 송장도 다시 살아나는 이적이 일어날 수 있다고 말하지 아니 하였나이까? 그래서 나는 성경을 믿었고 나의 재산도 바쳤나이다. 어서 내 아들을 살려내시오! 어서 내 아들을 불러일으키시오!

심지어 오늘날과 같이 송사가 자유로운 세상에서는 목사님을 사기

죄로 고발하거나, 혹은 목사님의 "사실성"의 주장을 빌미로 변호사를 동원하여 연보환수나 피해보상을 요구하는 송사를 지방법원에 접수할 수도 있을 것이다. 그러나 나는 한국의 기독교가 제아무리 펀더멘탈리즘(fundamentalism)의 극치를 치달린다 해도 이러한 송사나 항변에 관한 보도를 접한 적이 없다. 방송국을 점령하고 무법적 행동을 자행하는 소수 교도들의 광포한 신앙상식에 비추어 논의하자면 이런 보도가 없다는 것 자체가 기적이 아닐 수 없다. 웬일인가? 우리는 무지한 듯이 보이는 일반신도들의 신앙체험의 깊이를 너무도 이해하지 않고 있을 수도 있다. 다시 말해서 나사로를 살리는 예수의 이적을 믿는 한국의 기독교인들은 그 나름대로 이미 불트만이 말하는 "비신화화"(Demythologization)의 과정을 순간순간 체험 속에서 완수하고 있는 것이다. 나는 불트만의 신학보다는 그들의 믿음이 궁극적으로 더 위대하다고 생각한다. 불트만의 심오한 신학언어보다 더 심오한 실존적 의미를 그들은 막연하지만 신화적 기술로부터 체득해내고 있는 것이다. 그것은 이론이 아닌 본능이며, 사실여부와 무관한 언어적 동물의 상징적 기능이다.

7개의 매트릭스

본디오 빌라도(Pontius Pilate, AD 26~36 재직) 아래에서 일어난 확실한 예수라는 역사적 사건이 있다. 그러나 그 역사적 사건의 기술이 요한의 관심이 아니다. 그 역사적 지평의 배면에서 움직이고 있는 하나님의 로고스적인 신비로운 사역(使役), 그것을 예수가 말하고 행동하는 모든 순간에서 드러내려고 하고 있는 것이다. 그것은, 과연 이 우주라는 프로젝트가 우리에게 무엇을 의미하는가? 그 프로젝트 속에 던져진 우리의 삶의 의미를 전폭적으로 묻고 있는 것이다. 요한은 이러한 의미의 징표로서만 기적을 제시했기 때문에 단 7개의 사건만을 기술했다. 시간(5:1~9), 공간(4:46~54), 양(6:1~14), 질(2:1~11), 생사(11:1~46), 인간의 숙명(9:1~12), 자연의 인과(6:16~21), 이러한 문제와 관련된 7개의 상징만을 제시했을 뿐이다. 그것은 우리 실존에 던져지는 의미의 매트릭스(matrix of existential meaning)다(『요한복음강해』 180).

예수의 동선

요한복음이 공관복음과 기술방식의 큰 차이를 보이고 있는 것은 예수의 동선(動線)이다. 예수의 사역의 공간적 시간적 배치에 관한 것이다. 우선 공관복음의 원형인 마가복음은 예수를 갈릴리사역을 중심으로 그렸다. 다시 말해서 예수의 텃밭이 갈릴리 향촌인 것이다. 요한의 세례로부터 시작하여, 천국의 선포, 갈릴리 향촌에서의 기적적 권능의 예시, 예루살렘 제사장 이스태블리쉬먼트를 대변하는 서기관과 바리새인에 대한 저주, 비유로써 제자들에게 천국의 비밀을 말하는 첫 번째 긴 설교, 서서 말하고 움직이면서 말하고, 바다를 건너고, 마귀를 내쫓고, 병든 자를 고쳐주고, 많은 군중을 배불리 먹이고, 서기관과 바리새인과 계속 논쟁하고, 눈먼자를 눈뜨게 하고, 정치적 메시아사상을 거부하고 수난과 죽음과 부활을 예견하고, 마침

내 예루살렘으로 군중의 호산나의 환호성 속에서 메시아적으로 입성, 예루살렘 성전의 잡상들을 뒤엎어버림, 예루살렘 제사장 이스태블리쉬먼트와의 대결, 성전파괴와 재난을 예언하는 두 번째 긴 설교, 최후의 만찬, 가룟 유다의 배반, 체포, 반역·불경죄로 고발됨, 빌라도 총독의 사형판결, 십자가, 빈 무덤에서 벌벌 떨면서 나오는 여인들, 끝. 이 모든 동선이 갈릴리의 너른 들판으로부터, 예루살렘의 수난·죽음이라는 최후의 일회적 사건을 향해 직선적으로 배열되어 있다. 그리고 이 모든 공생애의 사건이 일년도 채 되지 않은 시간내에서 일어나 버린다. 공관복음서는 마가의 원형으로부터 하나도 이탈하지 않는다.

국제도시 예루살렘의 리더

그러나 요한복음의 저자는 예수의 사역을 과감하게 갈릴리중심에서 예루살렘으로 옮겨버렸다. 이왕 예수라는 사람이 누구인지도 모르는 헬라세계 사람들에게는, 강원도 양양 해변에서 활동한 사람이라는 것보다는 역시 서울(首爾)특별시를 무대로 활동한 사람이라고 제시하는 것이 훨씬 더 설득력이 있을 것이다. 예수는 예루살렘에서 세 번의 유월절을 보낸다. 그래서 우리는 예수의 공생애를 보통 3년(AD 28~30)이라는 시간 길이로 설정할 수 있게 된 것이다. (첫째번 유월절 언급은 2:13. 둘째번 언급은 6:4에 있으나 이것은 전후 맥락으로 보면 갈릴리 가버나움 부근에서 일어난 일이다. 그러나 이 유월절은 5:1의 "유대인 명절"과 관련하여 같은 시점으로 해석되어야 할 것이다. 세 번째 언급은

11:55.) 그리고 예루살렘으로 무수히 여행했다고 보아야 한다. 물론 요한복음에는 2:13, 5:1, 7:10, 12:12의 네 차례 예루살렘 여행이 명시되어 있으나 요한은 예수의 행보의 시·공적 배열을 근원적으로 무시하고 있기 때문에 반드시 네 차례라는 직선적 시간배열이 무의미하다.

가퉁을 넘어서

텍스트비평하는 사람들은 가퉁(Gattung)이라고 하는 작은 양식적 단위에만 관심을 집중시키기 때문에 복음서라고 하는 전체의 유기적 특성을 망각한다. 요한복음은 일차적으로 요한복음의 저자 자신의 시각과 의도, 가치관과 인식체계 속에서 분석되어야 하는 것이다. 예수는 갈릴리와 예루살렘을 자유롭게 왕래한다. 다시 말해서 예루살렘 입성과 성전뒤엎음이라는 최종적 사태를 향한 직선적 시간배열은 요한에게는 근원적으로 무의미한 것이다. 예수는 더 이상 "갈릴리 촌놈"이 아니다. 요한의 시간은 평면적 직선이 아니라 입체적 복선이다.

성전정화사건의 초장등장

요한복음에서 공관복음서와 다른 가장 충격적인 기술은 예루살렘 성전에서의 뒤엎음이라는 성전정화(The Cleaning of the Temple)라는 사건을 복음서의 막장이 아닌 초장에 배열했다는 사실이다. 마가복음의 저자는 성전정화야말로 메시아비밀의 결정적 드러남이라는 대사건으로 설정하고 그 사건에서 결정적으로 예수의 수난의 계기가 주어졌다고 암시하고 있는 것이다. 많은 텍스트비평가들이 요한복음에서 성전정화사건이 막장이 아닌 초장에 등장하는 것에 대해 곤혹감을 느끼고 편집비평의 메스를 가하기를 주저하지 않는다. 참으로 가소로운 지성의 유희라 말하지 않을 수 없다!

요한은 3복음서를 다 보았다

요한복음의 저자의 책상머리에는 분명히 마가, 마태, 누가복음, 이 3복음서가 놓여있었다는 것이 현재 성서신학자들의 일치된 결론이다. 과거에는 요한복음은 전혀 공관복음서를 참고하지 않았다고 생각했다. 그러나 요한은 3복음서를 다 보았다. 요한은 체질적으로 마태복음은 좋아하지 않는다. 지나친 유대교적 성향 때문에 보편론자인 요한에게는 매력이 없는 것이다. 그러나 분명히 마태를 참고하였다. 요한은 누가의 국제적 감각을 좋아했지만 가장 그가 존중한 것은 마가였다. 역시 그 마가복음의 소박한 진실성이 그가 복음서를 바라본 기준이었다. 그러나 요한은 이 공관복음서의 사건들을 자기나름대로 생략하고, 덧붙이고, 자세하게 부연하고, 자유롭게 배열하고, 심오한 논술을 첨가할 수 있는 "자유"를 만끽했다. 왜냐하면 그에게 있어서 지상에서의 예수의 사역은 오로지 로고스의 권능과 의미를 드러내기 위하여 동원되는 싸인들에 불과하기 때문이다. 이미 초대교회에 있어서 사도성의 오리지날리티를 주장할 수 있는 사람은 다 죽어버린 상태였다.

재림의 재해석

그리고 요한 시대의 그리스도 공동체를 괴롭힌 가장 큰 문제는 파루시아(Parousia) 즉 재림의 지연이었다. 곧 온다고 믿었던 예수의 재림은 기다려도 기다려도 오지 않았다. 바울부터 "곧" "곧" 하던 그 "곧"이 벌써 반세기가 지나가버린 것이다. 재림의 지연에 대하여 "조금만 더 기다려라! 기다려라!" 하던 초기교회 지도자들의 간증도 이제 맥이 풀리기 시작했다. 막연히 "곧" "곧" 하면서 기다리는 데 이제 신도들은 지쳐버린 것이다. 따라서 요한에게는 이러한 재림대망사상에 대한 새로운 해석이 필요했다. 요한은 암암리 로고스 기독론을 통해 예수의 지상에서의 사역(ministry) 그 자체가 이미 재림이고 재림의 의미라는 것을 암시하고 있는 것이다. 이러한 요한의 관심 속에서는 중요한 것은 예수의 역사가 아니라 예수의 역사에 대한 해석의 지평이었다. 그 해석의 지평에 펼쳐진 예수의 생애, 그 역사는 전혀 공관복음의 직선적 구도를 따를 의무감을 느낄 필요가 없었다.

요한이 성전정화라는 사건을 초장의 한 에피소드로서 제시한 것은 전혀 예루살렘 성전에서의 "뒤엎음"이 예수의 반역의 결정적 죄목이 될 수도 없었고 또 될 필요도 없었다는 것을 의미한다. 어찌 보면 예수의 지상에서의 존재 그 자체가 이미 반역이었고 불화였고 혁명이었다. 그는 세상(코스모스)이라는 어둠으로 던져진 빛이었다. 빛은 어둠과 상극이다. 빛이 어둠을 비친다는 것은, 그 자체로써 이미 어둠의 파괴를 의미하는 사건이다: "세상이 그를 알지 못하였고; 그가 자신의 땅으로 왔으나, 그곳 자신의 사람들이 그를 받아들이지 아니 하였다."(요 1:10~11).

마가, 마태, 누가가 모두 예수가 "성전 안으로 들어가"(Jesus entered the temple. 막 11:15, 마 21:12, 눅 19:45) 돈 바꾸는 자들의 탁자와 비둘기 파는 자들의 의자를 둘러엎었다고 기술하고 있지만, 엄밀하게 예수는 "성전 안으로" 들어갈 수가 없는 사람이다. 그는 제사장 클라스가 아니기 때문에 성전에는 범접할 수 없는 갈릴리 촌사람일 뿐이다.

예수는 성전에 들어갈 수 없었다

예수시대의 예루살렘 성전이란 헤롯이 지은 것으로 제3의 성전(Third Temple)이라고 부르는 것인데 가장 화려했고 가장 규모가 컸다. 제1의 성전은 솔로몬이 지은 것이고 제2의 성전은 바빌론유치에서 돌아와 BC 520~515 사이에 지은 것인데 희랍인들의 정벌(BC 325)과 로마인들의 정벌(BC 63) 때 다 망가졌다. 예수시대의 성전은 헤롯대왕이 재건한 것인데 AD 70년까지 존속한 것이다. 이 제3의 성전은 성전 본 건물이 있고 그 밖에 뜰이 있고 그것을 에워싸는 담이 있고, 그 밖에 또다시 큰 이방인의 뜰이 있고 그것을 로마식 건축물인 거대한 솔로몬의 행각(行閣)이라는 더블 콜로네이드(double colonnade: 두 열의 긴 돌기둥 회랑)가 둘러싸고 있었다. 잡상들이 들어갈 수 있는 곳은 기껏해야 감람산 쪽으로 향한 동쪽 성벽 위의 행각채였다. 따라서 예수가 뒤엎었다는 것은 전혀 성전내의 사건이 아니고 최외곽의 행각채에서 일어난 사건일 뿐이다. 성전은 "나오스"(naos)인데, 예수는 나오스에는 들어갈 수 없다. 이 기사에서 쓰인 이름은 "히에론"(hieron)인데 히에론은 정확하게 번역하면 "성전언덕"(temple mount) 정도의 표현이 된다. 아마도 성전으로 올라가는 언덕길 주변의 사건이었을 가능성도 있다.

복음서저자 요한은 성전에 올라가다가 주변의 잡상들을 보고 화가 치밀어올라 이놈들이 나의 아버지의 집, 만인이 기도하는 거룩하고 조용한 집을 "강도의 소굴"로 만들었구나 하고 분노를 폭발하며 다 뒤엎어 버리는 예수의 혁명가적 기질을 잘 나타내는 극적 장면을 아예 초장에 배열함으로써 예수의 이 지상에서의 사역의 성격을 선명하게 부각시키는 자료로 활용하였던 것이다. 그것을 꼭 수난의 결정적 동기로 활용할 필요가 없었던 것이다. 요한복음에는 소위 "메시아 비밀"(Messianic Secret: 독일 신학자 빌헤름 브레데W. Wrede가 처음 명명, 1901년)이라고 부르는 공관복음서의 공통된 성향이 없다. 다시 말해서 공관복음서 속의 예수는 자신의 정체를 숨기기 위해서 말을 해도 비유로 말하고 이적을 행하여도 그러한 것을 타인에게 말하지 말라고 당부한다. 예수는 자신의 메시아성을 깊숙이 감추고, 부활의 때까지는 그것을 비밀로 유지하려 했다는 것이다. (브레데의 이러한 관점은 타가와 켄조오에 의하여 매우 정확히 비판되었다. 『원시 그리스도교 연구』 309~325.)

나는 ……이다(에고 에이미) 담론

 그러한 데 비한다면 예수는 공생애의 시작부터 자기자신을 하나님의 아들로서 드러내는 데 조금도 주저하지 않는다. "내가 곧 생명의 떡이다"(6:35), "나는 세상의 빛이다"(8:12), "나는 문이다"(10:9), "나는 선한 목자다"(10:11), "나는 부활이요 생명이다"(11:25), "내가 곧 길이요 진리요 생명이다"(14:6), "나는 참포도나무다"(15:1)를 공공연히 외치는 예수에게 메시아 비밀이라고는 있을 수 없다. 십자가의 마지막 순간에도 "다 이루었다"고 고백하는 그의 언어 속에는 지상에서의 사역에 대한 완벽한 자신감이 노출되어 있는 것이다. 예수를 바라보는 사람들의 입으로도 그의 메시아됨은 처음부터 공공연하게 고백되었던 것이다(1:41, "우리가 메시아를 만났다"). 요한복음에는 기실 예수의 메시아성은 감추어져 있는 동시에 드러나 있는 것이다. 즉 그것을 믿지않는 사람들에게는 감추어져 있으나 그것을 믿는 사람들에게는 드러나 있는 것이다. 예수의 공공연한 고백을 둘러싼 인간의 무지와 신앙 사이의 텐션이 요한복음을 이끌고 가는 가장 강렬한 테마를 이루고 있는 것이다.

요한자료의 독자성과 역사성

 그렇다면 우리는 이와 같이 공관복음서 자료를 자유롭게 취사선택하고 편집하는 요한의 태도에 비추어, 공관복음서 자료 이외의 담론이 모두 요한의 과감한 문학적 상상력의 소산이 아닐까하고 의심해 볼 수도 있을 것이다. 그러나 요한복음 자체의 담론을 구성하는 1)표징자료 2)계시담론 3)수난설화 모두에 요한의 독자적인 자료가 있었다는 사실을 우리는 주목하지 않으면 안된다. 요한은 공관복음서를 능가하는 풍요로운 초기전승자료, 어쩌면 예수 당대의 직전구전자료들까지도 풍부하게 구비하고 있었다고 사료되는 것이다. 그의 생동감 넘치는 자세한 묘사가 단순한 문학적 상상력의 소산이 아니라는 것이 점점 밝혀지고 있는 것이다.

우선, 주요한 사화(事話)들의 기술방식이(예를 들면, 6장의 오천 명 먹이신 기적, 12장의 베다니에서의 기름부으심을 받음 등) 신학적이라기보다는 역사적이라고 불러야 할 상황적 디테일을 보존하고 있다.

둘째, 쿰란문서의 발견으로 요한이 해석의 지평으로 사용하고 있는 주요개념들이 요한 자신의 특수한 조어가 아니라 이미 요한 이전부터 당대에 일반적으로 쓰이던 개념들로서 역사성이 있다는 것이 드러났다.

셋째, 요한이 쓰고 있는 지명들, 5장 2절의 "베데스다"(Bethzatha)라든가 19장 13절의 "가바다"(Gabbatha)와 같은 예루살렘 지역의 특정한 이름들이 이전에는 전혀 역사문헌에 나타나질 않아 요한의 발명인 줄로 알았는데, 요즈음의 고고학적 발굴의 성과로 이러한 지역명이 정확한 현실적 근거를 가지고 있다는 것이 증명됨으로써 요한의 기술의 역사성이 입증되었다.

초기 기독교를 형성한 세 사람

바로 이러한 이유로 인하며 우리는 요한복음의 저자가 초기전승과 맥이 닿아있는 노인이라고 상정하기 쉬운데, 나는 그렇게 생각하지 않는다. 요한복음의 저자는 희랍철학과 당대의 모든 이방철학을 마스터하고 유대적 사유에 정통한 젊은이로서 초기전승을 체득하고 있는 노인에게서 모든 정보를 입수할 수 있는 위치에 있었던 새로운 비전의 인물이었을 것이다. 예수의 전성시기와 동년배의 35세 전후의 정예로운 젊은 사상가가 아니었을까? 그렇지 않고서야 초기기독교의 새로운 기원을 이룩할 수 있는 과감하고 참신하고 유연하고 깊이있는 사색을 할 수가 있었을까? 나 도올은 요한복음을 읽으면서 그런 싱싱한 젊음을 느낀다. 우리는 반드시 기억해야 한다. 초기기독교를 형성한 세 사람의 이름을!

초기 기독교를 형성한 세 사람		
예수(Jesus)	바울(Paul)	요한(John)
제1단계	제2단계	제3단계의 완성 제4단계의 시작

요한복음에 관해서는 내가 『요한복음강해』에서 따로 해설할 것이기 때문에 더 이상의 언급을 자제하겠다. 이제 우리는 4복음서의 성립과정과 그 상이한 성격에 관해서 어느 정도 대강의 윤곽을 갖게 되

었으므로 총체적으로 다시 한번 점검해보는 것이 유익할 것 같다. 제1단계에 관한 직접자료는 우리에게 전무하다. 역사적 예수(Historical Jesus)는 분명히 실존하지만 역사적 예수를 직접 인지할 방법은 없다. 결국 역사적 예수 자체가 끊임없이 그것을 규명하려는 사람의 의식 속의 해석의 지평 속에서 드러날 수밖에 없기 때문에 그 해석자의 현대사적 관심의 다양한 물음과 학문방법에 개방적일 수밖에 없다. **결국 역사적 예수는 영원한 현대사가 될 수밖에 없는 것이다.** 다시 말해서 제1단계 *거기에* 있는 예수(Jesus-then)는 오늘 *여기에* 있는 그리스도(Christ-now)일 수밖에 없다. 그런데 이 "오늘"은 바울에게도 존재한 오늘이었고, 요한에게도 존재한 오늘이었고, 오늘 우리에게 존재하는 오늘인 것이다.

바울의 오늘의 지평 속에서 예수는 매우 추상적이었다. 그는 근원적으로 역사적 예수에 관심이 없었다. 그는 부활한 예수의 의미에 관심이 있었다. 이에 대한 반동으로 마가는 구체적 예수를 말하기 시작했고 그것이 공관복음서의 홍류를 이루었다. 바울이 예수를 부활의 지평 위에 올려놓았다면 공관복음서는 예수를 역사의 지평 위에 올려놓았다. 요한복음서는 바로 바울(正)과 공관복음(反)을 지양(止揚, Aufheben)한 합(合), 즉 신테시스(synthesis)라고 말해도 좋을 것 같다. 요한은 바울의 추상성과 공관복음의 구체성, 바울의 성령성과 공관복음의 역사성의 양면을 종합하려 했다. 바울의 논술성과 공관복음의 이야기성을 종합했고, 바울의 의미성과 공관복음의 설화성을 종합했다. 그래서 바울과 요한 사이에는 영지주의라는 세계관의 공통분모가 그 배경에 깔려있는 것이다.

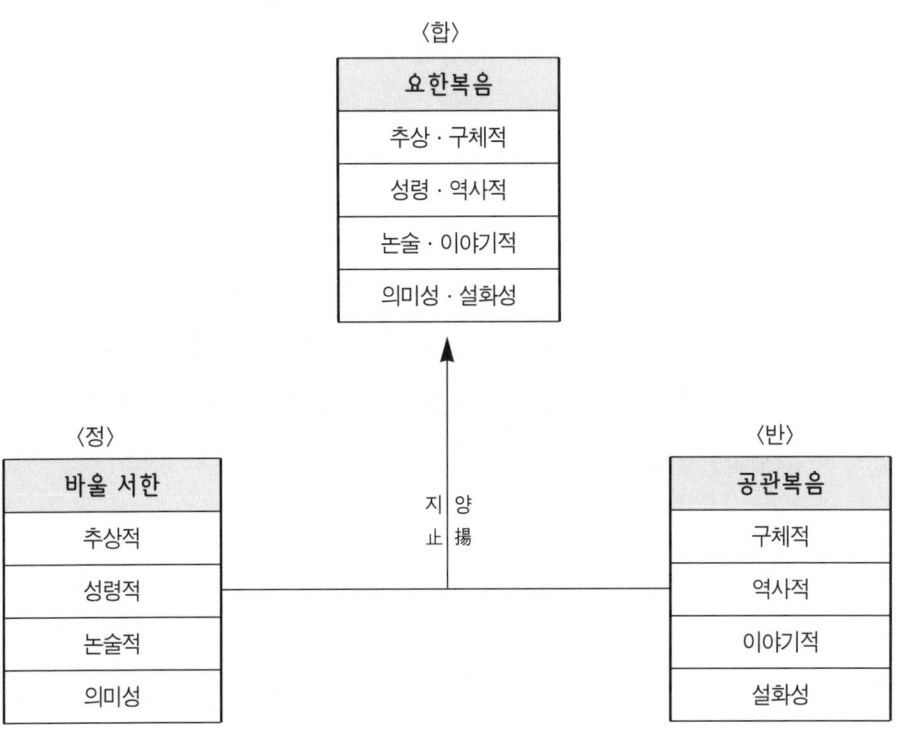

종교개혁이란 뜻의 영어단어는 리포메이션(Reformation)이다. 그것은 다시(리) 형성한다(포메이션)는 뜻이다. 종교는 끊임없이 다시, 새롭게 형성되는 것이다. 축자무오류를 말하고 교황무오류를 말하고 성직자무오류를 말한다면 이미 그러한 종교는 쇠락과 죽음일 뿐이다. 왜냐하면 기독교 자체가 끊임없이 다시 형성되어온 것이며, 특히 초기기독교 1세기역사만 해도 그것은 너무도 격렬한 변화 속에서, 새로운 요소를 끊임없이 흡수한 역사라는 것을 알 수 있다.

사실의 인지만이 혁명

 우리는 새삼 종교개혁이나 종교혁명을 운운할 필요가 없다. 초기 기독교에 대한 아주 기초적인 사실만 인지하는 것으로도 히로시마 원폭보다 몇 억만 배의 위력을 갖는 혁명적 사고의 전환이 가능한 것이다. 마태 · 마가 · 누가의 공관복음서가 바울의 서한보다 더 늦게 형성된 것이며, 또 그보다 요한복음이 더 뒤늦게 형성된 것이라는 이 단순한 사실, 너무도 모든 정통신학계의 경건한 신학자들, 목사님들, 신부님들이 다 알고계신 의심할 바 없는 일치된 견해, 성서 자체의 권위 속에서 입증되는 사실만으로도 기독교에 대한 혁명은 가능하다. 그런데 이러한 사실을 신도들에게는 말하지 않는 것이다. 신학교에서는 다 배우고 있고, 서가에 꽂혀있는 모든 신학사전에 다 쓰여져 있음에도 불구하고, 이런 단순한 사실들이 우리나라의 일반신도들의 99%에게는 무지의 대상으로 남아있는 것이다. 왜 그럴까? 목사님들은 과연 설교시간에 무슨 말씀을 하고 계신 것일까? 이제 한번쯤은 도올의 절규에 바늘구멍만큼이라도 고막 통로를 열어주어야 하지 않을까?

 나는 약관의 나이에 신학대학을 다니면서 나를 둘러싼 언어들이 너무도 지독하게 폐쇄된 장벽들이라고 처절하게 느끼었다. 내가 다닌 한국신학대학만 해도 매우 개방적이고 자유로운 학풍의 요람이었다. 그럼에도 불구하고 나는 도저히 나의 연약한 힘으로는 그것을 뚫고 나갈 길이 없다고 판단했다. 그리고 나는 하나님의 새로운 소명의 길을 발견했던 것이다. 그리고 신학대학을 뛰쳐나왔다. 그리고 지금 꼭 40년만에 다시 그 단순한 사실들에 대한 붓을 들고있는 것이다.

종교는 증오가 아니다

종교는 항상 설명되는 순간 왜곡되고, 왜곡되는 순간 결국 야만으로 타락하고 만다. 그러나 어차피 종교는 야만 속에서 성장한다. 유럽의 지성은 기독교라는 종교를 야만으로부터 구하려는 끊임없는 노력을 경주하여 왔다. 종교는 계시와 신앙과 은총의 대상으로만 규정되어야 하며, 일상적 체험과 이성과 분석의 대상이 아니라고 주장하지만, 정밀한 신학체계를 수립하려는 끊임없는 이성의 노력이 없었더라면 기독교는 새카만 옛날에 이미 지중해연안의 한 불건전한 미신으로 전락하고 말았을 것이다.

종교는 궁극적으로 문명통합의 기초(the common basis for the unity of civilization)가 되어야 한다고 나는 생각한다. 종교적 아이디어들은 서로 배우고 서로 빌려야 하며, 서로 이해하고 서로 사랑해야 한다. 종교는 증오(Hatred)로 남아서는 아니 된다. 오늘 한국기독교의 배타성은 증오, 그 이상을 말하기 어려운 지경에 이르렀다.

아마도 기독교 신학의 임무는 이 세계가 단순히 덧없는 사실 이상의 것에 근거하고 있다는 것을 보여주려는 데 있는 것 같다. 요한은 그래서 그노시스를 말했고 빛을 말하고 영을 말한 것이다. 그것은 결국 소멸해가는 우리 인생 속의 죽지 않는 영원한 생명의 요소라고 생각했던 것이다. 그러한 영원성의 확보만이 우리의 삶이 단순한 희노애락을 넘어서는 깊은 만족을 향유할 수 있는 유일한 길이라고 확신했다. 나는 이러한 방식의 영원성의 확보가 과연 우리 삶의 의미의 유일한 방식인지에 관해서는 많은 다양한 생각을 가지고 있지만 나는 지금 여기서는 그러한 것을 말하지 않는다. 나는 오로지 한국 기독교인들의 신앙세계를 대변하려고 노력하고 있는 것이다.

고대 바빌로니아 시대 (Old Babylonian Period)의 설형문자(쐐기문자) 점토석주. 우르 제3왕조(the Third Dynasty of Ur, BC 2097~1989)의 왕들의 이름과 치세가 쓰여져 있다. 이 석주는 BC 1740년경에 만들어진 것이다. 아브라함은 원래 대홍수이래 갈대아 우르에 정착한 사람이었다. 이 석주도 대강 아브라함과 동시대의 것이다.

고대사 자료는 생각보다 많다. 그리고 BC 2000년 전후의 문명의 수준이 우리가 생각하는 것보다는 놀랍게 정교하고 찬란하다. 이러한 인류문명의 지혜의 축적으로 오늘 우리가 이기와 복지의 혜택을 누리고 있는 것이다. 성서의 세계도 이러한 인류문명과 더불어 성장해온 것이다.

나는 이 전시물을 2003년 5월 뉴욕 메트로폴리탄 박물관에서 보았다. "인류 최초 도시들의 예술"(Art of the First Cities)라는 제목의 전시였는데 구약성서배경사에 관하여 많은 통찰을 던져주었다. 부시 대통령이 이 인류문명의 요람지역을 아무 명분없이 무차비하게 무차별 폭격한 것은 참으로 애석한 일이다.

제12장 디아테사론과 몬타니즘

콘스탄티누스 이후와 한 무제 이후

 문명의 여로에 동·서를 막론하고 항상 종교는 있어왔다. 그러나 나는 예수를 말하는 데 있어서 최소한 콘스탄티누스 이후의 예수를 말해서는 안된다고 생각한다. 공자를 말하는 데 있어서도 우리는 한 무제 이후의 공자를 말해서는 아니 된다. 그런데 사람들은 너무도 콘스탄티누스 이후의 예수나 한 무제 이후의 공자에 집착한다. 사실 콘스탄티누스 이후의 예수는 예수가 아닌 로마 황제의 변형태다. 콘스탄티누스 이후의 하나님 또한 하나님이 아닌 로마 황제의 변형태인 것이다. 화이트헤드의 말대로, 콘스탄티누스 이후의 하나님은 갈릴리지평을 완전히 상실하고 세 가지 이미지로 발전해나갔던 것이다. 그 첫째는 제국의 통치자로서의 이미지(God in the image of an imperial ruler)이며, 그 둘째는 도덕적 에너지의 구현체로서의 이미지(God in the image of a personification of moral energy)이며, 그 셋째는 궁극적 철학원리의 이미지(God in the image of an ultimate philosophical principle)이다. 첫째는 로마의 가이사이며, 둘째는 잔인한 도덕주의자이며, 셋째는 사동(使動)의 부동자(不動者)이다. 우리가 지금 논구하려는 하나님―예수의 갈릴리 지평에서 너무 동떨어져 있는 것이다. 갈릴리 지평의 하나님을 한마디로 말하면 무엇일까? 그것을 나는 사랑(Love)이라 부른다. 이 사랑이라는 주제는 본서의 자매편인『요한복음강해』에서 자세히 설파될 것이다.

단지 내가 오늘날의 기독교에 관하여 이야기하고 싶은 것은 기독교신학의 성과가 일반신도들의 상식으로서 공유되어야 한다는 것이다. 아직도 기독교교계는 황제적인 하나님―예수님의 권위에 의존하여 절대복종을 강요하거나, 성령을 빙자하여 일체의 건강한 합리적 사유를 차단시키는 졸렬한 행태에 의존하는 경향성이 있다. *그러한 성령은 이단의 발호만을 조장한다.*

교황과 황제

아직도 가톨릭 교황청이 권위를 가질 수 있는 것은 콘스탄티누스 이래로 축적된 로마 황제의 권위가 교황의 이미지와 오버랩되어있기 때문이다. 더구나 그러한 이미지는 우리 한민족에게 더욱 리얼하다. 불과 왕정에서 벗어난 것이 1세기도 안되는 일천한 체험의 구조 속에서는 그러한 구속적 황제의 이미지에 대한 아이러니칼한 향수가 있기 때문이다. 그러나 우리사회가 매우 급속히 민주화되고 개인

주의화되고 자본주의화되고 강력한 지배자에 대한 향수가 근원적으로 붕괴되어가게 되면, 더구나 정보사회화의 급격한 진전이 수직적 사유를 근원적으로 해체시키는 경향성을 보이게 되면, 자연히 조선왕조말기와 일제식민지하의 절박한 상황에서 요청되었던 하나님에 대한 헌신의 정서가 같이 해체되는 위기상황이 초래될 것은 너무도 뻔한 이치이다. 그럴수록 종교의 역할이 증대될 수도 있다는 모든 역설적 논리는 자기위안의 마스터베이션밖에는 되지 않는다. 끓는 물속에서 해체되어가는 얼음덩어리가 자신을 추스리기란 매우 어려운 것이다. 21세기에는, 인류의 불행한 과거 때문에 거저 먹었던 교황청의 수직적 하이어라키의 권위는 전혀 새로운 형태의 권위를 스스로 모색하지 않는 한, 급속히 해체되어갈 것이다. 21세기말의 바티칸이 현 영국왕실의 느낌 정도라도 확보할 수 있을 것인가?

내가 이런 말을 하면 프로테스탄트의 지도자들은 그러한 경향성에서 면제된다고 안도의 숨을 내쉴지 모르지만 기독교의 대세를 운운하자면 신교의 성세는 아직도 구교의 백본(backbone)에 의존하고 있다. 구교의 권위가 해체되면 신교도 오늘날의 성세를 유지하기 어렵다. 벌써 우리나라의 신교의 경우 그 숫자가 감소하는 추세를 보이고 있는데, 물리적 팽창이 과도했던 20세기에 비추어볼 때, 21세기의 전망은 결코 밝지만은 않다. 신·구를 막론하고 기독교가 21세기에 이 땅에서 생존할 수 있는 유일한 길은 복음의 본래적 지평으로 회귀하는 것이며, 교회사의 모든 권위로부터 성서를 해방시키는 것이다.

그것은 누가 해방시키고 안 시키고의 문제가 아니라 *어쩔 수 없이 진행될 수밖에 없는 필연적 대세*일 뿐이다.

디아테사론

4복음서의 체제는 언제 출현했는가? 요한복음만 해도 AD 150년 이전에는 그것이 존재했다는 확증을 던져주는 물리적 근거는 없다. 요한복음 18장의 몇 줄을 포함하고 있는 라일랜드 파피루스(Rylands Papyrus 457)나 요한복음을 참고했다고 사료되는 어떤 복음서의 일부를 포함하고 있는 에게르톤 파피루스(Egerton Papyrus 2)가 모두 AD 150년 이상을 거슬러 올라가지는 않는다.

그러나 얼마 지나지 않아 AD 172년 경에는 디아테사론(Diatessaron)이라고 하는 4복음서체제가 출현하기에 이른다. 디아(dia)라는 말은 "통하여"(through)라는 말이다. 테사론(tessaron)이란 "넷"(four)이라는 뜻이다(속격). 마가복음 2:3의 "네 사람에게"라 할 때 쓰였던 단어다(요 11:17 등). 당시 디아테사론이란 음악용어였는데 네개의 다른 음부(音符)가 합쳐서 하나의 하모니를 이룬다는 뜻이었다. 사실 이 디아테사론이야말로 마르시온 정경의 출현이래 기독교의 미래를 결정한 매우 중요한 사건이었다. 2세기 중엽에 존재하는 성서콜렉션으로서는 가장 광범위하고 가장 정교하고 가장 정통적인 최고(最古)의 텍스트였다. 그리고 이 4복음서를 같이 모아서 하나의 화음을 낸다고 하는 발상 속에는 이미 깊은 성서신학적 철학이 들어

있다. 서로 충돌되는 모순되고 아귀가 들어맞지 않는 4복음서를 한데 묶었다는 데 기독교가 영원한 생명력을 가질 수 있는 정경화(canonization)의 근거를 마련한 것이다. 다름(difference)이 없이는 조화(harmony)란 있을 수 없다. 다름이 없이는 같아짐도 있을 수 없다. 비슷하면서도 다른 유앙겔리온을 한군데 모아 정경화 작업의 최초의 전기를 마련했다는 데 디아테사론의 위대성이 있다.

20세기 성서신학의 최대성과 중의 하나인 양식사학이 가능할 수 있었던 것도 하나의 동일한 자료가 계속 다른 양식(form), 다른 삶의 자리(life setting)에서 출현한다는 데서 출발하는 것이다. 그리고 그러한 연구는 4복음서의 비교연구에서 가장 두드러진 성과를 이룩했다. 만약 기독교성서가 1복음서체제를 가지고 있었다면 그것은 악몽이었을 것이다. 4복음서의 충돌과 조화야말로 영원히 기독교를 가톨릭교회 도그마로부터 해방시킬 수 있는 성서적 근거를 마련해주는 것이다.

타티안

디아테사론의 창출자는 타티안(Tatian, fl. 160~175)이라는 인물인데 나중에 결국 영지주의 이단으로 몰렸기 때문에 그의 활동에 관한 자료가 별로 없다. 우리에게 4복음서를 선사한 것도 영지주의적 선견지명이었다는 사실도 기억할 필요가 있다. 그는 앗시리아의 땅, 유프라테스강의 동쪽에서 태어났다고 말하여지고 있는데 그는 시리아

사람이었을 것이다.

타티안의 여타 저술로서 『오라티오 아드 그라에코스 *Oratio ad Graecos*』라는 책이 유일하게 현존하고 있는데 그 속에는 그의 전기자료가 꽤 상세하게 들어있다. (참고서는 Molly Whittaker, ed., *Oratio ad Graecos and Fragments*, Oxford Early Christian Texts, Oxford: Clarendon, 1982.) 그는 세속적 권력이나 부, 모험, 그리고 성욕의 탐닉으로부터 초탈한 사람이었다. 동방에 있었던 그의 가정을 떠나(당시는 인도풍의 출가관습이 있었다), 서방으로 방황하면서 그는 다양한 철학학파 문하에서 공독하였다. 그러다 어느날, 그는 어떤 "야만적 저술"(barbarian writings)을 읽게 되었는데 그것은 "희랍철학의 이론들보다 더 오래된 것이고 더 성스러운 것" 이었다. 그 야만적 저술이란 바로 셉츄아진트를 두고 한 말이었다. 타티안은 곧 기독교로 개종하게 되었다. 로마로 가서 순교자 유스틴(Justin Martyr, AD 100~c.165)의 제자가 되었다.

하나님의 마음과 인간의 이성은 하나

유스틴은 150년경에 안토니우스 피우스 황제와 마르쿠스 아우렐리우스 황제에게 호소하는 『제1 아폴로지 *First Apology*』를 저술하였는데 기독교를 옹호하는 호교론적 논문이었다. 그는 『제1 아폴로지』의 첫 부분에서 기독교인들은 무신론자가 아니며, 로마 당국에 하등의 적대감정이 없다는 것을 웅변하였다. 기독교나 전통적 플라톤의 철학이나 모두 초월적이고 불변하는 하나님에 대한 열망의 산물일 뿐이며, 기독교신앙의 지적 언표는 로마사회의 모든 이성과 조화될 수 있는 것이라고 주장하였다.

소크라테스도 크리스챤

신앙과 이성이 이렇게 만날 수 있는 이유는 하나님의 마음(the divine mind)과 인간의 이성(human reason)이 하나로 상통되기 때문이다. 양자는 모두 로고스(Logos)라는 정체성(identity)을 가지고 있으며, 그 로고스성으로 인하여 사람은 우주, 시간, 창조, 자유, 인간의 영(human soul)과 하나님의 영(divine spirit)의 상통성, 그리고 선·악의 분별에 관한 매우 기본적 진리를 파악할 수 있는 능력을 지닌다. 예수 그리스도는 신적 로고스의 전체가 온전하게 육화된 사례이다. 그러나 이 신적 로고스는 예수 이전에도 이방인의 철학자들에게도 부분적으로 육화되어 나타났다. 그러므로 헤라클레이토스나 소크라테스도 동일한 로고스의 정체성을 가지고 있다는 의미에서 이미 "크리스챤"(Christian)이라고 부를 수 있다고 그는 주장했다. 예수 그리스도의 이 세계로 오심은 그를 믿는 자에게 부분적 진리가 아닌 온전한 진리를 가르치기 위함이며 인간을 악마의 권능으로부터 구원하기 위함이다.

모세의 율법을 지키지 마라

유스틴은 또 바르 코크바 반란(132~135)을 겪고 피난해온 트리포라는 유대인과 쟁론한 것을 기록한 『트리포와의 대화 *Dialogue with Trypho*』라는 논문을 저술하였는데, 그 속에서 자신의 개종의 내면적 스토리를 길게 서술한 후에, 기독교인들이 왜 모세의 율법을 지키지 않아도 되는지를 설명한다. 그는 기독교야말로 새로운 하나님의 약속에 의한 참다운 이스라엘이라고 주장한다. 이 새로운 약속, 즉 신약(新約)은 가슴의 종교(religion of the heart)이며, 제사, 안식일의 준수, 단식, 금식, 할례를 요구하는 낡은 종교를 이미 대체시켰다는 것이다. 그리스도교인들은 영원한 도덕적 율법을 지킬 뿐이며, 마음이 완악해지고 도덕적으로 타락했기 때문에 처방내려진 유대민족의 제식적·형식적 율법을 이제 따를 필요가 없어졌다고 주장한다.

요한복음의 영향

이러한 유스틴의 주장 속에서 우리는 이미 유스틴이 요한의 제자라는 것을 확인할 수 있다. 그 얼마나 요한복음의 사상이 2세기의 교부들에게 엄청난 영향을 끼쳤는지를 쉽게 감지할 수가 있는 것이다. 유스틴의 제자인 타티안이 디아테사론, 즉 4복음서체제를 구상하게 된 것도 요한복음의 구도와 사상체계 속에서였다. 그리고 우리는 이러한 쟁론 속에서 2세기 초기기독교의 자유로운 사유의 건강성을 감지할 수가 있다. 즉 *신앙과 이성을 근원적으로 이원화시키지 않는 태도*를 엿볼 수 있다. 신앙과 이성을 이원화시키고 암암리 이성을 신앙에 종속시키고, 은총의 빛(*lūmen grātiae*)을 이성의 빛의 상위에 두는 것은 모두 중세스콜라철학의 장난이다. 기독교의 복음의 진리로써 인간의 이성을 발현시키는 것이 아니라, 맹목적 신앙의 질곡 속에 인간의 이성을 질식시키고 무조건적인 복종을 강요하는 편리한 이론적 장치로서 그러한 대립적 개념을 사용한 것이다. 영·육의 대립이란 도덕적으로 의미있을 수 있을지라도, 어찌하여 하나님께서 우리에게 주신 심령 속에 이성과 신앙의 이분이 허락될 수 있단 말인가?

이성과 신앙의 이분법은 이단이요 오류다

21세기의 기독교는 이성과 신앙의 이분법을 완벽하게 타파해버려야 한다. 이성의 훈련이 심화되면 될수록 심오한 신앙이 발현될 수 있는 종교로서 다시(re-) 형성되어야(formed) 한다. 그것은 복음의 본래적 지평 위에서 얼마든지 가능하다. 우리는 그 본래적(本來的) 지평을 애써 망각하려고 노력하고 있을 뿐이다. 신앙의 모든 요소는 이성적으로 설명가능하다. 결단의 벼랑까지 인간을 몰고가는 것은 이성이지 맹목적 신앙이 아니다. 결단의 벼랑까지 우리는 장님처럼 끌려가려고 노력하고 있을 뿐이다. 끄는 놈이나 끌리는 자나 다같이 자멸할 뿐이다. 우리나라의 신학대학교의 커리큐럼들이 전면 개편되어야 한다. 뜻있는 신학자, 신학대학교수들, 학생들 모두 그러한 개혁을 요구해야 한다. 모든 교단도 끊임없이 자기쇄신의 용단을 보여주어야 한다. 그것은 이단의 용인이 아니라, 정통신학을 어떻게 보다 개방적 정보의 공간 속에서 확보하느냐 하는 문제일 뿐이다.

유스틴(저스틴으로도 읽음)은 당대 견유학파의 크레센스(the Cynic

Crescens)와 쟁론을 벌이곤 했는데 크레센스가 그를 배반하여 죽음으로 휘몰았다. 율법이 요구하는 제사를 드리는 것을 강요당하자 그는 이렇게 외쳤다: "어떻게 올바르게 생각하는 사람이 경건에서 불경으로 변절할 수 있겠는가?" 그의 목에는 칼날이 떨어졌다.

유스틴의 순교 후

유스틴이 죽고난 후 타티안은 로마교회로부터 이단으로 규정되고 축출되었다(AD 172). 그 이유는 그가 엔크라타이트의 멤버이며, 영지주의 사상가 발렌티누스(Valentinus)의 추종자라는 것이었다. 엔크라타이트(Encratite)란 시리아의 금욕주의 크리스챤종단(an ascetic Christian sect)을 말하는데 "극기" "절제" "금욕"을 의미하는 희랍어 엔크라테이아(enkrateia)에서 종단 이름이 생겨났다. 이 종파 사람들은 결혼을 피했으며(독신주의), 육식을 금했고, 술이나 취기를 불러일으키는 어떠한 음료도 거부했다. 그들은 성찬식에서도 술을 쓰지 않고 우유나 물로 대치했다.

타티안은 로마에서 축출된 후 고향인 시리아로 돌아갔다. 그의 가르침은 동방세계에서 엄청난 영향을 끼쳤다. 그리고 디아테사론은 5세기까지 시리아 교회에서 널리 쓰였다.

몬타니즘과 평창동 휴거파

2세기 중엽 마르시온 정경이 성립하고 디아테사론이 만들어지는 그 시기에 우리가 또 기억해야 할 매우 광렬하게 영적인 운동이 있다. 그 운동의 시조 몬타누스(Montanus)의 이름을 따서 몬타니즘(Montanism)이라고 부른다. 아마도 몇 년 몇 월 몇 일에 휴거가 일어나리라고 선포하면서 광렬하게 목청이 찢어지라고 방언을 외치는 가운데 세계 매스컴의 이목을 집중시켰던 평창동의 휴거파들을 연상하면 대강 그림이 그려질 것이다. 소아시아에서 AD 156/7년경에 시작했지만, 그 유명한 카르타고의 교부 테르툴리아누스(Tertullianus, c.155/160~220 후)가 한때 몬타니즘의 열렬한 대변자였다는 사실을 상기하면 몬타니즘도 그 비방자들에 의하여 그려지는 그림처럼 그렇게 저열한 것은 아니었을 것이다. 그것은 초기 기독교 교단이 이스태블리쉬 되어가면서 사도시대의 뜨거운 성령과 열렬한 파루시아에의 기대와 번뜩이던 광채를 상실하고, 도덕적인 해이감에 지배당하는 현상을 거부하고, 강렬한 예언과 방언과 재림과 성령과 도덕적 엄격주의(moral rigorism)을 제창하면서 그 나름대로 일대 타격을 가하고 나온 성령부흥운동이었던 것이다.

리고리즘

테르툴리아누스가 이들에게 매력을 느낀 것도 당대 교회의 도덕적 해이를 비판하는 엄격주의였다. 이들의 주장이 사실상 초대교회의 오리지날한 성격에서 이탈되는 것이 없었기 때문에 이들을 이단으로 규정하기가 매우 곤혹스러웠다. 그러나 그것은 너무도 위험한 운동이었다. 몬타누스는 『요한복음』과 『요한계시록』을 자기 운동의 근거로 삼았다. 그리고 외쳤다: "나는 아버지요, 나는 아들이요, 나는 보혜사이다."(I am the Father and I am the Son and I am the Paraclete.) 몬타누스운동에 또 두 여자 선지자 프리스킬라(Priscilla)와 막시밀라(Maximilla)가 가담했다. 이들은 남편을 떠났고 금욕주의를 실천하면서 황홀경에 이르면서 방언과 예언을 일삼았으며 자기들이 사람으로서 말하는 것이 아니라 성령이 임하셔서 자기들의 혓바닥을 놀리게 만든다고 했다. 그들은 예수의 재림이 임박했으며 곧 소아시아 프리기아(Phrygia) 지방의 페푸자(Pepuza) 마을에 하늘의 예루살렘이 강림할 것이니 그리로 모이라고 예언했다.

성령주의, 재림주의, 금욕주의의 야만성

실제로 동방교회의 각지에서 많은 사람들이 페푸자로 모여들었다. 그곳에 모인 사람들에게는 결혼을 금지시켰고(독신생활), 육식을 폐지했으며, 세상의 모든 것과 절연하고 몸을 정화시킬 것을 명했으며, 그리고 엄청나게 긴 시간 동안 정교하게 단식하는 법식을 가르쳤다. 그리고 성찬식에 문자 그대로 살아있는 한돌 짜리 아이를 희생으로 썼다. 1살 아기의 몸에 수없이 바늘을 찔러 거기에서 나오는 핏방울들을 모아 빵과 함께 먹었다. 문자그대로 그것이 예수의 로고스가 성찬참여자의 몸에 임하는 것이라고 생각했던 것이다. 그들은 순교를 자랑스럽고 아름다운 것으로 장려했고, 몬타누스 자신도 사람들이 보는 앞에서 목매달아 자살했다. 세 지도자 중에서 막시밀라라는 여자 예언자가 마지막으로 179년에 죽었는데 다음과 같은 신탁의

예언을 남겼다:

> 나 이후로는 더 이상의 선지자가 없을 것이며, 오로지 이 세상의
> 끝날만 있을 것이다.
> After me there will be no further prophet but only the end.

그러나 끝날은 오지 않았다. 몬타니즘은 기독교가 로마의 국교가 된 후에까지도 5세기까지 강력한 세력으로 존속했다. 몬타니즘은 광렬한 성령주의, 끊임없이 재발하는 재림주의, 그리고 강렬한 금욕주의라고 하는 기독교의 감출 수 없는 한 단면을 보여주는 야만성의 영원한 상징이다.

몬타니즘의 부작용으로 정통로마교회에서는 요한복음에 대한 경각심이 생겨났다. 몬타누스의 모든 광란이 로고스 기독론의 문자적 해석으로 일어난 것이며, 그들의 광포한 성령주의가 요한복음이 말하는 보혜사(= 파라클레토스 = 성령)의 파견에 대한 예수의 예언의 실현으로 해석되었기 때문이다.(보혜사 문제에 관해서는 『요한복음강해』 389, 402, 407을 볼 것.)

> 보혜사, 곧 아버지께서 내 이름으로 보내실 성령, 그가 너희에게
> 모든 것을 가르치고, 내가 너희에게 말한 모든 것을 생각나게 하
> 리라 (요 14:26).

반몬타누스주의자들(anti-Montanists)은 로고스를 말하는 복음을 거부했다. 3세기초의 정통로마교회 장로인 가이우스(Gaius)는 요한복음과 요한계시록을 영지주의자들의 작품이라고 배척했다. 정통주의 신학자 이레나에우스(Irenaeus, 120/140~200/203 c.)도 그의 유명한 작품, 『반이단론 Adversus haereses, Against Heresies』(180년경 작품) 속에서 몬타니즘을 저주하는 사람들이 너무 과격하여 요한복음까지 배척하는 것은 매우 유감이라고 우려를 표명했다. 하여튼 요한복음이 결국 영적인 복음(euanggelion pneumatikon)으로서 이레나에우스, 테르툴리아누스, 클레멘트 등 주요한 교부들의 노력에 의하여 정경으로서의 자격을 획득하긴 했지만, 그 복음 자체의 수난의 역사가 있었다는 것도 기억되어야 할 것이다.

예루살렘 이스라엘 박물관 소장의 AD 3세기 로마동전. 터키의 프리기아 지방의 도시인 아파메이아 키보토스(Apameia Kibotos)에 살았던 유대인들의 커뮤니티에서 사용되었던 동전이다. "키보토스"라는 말 자체가 희랍어로 "방주"(ark)라는 뜻이다. 고대의 노아방주의 그림은 방주 모양이 성냥갑같은 박스로 나타난다. 박스의 한 가운데 희랍어로 NΩE(노아)라고 쓰여져 있다. 밑바닥의 갈비살이 드러난 것은 물이 빠진 것을 나타낸다. 그리고 방주 앞으로 노아와 노아부인이 땅을 디디고 나와서 손을 들어 야훼께 경배하고 있다. 방주 위에는 감람산에서 올리브 잎사귀를 물고 날아온 비둘기가 앉아 있다.

로마, 베드로·마르첼리누스 카타콤(the catacombs of Saints Peter and Marcellinus)의 벽에 있는 프레스코 그림이다. 이것도 역시 옆 페이지에 있는 동전과도 같은 주제를 나타내고 있다. 노아의 방주가 우리나라 뒤주나 큰 함처럼 생겼다. 위로 뚜껑을 열고 사람이 나온다. 위에 비둘기가 올리브가지를 부리에 물고 나타난 것으로 보아 물이 빠진 후 노아가 기쁨을 나타내는 그림임이 분명하다(창 8:11). 그러나 여기의 이미지는 실상 노아가 아닌 예수다. 궤짝 밑에 뭉게구름 같이 그린 이미지는 홍수의 격렬함을 상징한다. 홍수에 쓸리는 이미지는 초대교회의 핍박받는 상황을 나타낸다. 카타콤에서 이것을 그린 사람들은 이 핍박의 물결이 다 지나가고 예수가 노

아처럼 나타나서 구원의 기쁨을 선포해주리라고 믿고 있는 것이다. 예수와 노아의 연상은 복음서에도 명료하게 제시되었다(마 24:37~39, 눅 17:26~27). 이 그림으로 우리는 초대교회 크리스챤들의 절망과 희망을 느낄 수 있다. 그리고 이 죄악의 세계가 홍수처럼 휩쓸려 지나가버릴 것이라는 종말론적 기대도 읽어낼 수 있다. 이와 같이 초대교회의 상상력은 자유롭고 소박한 것이었다. 그들에게는 바로 이러한 상상력이 그들의 실제적 성경이었던 것이다.

제13장 아타나시우스의 부활절 메시지까지
—정경과 외경이 없던 시대 —

AD 367년 알렉산드리아

자아! 우리의 최종적 질문은 이것이다. 과연 오늘 우리가 신약성서라고 알고있는 27서의 체제는 언제 어디서 어떻게 확정된 것인가? 이러한 질문은 우리나라와 같은 교계내에서는 특별히 중요한 의미를 지닌다. 왜냐하면 성경이라고 하면 그냥 성령의 말씀으로서 시공을 초월하여 예수님시대에 하늘에서 툭 떨어진 책이라고만 단순히 생각하는 한국의 그리스도교인들에게, 또 그러한 생각을 조장하는 그리스도교계의 우매한 지도자들에게 초대교회에는 오늘날 우리가 생각하는 성경의 개념이 존재하지 않았다는 이 단순한 사실의 지적 이야말로 가장 혁명적인 사건이 될 수 있기 때문이다.

이 질문에 대해 우리는 단도직입적인 정답을 먼저 제시하고 문제를 풀어가는 것이 정도일 것 같다. 27서체제의 확립, 거의 정경화작업의 최종적 마무리라고 할 수 있는 이 사건은 AD 367년 알렉산드리아에서 일어났다. 그것은 아리우스를 이단자로서 휘몰면서 자신도 고난의 길을 걸어야 했던 아타나시우스가 5번의 망명생활(도합하면 망명기간은 정확하게 15년 10개월이 된다. 그러나 기번은 앞뒤의 박해 받은 상황을 합쳐 20년이나 되는 파란만장의 생애라고 쓰고 있다) 끝에 마지막으로 알렉산드리아 주교로 복귀한 366년 2월 1일 이후에 일어난 사건이었다. 27서정경이 발표된 것은 그 이듬해 부활절에 회중에게 낭독된 권위로운 주교서한 속에서였다.

독자들이 아타나시우스(Athanasius, c. AD 298~373)에 관하여 좀 상세한 정보를 얻고 싶어한다면 기번의 『로마제국쇠망사』를 들여다보는 것이 좋을 것 같다(까치글방에서 나온 우리말 번역도 있다). 손더스의 발췌본에도 놀랍도록 상세하게 아타나시우스의 생애가 기술되어 있다(Gibbon, The Decline and Fall of the Roman Empire, ed. by Saunders [N.Y.: The Viking Portable Library, 1958], 제10장 전체).

기번의 기술

아타나시우스파의 기나긴 이론투쟁을 논의했는데, 기번의 아타나시우스에 관한 기술은 매우 정중하다. 그리고 너무 일방적으로 아리우스파에 대한 폄하의 붓길에 하등의 재고의 여지를 두지 않는다. 20년 가까운 기나긴 세월을 자신의 종교적 이념 때문에 정치적 박해를 받았어야 했던 성자적 인품에 기번은 한없는 존경의 염을 표시하고 있다. 아타나시우스는 분명 "온갖 영욕과 성쇠를 겪으면서도 결코 동료들의 신임과 반대파의 존경을 잃는 법이 없었던" 훌륭한 인품의 소유자였을지도 모른다(The Decline and Fall of the Roman Empire 409).

지금의 정통은 과거의 이단

그러나 우리는 아리우스파와 아타나시우스파의 논쟁을 단순히 예수가 사람이냐 신이냐? 하는 주제에 대한 이론적 대결로 파악하면 곤란하다. 예수는 일차적으로 사람으로서 이해되어야 한다는 아리우스의 주장은 알렉산드리아를 포함한 당대 동방교회 전체의 주류였으며 당대 기독교사상의 일반적 정서를 대변하는 상식이었다. 학자들이 아리아니즘과 그노스티시즘을 직접 연결해서 분석하는 논의를 접하기는 쉽지 않지만 아리아니즘도 영지주의라는 거대한 사상운동의 한 갈래로서 이해될 수 있다. 영지주의는 당대 동방교회의 대세였다. 지금 우리의 교회사적 상식으로 보면 당연히 아리우스가 이단이고 아타나시우스가 정통인 것 같은 느낌을 받지만, 당대의 상식으로는 아타나시우스야말로 이단이고 아리우스가 정통이었다. 정통이 이단을 내모는 데 그토록 20년 동안이나 처절하게 박해를 받는다는 것은 상식적으로 료해(了解)하기 어려운 것이다.

정통이 없으면 이단도 없다

우선 초대교회의 역사에 있어서 과연 정통(orthodoxy)과 이단(heresy)이라는 말이 무엇을 의미하는지 우리는 좀 정확하게 이해할 필요가 있다. 물론 사전적 정의에 의하면 "이단이란 옳다고 인정받는 종교·사상·학설에서 벗어난 것"이다. 그런데 이런 정의는 우리에게 아무런 도움을 주지 않는다. "옳다고 인정받는 이론"이 과연 무엇인지를 규정할 수 없는 상태에서는, 이단도 규정될 수가 없기 때문이다. 정통이 없으면 이단도 없고, 이단이 없으면 정통도 없다. "이단"(異端)이라는 말의 당시 라틴어는 "하에레시스"(haeresis) 그것은 "선택"이라는 의미이다. 그리스·로마시대의 "이단"이라는 것은 "심사숙고한 끝에 선택한 설"을 의미하는 것이지 "정통해석에서 벗어나는 설"을 의미하는 것은 아니다. 그러나 우리는 또다시 질문을 던져야 한다. 무엇이 정통이고, 무엇이 이단이냐? 이 질문은 단지 초대교회라는 역사적 맥락 속에서만 던져져야 한다. 과연 정통과 이단을 가릴 수 있는 기준이 있는가? 기독교의 경우, 이 질문에는 확실히 대답할 수 있는 기준이 있다.

> 첫째, 예수님께서 살아계실 동안 팔레스타인 사역을 통하여 순결한 말씀을 제자들에게 남기어 놓으셨다.
> 둘째, 예수님께서 부활하신 후 승천하실 때까지(40일간?) 순결한 말씀을 제자들에게 남기어 놓으셨다.
> 셋째, 예수님께서 마지막 승천하실 때에 사도들에게 이 세계를 분할하여 책임지우고 그들에게 순결한 복음을 위탁하셨다.

내용적으로는 기준이 없다

　결국 초대교회에서 정통을 얘기하고 이단을 배척하는 사람들은 항상 예수님 말씀과 사도들의 권능을 들먹거렸다. 그러나 문제는 과연 예수님의 말씀의 정확한 내용이 무엇이며, 사도들이 전한 말씀의 순결한 내용이란 무엇인가를 아무도 확정지을 수 있는 절대적 근거가 부재하다는 데 있다. 지금 한국의 독실한 기독교인은 누구라도 그 절대적 근거는 성서가 아닌가라고 반문할지 모르지만 우리가 다시 한 번 상기해야 할 것은 초대교회에는 현재 우리가 생각하는 개념의 성경이 근원적으로 존재하지 않았으며, 27서정경도 존재하지 않았고, 복음서의 권위도 절대적이 아니었으며, 또 우리가 상상할 수도 없을 만큼 많은 동일한 자격을 지니는 성서문헌들이 존재하고 있었다는 사실이다. 그리고 당시의 문헌은 모두 양피지나 파피루스에 필사한 것이기 때문에 같은 제목의 책이라도 필사본마다 심각하게 달랐다. 필사라는 것이 대개 낭독하는 것을 옮겨적은 것이었기 때문에 필사하는 사람의 인식구조에 따라 제각기 다른 단어나 이디엄이 선택된다. 그리고 첨삭이 아주 자유로웠다. 통일된 스탠다드 텍스트(Standard Text)라는 것은 그 개념조차 존재하지 않았다.

　우리가 마음속에 꼭 새겨야 할 중요한 사실은 **정경(正經)이 없는 상태에서는 위경(僞經)도 외경(外經)도 있을 수 없다는 것이다.** 현재 우리가 말하는 27서정경은 AD 367년 이전에는 존재하지 않았다는 사실 하나만으로도 우리의 기독교에 대한 개념 자체를 혁명시킬 수 있는 것이다.

그렇다면 정통이란 무엇이고 이단이란 무엇인가? 예수님의 말씀에도 이미 "거짓 그리스도들"이 있고, "거짓 선지자들"이 있다(막 13:22). "거짓 형제(고후 11:26, 갈 2:4)" "거짓 사도(고후 11:13)" "거짓 선생(벧후 2:1)" "거짓말(마 5:11)" 등 희랍어로 "프슈도"(pseudo)를 접두어로 해서 이루어지는 많은 표현들이 현재 성서에는 존하고 있지만 이것 자체가 이미 초대교회내에서 정통과 이단을 가리려는 시도가 있었다는 것을 방증할 뿐, 이런 말이 있다고 해서 무엇이 가짜이고 진짜인지가 가려지는 것은 아니다. 수학문제라면 정·오를 가릴 수 있겠지만, 신앙문제에 있어서 정·오를 가리기는 참으로 난감한 것이다. 무엇이 참 신앙(true belief)이고, 무엇이 거짓 신앙(false belief)이란 말인가?

목소리 큰 놈이 정통

결국 이런 문제에 있어서 가장 현실적인 대답은 이런 것이다: "목소리 큰 놈이 정통이고 목소리 작은 놈이 이단이다." 여기서 "목소리 크다"라는 우리 구어의 표현은 주장하는 사람의 성세나 권세가 크다는 말인데, 대개 목소리가 커지려면 그 목소리를 지지하는 목소리들이 많아야 한다. 그래서 많은 경우, 정통과 이단의 구분은 다수(majority)와 소수(minority)의 문제로 결착나는 상황이 대부분이다. 오늘날 교회내에서 분란이 일어나 이단으로 몰려 쫓겨나가는 사람은 아마도 대부분 소수파일 것이다.

그러나 만약 정통과 이단의 구분이 다수와 소수의 문제로 가려진다면 또 역사기술은 간단해지겠지만, 이 다수와 소수의 문제는 "권불십년"(權不十年)이라는 말이 있듯이 짧은 시간내에 변할 수도 있고 또 지역에 따라 다를 수도 있다. 더구나 초대교회 같이 유동성이 심한 커뮤니티 속에서는 다수와 소수의 문제는 매우 불확실한 기준이었다. 역사적으로 "이단"이라는 규정을 남발한 최초의 사람들은 유대화파(Judizers) 사람들이었는데, 기독교가 이방인의 종교로 급격하게 방향을 틀면서 유대화파 사람들 그들이야말로 "이단"으로 전락해버렸던 것이다. 할례를 부르짖으며 정통을 주장하던 사람들이 곧 이단이 되어 기독교사에서 사라져버렸던 것이다. 초대교회사를 바라볼 때 가장 아이러니칼한 사실은 *오늘날 우리가 정통이라고 부르는 사람들이 대체적으로 소수파에 속하는 사람들*이었다는 것이다. (…… in my judgement, for a long time after the close of the post-apostolic age the sum total of consciously orthodox and anti-heretical Christians was numerically inferior to that of the "heretics." W. Bauer, *Orthodoxy and Heresy in Earliest Christianity* 231).

그렇다면 정말 이상하지 않은가? 정통의 확실한 기준도 없고 정통을 주장하는 사람들이 소수이며 권세도 없다고 한다면 어떻게 해서 그들은 정통의 위치를 확보할 수 있었단 말인가?

로마교회의 지지

　사실 동방교회의 일반적 통례는 정통과 이단이라는 개념에 의하여 신도들을 분리하거나 파문시키는 그러한 분위기가 부재하였다. 정통과 이단이 공존하면서 항상 티격태격거리는 상황은 있을지라도 일자가 타자를 "이단"으로 규정할 수 있는 그러한 배타적 권위가 부재했다. 그러한 일반적 분위기가 바로 *초기기독교의 생명력*이었으며 급속한 팽창의 주원인이었다. 그런데 "정통"(Orthodoxy)이라는 개념은 2세기초부터 로마교회를 중심으로 형성되어간 것이다. 그러니까 "정통"이라는 것은 이론상의 문제가 아니라, "로마교회의 다수에 의하여 지지를 받는 기독교의 형태"(the form of Christianity supported by the majority in Rome, 同上 229)를 말하는 것이다. 이 로마교회의 입장이 결국 200여 년의 투쟁을 통하여 로마황제의 권력을 획득함으로써 불가항력적인 권위를 획득했다는 데에 정통성의 역사적 계기가 존하는 것이다. 27서의 정경화작업도 그것이 정경으로서 권위를 획득할 수 있었던 것은 오로지 콘스탄티누스의 기독교 공인 이후 반세기가 지난 후에 로마가톨릭교회의 입장이 정립되었다는 사실과 관련이 있다. 로마교회를 지배하는 사람들의 입장은 대체적으로 구약과 신약의 연속성을 강조하는 입장이었다. 1세기의 초기기독교는 그리스도의 가르침을 구약에서 분리시키려는 입장이었고, 바울도 그러한 분리적 입장에서 그리스도교리의 기본구조를 잡았다.

구약의 활용

그러나 예루살렘 멸망 이후에는 유대화파들은 전혀 경쟁대상이 아니었으며, 유대교전통은 전혀 신흥기독교에 대하여 위협적인 그 무엇이 아니었다. 따라서 로마교회 사람들은 오히려 자유롭게 유대교전통, 특히 구약을 활용할 필요를 느끼었던 것이다. 즉 구약의 율법적 세계관이야말로 오히려 정통과 이단을 구분할 수 있는 많은 근거를 제시하였고, 그 권위로운 전통의 하중은 그들의 신학적 입장을 결정적으로 지지하였으며, 구약의 다양한 문학전통은 그리스도교의 예배(worship service) 형식이나 구도에 풍요로운 내용을 제공하였던 것이다. 따라서 **동방교회**는 다양한 이방철학이나 종교, 관습을 포용하는 절충주의적, 그러니까 크게 말해서 영지주의적 개방성을 유지한 반면 **로마교회**는 구약의 정통성을 중심으로 하는 보수적 입장을 견지하였던 것이다. 따라서 로마교회는 애초부터 영지주의적 개방성에 부정적 입장을 가지고 있었다.

로마교회의 보수성과 27서 체제

바울의 편지들 중에서도 로마교회에 보낸 로마인서가 구약적 가치관이 가장 짙게 도색되어 있다. 이미 바울의 시대로부터 로마교회는 보수적인 성향이 있었다는 것을 방증한다. 그리고 로마교회와의 커넥션이 확실한 베드로전서와 히브리서는 매우 구약적이다. 구약의 전승 속에서 신약을 이해하고 있는 것이다. 오늘의 27서체제도 복음서중에서 구약과의 연속성이 가장 강한 마태복음이 제일 앞머리를 차지하고, 구약적 묵시문학의 기독교적 형태라고 할 수 있는 요한계시록이 그 마지막을 장식하게 된 것도 우연만은 아니다.

아타나시우스의 로마유학

아타나시우스는 동방의 주교였지만, 서방 로마교회의 입장을 대변하는 외로운 사상가였다. 그는 그의 생애에서 제2차로 박해를 받았을 때, 즉 아리우스파가 동방의 지배자인 콘스탄티우스(Constantius)의 지지를 얻어 아타나시우스를 알렉산드리아에서 추방했을 때, 아타나시우스는 현명하게도 로마로 유학을 했다. 당시 서방 로마는 콘스탄티우스의 지배권이 아니었기 때문에 아타나시우스는 망명생활을 새로운 지지기반의 획득으로 역이용했다. 아타나시우스는 로마의 주교(교황) 율리우스 1세(Julius I)의 열렬한 환영을 받았고, 이탈리아의 주교 50명이 모인 지역 종교회의에서는 그의 무죄를 만장일치로 선언하였다. 아타나시우스는 원래 희랍어에 정통한 인물이었으나, 이 기회를 활용하여 라틴어를 열심히 공부해서 서방 성직자들과 우아한 담론을 직접 벌일 수 있게 되었다. 그리고 서방 로마의 황제인 콘스탄스(Constans)를 카푸아, 로디, 밀라노, 베로나, 파두아, 아퀼레이아, 트레베스 등지에서 직접 알현할 기회를 얻었고, 콘스탄스 황제의 두터운 신임을 획득했다. 아타나시우스는 콘스탄스 황제로 하여금 가톨릭교회가 처한 역경과 위험을 개탄하고 선제인 콘스탄티누스 대제의 니케아종교회의에서의 결정과 신앙과 영광을 본받도록 부추겼다. 이에 콘스탄스 황제는 정통파옹호를 위하여 유럽의 군대와 재력을 동원한다는 결의를 선포하는 한편, 자기 형이며 동방의 황제인 콘스탄티우스(소아시아, 시리아, 이집트 관할)에게 간결한 최후통첩을 보내 아타나시우스를 즉각 복직시키지 않으면 자신이 친히 육해군을 이끌고 가서 그를 직접 알렉산드리아 주교 자리에 앉히겠다고 통보했다. 알렉산드리아 주교 자리에 사람을 하나 복직시키기 위하여 동·서로마의 일대 전쟁을 불사하겠다는 황제들의 행태를 지켜보면서 당시의 기독교라는 문제가 우리가 쉽게 생각할 수 있는 단순한 종교적 차원의 문제가 아니라는 것을 깨닫게 한다. 팍스 로마나는 이미 종언을 고하고 있었다. 로마 사회는 급격히 해체되어 갔고 콘스탄티누스 이전부터 시작된 병영황제시대의 전국시대적 무질서와 난맥상, 지배계급간의 무력충돌은 콘스탄티누스 1인황제시대로 접어들면서 가라앉는 듯했으나 콘스탄티누스 대제의 사후 다시 폭발하였던 것이다.

콘스탄티누스의 세 아들과 네 조카

콘스탄티누스 대제("대제"는 기독교를 처음으로 공인한 로마 황제라는 이유로 후세에 붙여진 칭호)가 AD 337년 5월 22일 니코메디아에서 죽었을 때, 그에게는 세 아들이 있었다. 맏아들 콘스탄티누스 2세, 둘째아들 콘스탄티우스, 셋째아들 콘스탄스였다. 아버지가 죽은 해에 이들의 나이는 20세, 19세, 17세였다. 이들에게는 이미 "카이사르"(가이사)라는 칭호가 있었다. 그런데 콘스탄티누스 대제의 아버지 콘스탄티우스 클로루스는 부제로 임명되면서 국법에 의하여 선술집

딸이었던 첫 부인 헬레나와 이혼하고 당시의 정제인 막시미아누스의 딸 테오도라와 재혼해야만 했다. 콘스탄티누스는 첫 부인 헬레나의 아들이다. 그런데 테오도라에게서도 두 아들(그러니까 콘스탄티누스의 두 이복동생)이 있었다.

그런데 이 두 아들도 각각 두 아들씩을 두고 있었다. 그러니까 대제의 세 아들에게는 사촌형제가 4명 있었다는 이야기가 된다. 그런데 대제는 그 사촌형제 4명 중(달마티우스, 한니발리우스, 갈루스, 율리아누스) 나이가 든 달마티우스와 한니발리우스에게는 카이사르의 칭호를 주었다. 그들은 사실 황통으로 말하자면 콘스탄티누스의 세 아들보다 더 자격이 있었다. 콘스탄티누스는 그러니까 조카 두 명과 세 아들, 도합 5명에게 로마제국을 분할하여 주었던 것이다. 황통의 농도가 더 짙은 조카들에게도 "몫"을 나누어주어 내란의 가능성을 배제하려 했던 것 같다.

콘스탄스와 아타나시우스

그러나 337년 7월 무렵 제국의 수도 콘스탄티노폴리스에서는 황궁을 피로 물들인 대숙청이 일어났다. 이방원의 살생부는 그래도 오랜 세월에 걸쳐 단계적으로 이루어진 것이지만, 이 대숙청은 무지막지하게 한꺼번에 선대의 정치에 관련된 모든 사람들을 싹 쓸어버린 사건이었다. 대제의 육친 중에 살해되지 않은 것은 12세인 갈루스와 6세인 율리아누스뿐이었다. 그리고 천하는 콘스탄티누스 2세, 콘스탄티우스, 콘스탄스 3형제에게로 3분되었던 것이다. 이 대숙청을 주도한 인물은 둘째아들 콘스탄티우스였다. 아타나시우스는 동방을 지배하던 콘스탄티우스 황제의 관할구역에 속해 있었는데 그의 탄압을 받고 로마로 가서 성격이 경쾌하고 활달했던 막내 콘스탄스 황제의 신임을 받고 그의 도움을 얻어 다시 알렉산드리아로 입성하게 된 것이다. 콘스탄스의 전쟁이라도 불사하겠다는 최후통첩에 형 콘스탄티우스는 하는 수 없이 양보를 했다. 동방의 황제 콘스탄티우스는 자신이 박해했던 일개 신민에게 몸소 화해를 간청하기까지 했다.

콘스탄티우스와 아타나시우스

아타나시우스는 콘스탄티우스 황제에게서 보호와 지원과 존경을 강력하게 다짐하는 세 차례의 친서를 받을 때까지 느긋하게 기다렸다. 콘스탄티우스 황제는 그에게 대주교직에 복귀하도록 권하는 한편 한 걸음 더 나아가 체면손상을 무릅쓰고 주요 대신들로 하여금 자신의 뜻이 진정임을 입증하게 하는 조치까지도 취했다. 이 뜻을 더한층 공식화하기 위해 그는 이집트에 엄격한 칙령서를 보내 아타나시우스 지지자들을 다시 불러들여 특권을 회복시켜주고, 그들의 무죄를 선포하고, 또한 에우세비우스파의 주도하에 작성되었던 아타나시우스 정죄의 재판기록을 삭제하도록 했다. 이처럼 자기에게 유리한 만반의 대책이 마련된 후에야 아타나시우스는 느긋하게 트라케, 아시아, 시리아 등 여러 지방을 거쳐 귀국길에 올랐다.

여행중에 아리우스를 지지하는 동방주교들이 그에게 비굴하게 경의를 표했지만 그는 그들을 경멸했을 뿐 자기 속마음을 드러내보이지 않았다. 그는 안티옥에서 콘스탄티우스 황제를 만났다. 덤덤하게 그의 포옹과 항변을 동시에 받아들였다. 알렉산드리아 대주교로 그가 가면 최소한 그의 교구내에 하나의 아리우스파 교회를 허용해야 한다는 황제의 제안에 대해서 아타나시우스는 그렇다면 제국내의 다른 지방에서도 자기교파에 대해서도 똑같은 관용이 베풀어져야 한다고 대꾸하면서 확답을 회피했다. 이것은 마치 더 강한 국가의 독립군주가 내뱉을 성싶은 그런 언사였다. 아타나시우스의 알렉산드리아 입성은 줄리어스 시이저의 개선행렬처럼 성대했다. 그가 탄압을 받고 알렉산드리아를 떠나 있는 동안 주민들은 그에게 사모의 정을 키웠다. 그리고 그가 황제의 권위에 굴복하지 않고 당당하게 대주교로서 돌아오는 모습에 그들은 프라이드를 느꼈다. 그는 이집트 민중의 영웅이었으며 제국종교화되어가고 있던 신흥기독교에 어떤 확고한 정통의 기준을 세워주는 진리의 화신이었다. 근엄한 그의 자세와 함께 그의 권위는 확고해졌으며, 그의 명성은 에티오피아에서 브리타니아에 이르기까지 온 기독교세계에 널리 전파되었다(*The Decline and Fall of Roman Empire* 415~6).

아타나시우스의 영광과 수난

그러나 바로 이러한 화려한 아타나시우스의 승리, 그 자체야말로 그의 생애의 수난이요 비극이었다. 그의 거만한 자세는 당시 이미 얼마나 교권이 황권과 대적할 수 있을 만큼의 조직적 세력을 가지고 있었는가를 방증하는 한 사례이기도 했지만, 결국 황제를 능멸하는 신민이 편하게 버틸 수 있을 만큼의 판도는 아니었다. 더구나 세 황제 중 애초부터 실권자는 아타나시우스와 대결한 콘스탄티우스였다. 맏형 콘스탄티누스 2세는 막내동생 콘스탄스와 영토싸움을 벌이다가 불과 23세의 젊은 나이에 일찍 제거되고 만다(AD 340). 아타나시우스를 지원한 로마의 황제 콘스탄스도 10년 후 야만족 출신의 장수인 마그넨티우스에게 제거되고 만다. 콘스탄스는 피레네산맥 기슭까지 도망쳐왔는데 추격해온 기병대에 따라잡혔다. 황제는 따라잡히자마자 무참히 살해되었다. 그리고 시체는 들짐승의 먹이가 되도록 방치되었다. 이것이 아타나시우스를 알렉산드리아로 입성시킨 황제, 10년 동안이나 광대한 로마제국의 3분의 2를 다스린 콘스탄스 황제의 최후였다. 그의 나이 30세였다(AD 350). 아리우스파를 적극 지지하는 콘스탄티우스 황제는 로마제국 독존의 확고한 지위를 차지하게되자 아타나시우스의 모독적 행동을 감내할 길이 없었다. 콘스탄티우스는 집요하게 아타나시우스를 박해한다. 여기서부터 아타나시우스의 "도바리길"의 파란만장한 생애가 또 다시 시작되지만 결국 콘스탄티우스 황제는 그를 죽이는 데 실패한다. 기번의 다음과 같은 멘트는 로마역사를 이해하는 데 매우 의미심장한 통찰이다.

...... and the son of Constanine was the first of the Christian princes who experienced the strength of those principles which, in the cause of religion, could resist the most violent exertions of the civil power(The Decline and Fall of Roman Empire 428).

콘스탄티누스 대제의 아들, 콘스탄티우스야말로 세속적 권력의 가장 격렬한 발휘조차도 거부하고 저항할 수 있는 종교적 명분의 원리의 힘을 체험해야 했던 최초의 기독교도 황제가 되었다.

이교라는 말의 비극적 의미

  콘스탄티우스 황제는 아버지의 기독교편향의 지지정책을 더욱 편향적으로 몰고갔다. 여기서 "편향적"이라고 말하는 것은 이방인의 종교를 기독교와 동등하게 대하는 것이 아니라, 탄압하는 것을 말한다. 사실 기독교적 가치관 일색으로 도배질된 후대의 관점에서 이 시대를 바라보면서 "이방"(gentile)이니 "이교"(pagan)니 하는 말을 무의식적으로 사용하고 있지만, 사실 여기서 말하는 이교도라는 것은 천여 년에 걸친 우수한 헬라스·로마문명 전체를 말하는 것이다. 이교도를 뜻하는 "파가누스"(paganus)는 원래 "시골뜨기" "촌놈"이란 뜻인데 한번 생각해보자! 헬라스·로마문명인들의 입장에서 볼 때 과연 누가 더 촌스러운 사람들이었겠는가? 그러나 기독교의 공인으로 하루아침에 헬라스·로마문명 전체가 촌놈·이교도들의 문명이 되어버리고 마는 것이다. 기독교를 정통으로, 유일신에 대한 유일한 신앙체계로서 수용하는 순간, 길거리에 가득찬 제우스·쥬피터·아테나·비너스…… 나체의 신상들이 모두 우상이 되어버리고, 인류문명의 극상의 예술품이었던 위대한 신전들이 모두 악령의 소굴이 되며 저주와 파괴와 약탈의 대상으로 전락해버린다. 오늘 우리가 박물관에서 보는 희랍·로마신상들이 대부분 잘라지고 꺾어지고 뭉개지고 한 모습으로 나타나는 이유가 여기에 있다. 신전들의 돌기둥은 뽑히어 새로 짓는 기독교 교회의 기둥으로 둔갑하였던 것이다. 웅대한 회암사의 파괴된 불상들을 바라보는 것보다도 더 가슴아픈 일이다. 사실 기독교의 공인이라는 이 사태는 어떤 의미에서는 인류역사에서 가장 야만스러운 문명의 전환이기도 했던 것이다.

배교자가 아닌 공평한 황제 율리아누스

콘스탄티우스의 뒤를 이은 황제는 바로 337년 콘스탄티누스 대제의 장례식에 참여한 모든 육친을 살해하는 대학살에서 6살이라서 너무 어렸기 때문에 차마 죽이지 못하고(이것도 역사의 우연이었겠지만) 살려두었던 대제의 막내조카, 콘스탄티우스의 사촌동생 율리아누스였다. 그런데 오늘날 역사에서는 율리아누스 황제를 이야기할 때는 반드시 "배교자 율리아누스"(*Julianus Apostata*, Julian the Apostate)라고 쓴다. "아포스타타"라는 말은 "기독교신앙을 버렸다"는 뜻이다. 그러나 율리아누스는 결코 배교자는 아니었다. 그는 콘스탄티누스 대제의 밀라노칙령의 원래 정신으로만 돌아가자고 말했을 뿐이다: "오늘부터 기독교든 다른 어떤 종교든 관계없이 각자 원하는 종교를 믿고 거기에 수반되는 제의에 참가할 자유를 완전히 인정받는

다. …… 기독교도에게 인정된 이 완
전한 신앙의 자유는 다른 신을 믿는
자에게도 똑같이 인정되는 것은 말할
나위도 없다. 우리가 완전한 신앙의
자유를 인정하기로 결정한 것은 그것
이 제국의 평화를 유지하는 데 효과
적이라고 판단했기 때문이고, 어떤
신이나 어떤 종교도 그 명예와 존엄
성이 훼손당해서는 안된다고 생각하
기 때문이다."

율리아누스 황제. 파리 루브르 박물관에 있는 대리석 상.
종교적 감각이 가장 탁월했던 위대한 황제

신앙의 독점

　기독교도들은 "신앙의 자유"를 원한 것이 아니라 "신앙의 독점"을
원했다. 따라서 신앙의 자유를 공평하게 고려하는 황제에게는 "배교
자"라는 이름을 붙였던 것이다. 제우스신전의 신탁도 하나님의 로고
스와 동등한 신앙의 형태로 인정하면 "배교자"가 되는 것이다. 어린
율리아누스는 니코메디아에 살았던 외할머니 슬하로 보내졌다. 니
코메디아는 아리우스파들의 본거지 중의 하나였다. 율리아누스는
아리우스파 성직자들의 교육을 받았다. 그리고 마르도니우스라는
희랍고전문화에 정통한 노예가 그를 애지중지 길렀다. 마르도니우
스는 율리아누스에게 호메로스와 헤시오도스와 핀다로스의 시를 암
송케 했으며 고대 희랍철학자들의 방대한 저술들을 계속 낭독해주

었다. 율리아누스는 어려서부터 엄격하고 결점이 없는 완벽하고 지배적인 기독교 유일신보다는, 인간적이고 결점투성이인 그리스 신들과 장난치고 놀면서 성장했던 것이다. 율리아누스는 그리스철학의 학도로서 자처했으며 헬라스의 사변과 문학의 세계에서 신유(神遊)하는 데 더없는 기쁨을 느끼고 산 순수한 인간이었다.

율리아누스의 인생역전

그의 형 갈루스가 부제로 임명되어 떠나자, 그는 이오니아의 에베소로 가서 자유로운 삶을 만끽했다. 그런데 얼마 안 있어 친형 갈루스 부제는 콘스탄티우스에게 손을 뒤로 결박당하고 무릎꿇은 자세로 목이 잘렸다. 정제 콘스탄티우스를 살해하려는 음모를 꾸몄다는 것이다. 그의 모가지는 무죄를 항변하지도 못하고 입을 다문 채 땅에 떨어지고 말았다. 율리아누스는 콘스탄티우스에 의해 밀라노로 호출되었다. 율리아누스는 콘스탄티우스에게 살살 빌었다. 자기는 오직 철학공부하는 것만이 삶의 기쁨이며 정치에는 아무런 관심이 없다고 살살 빌었다. 그리고 아테네에서 철학을 공부하는 것을 허락해달라고 간청했다. 그래서 그는 아테네로 유학을 갔다. 그리고 철학의 본고장의 유적들을 바라보며 탈레스로부터 소크라테스를 거쳐 아리스토텔레스에 이르는 보이지 않는 지적 유산의 향기를 흠뻑 만끽했다. 그러나 반 년 후(355년 11월) 콘스탄티우스는 그를 다시 밀라노로 불러 "카이사르"에 임명한다. 부제가 된 것이다. 그리고 24세의 그를 골(Gaul) 지방의 전쟁사령관으로 보낸다. 그를 제거시키기 위한 심산이 있었을 것이다.

그런데 놀라웁게도 전쟁경험이 하나도 없었던, 칼자루 한번 손에 쥔 적이 없었던 철학도 율리아누스는 탁월한 전략가로서 변모하면서 모든 전투를 성공적으로 이끌었고 "스트라스부르 전투"에서 대승하여 라인강 유역을 완전히 장악한다. 역사가들은 설명키 어려운 변신이라고 말하지만 전쟁도 결국 인술(人術)이며 인술(仁術)이다. 용인(用人)의 지혜와 부하를 아끼는 인(仁)한 마음이 있으면 나머지는 베테랑들이 다 해결한다. 더구나 율리아누스는 냉철한 철학적 이성의 소유자였다. 율리아누스는 결국 병사들에 의하여 "정제"로 옹립되었고 사촌형 콘스탄티우스와의 대결은 피할 수 없는 운명이 되고 말았다. 그런데 다행히 콘스탄티우스가 병사한다. 그래서 반복되는 근친살해의 비극을 거치지 않고 그는 황제가 된 것이다.

아름다운 토착적 전통의 회복

황제가 된 후 그가 실천하고 싶었던 것은 기독교에 짓눌린 그리스·로마문명의 아름다운 토착적 전통의 회복이었다. 그러나 그의 생애도 결국 "배교자"로서 낙인 찍히고 만다. 그러나 그가 황제로 있을 동안에 아타나시우스는 또다시 탄압을 받는다. 아리우스파에 의하여 어려서부터 교육을 받은 그가 아타나시우스의 주교권한을 인정할 리가 없다. 그러나 율리아누스의 생애는 짧았다. 페르시아 영토를 탈환하여 로마의 위세를 다시 한번 과시하고자 했던 전투에서, 현재의 바그다드 아래에 있는 크테시폰(Ctesiphon) 전투에서 퇴각하던 중 말 탄 율리아누스의 상복부에 "누가 던진 것인지 알 수 없는 창"이 깊숙이 꽂혔다. 하얀 투니카가 순식간에 붉게 물들었고 그의 간까지도 파열되었다. 그런 중에서 온종일 격투를 벌인 뒤 하룻밤을 지새웠다. 침대에 누운 채 이와 같이 말했다.

율리아누스의 최후

"나도 인생에 작별을 고할 때가 온 것 같소. 나는 항상 나에게 생명을 준 위대한 자연에 보답하기를 바라고 있었기 때문에 자연으로 돌아가게 된 것을 기쁘게 생각하오. 현세에서 업적을 쌓은 사람에게 신들이 주는 마지막 포상이 죽음이라고 내가 배운 철학은 말하고 있소. 나는 지금까지 해온 일들을 하나도 후회하지 않소. 남을 살해하지도 않고 비열한 짓을 하지 않은 것을 기쁘게 생각하오. 세간에서 격리되어 있었던 시기에도, 그 후 권력을 혼자 독점한 시기에도 나 자신에게 충실하게, 내 생각을 배신하지 않고 살아온 것은 마찬가지였소. …… 나의 정치의 결과가 항상 좋지만은 않았다는 것을 인정할 수밖에 없지만 인간세에서 결과가 좋으면 신들이 도와준 덕분이고 결과가 나쁘면 인간의 잘못으로 돌리는 것은 문제가 있소. …… 후임자 문제는 그대들 자신의 양식에 맡기겠소. 단지 로마제국의 사람들이 내 후임자의 치하에서 안전하고 행복하게 살 수 있기를 바라는 것뿐이오."

그는 찬물을 마시고 싶다고 말했다. 율리아누스는 하인이 가져온 연보라색 유리그릇에 담긴 물을 한 모금 마시고 조용히 숨을 거두었다. AD 363년 6월 26일 자정경이었다. 31년 7개월의 생애. 율리아누스 황제재위기간이 19개월이 아니라 19년만 되었어도 로마의 운명, 아니 세계사의 운명이 바뀌었으리라! 참으로 안타까운 좌절이었다. 그는 일신교의 폐해를 자각한 유일한 황제였다(『로마인 이야기』 14-286).

예수님의 말씀과 인간의 언어

  아타나시우스파와 아리우스파의 대결, 그리고 오늘날의 우리가 알고있는 성경의 모습을 비로소 확정지운 아타나시우스의 27서정경의 출현, 이러한 문제를 단순한 종교교리상의 문제로 귀속시킬 수는 없다. 그 배면에서 진행되고 있는 인간들의 생활상과 역사의 하부구조, 경제사적 토대와 같은 매우 착실한 기반으로부터 분석해 들어가는 것이 타당하다. 한국의 독자들은 나의 역사서술방식이 약간 기독교 정통론에 대한 반감을 가지고 있다고 지적할지도 모르겠다. 나는 어떠한 경우에도 역사의 흐름에 대해 나의 주관적 포폄의 절대성을 강요하지는 않는다. 내가 비록 안타까움을 표현할지라도 독자들에게 그것이 강요되고 있는 것은 아니다. "클레오파트라의 코"는 무의미하다. 내가 지나간 역사에 대해 세우고 싶어하는 가설대로 역사가 흘러갔다면 인간의 역사는 재미가 없는 것이 되고 말 것이다. 부정적인 방향이든 긍정적인 방향이든 그 주어진 역사의 모든 성쇠와 희비를 극복해가는 것은 당대 역사의 담임자들이며 민중이다. 기독교의 역사만 해도 "안타까운" 측면이 있다 해도 오늘까지 흘러내려온 기독교의 모습은 그 많은 민중들의 피땀에 의하여 최선의 방향으로 선택되어온 것이고 또 그렇게 흘러가리라고 나는 믿고 있다. 따라서 나는 기독교의 모든 정통적 교설에 대해서 아주 근원적으로 긍정적인 마음을 가지고 있다. 그러한 나의 마음자세를 의심해서는 안된다. 그러나 내가 반복해서 말하는 것은 하나님의 말씀과 예수님의 말씀에 대한 "사실"을 직시해야 한다는 것이다. 그 "사실"은 인간의 역사와 얽혀있으며 인간의 언어 속에 일차적으로 내재한다는 것이다. 우리는 어떠한 경우에도 인간의 언어와 하나님의 언어를 혼동해서는 아니 된다. 우리가 지금 탐색하고자 하는 것은 어디까지나 하나님의 언어다. 그것은 오직 인간의 언어와 역사의 사실을 밝힘으로써만 접근될 수 있는 것이다. 인간의 언어에 대해서는 우리는 매우 날카롭고 다양한 관점의 메스를 가하기를 주저해서는 아니 되는 것이다.

순교는 공포아닌 영광

콘스탄티누스 대제의 기독교공인은 기독교신앙의 자유라는 어떠한 사상자유를 선포하는 사건이 아니다. 박해를 하던 대상을 하루아침에 숭배의 대상으로 돌변시키는 데는 그 나름대로의 충분한 하부구조적 이유가 있을 것이다. 우선 박해로서는 기독교를 제압할 길이 없었다. 왜냐하면 순교는 초기기독교인들에게는 전혀 공포의 대상이 아니었기 때문이다. 광신자들은 삶에 대한 증오심이 있었다. "그들은 종종 도로상에서 여행자를 멈춰 세우고 자기들을 죽여 순교자로 만들어달라고 부탁하면서, 부탁을 들어주면 사례금을 주고 거절하면 당장 죽여버리겠다고 협박하곤 했다." 그런가 하면 어떤 사람들은 정해진 날에 절벽 위에서 몸을 던져 자살하고 했다(The Decline and Fall of Roman Empire 430). 로마의 지배자들은 기독교도들을 처형할 때는 몰래 해야했다. 공개처형은 더 많은 순교자를 불러 일으켜 오히려 기독교를 열화같이 번창시킬 뿐이었다.

희랍신전의 성격: 전업 성직자의 부재

기독교를 이교신앙과 구분지우는 가장 획기적 사실은 전문적 성직자의 존재였다. 다시 말해서 오직 성직에만 전념하는 전업클래스의 존재였다. 헬라스(희랍)종교에는 이러한 전업 성직자계급이 존재하질 않았다. 희랍의 신전이라는 것은 문자그대로 신이 거(居)하는 전당이었으며 그 속에 사람이 들어가서 예배하는 곳이 아니었다. 희랍의 신전이란 인간들의 예배장소가 아닌 신의 거처였다. 신전은 반드시 폴리스와 일체를 이룬다. 신전은 대개 폴리스의 중심에 있는 아고라나 아크로폴리스에 위치하고 있으며 그것은 폴리스 시민의 공동소유였다. 그 신전에 거하는 신은 대개 그 폴리스의 수호신이었으며, 물론 폴리스마다 다른 다양한 신을 모시고 있었다. 예배란 개념은 따로 없고 희생의 제식(sacrificial rites)만 있었는데, 그 제식은 원칙적으로 시민이면 누구든지 거행할 수 있었다. 그 희생제식은 신전 주변의 돌무덤의 제단(bōmos) 위에서 행하였다. 가축을 사용하는데 머리에 리본을 달아 관을 씌우고 앞에 가게 하고 피리를 불면서 행렬이 이어졌다. 제단에 도착하면 주변에 물을 뿌리고 또 보리씨를 뿌린다. 그리고 난 후 가축의 목을 치켜올리고 마카이라(machaira)라는 칼로 목을 쭉 찢어 피를 내고 간을 꺼내어 신에게 보인다. 펄떡이는 간을 보고 신이 제물을 용납하셨다고 인정되면, 가축을 도살하여 긴 뼈는 발라서 제단에 바치는데 하이얀 지방질로 덮고 그 위에 향초나 후추 같은 것을 뿌린다. 그리고 태워서 그 향내나는 연기가 하늘로 오르게 하여 신이 흠향케 하는 것이다. 그리고 나머지 살을 솥에 삶아 맛있게 요리하여 제식에 참여한 모든 사람들이 같은 분량으로 나누어 먹는다. 남는 분량이 있으면 동네로 가져가서 이웃에게 나누어준다. 이때 혓바닥은 제일 중요한 사람이 먹고, 피혁은 제사를 주관한 사람이 갖는다. 이렇게 하여 신과 인간이 같이 즐기는 것이다.

입세간적 종교

희랍의 종교는 폴리스에 사는 사람들의 세간(世間) 즉 속(俗)에 속한 것이었다. 막스 베버의 말대로 그것은 출세간적 종교가 아니라 입세간적(intra-world religion)종교였다. 성(聖, the sacred)과 속(俗, secular)의 확연한 이원적 구분이 없었다. 따라서 신전의 제사장은 그 폴리스의 행정장관과 일치했다. 모든 고급관료는 어떤 의미에서 성스러운 제사를 지내야할 의무를 지니고 있었다. 전쟁을 하기 전이라든가, 전쟁이 끝나고 나서든가, 의회를 소집한다든가, 장관의 이취임식이라든가 이러한 모든 것이 제식으로 이루어졌다. 폴리스라는 사회를 화합적으로 작동시키는 모든 제스처가 이러한 종교적 제식이었다. 이러한 종교는 실상 정치적이었다. 그것은 "정치종교"(political religion)였다. 따라서 정치가 제대로 작동되지 않고 사회의 결속력이 없어지면 신전은 폐허가 되고만다.

전업 성직자계급의 발전: 기독교

그런데 비해서 기독교는 유대교의 제사장전통과 그것을 민중화시킨 바리새인들의 시나고그 랍비전통을 계승하고 또 예수의 12사도의 상징적 권능에 따라 초기부터 감독(주교), 장로, 집사들이 있었고 곧 이들은 전문적 성직자계급으로 발전해갔다. 그리고 유대교나 희랍종교와 같은 번거로운 피의 희생제식이나 번제가 없이 간결하고 의미가 깊은 성찬식을 발전시켰으며, 세례나 캐더키즘(catechism, 교리문답)의 초기형태나 서약 같은 것이 발달했으며, 복음서와 같은 낭송문화가 가세하면서 교회조직은 독자적인 성스러운 세계로 발전해 나갔다. 그리고 성스럽게 규정된 안식일이라고 하는 주기적 모임(congregation)의 형식은 기독교인의 사회경제적 기반에도 크게 도움을 주었다. 일주일에 한 번의 휴식이라고 하는 이 제도는 농경사회에서 일하는 인간과 가축에게 온전한 휴식을 제공했다. 콘스탄티누스의 기독교공인의 가장 중요한 내용은 바로 성직자를 전업화시키고 그들에게 특별한 권세를 부여함으로써 그들 중심으로 로마사회의 결속력과 정신적 일체감(spiritual unity)을 재건하려고 했던 것이다.

이로부터 기독교는 로마라는 정치권력의 파트너가 된 것이다. 이 파트너십(harmonia, symphōnia)이야말로 기독교제국의 기초였다. 이 하르모니아의 기초는 비잔틴제국(4~15세기)으로부터 시작하여, 8~9세기 카롤링왕조를 거쳐 신성로마제국으로 이어졌는데, 그것은 나폴레옹이 1806년에 해체시킬 때까지 존속하였던 것이다.

콘스탄티누스의 파격적 기독교우대

콘스탄티누스는 우선 밀라노칙령을 통하여 기독교를 공인하는 동시에 탄압시대에 몰수한 교회재산의 반환을 명령하고 거기에 필요한 보상은 국가가 하기로 명령했다. 그는 곧 정책 제2탄을 내놓았는데 그것은 참으로 파격적이면서도 로마의 법전통으로 볼 때 있을 수 없는 처사였다. 그는 황제의 전재산을 교회에 기증하였던 것이다. 제정으로 이행한지 300년이 지난 당시의 황제 소유의 농경지는 어마어마했다. 로마황제는 로마제국의 최대의 지주였다. 다시 말해서 하루 아침에 기독교는 로마제국의 최대의 지주가 된 것이다. 다음 콘스탄티누스는 성직자의 모든 공무를 면제해주었다. 그는 이와 같이 말했다: "성직자는 번거롭게 다른 임무에 신경쓰지 않고 오로지 성스러운 임무에만 전념해야 한다. 그것이 국가에 헤아릴 수 없이 큰 이바지가 된다." 이렇게 모든 국가의 부역으로부터 면제가 되면 로마사회의 중간층에 속하는 사람들, 그 중에서도 지적 수준이 높은 사람들이 교회로 가버리게 된다. 이렇게 되면 로마사회의 중산층계급은 점점 더 궤멸되어간다. 콘스탄티누스의 더 중요한 결정은 성직자에게 일체의 세금을 부과하지 않기로 결정한 것이다. 공무면제, 세금면제, 독신자에게 불리했던 원수정시대의 세금제도의 폐지로 진행된 역사의 방향은 지배의 도구(instrumentum regni)로서의 기독교의 진흥에 온힘을 다하기로 결정한 콘스탄티누스에게는 하나의 당위였다(시오노 나나미, 『로마인 이야기』 14-100).

로마사회의 붕괴

이것만 해도 이미 너무도 과분하게 편파적인 결정인데도 불구하고 그의 아들 콘스탄티우스는 면세의 범위를 더욱 넓힌다. 아버지 시대에는 면세대상자는 주교·사제·부제로 한정되어 교회성직자 내부에 머물러 있었다. 그런데 콘스탄티우스는 교회의 고용인이나 교회 소유의 농지나 공장이나 상점에서 일하는 사람들까지도 납세자명단에서 제외시켰다.

교회는 더욱 우쭐하여져서 인두세는 물론 토지세도 면제해달라고 리미니에서 열린 공의회에서 청원했다. 2년 후에 콘스탄티우스는 이 청원도 들어주었다. 그리고 더 더욱 한심한 것은 성직자의 사유재산에 관한 특례적 결정이었다. 성직자가 된 뒤에는 사유재산을 갖는 것이 인정되지 않았다. 성직에 취임하는 동시에 그때까지 소유하고 있었던 재산은 교회에 기부하거나 육친에게 주어야 했다. 그런데 콘스탄티우스는 성직자가 된 뒤에도 사유재산을 계속 소유하는 것을 인정하였던 것이다. 가난한 자들이여 이제 천국이 너희 것이다라고 외쳤던 예수의 복음은 이제 부유한 자들이여 천국이 너희 것이다라고 외쳐대는 로마사회의 새로운 법질서로 변질되어간 것이다. "성스러운 임무"가 이제는 "성스럽지 않은 임무"보다 더 많은 수입을 보장받게 된 것이다.

그리스·로마 신전폐쇄명령

뿐만 아니라 콘스탄티우스는 밤중에 산 제물을 바치는 것을 금지시켰고, 나아가 낮에 거행되는 로마의 전래신들에게 바치는 모든 희생제식도 금지시켰다. 3년 후에는 이 금지령을 위반하는 자는 사형에 처한다는 포고문을 발동시킨다. 그리고 우상숭배가 금지되었다. 최고신 제우스도, 바다의 신 포세이돈도, 지혜의 여신 아테네도, 신격화된 카이사르나 아우구스투스는 우상으로 단죄되었고, 예수 그리스도, 성모 마리아, 성 베드로, 천사는 숭배의 대상이 되었다.

우상숭배금지령에 이어 신전폐쇄명령이 내려졌다. 앞서 말했지만 이 신전은 그리스·로마의 종교를 의미했다. 신전폐쇄는 신전파괴로 진행되었다.

삼위일체논쟁의 이권실속

항상 모든 조직은 외부로부터 탄압을 받을 때는 내부는 하나로 결속된다. 그러나 박해와 탄압이 사라지고 억압되었던 조직이 지배조직으로 둔갑하면 내부갈등이 격렬해지게 마련이다. 일제강점시대

때는 우리민족은 독립을 위해 하나로 싸웠다. 그런데 해방이 이루어진 공간에서는 공동의 목적을 향해 한마음으로 싸우던 한 민족이 좌·우로 갈라져 서로 물고뜯고 싸웠다. 그리고 그것은 6·25라는 참혹한 동족상잔의 전쟁으로까지 치달았다. 바로 아타나시우스파와 아리우스파의 삼위일체논쟁이라는 것은 외면적 명목에 그치는 것이었고 그 실상은 새로 개편되어가는 교구를 놓고 주교들끼리 벌인 전쟁이었다. 이 전쟁에 동·서로마 황제들까지도 가담했어야 했다. 300여 년 동안 재야생활을 해온 기독교가 이제 집권여당이 되면서 세력판도를 어떻게 조정할 것인가를 놓고 싸우는 내분의 한 표출이었던 것이다. *아리우스*는 대체적으로 동방기독교의 포용적 자세를 대변했고 *아타나시우스*는 로마가톨릭교회의 정통적 입장을 대변하면서 알렉산드리아교구를 동방교구의 지배권에서 분리시키려고 노력했던 것이다.

아타나시우스의 화려한 입성: 부활절 메시지

율리아누스 황제가 시도한 것은 그리스·로마신전에 기독교에 대항할 수 있는 전문사제직을 형성시키는 일이었다. 그러나 결국 그러한 복안은 실패로 끝나고 말았다. 근원적 전통과 관습이 다른 상황에서 어떠한 인센티브를 주어도 그러한 계급의 형성은 쉽게 이루어질 수가 없었다. 율리아누스 황제가 죽고난 후 그의 뒤를 이어 요비아누스(Flavius Claudius Jovianus)가 황제로 취임했다. 요비아누스는 기독교도였다. 그래서 아타나시우스는 다시 득세했다. 그러나 요비아누스는 7개월만에 죽는다. 콘스탄티노폴리스로 여행하던 중 시체로 발견된 것이다. 그 뒤에 동방의 황제가 된 발렌스(Flavius Julius Valens)는 아리우스파를 지지하는 인물이었기 때문에 다시 아타나시우스를 탄압했다. 5번째로 아타나시우스는 주교직을 박탈당했다. 그러나 이미 기나긴 망명생활을 통하여 이집트의 영웅이 된 아타나시우스는 알렉산드리아의 근교에 머물렀다. 지방장관들은 새 황제에게 아타나시우스의 복직을 종용하였다. 아타나시우스는 366년 2월 1일 다시 화려한 입성을 하였다. 그리고 다음해 부활절 메시지에서 27서정경안을 권위롭게 발표하였던 것이다. 예수가 십자가에 못박혀 죽은지 337년만에야 비로소 우리가 알고있는 신약성서의 최초의 모습이 역사의 지평 위에 떠오른 것이다. 아타나시우스는 로마가톨릭의 입장을 동방세계에서 대변한 인물이었지만 아이러니칼하게도 그는 그러한 노력의 대가를 치러야만 했던 기나긴 박해의 삶을 통해 국가의 정치권력에 대하여 교회의 교리적 자유와 신념을 고수한 영웅으로서 추앙받게 되었다. 아타나시우스의 역사적인 부활절 메시지를 한번 살펴보자!

> 많은 사람들이 외경적(apocryphal)이라고 규정지을 수 있는 책들을 가지고 근사하게 장난질을 쳐서 하나님의 영감을 받는 성서와 혼동시키고 있기 때문에, 나는 여러분들에게 하나님의 것으로서 간증되고 우리에게 전승되어온 정경(the Canon) 속에 들어갈 수 있는 책들의 목록을 제시하는 것이 매우 중요하다고 생각하게 되었다.

그리고 그는 구약의 목록을 전부 제시한 후 다음과 같이 말하였다.

이제 또다시 여러분에게 신약(the New Testament)의 책들을 열거하여 말하는 것이 결코 지루한 이야기는 아닐 것이다. 우선 4개의 복음서가 있는데, 그것은 마태, 마가, 누가, 요한에 의한 것이다. 그 다음으로 사도행전이 있고, 또 가톨릭(보편교회적)이라고 부를 수 있는 7개의 서한이 있다. 그 7개는 야고보의 편지 하나, 베드로의 편지 둘, 요한의 편지 셋, 그리고 유다의 편지 하나이다. 이에 덧붙여 바울의 14서한이 있다. 다음의 순서대로 쓰여진 것이다. 제일 먼저가 로마사람들에게 보낸 편지이다. 다음으로 고린도사람들에게 보낸 두 편지가 있다. 이 두 편지 다음에 갈라디아사람들에게 보낸 편지가 있다. 다음에 에베소사람들에게, 다음에 빌립보사람들에게, 그 다음에 골로새사람들에게 보낸 편지가 있다. 이것들 다음에 데살로니카사람들에게 보낸 두 개의 편지가 있고 히브리사람들에게 보낸 편지가 있다. 그것들 다음에 디모데에게 보낸 두 개의 편지, 디도에게 보낸 하나의 편지, 그리고 마지막으로 빌레몬에게 보낸 편지가 있다. 그리고 이 모든 것 이외로 요한계시록이 있다.

아타나시우스의 부활절메시지에서 오늘날 우리가 알고있는 27서 신약성서의 명료한 목록을 발견한다는 것은 참으로 감개무량하다. 나의 "감개무량"이라는 말에 대해서 당대에 얼마나 많은 성서문헌이 존재했는가를 실감하지 못하는 사람은 그 말이 과연 무엇을 의미하는지 모를 것이다.

27서와 경·율·논 삼장

나는 평소 불교대장경을 읽으면서 왜 불교는 이토록 많은 경전을 다 성경으로 존중하고 불교신앙의 자료로 삼고있는데 왜 기독교는 겨우 달랑 27서 쬐끄만 책 하나만 바이블로서 강요하는가 하고 의구심을 품어왔다. 복음서에 해당된다고 말할 수 있는 불교 경장 중에서 아가마(āgama) 즉 사아함경(四阿含經)만 해도 4복음서와는 비교할 수도 없는 엄청난 분량이다. "아가마"란 "전승되어 내려온 불타의 가르침"이라는 뜻인데 그것의 한역말이 아함(阿含)이다. 이것은 역사적 불타 즉 싯달타의 직설(直說) 내용이라고 여겨지는 것이다. 이 아함경은 장아함(長阿含), 중아함(中阿含), 잡아함(雜阿含), 증일아함(增一阿含)의 4종으로 분류되어 있는데 그 한 종 속에 엄청나게 많은 경(經)들이 포함되어 있다. 이 한역 아함경전의 원전에 해당된다고 말할 수 있는(전승경로는 다르다) 팔리어삼장 중 핵심부분인 경장(經藏)은 다섯 부(部, nikāya)로 되어 있다. 장부(長部, Dighanikāya), 중부(中部, Majjhimanikāya), 상응부(相應部, Saṁyuttanikāya), 증지부(增支部, Aṅguttaranikāya), 소부(小部, Khuddakanikāya)의 다섯 니까야가 바로 한역대장경으로 보존되어 있는 사아함경과 대부분 상응되는 것이다. 아함뿐 아니라, 붓다가 승가를 유지하면서 생겨나는 여러 가지 규칙이나 계율에 관하여 설파한 말씀을 모아놓은 것이 율장(律藏)인데, 이 율장 속에도 부처님의 생애와 초기승단의 모습에 관한 생생한 원시자료들이 잘 보존되어 있다. 그리고 붓다의 법(dharma)에 대한(abhi) 주석이나 설명·논설을 아비달마(阿毘達磨)라 하는데 이것은 좀 후대의 부파불교시대에 성립한 것이며, 이것을 논장(論藏)이라 한다. 그러니까 경장(經藏)·율장(律藏)·논장(論藏)을 합쳐서 삼장(三藏)이라 하고 이 삼장(경전을 담은 세 바구니)을 트리-피타카(tri-piṭaka) 즉 대장경이라고 부르는 것이다. 이 한우충동하는 대장경을 보면 27서 기독교성서의 왜소함을 느끼지만 여기서 우리가 주목해야 할 것은, 초기불교나 초기기독교나 경전의 양으로 말하자면 다 비슷한 상황이었지만 그 결집(結集)방식이 달랐을 뿐이었다는 매우 기초적인 역사적 사실에 관한 것이다. 불교는 유일신에 대한 신앙이 중요했던 것이 아니라 어떻게 인간이 속세의 영욕에 대한 집착으로부터 벗어나느냐 하는 해탈에 관심이 있었기 때문에, 그 교설 자체가 인간내면의 심리탐구에 집중해있어서 그다지 정통·이단의 문제에 신경을 쓸 필요가 없었다. 물론 싯달타와 동시대에 간지스강 유역의 마가다 지방을 중심으로 활약한 다양한 자유로운 사상가들이 있었고(영지주의자들처럼) 그들을 총칭하여 6사외도(六師外道)라고 부르고 있지만 이 6사외도의 사상도 상당부분 아함경내에 편집되어 있다. 그리고 이들을 외도로 규정하는 불교의 입장은 결코 정치권력과 결탁된 것은 아니었다. 불교가 경전을 편집한 태도는 어떻게 하면 다양한 생각의 갈래들을 한군데로 모아서 그것이 결국 하나의 진리를 드러내기 위한 방편(方便, upāya)에 불과하다는 것을 입증하려는 것이다. 따라서 붓다의 가르침에 관한 모든 전승(이 상황에도 구전이 주류였다)을 한 바구니에 담았던 것이다.

경전편집에 관한 불교 · 기독교의 입장차이

　만약 기독교가 이러한 경전편집태도를 가지고 있었다면 기독교의 경전 역시 대장경 이상의 분량으로 늘어났을 것이다. 아타나시우스 당대까지 300여 년에 이르는 동안 축적된 경서의 양은 불교의 아가마 전승 못지않은 것이었다. 예를 들면, 유다서 같은 것은 편지 제일 첫머리에 "예수 그리스도의 종이며 야고보의 동생인 나 유다가 이 편지를 씁니다"(유 1:1)라는 한마디 때문에 27서에 편입된 것이다. 유다는 물론 12사도 중의 한 사람도 아니다. 그렇다면 유다는 누구인가? "야고보의 동생"으로서 유다의 이름을 가질 수 있는 사람은 예수의 동생밖에는 없었다. 그러니까 이 편지는 "예수의 동생"이 썼다는 이유 하나로, 즉 예수가족주의적 권위의식의 편견 때문에 27서 안에 포함되는 행운을 얻은 것이다. 이름을 걸려면 아예 이렇게 쎈 이름을 거는 것이 행운을 잡는 길일까? 생각해보자! 예수의 동생이라면 갈릴리 나사렛에서 토박이로 큰 사람이며(막 6:3) 오직 아람어만 했을 아주 촌사람인데, 어떻게 이렇게 유창하고 절제있고 구성진 희랍어문장의 편지를 쓸 수 있단 말인가? 그리고 편지내용 자체가 기성교회체제를 어지럽히는 외부로부터 침입한 카리스마틱한 교사들의 도덕적 해이와 사기성 그리고 반성령적인 분열주의를 폭로하는 강렬한 아폴로지의 작품이며, 집필연대도 영지주의나 기타 이교도적 교설이 팽배하기 시작한 2세기초 이상으로 거슬러 올라갈 수가 없다. 야고보의 동생이라고 말하는 것으로 보아 예루살렘교회의 정통주의를 고수하려는 어떤 유대인 기독교도에 의하여 쓰여진 것이다. 논지가 매우 철저하게 유대인적인 발상의 틀을 가지고 있다.

27서의 장르는 복음서가 있고, 사도행전이라는 역사서가 있고, 바울의 편지가 있고, 바울 외의 사도의 편지가 있고, 또 사도외의 중요한 교회리더들의 편지가 있고, 또 묵시문학적 판타지가 있다. 그렇다면 이러한 27서적 장르에 끼어 들어올 수 있는 편지나 역사서나 판타지문학이나 복음서전기문학은 300여 년 동안 축적된 분량으로 말하자면 불교의 초기경전보다 훨씬 많다. 불교의 초기경전은 오히려 신도들 자체끼리의 편지 같은 것은 아가마로 생각치 않았다.

결집 아닌 전집

그러니까 기독교의 정경화과정(canonization process)은 4세기에 걸쳐 꾸준하게 진행되어 온 것이며 그것은 오로지 이단을 배제하려는 배척의 과정이었으며, 결집(結集)이 아닌 전집(專集)의 과정이었다. 아타나시우스의 367년 부활절 메시지에 최초로 명료하게 나타난 "정경적(canonical)인 것과 외경적(apocryphal)인 것"의 분별은 매우 중요한 의미를 지닌다. 다시 말해서 367년 이전의 초기기독교 문헌에 대해서는 우리는 "외경"(Apocrypha)이라는 말을 사용해서는 아니 된다는 것이다. 외경은 오직 정경이 있기 때문에만 생겨나는 규정이다. 정경이 확정되는 순간 이전에는 그것은 모두 동일한 경전이었다. 올림픽에서 메달이 확정되는 순간까지는 모든 선수가 동일한 메달리스트 후보인 것이다.

카논의 의미

정경이라는 말의 카논(canon)은 무엇을 재는 "자 막대기"(rule)라는 뜻인데 그것은 성경(scripture)과 동의어로 쓰이는 말이다. 보통 우리가 외경의 뜻으로 쓰는 아포크립파(apocrypha)는 "숨겨진 것" "비밀스러운 것"이라는 뜻인데 사실 이 말은 정확하지 못하다. 오늘날 우리가 말하는 대부분의 외경이 숨겨져 있던 것은 아니기 때문이다. 사실 외경이라는 뜻의 실제적 의미는 "27서에 끼지 못한 동일한 자격을 지니는 문헌"이라는 뜻이다. 아포크립파보다는 슈데피그랍파(pseudepigrapha)라는 개념이 사용되기도 하나, 여기에 또 다시 위(僞)의 개념이 개재되므로 역시 적합하지 못하다. 정경과 위경의 기준으로서 아타나시우스는 "신적인 영감에 의한"(divinely inspired)이라는 표현을 썼고, 그 이전에 알렉산드리아의 주요사상가였던 오리겐(Origen, c.185~c.254)은 "전세계의 교회에서 보편적으로 받아들이고 있는"(*homologoumena*, 혹은 *anantirrhēta*)이라는 기준을 세웠다. 일반적으로 정경화과정을 지배한 기준을 대별하면 1)사도저작성(apostolicity) 2)신앙의 잣대(*regula fidei*) 3)교회의 일치된 의견(the consensus of the churches)으로 요약될 수 있다. 우리의 논의를 한번 다시 회고하면서 요약해보자!

AD 30년	예수의 십자가 처형
AD 70년경	마가복음의 성립
AD 100년경	요한복음의 성립
AD 150년경	마르시온 정경(11서체제)의 성립
AD 172년경	4복음서 디아테사론 성립
AD 300년경	무라토리 정경(23서체제) 성립
AD 367년경	아타나시우스 27서 정경 성립

예수를 십자가에 처형한 현세적 권위는 로마제국의 권위였다. 결국 그 사건이 있은지 337년만에 27서정경이 성립하면서 로마제국은 이제 기독교가 마련한 십자가 위에 못박히고 만다. 로마제국에 대한 기독교의 완벽한 승리였다. 27서정경의 성립은 로마제국의 정신적 카논(기준)의 성립을 의미하는 것이었다. 뿐만 아니라 27서정경은 향후 인류사를 지배하는 가장 막강한 카논이었다.

그러나 우리는 초대교회사를 이해하는 데 있어서 다음의 중요한 두 사실을 망각해서는 아니 된다.

1. 정경이 교회를 성립시킨 것이 아니라 교회가 정경을 성립시켰다. 다시 말해서 27서체제의 정경화작업에는 교회라는 조직의 이해가 얽혀있었다.

2. 27서정경이 성립하기 이전에는 정경과 외경의 분별이 성립할 수 없다. 엄밀하게 정통과 이단의 기준도 성립할 수 없다.

27서정경화 작업이 이루어질 당대에만 해도 27서에 편입되지 못한 수많은 정경후보의 책(비블로스)들이 있었다. 그 책들은 어떻게 되었는가? 물론 그 방대한 인류의 유산인 그토록 화려한 예술품, 그리스·로마의 신전들이 하루아침에 우상파괴의 대상으로 전락하여 무너져버리듯, 분서갱유의 대상이 되어버릴 것은 명약관화한 이치이다. 이제 우리는 이 수많은 고귀한 비블로스들의 운명에 관한 이야기를 해야 한다.

나그 함마디 문서들이 발견된 나일강변의 게벨 에트 타리프(Gebel et Tarif). 자발 알 타리프(Jabal al-Tarif)라고도 부른다.

제14장 제롬의 라틴 벌게이트

아타나시우스 이후

　우선 이 기구한 운명에 관해 이야기를 하기 전에 잠깐만 한번 생각해보자! 아무리 아타나시우스가 권위가 있다고 해도 그가 부활절에서 발한 메시지 하나로 전 로마기독교세계가 27서성경을 사용하게 되었을까? 기실 아타나시우스는 단지 목록만을 확정했을 뿐이다. 그는 평생의 에너지를 아리우스를 이단으로 정죄하는 데 다 써버렸기 때문에 그의 저작도 이단에 대한 아폴로지가 대부분이다. 그리고 그는 엄밀한 서지학자가 아니었기 때문에 성서라는 텍스트를 크리틱할 수 있는 입장에 있질 않았다. 그는 27서정경을 물리적으로 만든 사람은 아니었다. 그러나 27서를 확정지을 수 있을 정도의 서지학적 안목은 가지고 있는 사람이었을 것이다. 그가 선정한 27서의 수준이 타 경전에 비해 정경 속에 편집될 만큼의 가치가 있었던 문헌이었음에는 틀림이 없다. 단지 요한계시록이 편입된 것은 향후 1700년의 인류사를 위하여 매우 유감스러운 사태이지만 요한계시록만 해도 이단과 배교에 대한 위협적 묵시로 가득차 있어 이단과 배교와 평생을 싸워온 아타나시우스에게는 매우 매력적인 문헌이었을 것이다. 요한계시록은 종말론에 대한 현세적·실존적 해석을 거부하는 모든 무지한 성령파들의 몽매한 영감의 원천으로 끊임없는 위력을 발휘하게 되었다. 희랍교회에서는 아타나시우스가 27서를 발표했을 때도 요한계시록만은 사도저작성이 의심될 뿐만 아니라 정경의 자격을 근본적으로 결하고 있으므로 정경에서 빼버려야 한다고 반박성명을 내었던 것이다.

시리아교회들의 반대입장

그리고 시리아교회들은 5세기말까지 디아테사론을 계속 선호했다. 그리고 시리아지역에서는 에데사의 주교(bishop of Edessa)인 라불라(Rabbula)가 만들었다고 하는 22서짜리 정경이 쓰였는데 이것을 보통 페쉬타(Peshitta)라고 부른다. 페쉬타에는 베드로후서, 요한2서, 요한3서, 유다서, 요한계시록이 빠져있다. 시리아기독교인들은 1세기 초대교회로부터 매우 주류적 감각을 지니고 내려온 뼈대있는 사람들이었기 때문에 사소한 상기의 5서를 용납할 수 없었던 것이다. 보다 합리적 결단이었다고 생각된다. 그러나 6·7세기에 수정판으로 등장한 필록세니안 판(the Philoxenian version)과 하르클리안 판(the Harklian version)부터는 동방희랍교회·라틴서방교회에서 사용하는 27서체제를 수용하기 시작했다.

루터의 입장

종교개혁을 주도했지만 일차적으로 성서학자요 언어학자였던 말틴 루터(Martin Luther, 1483~1546)는 정경의 기준을 "사도저작성"과 "오직 그리스도에게로 인도함"(was Christum treibet)이라는 두 항목만을 인정했다. 그리고 이 기준에서 볼 때, 히브리서, 야고보서, 유다서, 요한계시록은 정경의 자격이 없다고 규탄했다. 그가 성서를 독일어로 번역했을 때 이 4서를 빼버렸다면 프로테스탄티즘의 성서개념도 달라졌을 것이다. 그런데 안타깝게도 루터는 전통의 하중에 굴복하고 이 4서를 그냥 신약의 말미에 덧붙였다. 내가 지금 독자들에게 말하려고 하는 것은 아타나시우스가 27서성서의 목록을 제시했다 할지라도 27서체제는 인류사를 통하여 절대적인 그 무엇이 아니었다는 것이다.

성서라는 문헌에 대한 새로운 이해

우리는 성서라는 문헌에 대하여 가지고 있는 막연한 공포감에서 해방될 필요가 있다. 그 공포감이란 그것이 성령의 계시에 의한 절대적인 말씀이라서 일점일획도 건드릴 수 없는 성스러운 것이라는, 전혀 검증되지 않은 일방적 세뇌로부터 발생하는 것이다. 성서는 한 글자도 변동시킬 수 없는 하나님의 말씀이라고 주장하는 분들의 신앙세계를 우리는 존경해야 한다. 그러나 다음과 같은 문제는 어떻게 해결해야 할 것인가? 성서는 절대불가침의 신성한 말씀이며 한 글자도 고칠 수 없는 것이라고 하자! 그렇다면 그 절대불가침의 성서는 어디에 있는가? 물론 교보나 동네책방, 대한기독교서회나 분도출판사책방 같은 곳에 가면 있다. 그런데 지금 우리나라 책방에 꽂혀있는 성서는 한두 종류가 아니다. 이 글을 쓰다가 바람도 쐴 겸해서 나는 시내에 나가 눈에 뜨이는 성서는 모두 사가지고 돌아왔다. 요한복음 1장 1절만 가지고 생각해보자!

1. 태초에 말씀이 계시니라. (개역한글판)

2. 한 처음, 천지가 창조되기 전부터 말씀이 계셨다. (공동번역판)

3. 한 처음에 말씀이 계셨다. (한국천주교 주교회의판)

4. 맨 처음 말씀이 계셨다.
   (한국천주교회 창립200주년기념 개정보급판)

5. 우주가 존재하기 전에 말씀 되시는 그리스도가 계셨다.
   (현대인의 성경판)

6. 천지가 창조되기 전, 아무것도 존재하기 전에 말씀이 계셨다.
   (현대어 성경판)

내가 오늘 구한 성경은 이것이 다인데 이외에도 수없이 많은 판본이 있다. 그렇다면 과연 무엇이 일점일획도 변경할 수 없는 성경이란 말인가? 문제는 어휘의 선택부터 심지어 신택스(syntax), 세맨틱스(semantics)까지 모조리 다르기 때문에 도저히 하나의 하나님 말씀으로 간주할 수가 없다. 어떤 다른 문장을 예를 들자면 전혀 뜻이 완전히 달라지는 상황이 한둘이 아니다. 과연 성서는 어디에 있단 말인가? 어느 판본, 어느 책이 진짜 성경이란 말인가?

유식한 독자들은 이 우리말성서의 문제는 단순한 번역상의 문제이며, 그것은 하나의 동일한 희랍어텍스트를 기준으로 하고 있기 때문에 하나님말씀은 하나이다! 이러한 문제에 관해서는 희랍어성경을 보고 말하시오라고 대꾸할지도 모른다.

희랍어성경도 하나의 정본은 존재하지 않는다

그런데 현존하는 희랍어성경 고사본은 약 5천 개 정도나 되는데, 이 5천 개의 사본이 하나도 같은 것이 없다는 사실에 대해서는 또다시 무슨 말을 할 것인가? 현존하는 최고의 사본은 4세기의 것인데 양피지에 흘림체로 쓴 것이다. 1844년, 1859년, 두 차례에 걸쳐 시내산에 있는 성 캐더린수도원에서 콘스탄틴 폰 티쉔도르프(Konstantin von Tischendorf)에 의하여 발견되었는데 신·구약의 완정한 형태를 보존하고 있었다. 이것을 코우덱스 시나이티쿠스(Codex Sinaiticus)라고 한다. 이것을 성서판본학에서는 알레프(aleph)라고 부른다. 히브리 알파벳의 첫글자를 따서 그렇게 부르고 또 그 글자로 표기한다. 이 판본을 효시로 하여, 1475년 이전부터 바티칸도서관에 보존되어 있었던 코우덱스 바티카누스(Codex Vaticanus, 보통 B, 03이라고 약어 표시한다) 등 수없는 판본이 발견되었다. 그 유명한 화란의 휴매니스트 에라스무스(Desiderius Erasmus, 1469~1536)도 희랍어성경을 편찬하여(1515), 인류사상 최초로 그것을 인쇄출판하였다. 1516년 3월 1일의 사건이었다. 그런데 에라스무스의 손에는 몇 개의 희랍어사본 단편이 있었으나 하나도 완정한 것이 없었다. 그래서 모자라는 부분은 라틴어성경에서 그가 손수 희랍어로 역번역해낸 것이다. 그래서 그의 희랍어성경은 불완전한 것이었다. 그러나 그것은 중세기전통에 항거하고 당대 기성교회의 타성적인 형식주의를 비판하여 희랍고전의 후마니타스를 부활시킨다는 르네상스 휴매니즘의 상징적 의미를 지니고 있었기 때문에 크게 환영을 받았다. 1519년에 재판이 나왔고, 1522년 3판, 1527년 4판, 1535년에 5판이 나왔다. 이러한 에라스무스의 희랍어성서의 유포에 자극되어 말틴 루터의 독일어번역이 이루어진 것이다. 말틴 루터는 에라스무스 희랍성경 제2판을 번역의 저본으로 썼다. 에라스무스의 이 불완전한 판본은 거의 300년 동안 반복적으로 출판되면서 텍스투스 리세프투스(Textus Receptus)라고 불리우게 되었는데 "받아들여진 텍스트"(Received Text)라는 뜻이다. 그러나 그 뒤로 많은 새로운 고판본이 발견되면서 희랍어성경 자체도 많은 변화를 거치게 되었다.

코우덱스 시나이티쿠스를 발견한 티쉔도르프는 시나이티쿠스를 최초로 활용하여 1831년에 나온 칼 라흐만(Karl Lachmann, 1793~1851)의 희랍어신약성경의 제8판 두 권을 내었다. 첫 권은 1869년에 둘째 권은 1872년에 나왔다. 이 티쉔도르프 판본을 기점으로 희랍어성경도 비로소 엄밀하게 다듬어지기 시작한 것이다. 그 뒤 웨스트코트(Westcott, 1825~1901)와 호르트(Hort, 1828~1892)가 코우텍스 시나이티쿠스와 코우덱스 바티카누스에 기초하여 『희랍어원본신약 The New Testament in the Original Greek』을 낸 것이 1881년의 사건이었다. 이들은 전통적인 텍스투스 리세프투스가 매우 불완전한 엉터리 판본임을 엄밀한 비평을 통해 밝혔다. 그리고 그 뒤에 에버하르트 네슬(Eberhard Nestle, D.D., 1851~1913)이 티쉔도르프 판과 웨스트코트·호르트 판을 비교하여 가장 완정하고 현재 가장 보편적으로 통용되고 있는 『희랍어신약 Novum Testamentum Graece』을 출간했는데 그것은 1898년의 사건이었다. 그러니까 희랍어성경이라는 것도 1898년에나 와서 비로소 기준이 될만한 성경으로 진화한 것이다. 그러니까 희랍어성경의 절대적 기준을 운운하는 것도 가소로운 이야기가 되고 만다.

킹 제임스 바이블의 경우

스튜어트왕조의 시조인 영국왕 제임스1세가 명령하여 54인으로 구성된 학자그룹에 의하여 7년 동안 고생 끝에 1611년에 출판된 소위 흠정역 킹 제임스 바이블(King James Version)도 에라스무스의 희랍어성경을 조금 발전시킨 테오도르 베짜(Theodore Beza)의 1588~1589년 판본과 1598년 판본을 저본으로 사용한 것이다. 따라서 매우 불완전한 것이었다. 따라서 킹 제임스 바이블도 1611년판을 우리가 그대로 쓰고 있는 것이 아니라 그 뒤로 수차례의 개정을 거쳐 내려온 것이다. 우리가 보통 "흠정판"(the Authorized Version)이라고 알고있는 것은 옥스퍼드대학의 벤자민 블레이니(Benjamin Blayney) 박사가 4년간의 노고 끝에 1769년 개정한 것이며, 그 뒤로도 킹 제임스 바이블은 1901년의 미국 표준판(American Standard Version)에 이르기까지 끊임없는 수정을 거친 것이다. 여기서 "개정" "수정"이라고 하는 것은 단순히 표현을 다듬는 수준의 문제가 아니라 원문 자체의 변화를 수반하는 것이다.

고정된 판본은 하나도 없다

내가 말하고자 하는 것은 한국어성경이든 희랍어성경이든 라틴어성경이든 영어성경이든 어떠한 성경도 고정된 판본은 하나도 없다는 것이다. 성서가 절대적인 하나의 문헌이라고 믿고있는 사람들에게는 좀 죄송한 말이지만 오늘 이 시간까지도 절대적 기준이 되는 그 하나의 성경은 존재하지 않는다.

유세비우스 히에로니무스 제롬

아타나시우스의 27서정경목록 선포와 더불어 우리가 꼭 기억해야 할 동시대의 인물이 제롬(Jerome, c.347~419/420, 라틴 풀네임은 Eusebius Hieronymus)이라는 당대까지 가장 유식하고, 수도원의 리더로서 성자적 삶을 영위한 탁월한 성서번역가이다. 그는 아타나시우스의 27서정경의 권위를 수용하고 그것이 기독교세계에 전파되도록 그 체제에 따라 라틴어성서번역을 시도했다. 그는 한때 교황 다마수스(Pope Damasus)의 비서(요새로 말하면 추기경 이상의 지위였다.

382~385) 생활을 했기 때문에 자신의 학식과 신념에 따라 새로운 개념의 기독교성서를 보편화시킬 수 있었다. 오늘 우리가 알고있는 성서의 모습이나 내용에 관하여 매우 실제적으로 가장 큰 공헌을 한 사람을 꼽으라면 우리는 주저없이 이 제롬이라는 인물을 꼽아야 할 것이다. 제롬이라는 인물이 중세기를 지배했기 때문에 우리는 또다시 제롬에 관해서 르네상스 이후의 가치관에 따라 부정적인 이미지를 가질 수 있을지 모르지만, 당대로서는 제롬의 노력은 매우 창조적인 것이었다. 그는 소위 "라틴 벌게이트판 성서"(Latin Vulgate)의 창시자였다. 벌게이트란 원래 상스럽고 속되다는 의미인데, 당시에는 희랍어에 비하면 라틴어는 통속어였다.

제롬의 꿈

제롬은 지금으로 말하자면 유고슬라비아 지역의 스트리돈(Stridon)에 사는 매우 부유한 크리스챤 가정에서 태어났다. 어려서부터 훌륭한 가정교사들로부터 라틴문학의 소양을 몸에 익혔고 12살 때는 로마로 유학을 가서 문법, 수사학, 철학을 배웠고 366년경 그는 교황 리베리우스(Pope Liberius)로부터 세례를 받았다. 그 후 20년간 그는 한 곳에 머물지 않고 계속 여행을 했다. 현재의 독일 트리에르(Trier) 지방의 수도승들로부터 수도사적 삶(monasticism)에 관해 깊은 감명을 받는다. 그리고 이태리의 아퀼레이아(Aquileia)에서 루피누스(Rufinus)라는 탁월한 학자를 만나 금욕주의적 사상에 이끌리게 된다. 그리고 그는 동방으로 동방으로 여행을 했는데 워낙 연약한 몸으로 긴 여정을 걸어다니다보니 지치고 허기져서 안티옥에서는 거의 생사의 기로를 헤매도록 심한 몸살과 열병을 앓는다. 375년 봄 어느날 그는 그의 생애의 진로를 결정케 되는 꿈을 꾼다. 그는 주님께서 배석하고 계신 재판정(tribunal)으로 끌려나갔다. 그리고 "이놈, 너는 키케로의 추종자구나!" 하고 주님으로부터 심한 질책을 받는다. 신실한 크리스챤이 아니라 BC 1세기의 로마 철학자며 웅변가며 정치가며 로마 공화정의 지지자였던 키케로(Marcus Tullius Cicero, BC 106~BC 43)의 추종자라고 고소를 당한 것이다. 그리고 그는 극심하게 살갗이 다 터지도록 채찍질을 당한다. 제롬은 주님께 맹세한다: "주여! 오 나의 주님이시여! 이제부터는 어떠한 일이 있어도 이방인의 문학작품은 읽지도 만지지도 않겠나이다." 온몸에 피가 흐르고 두 손 모아 비는 가운데 그는 눈을 떴다. 땀이 비오듯 몸을 적셨고 열병은 씻은 듯이 사라졌다.

꿈의 계시로 위대한 번역자의 생애

친구 루피누스는 그따위 꿈 같은 환상에 빠지는 것은 어리석은 미신이라고 제롬을 질책했지만, 이 꿈의 계시는 제롬의 생애를 지배했다. 그는 그 후로 한가롭게 그레코·로망의 고전을 손에 잡는 일이 없었다. 그리고 오로지 성서의 연구와 주석에만 전념했다. 그는 그 후 375년에 칼키스(Chalcis)의 사막에서 마음의 평화를 얻기 위해 홀로 2년 동안 생활한다. 그는 로마말만 잘했고 시리아말과 희랍어를 몰랐다. 그는 부유한 집에서 컸기 때문에 식욕이 까다로웠고 위장이

약했다. 사막에서 사는 것은 심한 고통이었다. 그리고 그는 육체의 정욕에 시달렸다. 거친 음식은 그의 고해성사였다. 그러나 그는 행복했다. 사막의 고적과 미풍 속에서 그는 마음의 평화를 얻었으며 기도와 단식에 매달렸다. 그리고 유식한 유대인 기독교도로부터 히브리말과 희랍어를 배웠다. 그리고 희랍어성서 수고들을 수집하기 시작했다. 당시 삼위일체논쟁이 불붙었을 때도 그는 로마주교의 입장이 정통이라고만 주장했다. 그런데도 교황 다마수스가 냉담한 반응을 보이자 그는 사막을 떠나 안티옥으로 갔다. 안티옥의 파울리누스 주교(Bishop Paulinus)의 열렬한 환영을 받았다. 파울리누스 주교는 그를 사제로 임명하려했다. 378년 제롬은 사제직은 다음의 두 조건을 걸고 수락한다. 1)그의 수도사적 삶을 방해하지 말 것. 2)교구사제의 잡무를 일체 강요하지 말 것.

그 뒤 그는 마태복음 원본을 히브리말로 옮겨쓴 사본을 구하기도 하고 다양한 당대의 성서학자들과 교류하면서 희랍어의 소양을 풍요롭게 만들었으며 오리겐(Origen)의 성서주석에도 찬미의 눈을 떴다. 오리겐이 구약에 관하여 설교한 14개의 작품을 라틴어로 번역하기도 했고, 유세비우스의 『교회사』를 라틴어로 번역하기도 했다 (378).

라틴 사본들의 출현

교황 다마수스는 그를 비서로 부르면서 기존의 라틴역 성서들이 충돌을 일으키므로 가장 온전한 라틴어 정본을 만들라고 요청했다. 382년에 로마 시노드에서 다마수스 교황이 발표한 칙령은 다음과 같다: "보편적 가톨릭교회가 받아들여야 할 것과 피해야 할 것을 구분하여 우리는 성경을 취급해야 한다." 라틴어 번역이란 원래 희랍어 성경들이 희랍어를 모르는 당대의 로마사람들에게 구어로 번역되어 구전으로 내려오던 것들인데 2세기 후반부터는 그것이 기록되기 시작했다. 북아프리카지역, 스페인지역, 현재 프랑스지역에서부터 다양하게 라틴사본들이 나타나기 시작했다. 제롬도 이 사본들이 얼마나 내용이 제각기 달랐는지 "사본의 개수만큼 성서의 개수가 있다"고 불평했다. 이 시대의 수고 텍스트가 92종이나 현존하고 있다. 제롬은 희랍어원본에 대한 치밀한 비평을 가한 후 우선 4복음서를 번역하여 교황에게 바쳤다(384). 4복음서를 제외한 나머지 23서에 대해서는 제롬이 얼마나 정밀하게 손을 댔는지 확인할 길이 없다. 왜냐하면 나머지 성서들은 매우 조잡한 형태로 남아있기 때문이다. 그리고 제롬은 기존해있던 구약의 시편을 셉츄아진트사본에 의거하여 새롭게 교정했다.

제롬의 바이블 클라스

제롬은 로마에 있는 동안에 로마의 귀족계급의 과부들과 신실한 처녀들 중에서 수도원적 기질이 있는 핵심적 인사들을 뽑아 바이블 클라스를 열었다. 마르첼라(Marcella), 파울라(Paula), 그리고 파울라의 딸 블레실라(Blesilla), 유스토키움(Eustochium) 등이었다. 지금도 그렇지만 돈많고 고상하고 홀가분하고 헌신적인 보살들이야말로 종교발전의 토대가 된다. 이들에게 제롬은 아름다운 구약의 시편을 히브리어로 강의하고 성서전반의 궁금한 문제에 관해서 요즈음 통신강의 같은 것을 열어 서신으로도 답해주었다. 그는 그들의 영성의 지도자가 되었다. 제롬은 성모 마리아의 처녀성을 극찬하였고, 처녀성(독신성)과 결혼성을 동등하게 바라보는 일체의 견해를 반박했다. 사실 평생을 처녀나 독신으로 지낸다는 것은, 말이 그렇지 범인이 쉽게 할 수 있는 짓이 아니다. 그러한 고행을 실천하는 자들을 우리는 존경해주어야 한다. 제롬은 금욕과 경건한 독신생활을 주창하면서 로마사회의 성직자계급들의 태만과 위선과 부패, 그리고 거짓말 처녀·총각들의 추태를 맹렬히 비난했다. 교황 다마수스가 죽자(384년 12월) 그는 수세에 몰렸고 이듬해(385) 8월 그는 로마라 불리우는 바빌론을 떠나 성지로 다시 돌아간다. 그의 마음은 비분강개로 차있었다고 한다. 독실한 파울라가 이끄는 처녀수행단들의 도움을 받으며 그는 팔레스타인 전지역의 성서와 관련된 지역을 세밀히 돌면서 고고학적 탐색을 하고 성지순례를 한다. 그리고 이집트 나일강변의 수도원 센터들을 방문하였고 알렉산드리아에서 그 유명한 주석가 디디무스(Didymus the Blind, 313~398)와 한 달을 같이 머물며 토론했다. 디디무스는 4살 때 장님이 되었는데 놀라운 기억력으로 당대 최고의 학식의 소유자가 되었다. 아타나시우스는 그를 알렉산드리아 교리학원장(head of the catechetical school of Alexandria)으로 임명했다. 제롬은 나중에 그의 『성령론 On the Holy Spirit』을 라틴어로 번역하기도 했다.

베들레헴에 안착한 제롬

제롬은 386년 여름 베들레헴에 안착했다. 389년 파울라는 남자들을 위한 수도원을 하나 지었다. 3개의 여자들을 위한 수녀원도 지었고, 또 순례자들을 위한 여인숙도 운영했다. 제롬은 그곳에서 성서번역에만 전념하면서 34년을 머물렀다. 그리고 평온하게 그의 마지막 숨을, 예수가 태어나신 그곳에서 거두었다.

성령파들의 성서모독

내가 제롬과 같은 사람들의 생애를 간략하나마 소개하는 뜻은 오늘날 우리가 알고있는 성서의 모습이 거저 하늘에서 뚝 떨어진 것이 아니라는 것을 말하려 함이다. 그 황량했던 시절에 이미 팔레스타인 각지를 순례하면서 역사적 상황과 분위기를 익히고 히브리어와 희랍어에 정통한 지식을 가지고 유려한 라틴어로 번역을 감행했던 사막의 수도승 제롬과 같은 이들의 피눈물나는 삶의 헌신과 천로역정이 없었더라면 오늘의 성서는 태어나지 않았다는 것이다. 성서를 성령의 계시라고만 주장하는 성령파들은 이러한 기나긴 인간의 노력, 성경으로 인도된 위대한 문명의 축적을 망각하고 성서에 대해 모독적 발언만을 일삼고 있는 것이다. 그들의 무지가 성서를 파괴하고, 성서를 마치 무당·점쟁이들의 예언서나 부적 수준으로 타락시키고 있는 것이다. 오늘 우리가 알고있는 성서는 자그마치

2천년의 인간의 노력의 축적으로 인하여 그 모습으로 드러나 있는 것이다.

제롬과 아우구스티누스

제롬은 베들레헴에서 시편을 제외한 구약성서 전체를 히브리텍스트를 비교해가면서 다시 번역했다(405년경 완성). 그는 셉츄아진트번역이 오역이 많고 표현이 불충분하다고 생각했던 것이다. 제롬으로 인하여 신·구약성서의 라틴 벌게이트의 초기모습이 갖추어진 것이다. 그런데 재미있는 것은 제롬·아타나시우스와 동시대의 거대사상가 성 아우구스티누스(St. Augustine, 354~430), 키케로와 마니케이즘에 빠져있다가 네오플라토니즘과 해후하면서 그 틀 속에서 신의 존재성과 악의 기원에 관한 이원적 해석에서 벗어나는 가능성을 발견하고 열렬한 정통기독교신자로 개종하게 된 히포의 주교(bishop of Hippo), 아우구스티누스도 그의 유명한 『신국론 De Civitate Dei, the City of God』이나 『참회록 Confessione, Confessions』에서 제롬의 성경을 인용하지 않는다. 그는 그 이전에 존재했던 라틴역들이 더 친숙했고 가슴에 와 닿았던 것이다. 물론 아우구스티누스는 아타나시우스의 27서체제는 수용했다. 나는 고대 철학과 시절에 펭귄판 『신국론』을 읽으면서 거기에 인용되고 있는 성구가 때때로 내가 알고있는 성구와 달라 곤혹감을 느꼈던 기억이 있다. 성서의 축자(逐字)완벽주의는 나의 삶의 많은 계기를 통하여 이렇게 물음표를 던졌던 것이다.

트렌트 공의회

　제롬의 라틴 벌게이트 성서의 출현 이후에도 라틴번역판의 우열에 관하여 끊임없이 논쟁은 계속되었다. 그것이 하나의 정본으로 고착된 것은 루터의 독일말 성서번역 등에 충격을 받고 시작된 카운터 종교개혁(Counter-Reformation)시대의 트렌트 공의회(the Council of Trent)에서였다. 신성로마제국의 티롤지방의 도시 트렌트에서 바울 3세에 의하여 소집된 이 공의회는 1546년 4월 8일 4번째 회의에서 제롬의 번역을 토대로 한 신·구약성경 전체의 라틴 벌게이트판(the Latin Vulgate version)을 로마가톨릭교회의 유일한 권위로서 선포하였다. 그리고 현재의 판본에 대한 약간의 수정을 가하여 출판할 것을 결의하였다. 그리하여 드디어 1592년 교황 클레멘트 8세(Pope Clement VIII)에 의하여 소위 클레멘트 벌게이트(Clement Vulgate)가 출판되기에 이르렀고 일체의 다른 판본들은 회수되기에 이른다. 그러니까 목사님이나 신부님이나 모든 신도들이 확실하게 인지해야 할 사실은 오늘 우리가 생각하는 "일통(一統)의 성서" 개념은 1592년 이상을 거슬러 올라갈 수 없다는 것이다. 그러니까 아타나시우스의 27서목록이 물리적으로 고착된 것은 16세기말에나 이루어진 사건이다. 더구나 1963년에 열린 제2차 바티칸공의회는 "하나님의 계시에 관한 교리헌장"(Dogmatic Constitution on Divine Revelation) 속에서 벌게이트판 성경이 기여한 바는 지대하지만 그것이 유일무이한 권위를 갖지는 않는다라고 선포함으로써 성서라는 문헌에 대한 다양한 접근을 허용하는 유연성을 과시했다. 이것은 실로 놀라운 발상의

전환이다: "교회는 계시된 모든 것에 관한 확실성의 근거를 오직 성서 하나로부터만 끄집어내지는 않는다."(Walter M. Abbott, S.J., *The Documents of Vatican II*, 117).

성서대중보급은 주자의 『사서집주』보다도 후대

그리고 성서라는 것이 실제로 일반에게 유포된 것은 인쇄술발달 이후의 사건이며, 인쇄라는 대량출판의 방식이 나오기 전에는 획일적인 성서의 개념은 근본적으로 존재할 수 없었다. 그러니까 킹 제임스 바이블(KJV) 이후부터나 영어문화권에서 성서가 보편화되면서 오늘 우리가 말하는 성서대중문화가 형성된 것이다. 서양은 우리 동양에 비해 종이와 인쇄술의 발달이 늦다. 그러니까 송대(宋代)에 이미 출판문화가 고도화되고 또 대중화되었던 동양의 사정에 비교해본다면 기독교성서의 보급은 주자(朱子)의 사서(四書)보급보다도 뒤늦은 사태라는 세계사적 안목도 다시 한번 상기해두는 것이 좋을 것이다.

루돌프 불트만 (Rudolf Bultmann, 1884~1976): 칼 바르트와 마르부르크대학에서 같이 수업. 20세기 신학의 거봉이 되었다. 영지주의 연구에 선구적 역할을 하였고, 비신화화 논리에 의해 비신화적 합리적 세계관에 걸맞는 성서해석의 신기원을 수립했다. 그의 위대성은 무엇보다도 그의 논리와 언어의 실존적 심오함에 있다.

367년 부활절	아타나시우스(Athanasius) 27서정경목록 발표
384년	제롬(Jerome)의 4복음서 라틴 벌게이트 번역
405년	제롬(Jerome)의 구약성서 라틴 벌게이트 완역
400년경	코우덱스 시나이티쿠스(Codex Sinaiticus) 코우덱스 바티카누스(Codex Vaticanus) 성립
1516년 3월 1일	에라스무스(Erasmus)의 희랍어성경 초판본 출간
1522년 9월	말틴 루터(Martin Luther)의 독일어역 신약성서 출간
1546년 4월 8일	트렌트 공의회(Council of Trent) 제롬의 신·구약성경 라틴 벌게이트를 유일한 성경으로 선포
1592년	성서의 유일한 권위 클레멘트 벌게이트(Clement Vulgate) 성립
1611년	영어성경 킹 제임스 흠정역(King James Version) 성립
1872년	티쉔도르프 희랍어신약성경 완간
1883년	최초의 한국말성경 소격난 장로교회 선교사 죤 로스(John Ross)의 누가복음 성립
1898년	에버하르트 네슬의 희랍어신약 성립
1901년	미국표준판(American Standard Version) 성립
1952년	미국의 개정표준판(Revised Standard Version) 성립
1937년 6월	우리말 개역성서 성립
1952년 10월	개역한글판 성립
1971년 5월	공동번역신약성서(외경 포함) 성립
1977년	공동번역신구약성서 완간
2005년	한국천주교 주교회의 성경 성립
1963년	제2차 바티칸 공의회 라틴 벌게이트가 유일한 권위는 아니라고 선언

명제와 말씀

성서에 관한 우리의 논의를 한번 정리하고 넘어가자! 다음의 문장을 보라!

1) 나는 학교에 간다.(한국말)
2) I go to school.(영어)
3) 私は學校へ行きます。(일본어)
4) 我去學校。(중국어)

아주 간단한 예이지만, 동일한 의미구조라 할까, 하여튼 통사론적 결구도 다르고 선택한 어휘도 다르지만, 같은 말을 4나라의 사람들이 쓰고 있는 표현에 따라 병렬시켜 놓은 것이다. 그런데 이 4개의 문장 속에는 동일한 하나의 명제(proposition)가 들어있다. 그런데 이 명제라는 것은 한국말도 아니고, 영어도 아니고, 일본어도 아니고, 중국어도 아니다. 그 명제는 눈에 보이지 않는 말씀(Logos) 그 자체이며 인간이라면 누구든지 이해할 수 있는 것이지만, 지금 여기 쓰여져 있는 문자형상체계에 갇혀있는 그 무엇은 아니다. 아주 쉽게 말하자면, 나는 하나님의 말씀은 이와 같은 것이라고 생각한다. 하나님의 말씀은 우리 인간에게 직접 전달되는 것이다. 그것은 여러분들이 읽고있는 성서라는 종이 위에 쓰여있는 문자형상에 갇혀있는 것이 아니다. 그 종이 위의 형상을 하나님의 말씀이라고 믿는 것은 하나님이 우리 인간에게 허락하신 고귀한 능력을 모독하는 것이다. 상기의 표에 나타난 모든 성서가 동일한 자격을 지니는 하나님의 말씀이다. 어느 것도 원본은 아니다. 쿰란 사해문서 중에서 아람어 사본들이 발견되면서 요즈음은 Q자료가 단순히 한 권의 희랍어자료가 아니라, 아람어로 된 예수말씀집이 있었으며 그것의 재구성이 가능하다는 데까지 성서신학은 발전해가고 있다. (모리스 캐시의 『Q자료에 관한 아람어적 접근』을 보라. 최근에 내가 읽은 책으로서 매우 감명 깊었던 책이다. Maurice Casey, *An Aramaic Approach to Q*, Cambridge University Press, 2002.)

상기의 "나는 학교에 간다"라는 명제의 의미의 지평을 또 따져 들어가 보면, 과연 그 말이 학교건물을 구경하러 가는 것인지, 학교에 비즈니스하러 가는 것인지, 학교에 공부하러 가는 것인지, 학교에 가르치러 가는 것인지, 학교에 학점 따러 가는 것인지, 학교에 테니스 치러 가는 것인지, …… 도무지 그 의미의 지평은 확정지을 길이 없다. 이토록 간단한 말씀의 명제를 놓고도 이토록 복잡한 문제가 발생하는데 과연 하나님의 말씀의 궁극적인 의미의 지평은 무엇일까? 그것은 여러분들 스스로 고민해보길 바란다.

이것이 바로 그 유명한 나그 함마디 라이브러리 문서이다. 이것은 도마복음서가 들어있는 제2 코우덱스의 한 부분이다. 파피루스가 오늘날의 우리가 생각하는 책 모양으로 제본되어 있음을 알 수 있다. 그 제본된 것을 다시 겉에서 가죽으로 싸서 끈으로 묶는 형태를 취하고 있다. 나그 함마디 라이브러리 문서의 발견 경로는 제17장에서 자세히 나온다. 20세기 최대의 문서발견 사건이다.

제15장 이집트인들의 종교관념

주혈흡충

나는 1990년 12월부터 그 이듬해 1월에 걸쳐 아프리카대륙을 대우 김우중 회장단과 여행한 적이 있다. 화이트 나일과 블루 나일이 카르툼에서 만나 낫세르 호수로 들어가고 그곳 아스완 댐에서 신 아문의 도시 룩소르, 왕들의 계곡, 나그 함마디를 거쳐 카이로, 알렉산드리아까지 뻗쳐있는 나일강 상공을 김회장의 전세기를 타고 유유히 날아가 본 적이 있다. 어여쁜 불란서 스튜어디스가 시중을 드는 가운데 라면을 끓여먹으며 머리를 맞대고 인류문명의 대세를 논했다. 그런데 지금 이 글을 쓰고있는 순간 김우중 회장님은 영어(囹圄)의 몸이 되어 한기(寒氣)에도 일신(一身)의 편안함조차도 구할 수 없는 처지이고 보니 내 가슴이 쓰리고 송구스러울 뿐이다.

이 나일강 지역을 생각하면 한의과대학생시절에 소진탁(蘇鎭琸)

선생님의 기생충학 수업시간에 들은 이야기가 생각난다. 이 지역에는 주혈흡충(Schistosoma)이라는 무서운 기생충이 있는데 강물에 몸을 담그기만 해도 피부를 뚫고 들어가 직장, 생식기에 분포된 정맥내에 기생하여 혈뇨(血尿), 농뇨(膿尿), 점혈변을 일으킨다. 그리고 간이 붓고 복수가 차기도 한다. 그런데 아스완 댐을 만들기 전에는 나일강이 주기적으로 범람했다가 말라버리곤 하기 때문에 물속에 사는 충란이나 미라시듐(幼生), 세르카리아(有尾幼虫)가 모두 죽어버렸는데 댐을 만든 후로 상존·번식하여 감염환자가 급증하였을 뿐 아니라, 그 물을 수돗물로 공급하기 때문에 초기에는 국민의 80% 이상이 주혈흡충에 감염되어 환자가 많았다고 한다. 이스라엘과의 전쟁에서도 이집트 군대가 힘을 못쓴 이유 중의 하나가 장병들에게 이 주혈흡충의 감염이 심하여 체력과 사기의 전반적 저하가 일어났기 때문이라 했다. 하여튼 대자연은 인간의 편의에 따라 함부로 조작하면 반드시 그 폐해가 있다. 우리나라도 새만금이니 경부대운하니 하는 책략이 우리 문명과 인간의 복지를 위하여 과연 꼭 필요한 방식의 사업인가 하는 것은 숙고에 숙고를 요하는 것이다.

콥틱말 쓰는 크리스챤들

마르시온정경 성립(150년경) 이후부터 아타나시우스 27서정경 성립(367년)까지 이 나일강지역에는 콥틱말을 쓰는 크리스챤이 많았는데, 이 크리스챤들에게는 대체적으로 몇 가지 리버럴한 경향성이 있었다.

수도사 중심

1. 모세도 이 지역에서 멀지 않은 시내(시나이) 광야에서 살다가 호렙산 떨기에서 하나님의 음성을 들었고, 엘리야 선지자도 광야에서 세미한 하나님의 음성을 들었고, 예수도 광야에서 시험을 거쳤고, 바울도 아라비아의 광야에서 이방전도여행을 할 수 있는 영감을 얻었다. 광야는 사막이다. 로스앤젤레스지역의 데쓰밸리에 며칠을 가 있어도 느낄 수 있는 것이지만 사막은 "버림"이다. 사막에서는 돈도 명예도 권력도 사랑도 욕정도 다 버리게 된다. 모든 것이 무상(無常)하며 무화(無化)된다. 순수한 영혼만 남아 하나님과 독백하게 된다. 따라서 이 지역에는 우리가 알고있는 도시중심의 크리스챤과는 달리 수도사중심의 독특한 기독교형태가 발달했다. 매우 금욕주의적이었으며 이세간(離世間)적이었다. 홀로 방황하는 자(만행)도 많았고, 토굴에서 홀로 수행하는 사람들도 있었고, 그리고 수도원센터 같은 것도 많았다.

문화전통의 혼합

2. 콥틱말을 쓰는 초기기독교인들은 이집트 토착민이 주종을 이루었지만 알렉산드리아의 국제적 성격 때문에 지중해연안의 다양한 지역의 사람들이 이 지역으로 와서 정착하였다. 따라서 이들에게는 다양한 문화전통이 혼합되었기 때문에 절충주의적 사유방식이 조금도 이단적인 것이 아니었다.

절충주의적 격의

3. 이 절충주의(syncretism)란 말은 이집트 본래의 전통 속에서는 너무도 당연한 것이었다. 이집트에서는 신들이 시간과 공간을 무시하고 결합된다. 시대에 따라 다른 신들이 발생해도 하나의 컬트의 대상으로 융합되는 것이 보통이고, 공간에 따라 지역의 신이 국가의 신과 연합되는 것은 너무도 당연하다. 제우스와 같은 우두머리신 아문(Amun)과 태양신 라(Ra)가 결합하여 아문라(Amun-Ra)가 된다. 프타(Ptha), 소카르(Sokar), 오시리스(Osiris)가 프타소카르오시리스가 되기도 하고, 태양신 라(Ra)가 지하의 신 오시리스(Osiris)와 하나로 동일시되기도 한다. 따라서 이집트에서는 옛 전통과 새 전통이 항상 공존·융합하고, 이방과 토착의 융합이 매우 유연하고 자유스럽게 이루어졌다. 따라서 유대교―기독교의 새로운 전통은 그들의 종교적 관념 속에서 다양한 형태로 격의(格義)되었다.

태양신 숭배의 관용성

4. 이집트 종교는 태양숭배를 중심으로 발전된 것이지만 그렇다고 그들의 태양신숭배는 관용적인 일신사상(henotheism: 다신을 수용하는 일신)은 될 수 있어도 유일신론(monotheism)은 아니었다. 따라서 기독교의 유일신론은 이집트의 토양에서는 배타적인 성향만이 강요될 수는 없었다. 다양한 신화적 토양과 융합될 수밖에 없었다.

오시리스 신앙

5. 죽음과 부활이라는 주제는 이집트 종교문화의 매우 보편적인 믿음형태였으며, 그것은 또 농경사회의 토양의 퍼틸리티 컬트(fertility cult, 생산성 예찬)와 결부되어 있었다. 그 대표적인 유례가 오시리스(Osiris) 신앙이다. 오시리스의 유래는 매우 모호하지만, 나일강 하류의 부시리스(Busiris) 지역의 지역신이 격상된 것이라 하기도 하고, 땅속의 생산성이 의인화된 것일 수도 있고, BC 3000년경의 역사적 실존인물이며 영웅이었던 한 인간, 오시리스가 신격화된 것이라고 말하기도 한다. 오시리스는 지상의 훌륭하고 영특한 군주였으며 백성들의 사랑을 받았다. 그런데 그에게는 질투심이 강한 사악한

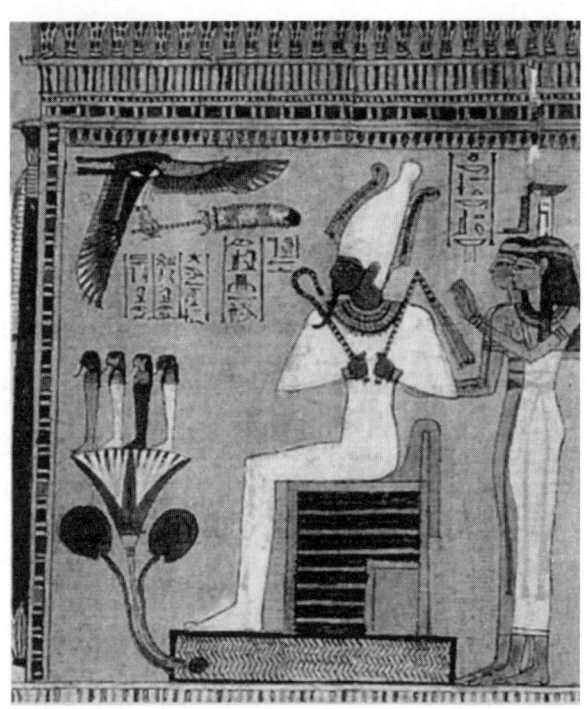

죽음과 부활과 생산성을 상징하는 오시리스는 우선 하얀 옷으로 상징된다. 그리고 양손에 갈고리와 도리깨를 들고 있다. 갈고리(crook)는 헤카(heka)라고 부르는데 통치를 상징한다. 도리깨(flail)는 네카카(nekhakha)라고 부르는데 농경문화와 관련 있을 터인데, 파리채(fly whisk)에서 유래한 것이라고도 한다. 권위의 상징이다. 오시리스는 길고 흰 모자(white crown)를 쓰고 있는데 양 옆에는 양 뿔이 달려있다. 오시리스 뒤에는 부인 이시스(Isis)와 그의 자매 네프티스(Nephthys)가 서있다. 그가 디디고 있는 단에서는 연꽃이 피어 올랐는데, 연꽃위에는 호러스(Horus)의 4아들이 서있다.

동생, 세트(Seth)가 있었다. 이 세트는 자기 형 오시리스의 몸의 치수를 비밀스럽게 알아냈다. 그리고 그 치수대로 매우 정교하고 온갖 아름다운 보석으로 치장된 관 모양의 상자를 만들었다. 그리고 그는 오시리스와 72명의 친구를 초대하여 성대한 파티를 열었다. 그리고 누구든지 그 관이 치수가 맞는 사람에게는 이 관이 그 사람의 것이라고 선언했다. 오시리스가 들어갔을 때, 그 관 문은 철컹 닫혔고 그 관 뚜껑은 주조된 납에 의하여 밀폐되었다. 그리고 그 관은 나일강

투탄카문 (Tutankhamun)의 나무조각상. 오시리스와 똑같이 갈고리와 도리깨를 들고 있다. BC 1330년작. 52cm 높이.

에 던져졌는데 비블로스에까지 떠내려가 삼나무에 걸려있게 되었다. 오시리스의 사랑스러운 부인 이시스(Isis)는 남편을 찾아 헤매었고 결국 관을 찾아 가지고 이집트로 돌아왔다. 정당한 장례를 치르기 위해서였다. 그런데 결국 또다시 세트에게 관이 발각되었고, 세트는 화가 나서 오시리스의 몸을 14쪽으로 잘라(어떤 버전에서는 42쪽) 이집트 전 국토에 분산시켜 버렸다. 이시스는 전 국토에 분산된 몸조각을 다 수집하여 하나로 다시 재조립시켰는데 그만 성기만은 나일강 잉어(Lepidotus)가 삼켜 먹어버렸기 때문에 나무로 깎아 끼워맞출

제15장 이집트 인들의 종교관념 413

수밖에 없었다. 바로 이것, 오시리스의 재조립된 몸이 이집트 역사상 등장한 최초의 미이라였다. 이 미이라와 성교를 하여 낳은 아이가 호러스(Horus)였다. 호러스는 장성하여 아버지를 죽인 삼촌 세트와 대결을 벌이는데 이것을 "호러스와 세트의 대결"(Contendings of Horus and Seth)이라고 부른다. 이 대결은 자그마치 80년을 지속하였는데 호러스는 승리하여 지상의 살아있는 밝은 이집트의 새로운 왕이 되었고, 세트는 사막으로 쫓겨나 혼돈과 악의 지배자가 되었다. 그리고 오시리스는 죽은자의 지배자가 되었고, 모든 지하의 생명력을 대변하게 되었다. 봄이 되면 사막에서 피어나는 새싹은 모두 오시리스의 부활을 상징한다. BC 2400년경부터 모든 왕은 죽으면 오시리스가 된다. 오시리스는 하이얀 몸으로 상징되는데 미이라의 몸이 하얗게 치장되는 것은 바로 오시리스의 모습을 상징한다. 까만색은 나일강의 퇴적 사토의 풍요로움을 상징하고 녹색은 부활을 상징한다. 예수의 죽음과 부활은 이들에게는 아무런 거부감 없이 받아들여진 또하나의 오시리스의 변형이었다.

혼돈과 질서

6. 이집트의 우주론에 있어서는 "무로부터의 창조"는 존재하지 않았다. 혼돈과 질서라는 개념이 매우 중요하다. 이 세계는 무로부터 창조된 것이 아니라, 혼돈을 자료로 하여 그것을 분화시키면서 질서로 만들어간 것이다. 헬리오폴리스의 위대한 아홉 신(the Great Ennead of Heliopolis)이 여기에 관여하는데 그중 으뜸가는 신이 "완

전"(completeness)을 의미하는 아툼(Atum)이다. 그리고 눈(Nun)이라는 원초적 물의 신으로부터 태양신 라(Ra)가 태어난다. 그리고 이 태양신 라(Ra)는 지하의 오시리스(Osiris)와 항상 동일시되곤 했는데 결국 이집트의 태양신은 만물 위에서 군림하고 주재하는 빛나는 이미지라기보다는, 항상 밤이면 죽어서 다시 부활하여 나타나서 기나긴 하늘의 여정을 시작하는 "죽음과 부활"의 대자연의 생명력과 창조력을 상징했기 때문이다. 이러한 죽음과 부활에 대한 이집트인들의 다양한 관념이 기독교적 예수의 수난과 부활에 대한 다양한 신화적 해석의 틀을 제공했던 것이다.

사후세계의 진실성

7. 이집트인들의 종교적 관념에 있어서는 인도인들에게 나타나는 "윤회"(transmigration)의 사상은 없다. 오시리스 신앙을 잘 살펴보아도 그것은 오시리스가 살아있는 우리와 같은 몸으로 부활하는 것은 아니다. 그들의 부활은 "죽음의 세계에로의 부활"이었다. 피라미드의 위용도 사후의 세계를 상징하는 것이지 그 미이라가 우리와 같은 삶의 세계로 돌아온다는 것은 아니다. 그들은 사후의 세계의 진실성을 믿었으며 죽은 후에도 삶의 영화를 계속 지속할 수 있다는 매우 소박한 신념을 가지고 있었다. 그들은 사후의 세계를 공포스러운 긴장감을 가지고 바라보지 않았다. 그들은 삶이라는 것 자체를 죽음에 대한 준비라고 생각했고, 삶의 모든 윤리 자체가 사후의 훌륭한 삶과 관련되어 있었다. "최후의 심판"이라는 관념은 그들에게도 매우 중

요한 의미를 지니고 있었지만, 그것은 기독교처럼 집단화되어 있지 않고 개인화되어 있었다. 사람이 죽음의 세계로 부활할 수 있는가에 대한 심판이었다. 그리고 이러한 심판에 대해 그들은 매우 낙관적이었다. 물질적 풍요보다는 신을 경배하는 삶을 살고, 윗사람을 공경하고 가난한 자를 보호할 줄 아는 삶의 윤리가 죽음의 세계로의 부활을 보장해준다고 믿었다.

마아트

8. 이집트인들의 종교적 관념에서 가장 중요한 것은 마아트(Maat)다. 마아트란 보통 무릎을 웅크리고 앉아있는 여신의 모습으로 상징되는데 그것은 이 우주의 진리며 정의며 본질적인 조화(the essential Harmony of the Universe)이다. 예수님은 말씀하신다.

> 공중의 새를 보라! 심지도 않고 거두지도 않고 창고에 모아 들이지도 아니 하되, 하늘에 계신 너희들의 아버지께서 그들을 기르시나니, 너희들이야말로 이것들보다 더 귀한 것이 아니겠느냐?
> (마 6:26).

그리고 또 말씀하시었다.

> 또 너희가 어찌 의복을 염려하느냐? 들의 백합화가 어떻게 자라는가 생각하여 보아라! 수고도 아니 하고 길쌈도 아니 하느니라. 그러나 내가 너희에게 말하노니 모든 영광을 차지한 솔로몬의

입은 옷이 이 꽃 하나만 같지 못하였느니라 (마 6:28~29).

예수의 낙관

예수도 이 세계의 스스로 그러한 질서가 있다고 믿는다. 누구도 조작할 수 없는 아주 본질적인 질서가 이 우주 속에 내재해있다고 믿는다. 우리는 예수님의 말씀을 종말론적 협박으로만 읽어서는 아니된다. 예수님에게도 아주 평화롭고 조화로운 우주질서에 관한 낙관이 있는 것이다.

아크

이집트인들에게는 종교의 존재이유가 바로 혼돈으로부터 우주의 질서를 보호하는 데 있었다. 모든 종교적 행위는 우주에 내재하는 마아트(질서, 진리)를 지키는 것이다. 이 마아트는 우주의 창조신화와 직결되어 있으며 종교적 행위는 의료적 행위와 거의 구분되질 않았다. 인간의 모든 질병이야말로 혼돈의 침입이었으며 그것은 인간의 악한 행동의 결과라고 보았다. 이집트인들에게는 아크(akh)라는 관념이 있었는데 그것은 우리 동아시아문화권의 기(氣, ch'i)와 거의 동일한 개념이었다. 어떻게 사기(邪氣)의 침범으로부터 정기(正氣)를 지키는가 하는 것이 그들의 의학이었고, 마술(magic)이었고, 종교적 제식이었다. 이 3자는 전혀 구분되지 않는다. 예수의 선교행위의 대부분이 병든 자를 고친 것이다. 예수라는 존재는 이집트인들에게는 낯익은 모습이었다. 악을 누르고 우주의 하모니를 유지하는 것, 그

코스믹 스케일의 사업은 구체적으로 인간의 몸에서 실증되어야 한다. 그들의 종교는 바로 몸의 건강과 직결되어 있었다. 이러한 이집트의 종교사상이 히포크라테스로 대변되는 희랍의학을 탄생시켰음은 두말할 나위도 없다. 신전의 존재도 제사장의 존재도 우주와 인간의 몸의 질서를 유지하기 위한 항구적 방편이었던 것이다.

야훼교의 창시자 모세는 이집트종교전통속에서 성장

한마디로 유대교전통은 이집트종교전통과의 교섭 속에서 탄생하고 성장한 것이다. 모세는 어떤 의미에서 이집트인이었다. 이방의 사도인 바울이 이방에서 성장한 것이나, 애굽(이집트)으로부터 이스라엘민족을 구원하기 위한 지도자가 애굽인으로서 성장한 것이나 다 그 나름대로 필연적 이유가 있는 것이다. 이스라엘민족의 유일신앙은 오로지 모세로부터 시작하는 것이다. 모세는 야훼교의 창시자라 해도 매우 적확한 표현이다. 모세 이전에는 야훼에게만 예배해야 한다는 관념이 이스라엘 민족에게 근원적으로 결여되어 있었다(대한기독교서회,『그리스도교大事典』, 323). 모세의 야훼교 창시는 어떤 의미에서 이집트종교전통에 대한 반동이라고 볼 수도 있다. 그러나 다양한 이집트종교사상의 뿌리는 그 근저에 있고 다양한 지혜의 교류가 있었다. 그 유대교의 뿌리에서 새롭게 자라난 기독교가 또다시 이집트의 종교문화와 접합되었을 때 매우 자유로운 종교적 사유가 폭발적으로 쏟아져 나왔다. 이러한 종교적 사유의 홍류를 우리가 대체적으로 영지주의(Gnosticism)라고 부르는 것이다.

요한복음의 성립 이후 아타나시우스의 27서정경 성립 때까지의 3세기의 초기기독교 역사는 영지주의의 전성시대였다. 물론 우리가 영지주의라고 말하는 대상영역에 속하는 사람들은 그 어느 누구도 자신을 "영지주의자"라고 생각한 사람은 없다. 영지주의의 어떤 문헌도 영지주의를 자처하지 않는다. 그것은 단지 우리가 과거의 역사적 사실을 규합하기 위하여 만들어낸 매우 방편적인 개념일 뿐이다.

구 카이로(Old Cairo)에 있는 콥틱 박물관(Coptic Museum)의 입구. 로마시대의 폐허 건물이 보인다. 나그 함마디 문서를 수집·보관하는데 가장 큰 공헌을 세운 토고 미나(Togo Mina)는 이 박물관의 관장이었다. 토고 미나는 나그 함마디 문서를 둘러싼 치졸한 게임판에서 가장 순수한 영혼이었다. 그러나 안타깝게도 그는 1949년에 요절했다.

제16장 나일강 유역의 수도원 문화
― 안토니와 파코미우스 ―

모나스티시즘의 발생동기

이 나일강 주변으로 소위 모나스티시즘(monasticism), 즉 수도사 생활이라든가 수도원 제도가 성행케 된 그 원조가 되는 인물이 하나 있다. 이집트의 안토니(Anthony, c.251~356)라는 인물이다. 바로 우리가 논의하고 있는 아타나시우스가 이 안토니라는 인물의 전기를 썼다. 『성 안토니의 생애 Life of St. Anthony』가 그것이다.

수도원제도가 반드시 고독이나 명상을 즐기는 제한된 극소수의 상층민이나 지식인들에 의하여 선호된 운동이라고 생각하면 안된다. AD 313년에 기독교가 공인이 되자 기독교는 갑자기 허전해졌다. 즉 순교의 명분이 사라진 것이다. 순교를 전제로 하고 교회를 다니던 사람들은 세속에 대한 철저한 거부가 있었다. 교회의 평화가 길어지게 되자, 신도들의 삶은 자연히 도덕적으로 해이하게 되고 기대하던 재림은 지연되면서 신앙생활의 긴박감이 사라졌다. 그렇게 되면 순교에 대한 열정, 그러한 열렬한 에너지는 자연스럽게 이세간적(離世間的) 금욕주의(asceticism)로 전환하게 된다.

예수의 세속적 가치 부정

 예수의 가르침을 잘 살펴보면 그에게도 세속적 가치에 대한 부정이 있다. 요즈음은 사람들이 기독교를 현세종교로서만 생각하고 교회를 현세적 삶을 풍요롭게 만드는 친교의 장, 그러니까 일종의 소셜 클럽처럼 생각하기 쉽지만 초기기독교의 분위기는 매우 달랐다. 마태복음 19장에 실려있는 유대 계명을 잘 지키는 어느 청년과 예수의 유명한 대화를 대부분의 독자들은 기억하고 있을 것이다.

> 예수께서 가라사대, "네가 온전하고자 할진대 가서 네 소유를 팔아 가난한 자들을 주라. 그리하면 하늘에서 보화가 네게 있으리라. 그리고 와서 나를 좇으라." 하시니, 그 청년이 재물이 많으므로 이 말씀을 듣고 근심하여 가니라 (마 19:21~22).

 지금 이러한 성경구절을 놓고 교회에서는 추상적인 해석을 가하는 경향이 있다. 왜냐하면 교회 목사님들 입장에서 본다면 부자신도들의 존재가 조직운영상 매우 필요한 것이기 때문에 이러한 성경구절을 문자 그대로 강요하면 교회가 빈한해져서 교회공동체 성립 자체가 어려워진다. 그러나 예수님과 부자 청년과의 대화는 문자 그대로 해석되어야 한다. 그것은 예수 당시의 팔레스타인 정황으로 볼 때는 매우 리얼한 말씀이었던 것이다.

착취당하는 팔레스타인 농부와 예수

앞서 말했듯이 팔레스타인은 농경사회였다. "젖과 꿀이 흐르는 가나안땅"이라는 것은 "비옥한 초승달 지역"(Fertile Crescent)의 일부로서 농경이 가능한 땅이라는 뜻이다. 따라서 팔레스타인도 농부들이 주류를 이루는 사회였다. 그런데 이들에게는 국가에서 부과하는 세금 이외로, 십일조(the tithes)라는 종교적 조세가 있었다. 이 십일조는 제사장들, 성전, 그리고 레위파 성전 스탭들, 그리고 명목상의 빈한층구제사업을 지원하는 비용으로 쓰였다. 이것만 해도 이 명목 저 명목 다 합치면 소출의 20%를 거두어갔다. 그런데 로마의 식민지가 되면서 로마조세제도가 이 위에 가중하여 부과되었다. 토지세 1%, 소출세 12.5%, 그리고 다양한 공물, 관세, 통행세를 다 합치면 약 35%가 되었다. 게다가 로마관청은 이것을 직접 거두기가 힘드니까, 지역마다 부유 농민에게 세금을 거두어들일 수 있는 권한을 주는 "수세농민"(tax farmers)제도를 만들어 그들을 통해 거두어갔다. 이들은 항상 덧붙여 받는 특권이 있어 그 차액을 착취했다. 이것을 다 합치면 소출의 60% 이상을 빼앗긴다는 것이다. 더구나 팔레스타인은 강우량이 적어 비옥하질 못하다. 우리나라의 김제평야나 전군가도나 풍산뜰 같은 너른 들을 보기 어렵다.

고려조에도 자작농의 경우 국가에게 소출 10%의 수조권(收租權)이 있었다. 그런데 국가는 이 수조권을 녹봉개념으로 고급관리들에게 넘겨주었다. 물론 국가는 한 관리가 임기가 끝나면 그 수조권을 다른 관리에게 넘긴다. 그러나 소출의 10% 세금을 받아먹던 관리집안에서는 대대로 그 수조권을 클레임하게 마련이다. 그렇게 역사가 흐르다보면 한 땅에 주인이 7, 8명이 생긴다. 농민은 자기 땅을 가지고 죽으라고 농사지어봐야 심할 때는 그 귀한 싸락의 90%를 다 빼앗기고 만다. 이 토지겸병과 차경제(借耕制)의 불합리성을 근원적으로 혁파하여 계민수전(計民授田)의 균산주의(均産主義)를 실천하고자 한 것이 고려말 신흥유생들의 움직임이었고 그 열기를 역성혁명으로 집약시킨 것이 정도전(鄭道傳, 1342~1398)이었다. 그러나 예수는 정도전과 같은 정치혁명의 길을 거부했다. "가이사의 것은 가이사에게"(막 12:17, 마 22:21, 눅 20:25)라고 말함으로써 로마조세거부운동에 정치적 관심을 표명하지 않았던 것이다. 그러나 예수는 그를 따르려는 부자 청년에게, "네가 가진 재산(땅)을 팔아 가난한 자들에게 다 나누어주라! 그래야 나를 따를 자격이 있다"고 외쳤던 것이다. 예수는 철저히 조세제도의 착취에 시달려 신음하던 농민, 그래서 땅 잃고 부랑하는 천민들과 운명을 같이 한 사람이었다.

예수의 식색관

인간의 욕망 중에서 가장 직접적이고 가장 곤혹스럽고 가장 제어하기가 어려운 것이 맹자(孟子)의 말대로 식(食)·색(色)이다. 식에 대해서는 부자에 대한 거부가 예수의 모든 메시지에 깔려있다: "내가 진실로 너희에게 이르노니 부자는 천국에 들어가기가 어려우니라" (마 19:23). 그런데 색(色)의 문제에 대해서도 예수는 비슷한 입장이 있었다. 역사적 예수를 말하는 사람들은 예수가 결혼했던 사람이라고도 말한다. 요한복음 2장에 나오는 포도주이적의 가나 혼인잔치가 예수 자신의 결혼식설화가 변형된 것이라고 말하기도 한다. 그러나 예수는 최소한 공생애를 통하여 독신이었다. 그리고 독신생활의 고귀함에 대해 긍정적 가치관을 내비쳤다.

"내가 너희에게 말하노니, 누구든지 음행한 연고 외로 아내를 내쳐버리고 새 장가를 드는 자는 간음을 범하는 것이니라." 제자들이 가로되, "만일 사람들이 아내에게 이와 같이 할진대 아예 장가를 들지 않는 것이 좋지 않겠습니까?" 예수께서 가라사대, "누구나 다 이 가르침을 실천할 수 있는 것은 아니다. 다만 하나님께서 허락하신 사람들만이 실천할 수 있다. 어미의 태로부터 고자가 된 사람도 있고, 사람에 의하여 후천적으로 고자가 된 사람도 있고, 또 천국에 들어가기 위하여 스스로 고자가 된 사람도 있다. 이 내 말을 알아들을 만한 사람은 알아듣고 실천하여라." (마 19:9~12).

선천적인 태생의 고자(eunuch)가 있고, 환관 같은 후천적 고자가 있고, "천국에 들어가기 위하여 스스로 고자"가 된 사람도 있다. 예수는 그의 주변의 제자나 추종인들이 대부분 결혼한 사람들이었기 때문에 결혼을 부인하지는 않았지만, 독신생활의 절제, 성욕의 억제를 권장했던 것이다. "이 말을 받을 만한 자는 받을지어다."

바울도 천국을 위하여 독신생활을 권장했다.

> 내가 혼인하지 아니 한 자들과 과부들에게 이르노니, 나와 같이 독신으로 지내는 것이 좋으니라 (고전 7:8) ……
> 내 뜻에는 그냥 독신으로 지내는 것이 더욱 복이 있으리로다. 나도 또한 하나님의 영을 받은 줄로 생각하노라 (고전 7:40).

세속적 가치의 부정: 불교와 기독교

천국의 강림이 얼마 남지 않았는데 구질구질하게 결혼하여 몸을 더럽히는 것보다는 아름답게 살며 딴 생각없이 오직 주님만을 섬기는 것(고전 7:35)이 더 낫다는 바울의 권장이다. 초대교회의 이러한 분위기는 오늘날의 시중 기독교를 생각나게 하기보다는, 비하라(석굴 승방)를 찾아다니는 초기불교교단의 이미지를 연상시킨다. 기실 부귀와 같은 세속적 가치의 거부, 그리고 초세간적(超世間的)·이세간적(離世間的) 해탈이라는 측면에서 기독교와 불교는 동시대의 동언어권의 인도유러피안 문화권의 패러다임에 속해 있다. 기독교는 그 해탈을 하나님과의 만남(Encounter)으로 완성하려 했고 불교는 그 해탈을 자기 마음의 각성(Enlightenment)으로 달성하려 했다.

그런데 기독교는 헬라스·로마의 신화적 문명권으로 진입하였고 불교는 중국·한국의 인문주의적 문명권으로 진입하여 제각기 다른 역사적 양상을 연출하였던 것이다.

헬라·로마 신화문명	중동·인도 문명 패러다임	중국·한국 인문문명
Hellenistic—Roman Mythological Civilization	기독교·불교 Christianity·Buddhism	Sino—Korean Humanistic Civilization

〈세계문명사의 대세 흐름〉

평신도 운동

나일강 유역의 수도원 문화의 융성은 초기에는 기독교 교회내의 만연되어가는 부패현상, 관습적 예배, 제한된 봉사에서 떠나려는 평신도운동으로 전개된 것이다. 그리고 로마시대의 점점 가중하는 조세제도로 세리나 토지관리인들의 횡포가 심해지자 그러한 고통스러운 현세로부터 근원적으로 떠나가려는 각성된 농부들의 움직임도 수도원문화의 형성을 촉진시켰다. 영어로는 이들을 앵코라이트(anchorite, 은둔자)라고 부르는데 은둔을 의미하는 희랍어 아나코레시스(anachorēsis)에서 왔다. 빈한(貧寒), 독신(獨身), 명상(冥想)은 이들의 트레이드 마크다. 기독교 도덕을 위협하는 부패된 세상으로부터 도피하여 자유롭게 1:1로 신을 만나려는 명상의 열정에 이들은 헌신했다.

안토니의 생애

이러한 모든 움직임의 원조(元祖)라 할 수 있는 안토니는 중부 이집트 헤프타노미스 코마(Koma)의 콥틱어를 쓰는 유족한 집안에서 태어났는데, 예수님께서 마태복음에서 부자 청년에게 하신 말씀을 듣고 감명을 받아 그대로 실천했다. 나이 20세 때 부모에게서 받은 모든 소유를 팔아 가난한 사람들에게 나누어주고 자신은 동네의 가장 편벽한 곳에 움막을 짓고 수도에 전념했다. 테베의 바울(Paul of Thebes)이라고 하는 노승의 지도를 받으며 금욕생활을 실천했다. 그렇게 15년을 하다가 더 완벽한 고독을 찾기 위해 사막으로 사막으로 들어갔고 나중에는 피스피르(Pispir, 현재 Dayr al-Maymūn)라고 불리는 나일강변의 산에서 절해고도의 절대고독과 싸우며 자그마치 20년간(286~305)을 홀로 수행했다. 안토니의 전기를 쓴 아타나시우스의 표현에 의하면 그는 끊임없이 악의 세력을 대변하는 악마의 형상들과 투쟁하면서 모든 유혹으로부터 자유로와지고 영적 순결성(spiritual purity)의 거의 완벽한 상태에까지 도달했다고 한다. 안토니의 고행과정을 엿보면 꼭 욕계의 주인 마라(Māra), 마왕 파피야스의 다양한 변신들과 투쟁하며 보리수 아래서 선정에 들어간 싯달타의 모습이 떠오른다. 안토니에게도 악마는 다양한 비젼으로 그에게 다가왔다. 어떤 때는 요염하고 달콤하게, 어떤 때는 징그러운 공포로. 그가 단식중에는 노승이 빵을 가지고 찾아와 먹으라고 권하기도 하고, 어떤 때는 날짐승이 덮치기도 하고, 어떤 때는 아리따운 여인이 유혹하기도 하고, 어떤 때는 군인이 창을 들고 나타나 찌르기도 하고, 어떤 때는 채찍으로 안토니를 휘갈기는데 거의 죽음의 직전까지 휘몰아가기도 했다. 사탄에 의하여 나타나는 이 모든 환영을 그는 열렬한 기도와 참회의 행동으로 물리쳤다. 안토니의 이러한 항마성도(降魔成道)의 고행과정은 후대 문학과 회화의 끊임없는 주제가 되었다(in the painting of Hiëronymus Bosch, Mattia Grünewald, Max Ernst). 이러한 심적 투쟁을 겪고 안토니는 기독교 수행운동의 매우 건전하고도 합리적인 조사(祖師)가 되었다. 그는 305년 20년만에 그 항마성도의 자리를 박차고 일어나 하산한다. 그리고 그를 따라 같은 수행을 하는 사람들을 성자의 모습으로 지도하고 가르쳤다. 313년 밀라노칙령이 발표되면서 기독교인의 박해가 종식되고 오히려 그들이 우쭐대는 세상이 오자, 그는 나일강과 홍해 사이에 있는 동부사막(Eastern Desert)의 한적한 한 산으로 옮겼다. 많은 사람들이 그를 존경하고 따랐으며 그는 민중의 영웅으로 추앙받았다. 그가 머물렀던 곳에 지금도 다이르 마리 안토니오스(Dayr Māri Antonios) 수도원이 건재하고 있다.

그를 본받는 많은 사람들이 처음에는 알렉산드리아 남서부 니트리아사막지역에서 시작하여, 나일 델타, 그리고 인도의 아잔타지역을 방불케 하는 수행토굴로 가득찬 스케테사막(Scete)으로 뻗쳐나갔다. 그는 건강한 모습으로 105세에 죽었는데(365년 1월 17일), 그가 죽었을 당시 수천 명의 토굴 수행승이 있었다고 한다. 안토니의 수행방식을 보통 에레미티즘(eremitism)이라고 하는데 이것은 개별적이며 은둔적인 수행이라는 특징이 있다.

그런데 재미있는 것은 이러한 성령파나 수도승들이 세속적 판단에 있어서는 매우 보수적인 성향이 있다. 안토니는 알렉산드리아에 두 번을 방문했는데(두 번째 방문은 350년경), 모두 아리아니즘을 혹독하게 비판했다. 안토니는 철저하게 아타나시우스파였다. 아니, 이들은 본질적으로 파벌의식이나 도그마의식과는 동떨어진 사람들이나 아타나시우스가 이들을 매우 현명하게 활용했다고 보아야 할 것이다.

아타나시우스의 생애와 밀착되어 있고, 우리가 논의해야할 20세기 최대의 고고학적 발견의 성과와 관련되어 있는 또 하나의 수도승이 있다. 이제 우리는 파코미우스(Pachomius, c.290~346)의 이야기를 해야한다.

파코미우스와 아타나시우스의 해후

우리는 앞에서(p.120) 잠깐 파코미우스를 언급한 적이 있다. 아타나시우스가 알렉산더 주교의 뒤를 이어 주교직을 승계했을 때(328), 그는 이집트와 리비아 전역을 샅샅이 심방했다. 이때 그는 체노보스키온 부근의 콥틱 승려들을 방문하였고 당시 그들의 리더이며 수도원을 운영하고 있었던 파코미우스를 만나 깊은 우정을 맺는다. 파코미우스는 아타나시우스 주교보다 약간 연상이었다(8세 혹은 3세 위).

인류사상 최초의 기독교 수도원

파코미우스는 바로 우리가 논의해야할 체노보스키온 문서가 대량 발견된 바로 그 지역, 체노보스키온(Chenoboskion, 콥틱어로는 슈네세트, Schneset)의 콥틱어를 쓰는 집안에서 태어났다. 그는 콘스탄티누스의 북아프리카 로마군대의 병정으로 징집을 당해 끌려나가 현재의 이스나(Isna) 지역 라토폴리스(Latopolis, 아스완댐 아래)에 주둔한다. 그런데 같은 동료장병 중에 콥틱 크리스챤들이 있었고 그들의 삶의 진지함에 감명을 받고 그 지역 크리스챤들의 덕성스러운 삶의 자세, 그리고 이웃을 사랑하는 신분·계급을 초월한 개방정신에 깊은 인상을 받는다. 314년경 제대 후에 그는 그의 고향 체노보스키온으로 귀향하여 곧 세례를 받고 기독교인이 되었다. 그 후 팔레몬(Palemon)이라는 은둔자를 만나 그의 영적 지도 아래 수도승으로서의 삶을 실천한다. 그 지역은 이미 안토니의 영향 아래 수없는 에레미티즘의 수도승들이 토굴 속에서 영적 생활을 하고 있었다. 파코미우스는 개인적인 수도(修道)의 한계를 절감하고, 단체적인 규칙생활로써 보다 효율적으로 수도인의 삶을 살아야 한다는 신념에 이르게 된다. 덴데라(Dendera) 가까운 곳, 나일강 동편의 버려진 동네에 수도원을 짓고 담을 높게 둘러쌓았다. 그는 이곳을 타벤니스(Tabennis)라고 불렀다(318년). 이것이 아마도 인류사상 최초로 본격적으로 시도된 기독교 수도원일 것이다. 그 이전에도 없는 것은 아니었겠지만,

이 타벤니스 수도원이 유명하게 된 것은 집단수도생활에 관한 상세한 규율이 문서로 기록되었고 그 문서가 제롬에 의하여 라틴어로 번역되었기 때문이다. 파코미우스는 그 수도승을 위한 『규율 the Rule』을 콥틱어로 썼는데, 제롬은 그 콥틱어본의 희랍어역본을 구하여 라틴어로 번역했다. 제롬의 번역은 서양의 수도원제도에 엄청난 영향을 끼쳤다. 모든 수도원이 기실 파코미우스의 규율에 따라 세워진 것이다. 파코미우스는 이 규율을 한 천사가 계속 나타나 말해주었고 그는 그 천사의 말을 옮겼다고 한다. 따라서 이 규율집은 성서와 동일한 권위를 갖게 되었고 수도승들은 누구든지 복종하지 않으면 안되었다.

헤구멘

타벤니스의 높은 담 안에 사는 사람들은 매우 엄격한 공동생활을 했기 때문에, 공동(koinos) 생활(bios)이라는 희랍어원에 따라 영어로는 세노비티즘(cenobitism, coenobitism)이라고 부르고 이러한 공동생활 수도승을 세노바이트(cenobite)라고 부르며 앞서 말한 안토니 계열의 개별적 은둔수도승 앵코라이트(anchorite)와 대별된다. 앵코라이트는 혼자 자유롭게 스스로의 규율에 따라 생활하는 반면, 세노바이트는 완벽하게 규정된 공동규율 속에서 평생을 보낸다. 일어나는 시간, 낮에 사는 생활 스케줄, 자는 시간이 모두 결정되어 있으며, 공동기도, 공동식사, 공동경작, 공동복장, 공동다이어트규칙, 공동사용이 결정되어 있다. 이 모두에 엄격한 공동매너가 결정되어 있다. 그리고 이 수도원에는 수도승들의 영적 지도자가 있어, 그를 헤구멘(hegumen)이라고 부르는데, 헤구멘은 영적 스승일 뿐 아니라 수도승들이 아무 생각없이 수도생활에만 전념할 수 있도록 모든 재정적 지원을 해야하는 책임을 감당해야 한다. 그러니까 사판 주지와 조실 스님의 양면을 다 구비해야 한다. 파코미우스는 매우 유능한 헤구멘이었다. 타벤니스의 수도원에 사람들이 몰리게 되자 그는 수도원을 주변지역에 개척했다. 남자를 위해 9개를 지었고, 여자를 위해 2개를 지었다. 그는 이 11개의 수도원을 관할하기 위해 근거지를 타벤니스에서 파바우(Pabau, 현재 Faw Qibli)로 옮겼다. 파바우 수도원은 파코미우스의 수도원운동(monastic movement)의 행정센터였다. 여기서 그는 헤구멘이 되었던 것이다. 지금 남아있는 파바우의 폐허를 가보면 상당히 우람찬 돌기둥들이 흩어져 있는 것으로 보아 꽤 훌륭한 수도원이었던 것 같다. 수도원 교회가 가운데 자리잡고 있는데 건물이 계속 증축된 흔적을 보이고 붉은 화강암 기둥들, 석회석의 주춧돌들, 수없는 질그릇 파편, 올리브기름을 짜는 화강암 맷돌이 여기저기 흩어져 있다. 그 화강암 기둥이나 파편에 상형문자가 새겨져 있기도 하고 예술적 조각이 되어있는 것으로 보아 기존의 이집트 신전 건물의 파편들을 재활용한 것 같다.

그의 여동생 마리아(Mary)도 여성수도원의 첫 헤구멘이 되었고, 아주 부유했던 페트로니우스(Petronius)라는 승려가 파코미우스를 계속 도왔기 때문에 파코미우스는 수도원의 헤구멘으로서의 권위를

이곳이 바로 파코미우스 수도원운동의 행정센터였던 파바우 수도원이다. 이 사진에서 뒤에 뿌옇게 보이는 고원모양의 산이 바로 게벨 에트 타리프(Gebel et Tarif)이다. 그곳에서 나그 함마디 라이브러리 체노보스키온 문서가 발견되었던 것이다. 수도원과 문서발견지는 약 10리 정도 떨어져 있다.

잃지 않고 조직을 확실하게 장악했다. 346년에 열병이 휩쓸어 약 100여 명의 수도승이 희생되었는데 파코미우스도 346년 5월 9일 열병 속에 그들과 함께 영면했다. 그가 죽었을 때 그의 관할하에 약 7,000명의 남녀수도승이 있었다.

콘스탄티우스의 아타나시우스 탄압

여러분들은 기억할 것이다. 아타나시우스를 지원하는 로마의 콘스탄스 황제가 암살되고(350), 그의 형 콘스탄티우스가 독존의 황제가 되면서 아타나시우스에 대한 보복이 시작된다는 역사적 사실을! 콘스탄티우스는 선제가 내렸던 니케아종교회의 삼위일체에 관한 결정을 취소해버리고 동방교회의 대다수 주류파인 아리우스의 이념에 따라 새로운 가톨릭 통일정책을 세우려 했다. 다시 말해서 그는 동방교회의 일반정서를 존중하여 동방교회를 주축으로 가톨릭의 서방로마중심축을 전환시키려 하였던 것이다. 이때 가장 걸림돌이 되는 것은 바로 아리아니즘을 이단으로 휘몰면서 목숨걸고 투쟁해온 알렉산드리아의 주교 아타나시우스였다. 그러나 민중의 영웅으로 추앙받던 아타나시우스의 주교직을 박탈한다는 것은 결코 쉬운 일이 아니었다. 아타나시우스를 추방하기 위해 콘스탄티우스 황제가 얼마나 조심스럽게 일을 진행시켜야 했는지는 기번의 『로마제국쇠망사』에 너무도 상세히 보고되어 있다. 아타나시우스를 파멸시키기 위한 예비조치로서 그를 지원하던 서방의 정통파 주교들이 모두 불명예스럽게 추방되었다. 이집트의 행정당국은 도저히 자체의 힘으로써는 아타나시우스가 대주교 자리에서 물러나도록 설득하거나 강요할 힘이 없었다. 콘스탄티우스는 급기야 북부이집트와 리비아에 주둔하고 있던 5,000명의 로마군단을 동원할 것을 이집트의 대공(大公) 시리아누스(Syrianus, duke of Egypt)에게 비밀리에 명한다. 356년 2월 어느날 밤, 지중해에 상륙한 5,000명의 군대는 완전무장한 채 알렉산드리아 시내 중심가로 신속히 입성한다. 아타나시우스가 성직자와 일반민중과 함께 야간미사를 행하고 있던 성 테오나스 교회(the church of St. Theonas)를 습격한다. 맹렬한 공격으로 성당 문이 열리고 끔찍한 유혈사태가 벌어졌다. 주교와 사제들은 잔인한 모욕을 당했고, 봉헌된 성(聖)처녀들이 발가벗겨져 채찍질 당했고, 또 욕정에 굶주린 우악스러운 병사들은 여린 처녀들을 닥치는 대로 강간해버렸다. 부유한 시민들의 집이 약탈되었다. 종교적 열정이라는 가면 아래, 아무런 법적 제재도 받지않고 심지어 박수갈채를 받으면서 온갖 탐욕과 욕정, 그리고 사적인 원한을 마음껏 충족하였던 것이다 (*The Decline and Fall of Roman Empire* 423).

성 테오나스 교회가 시리아누스의 군대에게 습격받던 바로 그 긴 밤, 아타나시우스는 대주교의 의자에 부동의 자세로 앉아 침착, 담대한 모습으로 죽음을 기다리고 있었다. 분노의 함성과 공포의 절규로 예배를 계속 진행할 수 없게 되자, 아타나시우스는 벌벌 떨고 있는 회중에게, 거만하고 믿음 없는 이집트의 폭군을 징벌하는 이스라엘의 하나님의 승리를 찬양하는 다윗의 시편 하나(아마도 136편: "에집트 사람들의 맏아들을 치셨다. 그의 사랑 영원하시다. 그 속에서 이스라엘을 구해내셨다. 그의 사랑 영원하시다.")를 암송케 하여, 그들의 종교적 확신을 표현케 함으로써 그들을 북돋았다. 마침내 문이 깨져 열리고 시편을 암송하던 회중들에게 화살이 구름처럼 쏟아졌다. 로마 병정들이 칼을 뽑아들고, 성소로 몰려갔고, 제단 주변에서 타고 있던 성스러운 촛불에 반사되어 군인들의 갑옷이 공포스럽게 번쩍거렸다. 아타나시우스는 그를 에워싸고 있는 사제들과 장로들의 목숨을 보전해야 한다는 경건한 간구를 아직도 거부하고 있었다. 그리고 회중의 최후 1인까지 안전하게 대피할 때까지 그의 교구의 책임있는 자리를 떠날 수는 없다고 버티었다. 밤의 어둠과 소란이 그의 탈출을 도왔다. 그러나 그는 허둥대는 인파에 밀려 땅바닥에 넘어진 채 의식과 행동력을 잃기도 했다.

그렇지만 그는 불굴의 용기를 되찾아, 자신의 짤린 대가리를 콘스탄티우스 황제의 가장 좋아하는 선물로서 바치고 싶어하는, 아리우스파 앞잡이들에 의하여 사주되고 있는 군인들의 맹렬한 수색을 용케 피해나갔다. 이 순간부터 이집트의 대주교 아타나시우스는 그의 적들의 시야에서 사라졌다. 그리고 사막의 꿰뚫어 볼 수 없는 안개 속에 감추어진 채 6년이라는 세월을 보내야만 했다(The Decline and Fall of Roman Empire 424~ 5).

나는 60년대 대학시절에 데모한다고 도바리치는 생활을 해본 적도 있고, 80년대 교수시절에 도바리치며 도망 다니는 학생들을 도와준 적도 있지만, 향후 아타나시우스의 6년간의 삶은 박정희·전두환 아래서의 민주투사들의 "도바리" 역정과 비슷했다. 황제의 칙령에 따라 전 군·민이 그를 추적했고 산 채로나 죽은 채로 그를 잡아오는 사람에게는 후한 보상금이 약속되었다. 아타나시우스는 국가의 적이었으며 그를 숨겨주는 사람은 엄벌에 처한다고 발표되었다. 아타나시우스는 이러한 상황에서 어떻게 살아남을 수 있었을까?

파코미우스의 보호

바로 그를 보호해준 것은 체노보스키온 근처에 산재해있던 파코미우스의 수도원과 그 수도승집단이었다. 이때 이미 파코미우스는 저승으로 떠나가고 없었다. 그러나 그들의 스승 파코미우스와 젊은날에 우정을 맺은 아타나시우스를 그들의 헤구멘 이상으로 보호하고 성심껏 섬겼다. 성스러운 뿔피리로 나팔을 불면 수천 명의 건장하고 신념에 찬 수도승들이 모여 아타나시우스를 보호했다. 그들의 대부분이 이 근처의 순박한 농민출신들이었으며 자기들이 존경하는 스승을 위해 기꺼이 목을 내밀면서 사형집행인의 팔만 아프게 했다. 어떠한 고문을 통해서도 이 훈련된 수도승들의 자백을 받아낼 수는 없었다. 아타나시우스는 그들과 똑같은 옷을 입고 신속히 여기저기로 몸을 숨겨다닐 수 있었다. 무협영화의 스릴있는 장면보다 더 손에 땀을 쥐게 하는 많은 로맨스가 연출되었던 것이다.

아타나시우스는 빈 큰 수조에 숨어살다가 여자 노예의 배반으로 발각되기 직전에 간신히 도망친 적도 있었다. 그리고 기상천외의 은신처에 몸을 숨기기도 했는데, 그곳은 섬세한 미모로 온 도시에서 흠모의 대상이 되었던 20세의 소문난 처녀의 집이었다. 몇 년 후에 그녀가 들려준 이야기에 의하면, 한밤중에 거의 옷도 제대로 걸치지 않은 채 황망히 문을 두드린 대주교의 모습에 그녀는 경악했다. 대주교는 그녀의 감싸주는 지붕 아래서 거처를 구하라는 하늘의 계시에 인도되어 이곳까지 오게 되었노라고 하면서 보호해줄 것을 간구했다. 이 신앙심 깊은 처녀는 자기를 믿고 찾아온 이 성스러운 인질을 받아들이고 보호했으며 용기와 신중함으로 신의 계시에 보답했다. 그녀는 이 일을 아무에게도 알리지 않은 채 즉시 아타나시우스를 그녀의 가장 비밀스러운 챔버로 안내하여 다정한 친구처럼, 그리고 부지런한 하녀처럼 그의 안전을 지켜주었다. 그녀는 위험이 계속되는 동안 그에게 책과 음식을 가져다주고, 발을 씻어주고, 서신연락을 도와주었다. 그리고 이 두 사람간의 너무도 친근하고 고독한 교제를 의혹의 눈길로 바라보지 않도록 매우 적절하게 은폐시켰다. 한 사람은 흠집없는 순결을 생명으로 하는 성자였고, 한 사람은 열화와 같은 위험한 감정을 도발시킬 수 있는 매혹적인 여인이었다(The Decline and Fall of Roman Empire 427).

결국 아타나시우스는 승리했다. 그리고 367년 부활절 메시지에서 27서정경체제를 발표한다. 콘스탄티누스 대제의 니케아종교회의 결정의 정통성을 계승하고 로마제국을 로마가톨릭중심의 기독교국가체제로 일원화시키는 반석을 공고하게 닦은 것이다. 여기서 아타나시우스와 파코미우스 승려들간에는 미묘한 갈등이 발생한다.

파코미우스 승려들이 보았던 책들

혹자는 아타나시우스에 협력하는 파코미우스와 파코미우스 승려들 사이에 어떻게 그렇게 많은 이단적인 영지주의문서들이 유포될 수 있었는가 하고 의문을 던지기도 한다. 그러나 그것은 어리석은 질문이다. 그것은 후대의 역사적 가치관을 가지고 초기전승사의 실상을 왜곡하는 매우 기초적인 오류에 속하는 것이다. 사실 당시에 이미 누누이 강조했듯이 영지주의라는 것은 존재하지 않았다. 영지주의에 관하여 깊은 연구를 한 하바드 신학대학의 여류신학자 카렌 킹(Karen L. King)의 말대로 "영지주의"라는 것은 결코 실체화될 수 있는 하나의 물건이 아니었다. 그것은 단지 수사학적 구성물이었을 뿐이다. 영지주의라는 술어 자체가 "이단"을 규정하기 위하여 만든 수사학적 허구가 하나의 실제적 현상인 것처럼 그 나름대로 존재화

(실체화)되어버린 것이다(Karen L. King, *What is Gonosticism?* 189).

외경은 없애버려라

다시 말해서 파코미우스의 승려들에게는 당시 오직 하나님을 만나기 위한 "수도"라는 삶의 과제만 있었고 사상적인 통제는 거의 없었다. 아마도 아타나시우스도 이 파코미우스 승려들과 함께 은둔생활을 하면서 비로소 아리아니즘의 배면에는 광막한, 소위 영지주의로 규정된 헬라·로마·이집트의 창조적인 사상의 홍류가 넘쳐나고 있다는 것을 깨닫게 되었을 것이다. 그리고 이러한 홍류를 방치하면 기독교는 일정한 방향이 없이 표류하리라는 불안감을 느꼈을 것이다. 파코미우스의 파바우 수도원에는 방대한 콥틱기독교 파피루스 문헌들이 소장되어 있는 도서관이 있었으며 이 문헌들은 공동기도나 공동챈팅에도 사용되었을 것이다. 다시 말해서 그때는 정경·외경의 구분이 없었고, 27서 성경의 기준적 개념이 없을 때였다. 물론 불교식의 대장경결집으로 말한다면 모두 당연히 경장(經藏) 속에 편집되어야 할 수트라(sūtra, 正經, 修多羅)들이었다. 아타나시우스의 대주교서한이 체노보스키온지역 파바우 수도원에도 전달되었다. AD 367년 3월말이었다: "외경적 텍스트들은 이단자들의 날조에 불과하다. 사도의 이름을 팔기도 하고, 마치 고문서인 것처럼 집필시기를 위장하기도 하여 순박한 영혼들을 타락시킨다. 이제 27서 이외의 문헌은 읽어서도 아니 되며 소장되어서도 아니 된다. 이제 정경과 외경을 확연히 구분하는 신중한 분별심을 가지고 외경은 없애버려야 한다."

라이브러리의 은폐

　그들의 도움을 받고 살아난 이 아타나시우스 대주교의 서한에 이들은 배신감을 느꼈을까? 아타나시우스의 생명의 은인인 이 수도승들에게는 아타나시우스의 입장이 충분히 이해될 수 있었다. 서한이 도착한 후 이들은 계속해서 회의를 열었다. 혹자는 이제 외경이 되어버린 서적들은 불살라버리자고 했다. 그러나 누군가 신중한 결정을 내렸다. 매우 현명한 결정이었다. 우리가 이 서물들을 보관할 수는 없으되 태워버릴 수는 없다. 따라서 이 서물들은 후대를 위하여 항아리에 밀봉되어 저 바위절벽 동굴 속에 은폐되는 것이 마땅하다. 성스러운 문헌들은 인간이 처리하는 것보다는 신의 의지에 맡기는 것이 당연하다고 판단을 내렸던 것이다. 그들은 분명 바미얀 대불을 폭파시키는(2001년 3월 1일 폭파 시작) 21세기의 탈레반 미치광이들보다는 훨씬 더 온건한 정신의 소유자들이었다. 그들이 그 항아리를 묻은 곳은 파바우 파코미우스 수도원에서 보이는 한 10리 밖의 자발 알 타리프(Jabal al-Tarif, or Gebel et Tarif) 바위산 절벽기슭이었다. 항아리를 땅에 파묻고 둥근 바위로 눌러놓은 것을 보아, 그것을 파묻은 사람은 언젠가 그것을 다시 가져갈 생각이었을지도 모른다. 그러나 그것은 영원 속으로 파묻혀 버렸다. 그리고 1578년이라는 긴 세월이 흘렀다.

조선 땅에서는 이런 기적은 일어날 수가 없다. 손때묻은 책이 항아리 속에서 16세기 동안을 온전하게 버틴다는 것은 상상할 수 없다. 이유는 단순하다. 우리가 너무 축복받은 삼천리금수강산의 환경에서 살기 때문에 곰팡이도 그 신의 혜택을 공유하기 때문이다. 습기는 치명적이다. 쿰란이나 체노보스키온에서 고고학적 기적이 발생할 수 있었던 이유는 그 삶의 환경이 너무도 각박하기 때문이다. 습기가 없는 것이다.

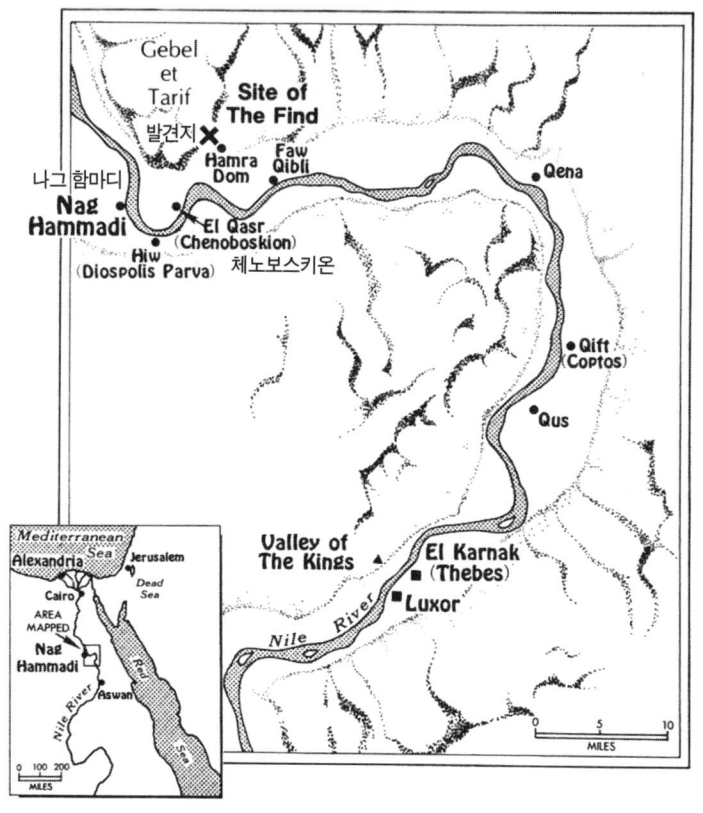

제17장 사바크의 저주와 축복
— 나그 함마디 문서의 발견 —

사바크 헌팅

　1945년 12월이었다. 나일강 상류 유역에서 12월은 사바크(sabakh)를 캐기 좋은 시절이다. 사바크란 질소가 풍부히 들은 천연비료로서 땅에서 캐는 것이다. 여름에는 땅이 너무 딱딱해서 캐기 어렵지만 12월이 되면 땅이 연해져서 캐기 좋기 때문에 농한기에 많은 농부들이 캐러 나간다. 낙타를 타고 사바크헌팅을 나가는 것이다. 체노보스키온의 한 동네 알 카스르(al-Qasr)에 사는 일곱 아이들이 사바크를 캐기 위해 자기 동네에서 약 20리 떨어져 있는(5마일) 자발 알 타리프지역으로 원정을 나갔다. 때는 아직 이스라엘 국가가 성립(1948. 5.16.)하기 전이었고 2차세계대전이 끝난 넉 달 후였으니까 모처럼만의 평화로운 휴식기였다. 그 일곱 아이들 중에는 알 삼만(al-Samman) 족속의 무함마드 알리(Muhammad Ali)와 그의 남동생 둘이

끼어있었다.

자발 알 타리프 절벽 아래의 퇴적층 경사면에서 사발 모양의 큰 옥돌을 치워내고 그 밑을 캐는데 커다란 붉은 유약으로 덮인 거대한 항아리가 나왔다. 위쪽 네 귀퉁이로 손잡이가 달려있었고 뚜껑은 큰 접시로 덮여있었고 가생이는 천연아스팔트 역청으로 봉합되어 있었다. 이것을 맨 먼저 발견한 것은 알리의 15세 먹은 어린 동생 아부 알 마지드(Abu al-Majd)였다. 겁먹은 동생은 26세의 큰형 무함마드 알리를 불렀다. 큰형은 붉은 항아리를 지상으로 끌어내었다. 한 70㎝ 높이의 제법 큰 항아리였다. 모두 무함마드 알리의 처분만을 기다리고 숨을 죽이며 눈치를 보고 있었다. 알리는 그 항아리를 열기를 두려워했다. 이집트인의 관념에는 진(jinn)이라는 사기(邪氣)가 있는데, 대개 이런 항아리 속에 들어있다가 잘못 뜯으면 사람이나 동물형상의 귀신이 되어 출현하여 사람에게 사기를 뿜어대면 사람이 죽거나 크게 상하게 된다는 전설이 있기 때문이었다. 무함마드 알리는 그 유명한 권투선수와 이름이 같지만 그렇게 똑똑한 사람이 아니고 참으로 무지스러운 촌놈이었다. 이 알리의 행태를 보면 이 항아리를 묻었던 이 지역 농부출신들의 수행승의 문화에서 16세기를 지난 후의 이집트의 문화가 얼마나 퇴락했는가를 엿볼 수 있다.

진에 대한 공포

알리는 순간 진(jinn)에 대한 공포감도 있었지만 또 들은 바가 있었거니, 이런 항아리 속에는 금이 가득 들어있을 수도 있다는 탐욕스러운 생각이 갑자기 엄습해온 것이다. 순간 이 무지스러운 인간은 곡괭이를 번쩍들어 항아리를 산산조각 내버렸다. 1578년만에 로마가톨릭의 정경화작업으로 억눌려 암흑 속으로 사라져버린 인류의 지혜가 다시 한번 빛을 보게 되는 그 역사적 순간이었다. 그 순간 그 항아리에는 정말 금이 가득차있었다. 아마도 코우덱스에 입힌 금박이 햇빛에 반사되었거나 그 금가루가 하늘로 날아가는 몇 조각의 환상적 찬란함이 확대되어 느껴졌을 것이다. 모두가 너무 실망하고 말았다.

그 항아리 속에는 13개의 코우덱스가 들어 있었다. 앞서 말했듯이 코우덱스(codex)라는 것은 파피루스를 제본한 것이다. 그러니까 앞뒤로 써서 한 쪽을 묶은, 우리가 생각하는 책의 개념과 동일한 형태의 것이다. 그리고 이것은 가죽으로 포장되어 가죽끈으로 묶인다. 이 한 포장을 하나의 코우덱스라고 하는 데 이 한 코우덱스 속에는 많은 책이 들어갈 수 있다. 옛날 책의 길이가 그렇게 길지 않으니까 대강 4·5편의 책(논문)이 포함되어 있다. 그러니까 13개의 코우덱스에는 5·60권의 책이 들어있는 셈이다. 이것만 해도 성서 27서보다는 많은 분량이다.

터번을 풀어 둘둘 말다

이 13개의 코우덱스가 그 뒤로 기구한 운명에 의해 훼손된 부분도 있고 하지만 지금 52서가 현존하고 있다. 이 코우덱스는 인류사상 출토된 최고(最古)의 것이다. 순간 또 무식한 촌놈이 의리는 있는지라 뭐 근사한 항아리에서 나온 골동품이라는 생각은 들어, 자기 혼자 처먹으면 뒤탈이 있으리라는 생각에 짝짝 찢어 7명 모두에 나누어주었다. 이때도 상당 부분에 훼손이 가고 낙장이 생기는 등 유실된 것도 있었다. 이때 만약 이 아이들이 7등분하여 나누어 가지고 갔더라면 16세기 동안을 기다려온 지혜의 빛이 영영 자취를 감추

발견지

어버리고 말았을 수도 있다. 참으로 끔찍한 일이다. 그런데 꼬마들 입장에서 보자면 그 놈의 넝마꾸러미처럼 보이는 파피루스를 가지고 가봤자 담배 개피 살 돈도 안될 것 같고, 또 번쩍이는 금덩어리가 아닌 바에야, 공연히 부정탈 것 같은 느낌이 들어 모두 다시 알리에게 돌려주었다. 알리가 그들에게 나누어 주는 품새도 좀 위협적인 냄새도 들었고…… 시무룩하게들 내주는 코우덱스를 다시 모아서 알리는 머리에 쓴 터번을 풀어 둘둘 말아 등에 매고 어깨를 둘러 가슴에 점맸다. 우리 어릴 때 가방 없는 시골아이들이 애기 기저귀 같은 것으로 책을 허리에 매듯이…… 어깨에 코우덱스를 둘치고 낙타 타고 터덜터덜 집으로 돌아오는 20리길의 여정 속에서 알리는 코우덱스를 가지고 돈벌 궁리를 하고 있었을까? 아니다! 그의 머릿속에는

제17장 사바크의 저주와 축복 445

바로 지난 5월달에 억울하게 돌아가신(경찰 기록. 5월 7일 사망) 아버지에 대한 생각으로만 가득차 있었다.

패밀리 퓨드

그의 아버지는 알 카스르 동네의 수리조합에서 경비원을 하고 있었는데 그는 독일에서 수입해온 비싼 관개시설(기껏해야 좋은 모터 수준이었을 것이다)의 밤경비를 하고 있었다. 그런데 이 알 카스르 동네와 바로 문서가 발견된 절벽에서 멀지않은 함라 둠(Hamrah Dum) 동네는 셰익스피어의 『로미오와 줄리엣』에 나오는 카퓨렛 집안과 몽테그 집안의 패밀리 퓨드처럼 누대로 반목하는 관계였다. 함라 둠의 하우와리스 집안(The Hawwaris of Hamrah Dum)은 선지자 무함마드의 직계손이라는 자부감을 지니고 있었다. 그런데 어느날 밤 함라 둠 마을에서 그 관개시설을 훔치려는 침입자가 발생했다. 알리의 아버지는 그 침입자를 죽여버렸다. 그런데 다음날 그 마을에서 사람들이 와서 알리의 아버지 머리에 총을 쏘아 죽여 침입자가 죽어있던 그곳에 대신 눕혀놓았다. 무함마드 알리의 엄마는 남편의 시체 앞에서 일곱 아들(아들만 7명 낳았다)을 놓고 통곡을 하며 곡괭이에 칼날을 세워 갈아놓으라고 훈계를 했다. 반드시 복수를 하고야 말리라는 것이다. 긴 곡괭이 끝을 날카롭게 갈아 사람 죽이는 무기로 쓰는 습관이 있었던 모양이다.

자기 등에 둘러친 체노보스키온 문서 코우덱스가 얼마나 고귀한 인류문명의 유산이며 자산이며 보고인지, 그것 하나만으로도 열일곱 세기에 걸친 가톨릭교회 도그마 중심의 인류사가 다시 쓰이고, 그것 하나만으로도 동서문화가 소통되는 새로운 개벽의 역사가 열릴 수 있다는 일말의 하중도 느끼지 못하는 알리는 낙타등 위에서 오로지 아버지 복수할 일에만 골몰하고 있었다.

불쏘시개

 알리는 집에 돌아오자 등에 메고있던 파피루스더미를 소죽 쑤는 곳간방 지푸라기 더미 위에 아무렇게나 던져버렸다. 이것은 너무도 끔찍한 참극이었다. 그 고귀한 문헌을, 이제 1578년간이라는 기나긴 세월을 공기변동이 없는 암흑 속에서 보낸 이 고고학적 유물은 함부로 다루면 변색되고 퇴색되고 바스러지게 마련이다. 그러나 그런대로 파피루스 위에 쓰여진 카본입자물감은 용케 새환경을 견디었던 모양이다. 진시황릉의 토용들이 열자마자 색깔이 날아가버린 것에 비하면 그래도 파피루스 위에 쓰여진 잉크물감의 강력성은 대단한 것 같다. 그런데 비극은 그런데 있었던 것이 아니다. 그날 밤 무지막지한 알리의 엄마가 화덕 오븐에 불을 때려고 나갔다가 헛간에 파피루스가 보이니까 죽죽 찢어서 지푸라기와 함께 불쏘시개로 썼다는 사실이다. 그러나 다행스럽게 쏘시개로만 썼기 때문에 전부를 태우진 않았다. 아마도 지금 코우덱스 제12가 아주 내용이 단편적이고 분량이 빈곤한데 이 첫날 밤 알리 엄마가 코우덱스 제12의 대부분을 태운 것으로 사료되고 있다. 참으로 끔찍한 일이다.

드디어 날이 왔다. 체노보스키온문서가 발견되고 꼭 한 달의 시간이 흘렀다. 동네 친구 한 사람이 알리의 집으로 헐레벌떡 뛰어왔다. 알리의 아버지를 죽인 함라 둠 마을의 그 사람이 먼지나는 신작로에서 내려쬐는 태양에 지쳐 드러누워 낮잠을 자고 있다는 것이다. 옆에 사탕수수를 고아 만든 조청 단지를 끼고 있는 그 사람이 바로 알리 아버지를 죽인 사람이라고 일러주는 것이 아닌가? 그 사람의 이름은 아흐마드 이스마일(Ahmad Ismail)이었는데 그가 정확한 범인이었는지 어쩐지 누가 알리오마는, 하여튼 일곱 형제들은 드디어 때가 왔다 하고 엄마의 말대로 날을 잘 세워둔 곡괭이를 하나씩 차고 피의 복수의 용전(勇戰)의 길을 떠났다.

이 함라 둠의 재수가 없어도 되게 없는 이 양반은 도망칠 새도 없이 그의 가슴에 7형제의 날카로운 곡괭이 날이 들이쳤다. 가슴을 헤치고 팔딱팔딱 뛰는 심장을 꺼내들고 그것을 일곱등분 하여 일곱 형제들은 당장에서 질겅질겅 씹어먹어 버렸다. 이들 관습상 피의 복수의 충직한 상징적 행동이었다. 야만이라 아니 할 수 없다.

엘리야의 야만

이슬람(Islam)이라는 말 자체가 제아무리 순종과 평화를 의미한다 해도 하여튼 중동지역은 피의 복수가 너무 심하다. 엘리야 선지자도 분단시대의 이스라엘 왕 아합의 바알숭배를 징벌하기 위해, 황소의 번제 제단을 하나는 바알을 위한 것, 하나는 야훼를 위한 것, 두 개를 만들어놓고 시험을 한다. 불을 안 붙이고도 저절로 타오르는 제단이 진정한 하나님의 제단이라는 것을 증명하자는 것이다. 바알의 예언자는 450명이나 되었고 야훼의 예언자는 엘리야 선지자 단 한 명이었다. 바알의 예언자 450명은 아침부터 한낮까지 바알의 이름을 불러도 아무 소식도 응답도 기척도 없었다. 그런데 엘리야의 제단에는 기름을 붓고 기도하자 야훼의 불길이 내려와 장작과 돌과 흙, 물 한 방울 남기지 않고 모조리 태워버린다(왕상 18:38). 온 이스라엘 백성이 이렇게 보는 앞에서 야훼 하나님의 위대성을 보였으면 이것으로 족하지 않을까?

그때 엘리야는 외친다: "야훼야말로 진정한 하나님이십니다! 진정한 하나님이십니다! 바알의 예언자들을 하나도 놓치지 말고 모조리 사로잡으시오!" 그리고 기손 개울로 끌고가서 450명의 바알 예언자들을 모조리 한 사람도 남김없이 도륙한다. 이것이 구약의 세계다. 피는 오직 피를 부를 뿐이다. 모세오경을 읽어보아라! 매 계명마다, "……하면 쳐죽여라, 때려죽여라." 하는 야훼의 명령천지다. 구약의 계명을 잘 지키고 살려면 매일 사람을 쳐죽여야 할 것이다. 신구약성경을 천독(千讀)하신 나의 모친도 나에게 이렇게 말씀하시곤 했다: "구약은 너무 피비린내가 심하다."

물론 알리의 피의 보복이 거기서 그칠 리가 없다. 후일 알리 집안의 상여가 나갈 때 함라 둠 사람들이 와서 또 살육극을 벌였다. 알리는 가슴에 총을 맞았는데 죽지 않고 살아났다. 알리는 만나는 사람마다 가슴의 상처를 보여주면서 자신의 용기를 과시하곤 했다. 이렇게 어리석은 자들의 손에 걸린 인류의 성스러운 영적 보고는 어떻게 되었을까?

담배와 귤과 바꿔치기

알리 집안 사람들이 이 코우덱스가 골동이라는 것은 알았는지라, 사람들에게 팔려고 했다. 그런데 사람들이 거들떠보지도 않았다. 우리나라 돈으로 한 코우덱스에 만 원 정도만 달라고 했는데 만 원은커녕 천 원을 주는 사람도 없었다. 그래서 담배와 귤과 바꿔치기로 몇 개가 빠져나갔다. 왜냐하면 복수극 때문에 경찰이 알리집을 수색하기 시작했고 또 코우덱스를 뺏기기는 싫었기 때문이었다.

제3 코우덱스의 경우

제3 코우덱스(Codex III)의 경우, 알리는 그것을 자기네 알 카스르 동네에 있는 콥틱 크리스챤교회로 가지고 갔다. 코우덱스를 어떤 사람에게 보여주었는데 그 사람이 그 책이 아랍어가 아니라 콥틱어로 쓰여있다는 것을 아르켜 주었고 콥틱교회에 가져가면 알아보는 사람이 있을 것이라고 귀뜸해주었기 때문이었다. 그리고 당시 이집트는 아직 영국보호령이었는데 영국통치자들은 종교분쟁이 두려워 무슬림경찰들에게 콥틱 기독교인들을 거칠게 다루지 못하게 했다. 따라서 콥틱교회는 안전한 조계같은 느낌이 있었다. 알리는 제3 코우덱스를 교회에 안전하게 맡아달라고 부탁했다. 교회사제는 이 제3 코우덱스를 중등교사인 처남, 라그히브 안다라우스 "알키스" 아브 달사이드(Rāghib Andarāwus "al-Qiss" Abd al-Sayyid: 이름이 좀 길지만 중요하다. 왜냐하면 이 사람이 이 문서매매의 최초의 공식 싸인자이기 때문이다)에게 보여주었다. 알키스는 여러 콥틱학교에서 영어와 역사를 가르치는 순회교사였다. 알 카스르 마을에는 당시 콥틱 학교 하나 밖에 없었는데(낫세르 대통령이 공립학교 세우기 이전) 알키스는 일주일에 한 번 처남집에 묵으면서 교사일을 했다. 알키스도 이 문서의 가치를 알아볼만한 지식이 없었다. 그래서 그는 콥트 인텔리겐챠인 친구 게오르기 베이 소브히(Georgy Bei Sobhy)에게 보여주었다. 그는 그 코우덱스에 들어있는 요한 비서(The Apocryphon of John), 이집트인 복음서(The Gospel of the Egyptians), 예수 그리스도의 지혜(The Sophia of Jesus Christ), 구세주의 대화(The Dialogue of the Savior) 등을 보고 경악했다. 게오르기는 공포스러운 나머지 즉각적으로 이 문서를 당국에 신고했다. 당국은 이것을 콥틱 박물관에 조회했고 알키스는 이 문서를 가지고 콥틱 박물관으로 갔다. 박물관은 알키스를 형벌에 처한 것이 아니라, 300 이집트 파운드를 주고 정식으로 구입했다. 그리고 박물관에는 50 파운드를 세금조로 기증해야 했다. 그러니까 5만 원 정도 받고 8천 원은 커미션으로 떼준 셈이다. 4만 2천 원을 가지고 돌아오는 알키스의 가슴은 감옥에 안 가고 골동품 공포에서 해방된 행복감에 두근거렸다. 돈은 혼자 쓱싹해버렸다. 이 매매를 알선한 카이로 콥틱 박물관 관장은 토고 미나(Togo Mina)

였다. 구입일자는 1946년 10월 4일이었다. 박물관 관장 미나는 매우 양심적인 인물이었다. 그리고 이 체노보스키온문서의 수집역사에 있어서 유일하게 사심없이 헌신한 인물이었다.

이것이 이 문서가 알려지기 시작한 최초의 단서다. 이제 소문은 빨리 퍼지기 시작하게 마련이고 유엔이 개입하고 국제분쟁이 일어날 수도 있는 소지가 있었다. 그 기나긴 역사를 어찌 다 말할 수 있으리오마는 조금만 더 궁금한 뒷이야기를 해보자!

타노와 다타리

카이로에는 우리나라 인사동이나 장안동의 대표적인 골동상과도 같은 유명한 가게로서 사이프러스섬 출신의 타노(Phocion J. Tano)라는 사람이 운영하는 골동품가게가 있었다. 그런데 카이로 부근의 기자(Giza)라는 곳에서 일하고 있던 알 카스르의 농부 하나가 자기네 동네에서 옛 코우덱스 사본들이 발견되어 돌아다니고 있다는 정보를 타노에게 귀띔해주었다. 그래서 타노는 나그 함마디 동쪽에 위치하고 있는 도시 키나(Qinā) 지역의 지방골동상인 자키 바스타(Zaki Basta)에게 전화를 걸어, 이러한 정보가 있으니 한번 조사해보라고 일러주었다. 타노는 자키 바스타와 이런 식으로 계속 거래를 해온 터이었다. 자키 바스타는 알 카스르 지역을 장악하고 있는 깡패두목을 수배했다. 바히즈 알리(Bahij Ali)는 한쪽을 가린 애꾸눈이었는데 무법자였다. 바히즈 알리는 무함마드 알리로부터 두 개의 코우덱스를 몇 천 원 주고 샀다. 그리고 자키 바스타와 같이 카이로로 가서 타노에게 큰 돈을 받고 팔았다. 이 문제의 코우덱스는 제2, 제7이었는데, 제2 코우덱스 속에는 그 소중한 도마복음서가 들어있었다. 하여튼 스릴있는 역사의 장면들이다. 자키 바스타와 애꾸눈은 타노에게 팔기 전에, 카이로에 와있던 독일 교수들을 접촉했다. 더 비싸게 팔까 하고. 그런데 이들이 구매를 거부하니까 타노에게 팔아넘긴 것이다.

애꾸눈 바히즈 알리는 카이로에서 알 카스르로 귀향하자마자 즉시 무함마드 알리를 다시 찾아갔다. 그리고 알리네 집에 남아있던 코우덱스를 푼돈에 모조리 싹쓸이했다. 그리고 이 애꾸는 요번에는 욕심이 났다. 그래서 중간상 자키 바스타를 빼놓고 자기 혼자 타노에게로 갔다. 그리고 타노에게 거액을 요구했다. 타노는 그것을 다 살 돈이 없었기 때문에 유명한 콜렉터 마리카 다타리양(Miss Marika Dattari)을 접선했다. 다타리의 아버지는 유명한 코인 콜렉터였다. 다타리는 그것을 구입하여 타노에게 맡겼다. 결국 대부분의 코우덱스가 타노에게로 수집되었다. 그래서 이 코우덱스를 다타리-타노 코우덱스(the Dattari-Tano Codices)라 부르게 된 것이다.

물론 중간상 자키 바스타는 자기를 빼놓고 거래를 한 애꾸를 중오했지만 어찌할 도리가 없었다. 그리고 애꾸는 그 돈으로 거대한 농장을 샀다. 그리고 무함마드 알리에게도 한 푼을 안 주었다. 바보같은 알리만 붕 뜬 셈이다. 알리는 평생 애꾸에게 이를 갈았다. 애석하지만 어리석은 자의 업보다.

그러니까 제3 코우덱스는 콥틱 박물관으로 갔고, 제2, 제4~제13은 다타리-타노 콜렉션이 되었다. 이중 제13은 독립된 코우덱스가 아니라 8잎의 논문이 제6 코우덱스 가죽포장 안에 끼어 있었다. 제1 코우덱스는 어디로 갔나?

제1 코우덱스의 경우

이 제1 코우덱스는 어떻게 돌고 돌아 카이로에 있는 벨기에 출신의 골동상인 알버트 에이드(Albert Eid)에게로 굴러들어 갔다. 그런데 이 에이드는 내가 생각키에 유능한 골동상인지는 모르겠으나 너무 돈을 밝히는 질 좋지않은 인물이었다. 에이드는 박물관장 토고 미나가 국외로 반출하면 안된다고 그렇게 당부했어도, 그것을 밀반출하는 데 성공했다. 공항에서 세관원들에게 동전 몇 개와 구부러진 쇳조각 몇 개하고 같이 보여주면서 국외 나가 팔 생각이라고 했어도 아무 말 않고 통과시키더라는 것이다. 물론 세관원들을 몇 푼 주고 매수했을 것이다. 에이드는 제1 코우덱스를 가지고 미국시장으로 갔다. 처음에 미시간대학 도서관에 가서 2만 불을 요구했다. 미시간대학 도서관은 너무 비싸다고 구입을 거절했다. 그 뒤 뉴욕에 가서 폴 멜론이 펀드를 댄 볼링겐 파운데이션(Bollingen Foundation)을 접근하였다. $12,000을 요구하였지만 볼링겐 파운데이션은 사적인 책구입은 안한다고 말했을 뿐 아니라 그것 좀 안전하게 맡겨 놓게나 해달라는

칼 구스타프 융
1875~1961.
프로이드의
성(性)중심
심리학과는 다른,
심오한 인성의
신화기층을
파헤친
위대한
심리학자.

부탁도 거절해버렸다. 에이드는 화가 나서 브뤼셀에 가서, 거기 은행 안전금고에다가 넣고 덜커덩 잠궈버리고 말았다. 그리고 이듬해에 (1949) 죽었다. 그 뒤 그 코우덱스는 어떻게 되었을까? 결국 그 유명한 심리학자 칼 구스타프 융(Carl Gustav Jung, 1875~1961)의 권유에 따라, 취리히에 있는 융 인스티튜트(the Jung Institute)가 에이드 부인으로부터 8천 불에 샀다(1952. 5. 10. 매매성립). 돈은 미국의 사업가 죠지 페이지(George H. Page)가 댔다. 그래서 이 제1의 코우덱스는 우리가 보통 융 코우덱스(Jung Codex)라고 부른다. 융은 선견지명이 있었던 비젼의 사나이였고, 그의 심리학에는 영지주의적 요소가 많이 깔려있다. 프로이드가 인간의 가장 근원적인 에너지를 리비도라

제17장 사바크의 저주와 축복 455

고 본 것에 반하여, 칼 구스타프 융은 "신화를 창조하는 의식의 기층"(the myth-creating substratum of the mind)이라고 본다. 인간 존재의 근원을 프로이드는 "꼴림"으로 보았다면, 융은 "신화창조"로 본 것이다. 누가 옳을까? 독자들 스스로 고민해보라!

이 체노보스키온 문서를 세계학계에 처음으로 알린 인물은 불란서 파리대학에서 나일강 유역의 초기기독교 수도원 집단생활사를 연구하던 쟝 도레쓰(Jean Doresse)라는 인물이었다. 그는 1947년 9월 카이로에 있는 불란서 고고학연구소(The French Institute of Archeology in Cairo)의 초청으로 갔다가 친구였던 토고 미나를 방문함으로써 그 역사적 계기가 마련된 것이다. 그때 도레쓰는 부인 마리앙(Marianne)과 함께 갔는데, 토고 미나는 불란서에 유학하던 시절에 현 도레쓰의 부인이 된 마리앙과 친구 사이이기도 했다. 3인이 모두 훌륭한 이집트학 학자들이었다. 도레쓰가 발표하여, 1948년 2월 23일자 『르몽드』지에 난 기사가 최초의 공식발표였다: "4세기 파피루스 발견"이라는 제목하에 3줄이었다.

나그 함마디 라이브러리 전체목록

더 이상 자세한 이야기는 생략하겠으나 이 체노보스키온문서라고 하기도 하고 나그 함마디 라이브러리라고 하기도 하는 이 문서가 세상에 나오기까지 많은 이야기들이 있으나 관련된 많은 사람들이 불행하게 죽었다. 하나님의 지혜를 말하는 문헌을 둘러싼 인간들은 지혜롭지 못했기 때문이다. 이기와 탐욕과 영예가 그들을 지배했다. 결국 다타리-타노 컬렉션은 낫세르 대통령에 의하여 국유화되었고 융 코우덱스도 결국 제자리로 돌아왔다. 그래서 대부분의 코우덱스가 카이로의 콥틱 박물관에 안치되었다. 그리고 유네스코와 많은 뜻있는 기관의 협력으로 1977년에는 나그 함마디 라이브러리 전체가 영역되어 출판되었다. 지금은 누구든지 쉽게 볼 수가 있다. 이 나그 함마디 도서관을 인간세의 공적인 자산으로 만드는 데 가장 큰 공헌을 한 사람으로서, 콜럼비아대 신학대학을 나와 클레어몬트 신학대학의 교수가 된 제임스 로빈슨(James M. Robinson)이라는 이름도 기억해둘 만하다. 독자들의 궁금증을 풀기 위해 나그 함마디 라이브러리 전체목록을 소개하면 다음과 같다.

I, 1	The prayer of the Apostle Paul (사도 바울의 기도)	Pr. Paul
I, 2	The Apocryphon of James (야고보 비서秘書)	Ap. Jas.
I, 3	The Gospel of Truth (진리 복음서)	Gos. Truth
I, 4	The Treatise on the Resurrection (부활론)	Treat. Res.
I, 5	The Tripartite Tractate (삼부대론, 三部大論)	Tri. Trac.

II, 1	The Apocryphon of John (요한 비서)	Ap. John
II, 2	The Gospel of Thomas (도마 복음서)	Gos. Thom.
II, 3	The Gospel of Philip (빌립 복음서)	Gos. Phil.
II, 4	The Hypostasis of the Archons (지배자들의 실체)	Hyp. Arch.
II, 5	On the Origin of the World (세계기원론)	Orig. World
II, 6	The Exegesis on the Soul (영혼의 해석)	Exeg. Soul
II, 7	The Book of Thomas the Contender (변자辯者 도마서)	Thom. Cont.
III, 1	The Apocryphon of John (요한 비서)	Ap. John
III, 2	The Gospel of the Egyptians (이집트인 복음서)	Gos. Eg.
III, 3	Eugnostos the Blessed (축복받은 자 유그노스토스)	Eugnostos
III, 4	The Sophia of Jesus Christ (예수 그리스도의 지혜)	Soph. Jes. Chr.

III, 5	The Dialogue of the Savior (구세주의 대화)	Dial. Sav.
IV, 1	The Apocryphon of John (요한 비서)	Ap. John
IV, 2	The Gospel of the Egyptians (이집트인 복음서)	Gos. Eg.
V, 1	Eugnostos the Blessed (축복받은 자 유그노스토스)	Eugnostos
V, 2	The Apocalypse of Paul (바울 묵시록)	Apoc. Paul
V, 3	The (First) Apocalypse of James (제1 야고보 묵시록)	1 Apoc. Jas.
V, 4	The (Second) Apocalypse of James (제2 야고보 묵시록)	2 Apoc. Jas.
V, 5	The Apocalypse of Adam (아담 묵시록)	Apoc. Adam
VI, 1	The Acts of Peter and the Twelve Apostles (베드로와 열두 제자 행전)	Acts Pet. 12 Apost.
VI, 2	The Thunder: Perfect Mind (천둥 지혜서)	Thund.
VI, 3	Authoritative Teaching (정교론正教論)	Auth. Teach.

VI, 4	The Concept of Our Great Power (우리의 큰 권능)	Great Pow.
VI, 5	Plato, Republic 588a-589b (플라톤의 『이상국가론』 콥틱 번역, 588a~589b)	Plato Rep.
VI, 6	The Discourse on the Eighth and Ninth (팔천八天과 구천九天)	Disc. 8-9
VI, 7	The Prayer of Thanksgiving (추수감사기도)	Pr. Thanks.
VI, 7a	Scribal Note (사경자주寫經者註)	Scribal Note
VI, 8	Asclepius 21-29 (아스클레피우스 21-29)	Asclepius
VII, 1	The Paraphrase of Shem (셈 이설易說)	Paraph. Shem
VII, 2	The Second Treatise of the Great Seth (위대한 세트의 대속론 제2서)	Treat. Seth
VII, 3	Apocalypse of Peter (베드로 묵시록)	Apoc. Peter
VII, 4	The Teachings of Silvanus (실비아누스의 가르침)	Teach. Silv.

VII, 5	The Three Steles of Seth (세트의 3부 찬송가)	Steles Seth
VIII, 1	Zostrianos (조스트리아노스 계시록)	Zost.
VIII, 2	The Letter of Peter to Philip (빌립에게 보내는 베드로 서한)	Ep. Pet. Phil.
IX, 1	Melchizedek (멜키제덱)	Melch.
IX, 2	The Thought of Norea (노레아의 생각)	Norea
IX, 3	The Testimony of Truth (진리 증언서)	Testim. Truth
X	Marsanes (예언자 마르사네스)	Marsanes
XI, 1	The Interpretation of Knowledge (영지의 해석)	Interp. Know.
XI, 2	A Valentinian Exposition (발렌티누스 우주론)	Val. Exp.
XI, 2a	On the Anointing (기름부음에 관하여)	On Anoint.

XI, 2b	On Baptism A (세례론 1서)	On Bap. A
XI, 2c	On Baptism B (세례론 2서)	On Bap. B
XI, 2d	On the Eucharist A (성찬론 1서)	On Euch. A
XI, 2e	On the Eucharist B (성찬론 2서)	On Euch. B
XI, 3	Allogenes (알로게네스 계시록)	Allogenes
XI, 4	Hypsiphrone (휩시프로네 계시록)	Hypsiph.
XII, 1	The Sentences of Sextus (섹투스 교훈집)	Sent. Sextus
XII, 2	The Gospel of Truth (진리 복음서)	Gos. Truth
XII, 3	Fragments (단편들)	Frm.
XIII, 1	Trimorphic Protennoia (프로텐노이아의 세 형상 계시록)	Trim. Prot.

XIII, 2	On the Origin of the World (세계기원론)	Orig. World
BG, 1	The Gospel of Mary (마리아 복음서)	Gos. Mary
BG, 2	The Apocryphon of John (요한 비서)	Ap. John
BG, 3	The Sophia of Jesus Christ (예수 그리스도의 지혜)	Soph. Jes. Chr.
BG, 4	The Act of Peter (베드로행전)	Act Pet.

※ BG는 나그 함마디 도서관 이외의 문서인 베를린 그노스틱 파피루스(Berlin Gnostic Papyrus)의 약자이다.

여기까지가 내가 신약성서에 관하여 말할 수 있는 전부이다. 지금부터 상기의 문헌에 관해 내가 다시 입을 열기 시작하면 또 한 권의 책이 필요할 것이다. 이제 입을 다물어야 할 때가 왔다.

나그 함마디 코우덱스

나그 함마디 제2 코우덱스 중의 도마복음서

제18장 에필로그

절차탁마 대기만성: 쿰란과 나그 함마디의 연속성

 나는 사실 1982년 귀국 후 얼마 안 있어 『절차탁마대기만성』이라는 책을 통해 이 나그 함마디 도서관 문헌을 소개했다. 그때 나의 이 작은 책자는 이미 우리사회에 엄청난 충격을 주었고 수십만 부가 팔렸다. 그런데도 20년이 넘도록 우리나라의 신학계는 상기의 체노보스키온 문서에 관한 연구성과를 내지 않는다. 왜 그럴까? 그 이유는 아마도 단순한 느낌에서 출발하고 있을 것이다. "영지주의 이단의 서"라는 편견에 사로잡혀 있는 것이다. 마치 상기의 책을 깊게 연구하면 2천 년을 버티어온 기독교 교회의 정통이 무너질 수도 있다는 우려가 부지불식간에 깔려있는 것이다. 그러나 이러한 우려는 매우 단순한 무지의 소산이다. 체노보스키온 문서는 결코 영지주의 이단의 문헌들이 아니다. 그것은 이단이라는 개념이 성립하기 이전의 기독교의 실상을 우리에게 알려주는 매우 소중한 역사적 문헌이다. 재미있는 것은 우리나라에서 쿰란문서에 관한 연구는 많은데 체노보스키온 문서에 관한 연구는 거의 전무하다는 것이다. 쿰란문서는 성서의 일부로 간주할 수 있으나 체노보스키온 문서는 성서의 일부로 간주될 수 없다는 것인가? 쿰란은 구약시대와 더 밀접히 관련되고 나그 함마디는 신약시대와 더 밀접히 관련되지만 양자는 정확하게 하나의 동일한 연속적 사상 물줄기를 이루고 있다. 성서와 관련된 20세기 양대 고고학적 발굴 성과인 쿰란과 나그 함마디를 같은 시공에서 연속적으로 파악할 때만이 우리의 성서이해는 풍요로운 모습을 회복할 수 있는 것이다.

도마복음서의 중요성

상기 나열한 52서 중에서 가장 소중한 문헌을 나보고 하나 뽑으라고 한다면 도마복음서 1서를 주저없이 선택할 것이다. 도마복음서는 현 우리가 알고있는 4복음서의 형성과정을 정확하게 알려줄 수 있는 많은 생각의 실마리와 기준을 제공하는 순수한 예수의 말씀집이다. 그것은 114개의 내러티브가 없는 로기온(logion)으로 구성되어 있다. 도마복음서 속의 상당 부분의 자료는 Q자료보다도 더 오리지날한 성격이 있다. 현재, 미국, 독일, 영국, 프랑스의 신학계에서는 도마복음서와 Q자료와 4복음서의 상관관계를 연구하는 수백 편의 논문들이 쏟아져 나오고 있다. 그리고 Q자료의 연구를 보다 심화시키는 계기가 되었다.

도마복음서는 기독교나 예수의 이미지를 손상시키는 잡스러운 언어가 하나도 없다. **도마복음서야말로 우리로 하여금 살아있는 예수를 인식케 해주는 너무도 소중한 하나님의 말씀이다.** 한국신학계에서는 체노보스키온문서를 다루지 않는다 하더라도, 최소한 도마복음서에 대해서만은 깊은 연구를 진행시켜야 할 것이다.

아주 사소한 예를 하나 들어보자. 사도 바울이 고린도전서 2:9에서 이와 같이 말하고 있다.

기록된 바, "하나님이 자기를 사랑하는 자들을 위하여 예비하신 모든 것은 눈으로 보지 못하고 귀로도 듣지 못하고 사람의 마음으로도 생각지 못하였다" 함과 같으니라.

여기서 "기록된 바"라는 것이 반드시 구약의 출전만을 의미해야 할까? 보통 이 구절의 출전으로 이사야서 64:3이나 52:15를 인용하지만 맥락이나 문체로 볼 때 그리 적합한 인용이 아니라고 성서학자들은 말한다. 일찍이 오리겐과 암브로스는 이 말이 엘리야 비서 (Apocalypse of Elijah)에서 온 것이라고 지적하였다. 클레멘트1서 34:8에도 고린도전서의 이 인용문이 있다. 그런데 재미있는 것은 바로 이 인용문의 출전이 도마복음서 제17에 있다는 사실이다. 이런 사실을 우리는 그냥 도외시할 수만 있을까? 사도 바울이 직접 도마복음서를 인용하였다고는 말할 수 없어도, 사도 바울시대에 이미 초대교회에서 예수말씀을 간략히 기록한 로기온집(sayings collection)이 존재했다는 가설은 충분히 성립가능하다. 도마복음서의 예수님 말씀의 3분의 1이 Q자료와 직접적으로 겹칠 뿐 아니라, 그 대부분의 말씀이 복음서의 말씀의 성립경로와 관련되어 있다. 도마복음서는 여러분들이 상식적으로 생각하는 "외경"이라는 개념과 거리가 멀다. 그것은 외경이 아닌 **정경의 오리지날한 형태**이다. 이제 공관복음서의 주석을 다는 데 있어서 도마복음서자료를 참고하거나 인용하지 않는다는 것은 단지 시대의 흐름에 뒤떨어진 눈먼 인간의 소행일 뿐이다. 현실적으로 모든 성서주석학 학자들이 도마복음서를 활발하게 활용하고 있다. 한국의 신학자들만 국제적 포럼에서 고루한 모습으로 비쳐지고 있다면, 그것은 한국기독교의 세계적 위상을 생각할 때 결코 바람직한 일은 아닐 것이다.

이 책은 『요한복음강해』의 서문

본서 『기독교 성서의 이해』는 본래 『요한복음강해』라는 나의 책의 서문으로 기획되었다. 한국교육방송공사(EBS)에서 인터넷방송을 나에게 의뢰했는데, 그것은 도올이 한국의 젊은이들에게 영어를 가르치는 프로그램이 하나 있으면 좋겠다는 제안이었다. 아니 영어뿐만 아니라, 도올 선생의 어학실력이 좋으니까, 영어, 중국어, 일본어 이런 것의 강독시간을 만들면 좋겠다는 것이었다. 나는 그 발상이 매우 참신하다고 생각했다. 어학은 결코 어학으로 끝나는 것이 아니라 어학을 통해 우리는 인간과 문명에 관한 모든 것을 가르칠 수 있기 때문이었다. 그런데 교재가 영 마땅하질 않았다. 그래서 내가 이런 말을 불쑥 했다: "영어성경을 강독하면 어떨까? 우리 어려서부터 영어는 바이블로부터 시작한다는 전통이 있질 아니 한가?"

교육방송관계자들은 처음에는 나의 이런 말을 매혹적으로 생각하면서도 두려워했다. 도올은 종교문제에 관해서도 말을 거침없이 하는 사람이니 공연히 기독교계에 소요를 일으키면 방송국이 좀 곤욕을 치르게 될 것이 아닌가? 한국의 방송국들이 도올 때문에 곤혹스러움을 ······

이러한 문제에 관한 대답은 이미 여러분들에게 내가 이 책에서 충분히 토로했으므로 이제 나의 손을 떠난 것 같다.

나의 부모

나는 독실한 기독교집안에서 태어났다. 우리 아버지·어머니 모두 개화기 때 기독교에 헌신한 청년·처녀로서 짝지어졌다. 한국기독교의 오늘의 모습이 있기까지 일각에서 혼신의 기여를 다하신 분들이다. 그리고 나 역시 모태신앙을 거쳐 유아세례를 받았고 목사가 되기 위해 한국신학대학에 들어갔다. 사람들은 나를 동양철학자, 한문고전의 학자로만 알고있지만 **나는 1967년 한국신학대학 전교수석 입학생이다.** 수석 발표를 보고 나는 천안 부모님께 "신대톱금일하천"이라는 전보를 쳤다. 그때는 전보의 글자수가 10자 이내라야 가격이 저렴했기 때문에 가까운 수유리 우체국에서 그렇게 쓴 것이다. 그런데 우리 부모님은 앞의 세 글자를 해독하지 못했다. 아마도 성은 신씨고 이름은 대톱인 사람이 오늘 천안에 내려온다고 고개를 갸우뚱 거리기만 하셨던 모양이다.

나는 열 살 전후에 이미 신약성서 전체를 암송했다. 우리 어머니는 나에게 성구를 차례로 암송하면 용돈을 주셨고 그렇지 못하면 회초리를 주셨다. 오늘 내가 이 책을 쓸 수 있는 것도 그 어린시절의 어머니 교육 때문이라고 생각한다. 내가 이 책을 쓰기 시작한 것이 2006년 10월 28일인데 오늘 탈고일자가 12월 28일이다. 두 달 동안 어찌 나의 육신이 수고했다고만 말할 수 있으리오? 어머니의 신앙이 나의 붓을 흔드셨을까? 아마도 성령의 감화가 있었을 것이다.

시온성의 처녀

우리 어머니는 평생을 하루도 거르지 않고 새벽 교회를 다니셨다. 천안 대흥동 231번지에서 중앙장로교회에 이르는 길의 사람들은 우리 어머니가 새벽에 콧소리로 조용히 찬송가를 부르시고 가는 소리를 듣고 이부자리를 거두었고 쌀뜨물을 버렸다. 그것은 임마누엘 칸트의 산보시간보다도 더 정확했다. 당시 천안사람들은 다 아는 이야기다. 겨울철 눈이 소복이 쌓인 신작로에 엄마의 고무신이 꼬드득 꼬드득 소리를 낼 때도 나는 꼭 따라나섰다. 여섯일곱 살 때부터 나는 엄마와 함께 새벽기도를 다녔다. 그때 우리 엄마가 제일 많이 부른

찬송이 64장(당시 찬송가)이었다.

> 나의 기쁨 나의 소망되시며
> 나의 생명이 되신 주
> 밤낮 불러서 찬송을 드려도
> 늘 아쉰 마음뿐일세

내가 가장 아름답게 기억하는 것은 제4절이다.

> 시온성에 사는 처녀들이여
> 사랑하시는 내 주를
> 빈들에서나 그 장막 안에서
> 만나뵈인 일 없는가

새벽의 푸른 여명을 가르고 엄마 입에서 울려퍼지는 찬송가의 아름다움이란 이루 형언키 어렵지만 항상 내 머릿속에 각인된 나의 어머니 모습은 "시온성에 사는 처녀"였다. 그렇게 고귀하고 고결한 처녀, 시온성의 처녀가 뭔 뜻인지도 몰랐지만, 나에겐 나의 엄마는 항상 시온성에 사는 처녀였다. 그런데 그 처녀는 찬바람이 쌩쌩 부는 교회 마루바닥에 엎드려 매일 새벽 우시는 것이었다. 기도하시며 통곡을 하시는 것이었다. 엄마는 오른쪽 여자석에 엎드리고 나는 건너편 왼쪽 남자석에 엎드렸는데 엄마가 우는 것을 보면 계속 나도 덩달아 눈물이 났다. 엄마를 힐끗힐끗 쳐다보면서 울고 또 울었다. 엄마는 왜 울었을까? 왜 그토록 교회에 가서 엎드리기만 하면 우셨을까? 지금 이 글을 쓰는 이 순간에도 엄마 생각을 하면 눈물이 이 원고를 적신다. 그렇다고 어머니의 눈물에 대하여 어떠한 이론적 해석을 내린들, 그것은 불경으로 그치고 말 것이다. 그토록 눈물이 많을 수밖에 없었던 조선의 아낙들! 개화기부터 맺힌 조선풍진의 모든 한이 나의 어머니의 일거일동에는 찬란한 이슬처럼 매달려 있었다. 우리 어머니는 천수를 다하시고 하늘나라에 가셨다. 그렇지만 돌아가시기 직전까지도 어머니는 나의 불신앙을 탓하시고 근심스러운 모습으로 나를 바라보셨다. 나는 엄마가 돌아가시기 전에 엄마와 함께, 엄마 손을 꼭 잡고 교회를 같이 가고 싶었다. 그런데 그만 그런 기회가 오기도 전에 어머니는 영면하셨다. 16살 시집을 때 입고 오신 다홍치마 연두저고리를 고이 간직해 두셨다가 수의로 지어 입으시고 거룩하게 돌아가셨다. 내가 기독교인인지 아닌지, 내가 참 신앙인인지 아닌지, 인간인 나로서는 판단할 수가 없다. 단지 이 한 권의 책으로라도 하늘에 계신 나의 어머니께서 나를 바라보시는 눈에 평온함과 안도감이 깃들기만을 빌고 또 빈다. 어머님! 하나님나라에서 편안히 주무시옵소서. 아멘.

2006년 12월 28일 오후 6시 45분 탈고

"신대툠" 전보를 받으시고 어머니께서 선물해주신 성경전서의 뒷장 싸인

INDEX

찾아보기

【가】
가나안 113, 270, 309, 422, 475
가룟 유다 168, 318
가바다 325
가버나움 16, 88, 89, 318
가통 319
가현론 151, 152, 299, 310
간다라 177
간약시대 66, 233
갈라디아 127, 161, 174, 198, 379
갈라디아서 127, 147, 158, 174, 198, 199
갈릴리 16, 18, 19, 21, 62, 63, 88, 89, 151, 164, 165, 168, 192, 194, 196, 203, 213, 237, 242, 243, 252, 258, 260, 262, 268, 269, 274, 282, 285, 286, 306, 317, 318, 319, 322, 333, 334, 382
거라사 268
게벨 에트 타리프 386, 432
견유학파 46, 47, 48, 49, 291, 341
경장 172, 173, 380, 381, 439
계시문학 233
고린도 108, 161, 174, 379
고린도전서 126, 158, 467
고린도후서 126, 158
골로새 161, 379
골로새서 158
공관복음서 16, 21, 196, 238, 239, 286, 288, 296, 297, 298, 311, 318, 319~327, 329, 468
공자 17, 57, 184, 185~190, 251, 333
「공자세가」 187
관용적인 일신사상 411
교부철학 16
『교회사』 102, 182, 397
구교 117, 335
구레뇨 258, 259
『구세주의 대화』 451
구약 60~72, 112, 113, 129, 139~159, 165, 212, 222, 228, 232, 246, 247, 248, 263, 272, 276, 304, 308, 332, 355~357, 379, 391, 397~404, 449, 466, 467, 475
그노시스 34, 125, 126, 127, 147, 150, 151, 331
그리스도 67, 83, 154, 155, 176, 181, 209, 234, 255, 261, 267, 299, 321, 327, 340, 348, 376, 389
기독교공인 57, 78, 86, 152, 253, 370, 373
기번 349, 350, 362, 434
기적 13, 16, 18~~26, 132, 143, 195, 196, 316, 317, 319, 325, 328, 373, 441

【나】
나그 함마디 120, 223, 386, 407, 408, 419, 433, 441, 452, 456, 457, 464, 465, 466
나그 함마디 라이브러리 전체목록 457
나사렛 181, 196, 210, 242, 249, 258, 260, 261, 262, 277, 382
낭송 226, 227, 228, 231, 232, 233, 234, 236, 278, 279, 286, 373
네오플라토니즘 68, 92, 94, 98, 101, 291, 401
논장 172, 382
누가복음 31, 63, 110, 158, 159, 161, 171, 239, 254, 255, 257, 258, 267, 274, 276, 278, 283, 284, 285, 286, 320, 404
니체 33
니케아 86, 90, 102, 156
니케아 종교회의 79, 90, 91, 98, 101, 357, 433, 438
니케아신경 99, 102, 103, 115
니코메디아 86, 102, 103, 358, 365

【다】
다드(Dodd) 212, 238, 267, 286
다마수스 394, 397, 398, 399
다메섹 155, 198, 199, 200, 201, 202, 246
다소 118, 127
다신론 54, 78, 96, 111, 113, 115, 116
다윗 132, 209, 255, 256, 258, 260, 261, 262, 309, 435
다이애스포라 70, 120, 128, 215, 216, 217, 271
대승기독교 181, 294, 295
대승불교 57, 177, 178, 181
대장경 380, 381, 382, 439
데가볼리 19, 192, 268
데살로니카 84, 161, 225, 379
데살로니카전서 158, 174, 225
데살로니카후서 158
데오빌로 274, 276, 277, 279, 280, 281

데이비드 흄 12
데카르트 278, 279
도마복음서 48, 407, 453, 458, 464, 466, 467, 468
도세티즘 97, 151
독신 342, 344, 375, 399, 424, 425, 426
동정녀 탄생설화 13, 248, 257
동체론 102, 103, 104
디도서 158, 161
디디무스 399
디모데전서 126, 127, 158, 161, 228
디모데후서 158, 161
디아테사론 336, 337, 340, 342, 385, 388
디오게네스 46, 47
디오니소스 27, 28, 30, 31, 33, 34, 291
디오클레티아누스 75, 79, 80, 86, 91

【라】

라불라 388
라오디케아 신경 156
라일랜드 파피루스 336
라틴 벌게이트 395, 401, 402, 404
랍비 118, 165, 194, 214, 216, 373
레위 255, 422
로고스 49, 53, 58, 94, 97, 98, 150, 254, 295, 300, 301, 302, 306, 307, 310, 312, 313, 316, 320, 339, 344, 345, 346, 365
로고스기독론 181, 300, 310, 321
로기온 184, 185, 238, 466, 468
로마교회 117, 140, 142, 153, 342, 345, 346, 355~357
로마서 126, 127, 133, 135, 158, 257
『로마인 이야기』 79, 87, 369, 375
『로마제국쇠망사』 349, 361, 363, 371, 434~438
루피누스 395, 396
르네상스 휴매니즘 392

【마】

마가복음 16, 21, 62, 182, 188, 189, 192, 193, 194, 231, 232, 236, 237, 238, 239, 249, 268, 269, 271, 274, 286, 317, 319, 320, 336, 385
마르시온 139, 140, 142, 145, 146, 147, 148, 149, 150, 152, 153, 154, 155, 156, 157, 158, 159, 160, 162, 171, 175, 176, 336, 342, 385, 409
마르쿠스 아우렐리우스 50, 74, 77, 78, 338
마르쿠스 안토니우스 69
마리아 컬트 219, 253

마사다 206
마소라 텍스트 66, 71, 72
마아트 416, 417
『마태 수난곡』 232
마태복음 58, 107, 146, 238, 239, 246, 247, 255, 262, 263, 272, 273, 274, 276, 286, 298, 320, 356, 397, 421, 427
마투라 177
만대아교 63
말틴 루터 389, 392, 404
메소포타미아 165
메시아 63, 67, 129, 131, 132, 145, 195, 209, 211, 212, 214, 233, 256, 260, 261, 290, 293, 310, 317, 318, 323, 324
메시아 비밀 319, 323, 324
멜레티우스 103, 123
『명상록』 50, 77
명제 405, 406
몬타니즘 343, 345, 346
무라토리 정경 161, 162, 385
묵시문학 145, 233, 234, 290, 357, 383
문헌비평 159, 192
뮈토스 58
미쉬나 129, 214, 216
미켈란젤로 88, 218
밀라노칙령 79, 80, 364, 374, 428
밀비우스 다리 79, 83

【바】

바르 코크바 214, 215, 339
바리새인 18, 23, 48, 61, 118, 134, 145, 166, 213, 216, 317, 373
바빌론 39, 40, 63, 207, 263, 290, 322, 332
바알 270, 448, 449, 475
바울의 서한 126, 128, 133, 139, 146, 157, 160, 173, 174, 176, 296, 329
바카스 27, 28, 32, 33, 34, 35
박트리아 39, 40, 177
『반이단론』 346
발렌티누스 342
방주 346, 347
베다니 63, 325
베데스다 325
베드로 16, 88, 165, 168, 182, 183, 203, 204, 356, 376, 379, 388, 460

베드로성당 88, 89, 218
베들레헴 69, 132, 258, 260, 261, 262, 400, 401
베를린 그노스틱 파피루스 463
보혜사 108, 344, 345
불상 177, 178
불트만 63, 159, 301, 316, 403
붓다 37, 176, 178, 380, 381
브레데 323
비신화화 14, 316
비잔틴제국 179, 374
비하라 47, 425
빌라도 132, 211, 212, 282, 316, 318
빌레몬서 158, 161
빌립보서 158, 161, 379

【사】

『사기』 186, 187, 251
사도 바울 42, 50, 53, 54, 56, 71, 118, 127, 133, 134, 136, 140, 155, 157, 160, 170, 171, 173, 174, 176, 182, 197, 198, 200~204, 212, 225, 228, 245, 297, 299, 300, 326, 327, 328, 467
사도성 142, 143, 200, 320
사도저작성 162, 384, 388, 389
사도행전 53, 54, 55, 161, 168, 171, 197, 200, 202, 260, 267, 277, 278, 280, 297, 379, 383
사두개인 61, 213
사마리아오경 66
사해문서 35, 60, 68, 119, 222, 406
사후의 세계 415
산상수훈 88, 239, 273
삼위일체 55, 99, 104, 107~111, 115, 377, 397, 433
삼장 380, 381
설형문자 332
『성 안토니의 생애』 420
성 테오나스 교회 434
성령 16, 20, 64, 108, 110, 115, 116, 126, 170, 225, 250, 254, 256, 267, 280, 281, 327, 328, 334, 343, 344, 345, 348, 388, 389, 399, 400, 470
성부 55, 96, 98, 109, 116
성신 55
성자 55, 85, 96, 98, 109, 116, 428
성전 163, 206~216, 246, 318, 319, 321, 322, 323, 422
성전정화 319, 320, 321
세네카 50, 183
세노비티즘 431

세례 요한 61, 62, 63, 64, 65, 190, 194, 254, 283
셉츄아진트 66, 71, 72, 144, 247, 338, 398, 401
소아시아 78, 86, 90, 118, 127, 128, 140, 155, 174, 234, 253, 343, 344, 358
소크라테스 54, 112, 152, 339, 366
소피스트 45, 54
소피아성당 88, 179, 253
손더스 349
수난 13, 48, 105, 151, 183, 193, 194, 195, 196, 205, 240, 241, 251, 264, 271, 317, 318, 320, 323, 325, 346, 361, 415
수도원 287, 391, 394, 398, 399, 400, 410, 420, 426, 428, 429, 430, 431, 432, 433, 436, 456
수육(Incarnation) 31, 96, 98, 106, 307
순교 75, 76, 77, 78, 122, 183, 234, 277, 338, 344, 370, 371, 420, 421
스콜라철학 16, 117, 340
스토아철학 75, 115, 291, 301
스토아학파 48, 49, 50, 51, 53, 55, 118
스투파 178
시나고그 67, 130, 213, 216, 373
시돈 40, 192
시리아 40, 78, 128, 155, 156, 165, 204, 259, 290, 337, 342, 358, 360, 388
시릴 149
시편 144, 165, 398, 399, 401, 435
『신국론』 401
신비주의 37, 49, 77, 92, 94, 98, 107, 125
신성로마제국 278, 374, 402
신약 53, 61, 65, 67, 125, 141, 142, 145, 146, 148, 152, 156, 157, 159, 161, 174, 191, 238, 248, 263, 287, 340, 348, 355, 356, 378, 379, 389, 393, 404, 466, 470
신플라톤주의 46, 53
신화 27, 28, 38, 65, 105, 124, 177, 196, 292, 294, 301, 316, 403, 411, 415, 417, 426, 455, 456
심포지움 292, 293
싯달타 17, 25, 36, 37, 106, 176, 178, 380, 381, 427

【아】

아라비아사막 202, 203, 204
아람어 16, 71, 109, 164, 165, 382, 406
아리스토텔레스 38, 39, 68, 92, 115, 117, 125, 366
아리아니즘 99, 350, 429, 434, 439
아리우스 86, 91, 94, 95, 96, 97, 98, 99, 101, 102, 103,

104, 107, 123, 349, 350, 357, 361, 362, 365, 367, 369, 377, 378, 387, 434, 436
아문 41, 120, 408, 411
아브라함 32, 34, 130, 165, 207, 255, 257, 309, 332
아우구스티누스 117, 132, 202, 401
아인슈타인 35, 114, 217, 306, 307
아잔타 428
아퀴나스 117
아키바 214, 215
아타나시우스 102,~104, 107, 119, 120, 123, 349, 350, 357, 358, 360~362, 367, 369, 377~379, 382, 383, 384, 385, 387, 388, 389, 394, 399~404, 409, 419, 420, 427, 429, 430, 433~440
아타락시아 45, 51, 52
아테네 31, 39, 53, 54, 55, 68, 152, 203, 231, 366
아파테이아 49
아포스톨리콘 157, 158, 159
아폴로지 111, 338, 382, 387
아하즈 246, 247
아함 167, 380, 381
안토니 420, 427, 428, 429, 430
안티옥 43, 127, 128, 204, 205, 277, 361, 396, 397
알렉산더 주교 98, 102, 103, 429
알렉산더대왕 19, 39, 40, 41, 45, 46, 47, 68, 70
알렉산드리아 39, 43, 47, 68~75, 78, 90~98, 101, 102, 103, 119, 120, 144, 149, 155, 247, 290, 349, 350, 357, 358, 360, 361, 362, 377, 378, 384, 399, 408, 410, 428, 429, 434
암브로스 467
앗시리아 246, 247, 290, 337
애굽 120, 123, 262, 263, 309, 418
앵코라이트 426, 431
야고보 192, 199, 204, 249~251, 289, 379, 382, 383
야고보서 161, 389
야훼 112, 113, 141, 207, 215, 217, 270, 346, 418, 448, 449, 475
양식사학 159, 337
양피지 221, 222, 223, 224, 225, 352, 391
에게르톤 파피루스 336
에라스무스 391, 392, 393, 404
에레미티즘 429, 430
에버하르트 네슬 393, 404
에베소 43, 161, 224, 289, 290, 295, 297, 366, 379
에베소서 158
에소테릭 290

에포케 53
에피큐로스 46, 52
에피큐로스학파 51, 52, 53, 55, 291
에피파니우스 149
엑스타시 33, 35
엑스타시스 94, 98, 106
엑카르트 94
엑클레시아 15, 130
엔크라타이트 342
엣세네파 60, 61, 63, 64
여호수아 113, 309
역사적 예수 22, 105, 204, 209, 237, 244, 250, 296, 327, 424
열성당원 61, 132, 133
『영웅전』 69, 183
영지주의 33, 49, 57, 92, 94, 100, 124~127, 147, 148, 149, 152, 156, 291, 298~301, 328, 337, 342, 346, 350, 356, 381, 382, 403, 418, 419, 438, 439, 455, 465
예루살렘 70, 103, 117, 123, 131, 137, 149, 163, 175, 182, 192, 194, 199, 203, 205~216, 231, 237, 241, 250, 261, 268, 283, 288, 317, 318, 319, 321, 322, 325, 344, 346, 356, 383
예수 그리스도의 지혜 451
예수어록 48, 184
오르페우스 28, 29, 30, 31, 32, 33, 35, 37, 38, 49, 291
오리겐 96, 149, 384, 397, 467
오시리스 270, 291, 411, 412, 413, 414, 415
옥클로스 237
옥타비아누스 69, 73, 81, 258, 259, 281, 294
요단강 62, 63, 86, 192
요세푸스 60, 173, 259
요한 비서 451
요한 세바스티안 바하 232
요한계시록 100, 161, 176, 233, 234, 343, 346, 357, 379, 387, 388, 389
요한복음 49, 53, 58, 63, 66, 94, 108, 109, 114, 163, 166, 181, 196, 211, 254, 257, 261, 274, 287~292, 295~305, 310, 311, 313, 317~329, 336, 340, 343, 345, 346, 385, 390, 419, 424
『요한복음강해』 64, 94, 109, 110, 150, 164, 212, 227, 261, 302, 310, 317, 326, 334, 468
요한1서 161, 308
요한2서 161, 388
요한3서 161, 388

우시아 115, 116
웨스트코트 392, 393
위경 60, 352, 384
유니태리아니즘 99
유다복음서 180
유다서 382, 388, 389
유다왕국 246
유대화파 129, 131, 137, 139, 140, 142, 145, 146, 198, 272, 354, 356
유스티니아누스 179
유스틴 338, 339, 340, 341, 342
유앙겔리온 185, 193, 231, 236, 337
유월절 136, 205, 318
유일신론 107, 111, 112, 114, 115, 116, 411
유일자 92, 93, 94
유출 93, 291
윤회 25, 31, 32, 36, 106, 176, 415
율리아누스 359, 364, 365, 366, 367, 368, 369, 377
율법주의 131, 174, 198, 217
율장 380, 381
융 455, 456
융 코우덱스 455, 457
은총의 빛 340
이레나에우스 149, 197, 346
이사야 231, 232, 246, 247, 309
이사야서 246, 467
이스라엘왕국 246
이시스 412, 413
27서 정경체제 162, 174, 348, 349, 352, 355, 356, 369, 378~389, 394, 401~409, 419, 438, 439, 444
이원론 38, 148, 290, 291, 294, 299
이적 10, 14, 17, 20, 26, 311~316, 323, 424
이집트인 복음서 451
인드라 27, 270, 475
인문주의 57, 82, 426
임마누엘 246, 247, 272

【자】

자연법 49, 75, 141
재림 14, 55, 108, 132, 169, 209, 210, 271, 321, 343, 344, 345, 421
전도여행 127, 128, 159, 175, 182, 300, 410
정경 144, 159, 160, 162, 163, 171, 175, 336, 337, 342, 346, 349, 352, 355, 369, 378, 383~389, 394, 404, 409, 419, 438, 439, 444, 468

정치종교 373
제롬 252, 394~404, 431
제사장 132, 143, 207, 242, 282, 317, 318, 322, 372, 373, 418, 422
제우스 27, 28, 177, 363, 365, 376, 411, 475
『제1 아폴로지』 338
제2차 바티칸공의회 402
조로아스터교 290
족보 160, 190, 241, 255, 256, 257, 262, 298
종교개혁 99, 328, 329, 389, 402
종말론 15, 48, 55~76, 168, 169, 216, 347, 388, 417
종속론 96, 102
죤 로스 284, 404
줄리어스 시이저 69, 258, 361
지성소 207
진(jinn) 443

【차】

『참회록』 401
천국 17, 48, 86, 167, 168, 212, 216, 261, 273, 317, 376, 424, 425
체노보스키온 429, 430, 433, 436, 439, 441, 442, 446, 448, 452, 456, 465, 466, 467
초기 기독교 42, 43, 47, 48, 50, 73, 77, 142, 291, 324, 326, 343, 326
최후의 만찬 138, 173, 182, 318
축자무오류 254, 315, 328

【카】

카렌 킹 438
카르타고 78, 149, 155, 343
카타콤 347
칼 라너 266
칼 바르트 15, 403
케리그마 56, 107, 191, 192, 195, 196, 205, 210, 226, 227, 232, 248, 263, 265, 267, 278, 298
케릭스 191, 226, 227, 229, 231
켈수스 252
코우덱스 바티카누스 166, 391, 393, 404
코우덱스 시나이티쿠스 166, 287, 391, 392, 393, 404
콘스탄티노플 104, 179, 253
콘스탄티누스 57, 75, 78~90, 95, 98, 102, 104, 107, 116, 152, 179, 253, 333~359, 362, 363, 364, 370, 373, 374, 375, 430, 438
콘스탄티우스 357, 358, 359, 360, 361, 362, 363, 364,

366, 367, 375, 376, 433, 434, 436
콥틱 박물관 419, 451, 454, 457
콥틱 정교회 122
콥틱 크리스챤 122, 124, 430, 450
콥틱교회 122, 450
콥틱어 103, 122, 123, 124, 427, 430, 431, 450
쿰란 35, 60~68, 72, 119, 137, 164, 290, 325, 441, 466
Q자료 48, 238, 239, 245, 406, 466, 468
크레센스 341, 342
크로톤 35
크리스챤 12, 13, 22, 32, 58, 64, 67, 74, 83, 100, 130, 140, 156, 170, 202, 204, 208, 234, 338, 342, 347, 395, 396, 410, 430
클레멘트 벌게이트 402, 404
클레멘트 8세 402
클레멘트1서 467
클레오파트라 42, 69, 121, 258
키케로 396, 401
킹 제임스 바이블 125, 393, 394, 403

【타】

타가와 켄조오 269, 323
타벤니스 430, 431, 432
타티안 337, 338, 340, 342
탄생설화 28, 245, 246, 248, 254, 255
탈무드 214, 216
테르툴리아누스 149, 160, 197, 343, 346
테오도시우스 99
토고 미나 419, 451, 454, 456
토라 129, 144, 166, 216
트라케 30, 31, 33, 360
트렌트 공의회 402, 404
『트리포와의 대화』 340
티베리우스 261, 282
티쉔도르프 287, 391, 392, 393, 404
티투스 205, 206, 207

【파】

파르메니데스 112
파바우 432, 433, 439, 440
파코미우스 103, 120, 123, 429~436, 438, 439, 440
파피루스 180, 222~224, 352, 407, 439, 444~447, 456
파피아스 182, 183
팍스 로마나 74, 82, 217, 258, 358
판본학 66, 391

판소리 227, 228, 231, 232, 235, 236, 239, 286
팔레스타인 14, 42, 56, 65, 78, 102, 155, 165, 181, 203, 205, 206, 211, 259, 268, 269, 282, 290, 351, 399, 400, 422
퍼틸리티 컬트 412
페르시아 39, 40, 45, 63, 86, 290, 367
페쉬타 388
폴리캅 141, 149, 158
프로테스탄트 117, 335
프톨레미왕조 69, 121
플라톤 31, 38, 39, 53, 125, 152, 203, 338
플로티누스 68, 92, 94
피에타 88, 218, 219
피타고라스 35, 36, 37, 38, 49, 115
필로 53, 92
필록세니안 판 388

【하】

하나님의 나라 16, 24, 26, 168
하르클리안 판 388
한스 큉 266
할레 130~137, 173, 214, 282, 340, 354
헤겔 90, 299
헤구멘 432, 436
헤라클레이토스 112, 301, 302, 304, 339
헤롯 69, 250, 259, 262, 263, 277, 282, 283, 322
헬레니즘 39, 42~58, 68, 70, 73, 111~117, 124, 128, 144, 164, 167, 177, 181, 196, 202, 290
호구조사 132, 259, 260, 261, 262
호러스 412, 414
호르트 393
회의주의 291
회의학파 52
희랍어성경 71, 391, 392, 393, 394, 398, 404
희랍어신약 392, 393
희랍철학 115, 125, 300, 301, 302, 326, 338, 365
희생제식 371, 373, 376
히브리서 161, 356, 389

본서의 참고문헌목록은 『요한복음강해』 뒤에 붙어 있습니다.
본서의 문헌배경을 숙지 하실 수 있도록 자세히 써놓았습니다.
꼭 열람하시기 바랍니다.

— 도올 올림 —

기독교성서의 이해

2007년 3월 4일 초판발행
2020년 1월 20일 1판 8쇄

지은이   도올 김용옥
펴낸이   남호섭
펴낸곳   통나무

서울특별시 종로구 동숭동 199-27
전화: 02)744-7992
출판등록 1989. 11. 3. 제1-970호

ⓒ Yiung-Oak Kim, 2007   값 16,000원
ISBN 978-89-8264-111-4 (03230)